日本佛教学会叢書

人間とは何かⅠ

日本佛教学会✣編

法藏館

はしがき

本書には、二〇一六（平成二十八）年九月六・七日開催の日本佛教学会第八十六回学術大会で発表された研究論文十八篇並びにコメント八篇が収録されている。

学術大会は、「人間とは何か――人間定義の新次元へ――」をメインテーマとし、「仏教における「人間」定義の諸相」をサブテーマとして、相愛大学を会場として開催された。

大会趣旨は次のとおりである。

二〇一六年度・二〇一七年度の統一テーマは「人間とは何か――人間定義の新次元へ――」である。

これまで本学会では、「経典とは何か」「信仰とは何か」「実践を問う」といった統一テーマに取り組んできた。そして次なる課題は「人間とは何か」である。仏教は人間をどのように定義づけてきたのであろう。またその定義は今日の諸科学と対話可能なものであるのだろうか。仏教が語る「人間」は、現代社会や現代人にとってどんな道筋を提示できるのであろうか。

このようなテーマが設定された背景には、我々が漠然と保持している「近代の人間定義」の揺らぎがある。古来、宗教の領域では、「被造物」「魂」「罪」「理性」「我」など様々な概念を駆使して人間を定義してきた。それは各文化圏における伝統的な人間観の基盤を形成していたのである。そのような伝統的な人間観に対して、近代においては次々と問題点が指摘されることとなる。基本的人権を有する主体としての人間定義が定着し、人間中心的立場が成熟した時代、それが近代であった。宗教の文脈を使用することなく人間を語るという姿勢こそ、近代社会の大きな特性だったのである。

しかし地球環境の変化や生命科学・医療技術などの発達によって、近代型人間理解のパラダイムは随所で大きな矛盾を見せ始めている。「生命はどこまで操作してよいのか」「人間と自然とはどのような関係にあるのか」「延命の問題」「人工知能」「クローン人間」など、従来の人間定義ではうまく解けない事態が生じているのである。

本年度はサブテーマを「仏教における「人間」定義の諸相」とし、仏教の教理・教学が持つ多彩な学説の特徴を最大限に発揮し、様々な立場から「人間」について原理的な定義を見出すことを目指す。様々な経典・学派・宗派・思想の特徴に依拠した「人間の定義」が発表される予定である。現代の諸問題に直面した近代以降の仏教学がどのような人間定義を語るのかに注目したい。

そもそも仏教は古代インドの宗教と思想に対して、新たな人間定義を突きつけた面があった。そして、その仏教の人間定義は繰り返し上書きされ、近代のパラダイムにおいても適応しようと努めてきたと言える。その一方で仏教は、近代の人間定義に対して疑義を抱え続けてきたことも確かである。この側面は今回の大会においても取り上げられるに違いない。

人間らしさや人間性や社会のあり方などといった理念も、「人間とは何か」という問いかけとともに成り立つものなのであろう。近代の不具合が同時多発的に露出している今、仏教は人間を語るところから再出発しなければならないのではないか。現代の科学が切り開く新たな人間解釈と向き合い、仏教ならではの人間定義が展開されることが期待される。

（大会プログラムより）

本学会は、仏教研究に従事する大学・短期大学およびそれに準ずる三十一の研究教育機関によって構成され、日本の仏教諸宗派、インド仏教、中国仏教、韓国朝鮮仏教、チベット仏教などのさまざまな分野の研究者が加入しており、仏教の学術的研究およびその発表を通して現代社会に貢献することを目的としている。

この主旨に沿って研究活動を一層活性化させるべく、二〇一一（平成二十三）年度より学術大会のあり方を一新し、同一の共同研究テーマで二年にわたって二度の学術大会を開催し、一方で、各学術大会には個別のサブテーマを設けることで、主題の一層の深化を図ることにした。

学術大会開催にあたっては、共同研究テーマ・サブテーマおよび大会趣旨を全加盟校で確認し、それぞれの加盟校から大会趣旨に相応しい発表者を推薦してもらうという形式をとっている。

また学術大会の研究発表には大会趣旨に沿ってセッションを設け、さらに各セッションにはコメンテーターを配して論評を求めることとし、個別研究の発表にとどまらず、パネル形式とも言える質疑応答も行うセッション討議形式に改めた。さらに部会制を廃止し、諸宗派・諸分野の研究者が一堂に会して、宗派・分野の枠を越えて課題を共有することを目指した。

この結果、本学術大会は、日本において仏教研究に従事する三十一加盟校の諸宗派・諸分野の研究者が二カ年にわたり、一つのテーマをパネル形式で徹底的な討議によって掘り下げるという他に例を見ない学術大会となった。

大会記録である本書に収録された諸論考・コメントを通して、私たちは、日本における仏教研究の各宗派・各分野において当該の主題がどのような現状にあるのかを俯瞰することができるであろう。

「人間とは何か——人間定義の新次元へ——」の共同研究テーマ、「仏教における「人間」定義の諸相」のサブテーマで開催された二〇一六（平成二十八）年度学術大会は、仏教における「人間とは何か」という私たちにとってもっとも根源的な問いが、学術的に、実存的に、きわめて高いレベルで論究された有意義な二日間となった。

「人間とは何か」、そもそも「人間《にんげん》」という訓みも仏教に由来するが、仏教においてその定義がこれほどに多様で多彩で豊かであったことに、またこれほど切実な問題を孕んでいたことに、各発表から教えられ、深い感銘と知的刺激を与えられた。さらには各セッションに設けられたコメンテーター諸氏から研究発表の理解に確かな方向を示してもらうことができたのである。また本書収録のいくつかのコメントには、発表会場での質疑応答についても言及されている。

この書を通して、大会当時の熱気を読者の皆様と共有することができるならば幸いである。

日本佛教学会

二〇一七（平成二十九）年十月

目次

《セッションコメント》

《論文》

日本佛教学会 第86回（2016年度）学術大会 発表次第

セッションNo.	発表者（推薦大学）	発表題目	掲載頁	コメンテーター（推薦大学）	掲載頁
1	新井 俊一（相愛大学）	人間と阿弥陀仏の時間・空間における関わり——親鸞浄土教における人間観——	1	藤嶽 明信（大谷大学）	209
	伊藤 真宏（佛教大学）	法然における凡夫救済の原理	13		
2	佐藤 智岳（九州大学）	一切智者論から見た「人間」	(1)	狩野 恭（京都大学）	218
	吉田 哲（龍谷大学）	修道論から見た仏教の人間観	(24)		
3	ロバート F. ローズ（大谷大学）	源信の人間観	30	伊藤 真宏（佛教大学）	224
	中西 随功（京都西山短期大学）	證空にみる人間の理解	52		
4	根本 裕史（広島大学）	ツォンカパの人間観	(44)	松本 峰哲（種智院大学）	230
	乾 仁志（高野山大学）	密教における「人間」定義	66		
	佐々木 大樹（大正大学）	弘法大師空海における「人間」定義	90		
5	横山 剛（京都大学）	アビダルマ範疇論の基礎をなす仏教的な人間理解——存在分析における五蘊の位置づけをめぐって——	(62)	宮下 晴輝（大谷大学）	238
	福田 琢（同朋大学）	阿闍世説話に見える説一切有部の人間観	(88)		
6	菅原 研州（愛知学院大学）	曹洞宗の人間観——その伝統と今後の展開について——	134	石井 清純（駒澤大学）	241
	中島 志郎（花園大学）	禅における成仏論	(117)		
7	原田 泰教（九州龍谷短期大学）	「六師外道」の人間観	(151)	藤井 教公（北海道大学）	248
	則武 海源（立正大学）	法華経の人間観	156		
8	吉村 誠（駒澤大学）	中国唯識学派のアーラヤ識説について	169	早島 理（龍谷大学）	253
	水谷 香奈（東洋大学）	慈恩大師基の教学における人間観について	186		
	山部 能宜（早稲田大学）	身心論の観点からみた瑜伽行派の人間観——アーラヤ識説を中心に——	(165)		

（ ）は横組の頁数

※本号掲載の論文題目は，大会当日の発表題目から変更されているものもあります。

人間と阿弥陀仏の時間・空間における関わり

——親鸞浄土教における人間観——

新井俊一

はじめに

『歎異抄』後序に、親鸞の言った言葉として、「煩悩具足の凡夫、火宅無常の世界は、よろづのこと、みなもつてそらごとたはごと、まことあることなきに、ただ念仏のみぞまことにておはします」とあるが、親鸞の人間観、世界観はこの文に端的に表されている。親鸞の言葉を言いかえると次のようになる——人間はいくら学問が深くても、いくら人格者だと言われていても、煩悩具足の凡夫の域を出られない。その住んでいる世界は火宅無常であって、その煩悩性の故に真実でないことを真実と思い、誠を行おうとしても誠を実行することができない。そして久遠の過去から定まった方向もなく流転を繰り返してきた。このような苦衷からは、自分の努力ではとても出離することはできない。このような救われ難い人間を、阿弥陀仏は真実心から名号という助け船を出して、救おうとしてくださる。人間はその名号を称えることによって阿弥陀仏の呼びかけに応えて浄土への道を進むことになる——。

そこで本論では、人間の苦悩と阿弥陀仏による救済を、両者の時間と空間における関わりという観点から考察しようと思う。

一、無量寿と無量光の働き

阿弥陀仏は『大無量寿経』で無量寿仏、無量光仏と呼ばれているように、無量の命と無量の光で人間を救おうとする。無量寿仏と呼ばれる所以は、この仏が過去から現在・未来にわたって、いかなる時にも倦怠なく人間を救おうとするからであり、無量光仏と呼ばれるのは、宇宙のどこにいても、救済の手をさしのべてくださるからである。仏の時間についてさらに考えると、それは「過去・未来・現在の仏、仏と仏とあひ念じたまふ」（大無量寿経巻上）とあるように、静止的・超越的・共時的時間である。「静止的時間」とは、阿弥陀仏は全ての煩悩を超越しているが故に、究極の寂静の中にあって、過去・現在・未来を一望のもとに見られるからである。

無量寿とは「量ることのできない命」を意味するが、必ずしも終わりのない「永久」を意味するものではない。永久に生きる仏となると、人間存在とは無関係に生きる仏となり、諸行無常を教えの根本とする釈尊の教えと矛盾することになる。実際、『大無量寿経』の異訳の経『平等覚経』には、「（釈迦）仏言《のたまわ》く、無量清浄仏、そのしかる後に至りて、般泥洹《はつないおん》したまふ」[1]とあり、阿弥陀仏が遠い未来に涅槃に入ることが予告されている。法然も「逆修説法」の中で弥陀入滅に言及している[2]。これに関して『大般涅槃経』では釈尊が、「善男子、わがいふところのごとし。阿闍世王の為に涅槃にいらず。（中略）われ〈為〉といふは一切凡夫、〈阿闍世王〉とはあまねくおよび一切五逆を造るものなり」[3]と言っており、一切凡夫の中の最後の一人を救うまでは涅槃に入らないと言っている。大切なことは、阿弥陀仏は衆生とともに、衆生に寄り添って生きる仏であるということである。言いかえると、阿弥陀仏は衆生の最後の一人を救って初めて涅槃に入ることになる。すなわち無量寿は、無量の慈悲を表している。

無量光は「量ることのできない光」を意味し、この仏の無量の智慧の働きを象徴する。阿弥陀仏は智慧の光明によって衆生を救うわけである。その救済の仕方は至れり尽くせりであり、その光は辺際なく（無辺光）、何によっても妨げられることがなく（無碍光）、人を貪欲・婬欲から解放し（清浄光）、人を怒りから解放して歓びを与え（歓喜光）、愚痴から解放し（智慧光）、等々、煩悩にまみれて苦悩する人間を徹底的に浄土の衆生に変革しようとする。(4)

こういう如来の智慧の光によって作り出された空間が安養浄土、安楽国、極楽浄土などと呼ばれる仏国土である。この国土は無辺際であるから、如来の立場から言うと、我々人間が住む穢土もその中に包含されていることになる。浄土・穢土という対立を生みだしているのは、人間の煩悩である。ちなみに、浄土に辺際がない、と言っても物理的に無限だというわけではない。無量寿と同様に、迷いの中を宇宙の果てまで逃げまわっている衆生を摂取してくださる、という点で無辺際なのである。

無量寿と無量光の関係について、法然は興味ある論述をする。すなわち、無量寿と無量光とでは、無量寿が能持であり、無量光が所持である。いくら無量光の働きが勝れていても、阿弥陀仏が成仏以来十劫の今まで生きていてくださらなかったら、我々は救われなかったであろう。従って、寿命無量を誓った第十三願が全四十八願の根本である、と法然は言っている。(5)言いかえると、無量の命を持つ阿弥陀仏が、手足である無量の光によって迷える衆生を摂取して仏の世界に導く、というわけである。

以上、阿弥陀仏の二大特性である無量寿と無量光について考察した。次に阿弥陀仏の救済の対象である衆生、とりわけ人間の状況を考えてみる。

二、衆生・人間の有様

1、流転の生

一方、衆生の方は、久遠の昔から六道の中を流転・輪廻しており、幸運にも人間として生まれた現世で仏の教え（法）に出遇わなければ、再び迷いの世界に戻ってゆく運命にある。衆生の流転の原動力は業（karma）である。迷いの世界は業が引き起こす因果の世界である。しかし釈尊が四諦八正道の教えに述べたように、業を引き起こし、苦悩の源となるのは人間の持つ煩悩である。

こうした人間の有様を『大無量寿経』は次のように述べている。

しかるに世の人、薄俗にしてともに不急の事を諍ふ。この劇悪極苦《ぎやくあくごつく》のなかにして、身の営務《ようむ》を勤めてもつてみづから給済《きゆうさい》す。尊となく卑となく、貧となく富となく、少長・男女ともに銭財を憂ふ。有無同然《うむどうねん》にして、憂《う》思《し》まさに等し。屏営《びようよう》として愁苦《しゆうく》し、念《おもい》を累《かさ》ね、慮《おもんぱか》りを積みて、（欲）心のために走り使はれて、安きときあることなし。

（大無量寿経巻下）

このような衆生が煩悩に狂わされて悪を重ねると、「後に殃罰《おうばつ》を受けて、自然に悪道に趣向す」（大無量寿経巻下）ということになる。

言いかえると、法に目覚めない人生は、業と因果の法則に縛られて、限りなく迷いの生を続けて行くということである。その場合、迷いの衆生はそれぞれの生で、有限で直線的・不可逆的・通時的な時間の中で生き、有限の空間を出ることがない。人間の苦悩は、自己の活動域と活動時間を衝動的に広げようとする煩悩と、人間の住む時間・空間の有限性との相克から起こると考えてよい。

こういう時間的・空間的有限性を物理的に打破しようとする試みは、それぞれの時代の権力者などによって行われた。あるいは遺体をミイラ化し、あるいは壮大な墳墓を作り、あるいは勇猛さで名前を後世に残そうとし、あるいは碑文などによって自分の業績を後世に伝えようとし、あるいは自分を神格化しようとした。しかし仏教の観点から言うと、これらの試みは極めて自己中心的であり、多くの人々の犠牲の上になされたから、彼らの死後の行方は知るよしもない。

2、末法の時代

人間の直線的・不可逆的・通時的時間を典型的に示すものとして、末法思想がある。その詳細については諸説の間に相違があるが、どれも釈尊から時が経つほど仏教が衰え、社会も混乱してゆく、という考え方である。正法五百年、像法千年、末法万年という最も普通に採用されている三時観によると、正法の時代には教・行・証の全てが効力を持っている。像法千年には、教と行があるが、証はない。そして末法の時代には教だけあっても、正しく行ずるものはなく、その結果、証を得るものもいない。末法の時代を過ぎた法滅の時代には、教さえ残っていない。すなわち人間は釈尊の時から時代を下るにつれて、限りなく絶望的な流転の生をたどって行くことになる。

しかし親鸞が最晩年に著述した『西方指南抄』によれば、親鸞の師・法然は、釈尊の示した聖道門の仏教が栄えた正法の時代にさえ、本当に仏果を得たものは少なかった、と言ったと伝えられている(6)。当然親鸞もその考え方に従っていると思われる。つまり古今を通じて、大衆は常態的に無教・無行・無証の闇の中に呻吟してきたのである。『大無量寿経』（流通分）では、釈尊がこのような時代の推移を見越して、法滅の時代に入っても百年間、慈悲によって特にこの経を留めることにしよう、と言っている。言いかえれば、阿弥陀仏の救いは釈尊の時代以前、十劫の昔からあったのであるが、行もなく証もなくなり、聖道門の仏法も効果をなくした末法の時代になって、ますますその輝きを増してきた、というわけである。

三、阿弥陀仏・諸仏・諸菩薩による衆生済度の働き

ここでは、阿弥陀仏および諸仏・諸菩薩が静止的・超越的時間から様様な方法（方便）によって、直線的・不可逆的時間に生きる衆生を済度しようとする働きについて考えてみる。

1、八相成道

『大無量寿経』の序分に、「八相成道」と呼ばれる部分がある。釈尊の説法を聞いている無数の大乗の菩薩たちは「みな普賢大士の徳に遵《したが》へり」とあり、「無量の世界において等覚を成ずることを現じたまふ」とある。すなわちこれらの菩薩は釈尊の悟りをそっくり体得していた、というわけである。これらの菩薩は一定の類型に従った人生を送るとされる。すなわち、①兜率天《とそってん》から白象に乗ってこの世に降りる、②母胎に宿る、③右脇から出生する、④老病死の無常を感じて王宮を出る、⑤菩提樹下で悪魔を降伏《ごうぶく》する、⑥正覚を開く、⑦法を説き教化をする、⑧滅度を現ずる、という八段階からなる人生行路である。

言うまでもなく、これは釈尊の人生行路を原型としたものである。これに従うと、仏も菩薩も悟りの内容において違いはなく、菩薩として肉身を持った以上は、仏の意を体して菩薩行として衆生済度に携わる、ということになる。しかも「滅度を現ずる」のであるから、完全に消滅するのではなく、また救いを求める衆生に応じて現れることが暗示されている。これは時間論から言うと循環的時間と言うことができる。前に阿弥陀仏の時間は静止的・超越的・共時的時間だと言ったが、それは同時に躍動している時間であり、如来の時間が衆生の時間と遭遇するとき

には循環的時間となる。この八相成道という人生行路をたどる諸仏・諸菩薩は、衆生との関わり方によって、化身、還相の菩薩、諸仏などの姿を取ることになる。

2、化身の循環的出現

「化身」とは仏の四身説の第四で、一人一人の人間を仏道に導くために、阿弥陀仏がその人を最も導きやすい姿で現れることを言う。法然は善導について「また善導和尚は弥陀の化身なり。浄土の祖師おほしといへども、ただひとへに善導による」[7]と言っている。

また親鸞は『高僧和讃』の中で、

世々に善導いでたまひ
法照・少康としめしつつ
功徳蔵をひらきてぞ
諸仏の本意とげたまふ
（高僧和讃　六二）

と詠って、善導が生まれ変わって法照・少康となったことを讃え、法然については、

命終その期近づきて
本師源空のたまはく
往生みたびになりぬるに
このたびことにとげやすし
（高僧和讃　一一一）

と詠って、源空が過去にインドで声聞僧として生まれ、中国で善導として生まれ、今回日本に生まれて専修念仏を広めたことを讃えている。親鸞は『西方指南抄』の中で、法然が阿弥陀仏もしくは勢至菩薩の化身であり、善導大

師のお心を継承した方だということを伝えようとしている。(8) このように、仏・菩薩たちも衆生の六道輪廻と並行して、生まれ変わり死に変わりしながら衆生済度に携わる。これは如来の超越的時間の中から衆生の直線的・不可逆的時間への能入であると考えられる。

3、往相回向と還相回向

往相回向とは、阿弥陀仏の功徳回向によって衆生が念仏・信心の仏道に導き入れられ、浄土への旅をすることを意味し、還相回向とは、浄土に生まれた念仏者が再び阿弥陀仏の功徳回向によって穢土に戻り、衆生済度の働きをすることを言う。この考え方は法然にも現れている。すなわち『西方指南抄』の「一六、正如房に遣はす書」の中に次のような文がある。

（前略）ただかまへておなじ仏のくににまいりあひて、はちすのうえにてこのよのいぶせさをもはるけ、ともに過去の因縁をもかたり、たがひに未来の化道をもたすけむことこそ、返す返すも詮にて候ふべきと（後略）。

ここでは法然は重病の正如房に、ともに浄土に生まれて、将来また穢土に戻って迷える衆生を化道することを話し合おう、と言っている。(9) 親鸞は法然の教えをさらに教学的に整えて、『教行証文類』の「証巻」に還相回向釈を設けている。

そうすると、我々人間の周りには数えきれない還相の菩薩がいることになり、直線的・不可逆的時間に見える人間の時間が、実は浄土の循環的時間の中に組み込まれていることが分かる。

4、諸仏

仏典には「諸仏」という言葉が頻繁に現れる。『仏説阿弥陀経』では証誠段に、東南西北下上の六方にそれぞれガンジス河の砂ほどの諸仏がおられるとあり、この世界から遠い存在のように聞こえるが、それらの諸仏は口をそろえて、「汝等衆生は、まさにこの不可思議の功徳を称讃したまふ一切諸仏に護念せらるる経を信ずべし」とのまことの言葉を説かれる、とあるから、これらの諸仏は人間にごく近い存在であろうと思われる。

これに関して、親鸞の書簡集『末燈鈔』の第七通に、門弟の浄信房から来た問い合わせの文がある。その中で浄信房は「願成就の文に、〈十方恒沙の諸仏〉と仰せられて候ふは、信心の人とこころえて候ふ」と言っている。それに答えて親鸞は「まことの信心の人をば諸仏とひとしと申すなり」と言っている。浄信も親鸞も、諸仏を身近な信心の人と見なしている。そうすると、前出の還相の菩薩と同様、阿弥陀仏の名代として私たちを浄土に導く働きをする諸仏は、我々の身の周りにたくさんいることになり、知らないうちに我々は浄土の時間・空間に組み込まれていることになる。

四、阿弥陀仏の時空と人間の時空の接点

右にも述べたように、阿弥陀仏の時間は無限の循環的・超越的・共時的時間であり、その空間は無辺際・無碍・清浄である。もともとは阿弥陀仏は「いろもなし、かたちもましまさず」（唯信証文意）といわれる法身であるが、それが阿弥陀仏という形を取って人間の有限な直線的・不可逆的・通時的時間と関わってくる（報身）。阿弥陀仏といっても姿・形を超越しているが、人間と関わるために名号として現れる。名号（南無阿弥陀仏）は、阿弥陀仏の超越時間と人間の有限時間との接点として働く。人間は名号を通じて広大な阿弥陀仏の無碍の時間に導かれるわけである。

阿弥陀仏の智慧の光明は、また名号の真実を説く釈尊（応身）と、釈尊の意を体して本願の教えを伝える無数の

諸仏・諸菩薩（化身）という形を取る。これら諸仏・諸菩薩は阿弥陀仏の第十七願の働きによって名号を讃え、人間に念仏を勧める。人間は諸仏の称名を聞いて初めて阿弥陀仏の本願を信じ、念仏する身となる。そこで初めて如来の時空と人間の時空が接して、如来の時空に人間が摂取されることになる。

この点をさらに注意深く考えると、親鸞は『大無量寿経』巻下にある第十八願成就文の中の「即得往生住不退転」の「即得」を釈して、「即の言は願力を聞くによりて報土の真因決定する時剋の極促を光闡するなり」と言っている。[10]人間が阿弥陀仏の本願を信じ、名号を初めて「聞」いたとき、即の時にその人は阿弥陀仏の大いなる時間と空間に懐かれることになる。これが信心獲得の瞬間であり、その人は往生すべき身、仏と等しい身となる。この阿弥陀仏の超越的時空と人間の不可逆的時空の合一の瞬間を『大無量寿経』は「それかの仏の名号を聞くことを得て、歓喜踊躍して乃至一念せんことあらん。まさに知るべし、この人は大利を得とす。すなはちこれ無上の功徳を具足するなり」[11]と言っている。人間が決定的に浄土の時空に迎え入れられた瞬間を言っている。

まとめ

最初にも言ったように、人間の本質は「煩悩具足の凡夫」であり、その住む世界は「火宅無常の世界」である。それは「業道自然」という言葉があるように、人間の行為（業）に煽り立てられた因果の世界である。そこでは人間は、自分の力で苦悩の生を出離することのできない存在である。

それと同時に人間は、苦悩と流転の中に生きるが故に、阿弥陀仏の慈悲を受けることのできる存在である。『大無量寿経』に「かの仏国土は無為自然にして、みな衆善を積んで毛髪の悪もなければなり」[12]とあるように、阿弥陀仏は、人間の時間と空間を超越した無量寿の時間と無量光の世界にあって、様様な方便によって衆生を苦悩から救い出そうとする。究極的に人間にとっては、本願に目覚め、本願を信じ、念仏に全てを託すことが苦悩からの解脱の道である。親鸞はこれを、

南無阿弥陀仏をとなふれば
この世の利益きはもなし
流転輪廻のつみきえて
定業《じょうごう》中夭《ちゅうよう》のぞこりぬ　（浄土和讃　九九）

と詠っている。

もう一つ大切なことは、一旦浄土に生まれたものは、阿弥陀仏の還相回向により、旧里の穢土に戻ってきて衆生済度に従事するということである。人間は阿弥陀仏に救われるだけではなく、他の衆生を救う側に立つことのできる存在なのである。

註

（1）『真宗聖教全書』一、一〇七頁。
（2）親鸞『西方指南抄』「弥陀入滅」（『真宗聖教全書』四、八二―八四頁）。
（3）親鸞『教行証文類』信巻（末）逆謗摂取釈（『真宗聖教全書』二、八七頁）。
（4）親鸞『西方指南抄』「一、法然聖人御説法の事　光明功徳」（『真宗聖教全書』四、七〇―七七頁）。
（5）『西方指南抄』「一、法然聖人御説法の事　寿命功徳」（『真宗聖教全書』四、七八―八一頁）。
（6）『西方指南抄』「二四、念仏大意」（『真宗聖教全書』四、二二二―二二三頁）。

(7)『西方指南抄』「一四、実秀の妻に答ふる書」(『真宗聖教全書』四、一八五頁)。
(8)『西方指南抄』「二、公胤の夢告」(『真宗聖教全書』四、一二五頁)、「四、法然聖人御夢想記　善導の御事」(『真宗聖教全書』四、一三〇頁)など。
(9)『西方指南抄』「一六、正如房に遣はす書」(『真宗聖教全書』四、二〇〇頁)。
(10)『教行証文類』行巻、六字釈(『真宗聖教全書』二、二二頁)。
(11)『大無量寿経』巻下　流通分　弥勒付嘱(『真宗聖教全書』一、四六頁)。
(12)『大無量寿経』巻下　正宗分　釈迦指勧　五善五悪(『真宗聖教全書』一、四一頁)。

参考資料

『真宗聖教全書』一(『大無量寿経』、『仏説阿弥陀経』、『平等覚教』)真宗聖教全書編纂所、一九八〇年。

『真宗聖教全書』二(『浄土和讃』、『唯信証文意』、『教行証文類』)真宗聖教全書編纂所、一九七七年。

『真宗聖教全書』四(『西方指南抄』)真宗聖教全書編纂所、一九八〇年。

『浄土真宗聖典(註釈版)』浄土真宗本願寺派、二〇〇四年。

新井俊一『親鸞『西方指南抄』現代語訳』春秋社、二〇一六年。

キーワード　如来の時空、衆生の時空、摂取不捨

法然における凡夫救済の原理

伊藤真宏

はじめに

今日、現代社会の私たちは、科学の発達の恩恵を被り、夢見た「未来」を享受していると言えよう。様々な事柄が分析され、追究され、解明され、日常生活においては、限りなく便利に、限りなく楽に、限りなく豊かになっている。今後もさらにそうなっていくに違いない。一方、心に目を転ずればどうか。便利に楽に豊かになることは、心に充実感をもたらし、余裕と安心の中で暮らせると考えたいが、夢見た「未来」が実現した今、充実や余裕や安心をもたらしてくれている実感がない、という現実があろう。

日本佛教学会において今回、「人間」の定義について議論されることになった。「趣旨」に述べられているように(1)、今日的課題の、「脳死・臓器移植」「生命操作」「自然とのかかわり」「延命」「人工知能」「クローン」などという問題に対して人間が宗教的方向から答えを見出すために、改めて仏教における「人間」を確認し直すという意図があるだろう。科学の発達によって様々な事柄が解明され証明されて、様々な現象が、仏教が想定していない領域に達している（あるいは、想定しているかも知れないが、それを了解できない私たちは）今日、生命の根幹にかかわる問題に直面し、仏教がどのように応答するのか、非常に興味深い。その足掛かりとして、仏教の諸相の一つ、法然浄土教思想から「人間」をどう定義しうるか、確認してみたい。

一、宗教、仏教、法然思想

そもそも、宗教とは何であろうか。ここで宗教に関する定義づけや議論を展開するつもりはない。ただ、人間のみが宗教を持っているとすれば、宗教の必要は「人間らしさ」を意味することになる。

松沢哲郎は、チンパンジー研究を通して、人間とは何かと問う。その編著『人間とは何か』(二〇一〇年、岩波書店刊)で、

想像力。イマジネーション。目の前にないものに思いをはせる。それがすぐれて人間を人間たらしめている特徴なのだろう。逆に言うと、チンパンジーは今、現在、目の前にあるものの中で生きている。(中略)メンタル・タイム・トラベル(想像できる時間)、メンタル・スペース・トラベル(想像できる空間)、その範囲が両種で違うという表現もできるだろう。(中略)一つの例を示そう。レオという名の若い男性のチンパンジーである。24歳で突然発病して、首から下が麻痺して動けなくなった。体重も激減した。獣医師や飼育担当者や大学院生たちの不休の努力が実って、二年半後の現在、自力で座れるまでに回復した。彼を見ていると、寝たきりで褥創まみれになり、骨と皮だけにやつれたときでも、精神的に落ち込む様子はまったく見られなかった。首から上は元気なころのレオと変わらない。チンパンジーは明日のことをくよくよ考えないのだろう。過去をひきずり、将来を憂え、彼我の差に思いをめぐらす。すべて、目の前にないものに思いをはせる力に起因している。チンパンジーは絶望もしないし、希望ももたないだろう。人間は想像することによって、絶望もするが、希望をもつことができる。(2)

と語っている。このことは我々に重要なことを示唆している。人間とチンパンジーの全ゲノムの塩基配列の違いは約一・二三パーセントしかなく、松沢は「人間は98・77％チンパンジー」(3)と表現する。その、ほぼチンパンジーである人間が、メンタル・タイム・トラベル（想像できる時間）、メンタル・スペース・トラベル（想像できる空間）、の能力を持つことで人間と言うなら、それが宗教に連なっていくことは、誰もが肯くであろう。

我々は過去に思いをはせ、未来に思いをはせ、隣に座る人に思いをはせ、地球の裏側はもちろん、宇宙の果てまでに思いをはせる。その範囲は時空に縦横無尽といっても、とどのつまりは「死」ということに突き当たる。今、意識のある自分が「やがて死すべき」ことを想像することとなる。自分はいずれ死ぬ、死によってすべてが終わり、今のあり様や構築したもの、取り巻く一切の事柄がすべて無となるような、そして死により無に帰すならば今のあり様も無意味なような、そういう心持ちが想像されてくる。昼間の明るい光が、暗黒の闇に吸い込まれるように、色とりどりに描かれた絵画が、墨をぶっかけられ真っ黒になるように、死が自分の全てを漆黒の闇に引きずり込んでいく。そういう「死」への想像が、その「死」を如何に超越していくか、という本質的課題へ向かわせ、その超克のために宗教がある、と言える。

死で全てが終わる、何もかも終わり価値の無いもの、と考え、だから、死が恐ろしく、死にたくない。死とは何か、死後どうなるのか、その答えを求め、古来不老不死の方法が模索され、解決すべく宗教が必要とされたと言えよう。

様々な宗教が、その「死」に意味を与え、「死」に価値をもたらし、「死」を絶望から希望に転換させ、人の心と人生に潤いを与えてきたと言ってよいであろう。およそ宗教とは、おしなべて「死」を解決するということで共通しているのである。

仏教は、釈尊の教えである。その出家への過程で、「四門出遊」のエピソードはあまりにも有名である。王家の生まれ育ちで何不自由ない生活なのにふさぎこむ王子は、気晴らしに城外へと勧められ東門から出発するが、老人の姿に愕然として帰る。次に南門から出発すると、病人を見て悄然と引き返す。今度は西門から出発すると葬送の列に遭遇し、「死」を自覚し慄然として戻る。そして北門から出発した時、心静かな修行者に出会い、出家を決意したという。そのことが真の出家の動機かどうかの、学問的な議論[4]はともかく、人間自身の力では解決しえない難題、即ち努力や根性で克服されない老、病、死が人間には根本の課題として横たわっており、仏教はまさに「死」の解決を問題としたと言える。

仏教は、「死」も「苦」の一部であり、「四苦八苦」の説明によってこの世の一切が「苦」であって、その「苦」の原因を追究し「集」「滅」「道」と導いて四諦八正道が提示されていることは言うまでもない。苦の原因は執著であり、執著を滅した正しい行動や判断によってこそ心の平安が保たれ、苦から解放される。それは一貫して伝承される仏教の根本思想であり、その実践こそが「死」の克服に連なっていくであろう。

いずれ死すべき存在であることは、誰もが知っていることであり、分かっていることであるはずだが、自分が「今」、もしくは「近い将来」に死ぬ、というようには自覚しない。そして、「今」、もしくは「近い将来」に死ぬ、と突き付けられた時、「何故」「自分が」という思いが浮かんでくる。そこには、常識的に人間はいずれ死すべき存在、と自覚しつつも、今、自分が死ぬとは考えていない現実の自分が見出せる。つまり、今は死ぬはずがなく健康的に生活することを有り難いとも思わずにいる、欲望の思い描くままに生きる理想の自分と、降りかかってくる非情にして厳然たる現実とのギャップが「苦」と認識されるのであろう。もっと端的に言えば、いずれ死ななければならないことは理解できるが、今は死にたくない。この「今」に執著することこそ、「苦」である。

仏教は、この「今は死にたくない」という執著を捨て、「いずれ死ぬ」けれども、その日まで生き切ることを提唱していると言えよう。起きてくる現実と欲望とのギャップこそ「苦」であり、起きてくる現実を受容し冷静に対処することが仏教であるとも言えよう。

ところが、現実の我々は、仏教がそれを提唱し、なるほど「苦」の原因は他でもない自分の執著にあるのだ、と理解できても、自分のこととは認識しない。この「自分のこと」と認識できない「現実の我々」が、法然浄土教思想における「人間」についてのキーワードである。「現実の我々」に注視しつつ、法然思想について見ていこう。

二、法然思想の根幹

仏教においては、「苦」の原因は執著とみて、執著を捨て、起きてくる現実を受容し、その結果、心の平静が保たれ、「苦」が消滅するのであるが、「現実の我々」は、それが理解できたとしても、我が身に引き当てて考えることができない。「死」を例にすれば「自分が今」、となった時には、「なぜ私が」、という心境に陥るのが、「現実の我々」である。そして、ほとんどの人が、そういう心境になってしまう。

法然（一一三三―一二一二）は、美作国久米郡久米南条稲岡荘（現在の岡山県久米郡久米南町）に、押領使の子として漆間家に生を受けた。その九歳の時、対立勢力から夜襲を受け、父が亡くなる。武士の子として生まれた法然は、当然、仇討ちがその義務になるはずであった。しかし法然の伝記は、やがて死せんとする父に、遺言として次のように語らせる。

汝さらに会稽の恥をおもひ敵人をうらむる事なかれこれ偏に先世の宿業也もし遺恨をむすははそのあた世々につきかたかるへししかしはやく俗をのかれいゑを出て我菩提をとふらひみつからか解脱を求には

（『法然上人行状絵図』第一巻）(5)

これが法然出家のきっかけとなるできごとになった。法然の伝記は多数あるが、こぞってこの夜襲により命を落とす父の遺言が、法然の出家を方向づけている。

武士としての素養を身につけさせられた法然であろうから、夜襲という卑怯な手段で父が命を落とすことには、一定の感情が芽生えていたであろう。「会稽の恥をおもひ敵人をうらむ」「遺恨をむすはは」という表現がなされるように、敗戦の恥を仇討ちによって晴らすことが、武士としての子の務めということであった。それが、遺言では、俗世間を逃れ出家して父の菩提を弔うことと自分の解脱を求めよ、というものであったから、それを聞いた法然の衝撃は如何ほどのものであっただろう。夜襲を経験し、父が殺され、臨終間際の父から出家せよと言われたのであるから、この連続の打擲は、わずか九歳の法然の心に、到底耐えられようはずのない傷を負わせたことであろう。

独り子であり、押領使漆間家の家督を継ぐべき法然が、もし遺言通り出家すれば、漆間家を相続するものが無くなり、断絶してしまうことは明らかである。そう簡単には決心できるものではあるまい。相当な葛藤があったことであろう。しかし遺言の重みは何にも代え難く、仏道への道が開いていく。この、「敵人をうらむ」ことを断念しての出家こそ、法然に「現実の我々」の視点をもたらすことになったと言えよう。つまり、現実の我々は、仏教がそれを提唱し、なるほど「苦」の原因は他でもない自分の執著にあるのだ、と理解できても、自分のこととは認識しない。この「自分のこと」と認識できない「現実の我々」という深い自覚は、仏道修行でどこまでも深い執著を限りなく断じていき、底無しの煩悩をできる限り排除していっても、どうしても捨て切れない感情を法然の中に残してしまったのである。それは、父を殺された恨み、その父から仇討ちを断念させられる悔しさ、家系断絶への思い、心ならずも出家となることへの決意、母との別れの寂しさ、それら現実に対する「負の感情」が複雑に入り組んだ、しかし一生忘れることのできない深い重い感情が法然の心に渦となって、断じても断じ切れない、排除しても排除できない煩悩を法然に自覚させることになったのである。

法然思想の根幹は、これにある。つまり、断じても断じ切れない、排除しても排除できない「煩悩」を自覚させられた法然自身の経験こそ、阿弥陀仏の慈悲に触れられる出発点となったと言えよう。理想として、仏教において悟りを目指し、修行して自らを律し、戒を保って禁欲し、追求していっても、どうしても残る煩悩性、願望として、菩薩道を邁進して衆生救済をかかげ、その完成を目指しても、自分が人間として生きていく上で不可欠なものを優先せざるを得ない現実の人間性、それらを偽りなく認め、深く自覚することこそ、法然浄土教思想における出発点なのである。

三、絶望（苦悩）→希望（自信）→救済（確信）

法然の、そのような、絶望から阿弥陀仏の慈悲に触れて念仏信仰を体得し、さらに阿弥陀仏の本願を確信して救済されゆく過程を見てみよう。それを確認することは、まさに法然の中に「人間」を見、延いては法然浄土教思想における「人間」の定義を見ることができるからである。その法然の思想遍歴について、法然自身の述懐がある。

a　出離の志ふかかりしあひた、諸の教法を信して、諸の行業を修す。

b　おほよそ仏教おほしといへとも、所詮、戒定恵の三学をはすきす。所謂、小乗の戒定恵、大乗の戒定恵、顕教の戒定恵、密教の戒定恵也。

c　しかるにわかこの身は戒行にをいて一戒をもたもたす、禅定にをいて一もこれをえす。人師尺して、尸羅清浄ならされは、三昧現前せすといへり。

d　又、凡夫の心は物にしたかひてうつりやすし。たとへは、猿猴の枝につたふかことし。まことに散乱して動しやすく、一心しつまりかたし。

e　無漏の正智なにによりてかをこらんや。若、無漏の智劔なくは、いかてか悪業煩悩のきつなをたたんや。

悪業煩悩のきつなをたたすは、なんそ生死繋縛の身を解脱することをえんや。

f　かなしきかなかなしきかな、いかかせんいかかせん。ここに我等ことときはすてに戒定恵の三学の器にあらす。

g　この三学のほかに我心に相応する法門ありや、我身に堪たる修行やあると、よろつの智者にもとめ、諸の学者にとふらひしに、をしふるに人もなく、しめす輩もなし。

h　然間、なけきなけき経蔵にいりかなしみかなしみ聖教にむかひて、手、自、ひらきみしに、善導和尚の観経の疏の、一心専念弥陀名号　行住坐臥不問時節久近　念々不捨者　是名正定之業　順彼仏願故といふ文を見得てのち、我等かことくの無智の身は、偏にこの文をあふき、専、このことはりをたのみて、念々不捨の称名を修して決定往生の業因に備ふへし。（『法然上人行状絵図』第六巻）(6)

a、bにおいて、法然は仏道修行に邁進し、それは、ありとあらゆる学問を身につけ、徹底的に実践したことを述べている。結果、仏教は三学、即ち、戒、定、慧が全てであると会得する。小乗大乗顕教密教が全てで戒定慧であるからには、一切の仏教がそうである、ということである。仏教八万四千の法門も、戒を保ち煩悩を削ぎ落としていき、禅定により煩悩に左右されず正しく物事を認識する、そうすることで目の前にあっても気づけなかった真理真実が如実知見される、と法然は諒解した。要するに、戒定慧をしっかり実践することで、仏道修行は完遂され、自ずと出離解脱に導かれる。

ところが、法然は自身のあり様として、cの如き吐露をなす。自分自身が戒を保ち禅定を実践して、それまで自らの煩悩によって阻まれて見えなかった智慧、即ち真理、真実が如実知見されることを期待していたのに、あろうことか、自分自身に、戒を保つ力が無いことを突き付けられた。「人師尺して、尸羅清浄ならされは、三昧現前せすといへり」と言い、戒が保てないなら禅定も実現しないことを突き付けられて、全ての仏道修行に共通して必要な三学のその入口でつまずいた、と言うことになる。

仏道修行に邁進しようとしている人は誰でも、戒を守ることを心がけ、煩悩を排除していこうとする。そこで破戒して懺悔し、また心を入れ替えて仏道に励むだろう。そして多くは、その破戒について心に留めて反省し懺悔しつつも、繰り返して行なう破戒の、その現状に甘んじて、ともすれば、そこに目を瞑り、仏道に励む部分のみに注目して、そのあり様こそ、仏教における修行者のあり様だと納得しているのではなかろうか。

法然の「一戒をもたもたす」という言葉は、破戒の自分に目を瞑らない、自分自身の本質を自分でしっかり受け止めた恐ろしい心情の吐露と言える。心ならずも出家となって、仇討ちも家督も母さえも投げ打って、父の遺言通りに、父の弔いと自分の解脱を求めている法然にとって、その入口でのつまずきは、まさに絶望なのであって、全てを投げ打っての仏道修行において、それが叶わないことを突き付けられたのであるから、他に道の無い法然に、唯一の道を閉ざすものであったと言える。

dでは心が定まらないことを告白する。猿が木から木へ次々に渡っていくように心が散乱するという例えは、浄土宗開祖にして歴史的偉人の法然の心境といえば違和感を禁じ得ないが、修行者の告白として、これほど深く重い言葉があろうか。仏道においては禅定により心静かに物事の本質を捉えていくことが重要だが、一心として静まらない、という法然は、なんと正直なことであろう。

そして法然は、fにあるように「我等こときはすてに戒定恵の三学の器にあらす」と絶望し、gでさらなる模索を綴る。このfの一文には自分と、そして同時代を生きるほとんどの人々という意味が込められていよう。そして、この三学の器に無いという自覚のもと、仏教において自分にふさわしい法門があるのかという模索がなされる。

この述懐の時系列は定かでないが、法然の年譜に照らし合わせると、gの「よろつの智者にもとめ、諸の学者にとふらひしに、をしふるに人もなく、しめす輩もなし」という部分は、二十四歳時の、南都教学の諸学匠を歴訪したことに相当しよう。とすれば、次のhの「然間、なけきなけき経蔵にいりかなしみかなしみ聖教にむかひて」模索された期間が二十年に及ぶことになる。つまり「手、自、ひらきみしに、善導和尚の観経の疏の、一心専念弥陀名号 行住坐臥不問時節久近 念々不捨者 是名正定之業 順彼仏願故といふ文を見得てのち、我等かことくの無智の身は、偏にこの文をあふき、専、このことはりをたのみて、念々不捨の称名を修して決定往生の業因に備ふへし」と続くように、法然は、自分への絶望とわずかな希望を持っての二十四歳の諸学匠歴訪、しかし「をしふるに人もなく、しめす輩もなし」という再度の絶望。そういう状態の中、二十年の模索の末、四十三歳時に、心のおもむくままに開き見た善導『観経疏』散善義の一節により、ただひたすら念仏することが阿弥陀仏の本願に適うことに気づいた。阿弥陀仏の本願は救いの対象が「十方衆生」でありそれ以外の条件が無く、「一心に専ら弥陀の名号を念じ、行住坐臥に時節の久近を問わず、念々に捨てざる」ことでよいという善導の導きにより、仏教により悟るために重要な三学の、器に無いものに対しても、阿弥陀仏が救済を準備していたのであって、戒を保てない法然は、自分に適う教行はこれしかないと会得した。「我等かことくの無智の身は、偏にこの文をあふき、専、このことはりをたのみて、念々不捨の称名を修して決定往生の業因に備ふへし」という一文はその法然の心境をよく表している。法然はこの阿弥陀仏の本願によって、まさに自分と、そして同時代を生きるほとんどの人々が救済されることを理解した。

ここに法然の「人間」に対する意識がある。それは自分が自覚した人間の本質と、それがほとんどの人に共有される本質だということである。八万四千の法門中、阿弥陀仏のみが、戒を守れず精神集中もできない、物事を自分の煩悩にまみれた偏った物差しでしかはかれない、という自分とほとんどの人に向けて、誰でも何処でも修行可能な念仏によって救おうとしていた、ということを法然は見出したのである。法然の絶望は希望に転じた。三学を修すことができる限られた人、可能な人だけが悟りへ到達するのみで、仏教の救いの対象であるならば、そこから漏れるほとんどの人はどうなるのか。ほとんどの人が漏れるのが仏教なのか。絶望の中、必ず何かあるはずである、というわずかな希望を抱いたのであろう。一縷の望みがなければ、二十年に及ぶ模索は不可能であろう。そして四十三歳で回心し、専修念仏者となった。

この時、しかしまだあくまでも法然自身の回心であって、自信、つまり自らの信心の確立である。もちろん、法然は、阿弥陀仏の本願が自分を始めほとんどの人を対象としていることは、経典上は理解していて、その真実性を「信じる」ことに尽きてはいるのだが、この教行以外に、法然の依って立つものが無いからこその信心であった。

ここで注視すべきは、法然は、法然自身それを多くは語らないが、「三昧発得」(7)を重要視していることである。その教義書『選択本願念仏集』第十六章で、なぜ善導に依るかということについて、

問うて曰く、浄土の祖師その数また多し。謂く弘法寺の迦才・慈愍三蔵等これなり。何ぞ彼等の諸師に依らずして、ただ善導一師を用いるや。答えて曰く、これ等の諸師、浄土を宗とすといえども、いまだ三昧を発さず。善導和尚はこれ三昧発得の人なり。道においてすでにその証有り。故に且くこれを用う。

問うて曰く、もし三昧発得に依らば、懐感禅師もまたこれ三昧発得の人なり。何ぞこれを用いざる。答えて曰く、善導はこれ師なり。懐感はこれ弟子なり。故に師に依って弟子に依らず。いわんや師資の釈その相違はなはだ多し。故にこれを用いず。

問うて曰く、もし師に依って弟子に依らずんば、道綽禅師はこれ善導和尚の師なり。そもそもまた浄土の祖師なり。何ぞこれを用いざる。答えて曰く、道綽禅師はこれ師なりといえども、いまだ三昧を発さず(8)。

と言って、善導が三昧発得しているからと述べる。「道においてすでにその証有り」と言って、三昧発得の師である善導が、浄土教思想の真実性を立証しているという法然の認識が述べられる。また、回心した法然はすぐ比叡山を後にするが、その目的が、当時、三昧発得の人師として知られ、それが法然の耳にも聞こえていた、遊蓮房円照

（一一三九—一一七七）に会いに行くことだったと判明している。[9] 遊蓮房円照は善導による念仏を実践することで三昧発得していた。法然は、自身は経典と善導の導きによって、これしかないという心境で阿弥陀仏の本願の真実性を信じていたが、回心時にはもちろん三昧発得はしていない。しかし自分の到達した教行が間違いないものか、実際に三昧発得していた人が訪問できる範囲に存在するならば、当然、確認に行くという行動は理解できる。むしろ、居ても立ってもいられず、取るものも取り敢えず、一刻も早く出会いたいということであろう。法然は常に、「浄土の法門と遊蓮房にあへるこそ人界の生をうけたる思出にては侍れ」（『法然上人行状絵図』第四十四巻）と語っていたといい、三昧発得の人師としての遊蓮房円照を殊更重要視していることは確実である。つまりその行動は、念仏往生の真実性を証明したい法然の心情なのであり、善導を尊崇するのとは全く次元の異なる、まさに法然にとっての自己の信仰の真実性を実証する行動であると言える。

この円照との邂逅により、法然の自信はより確定的になり、専修念仏者としての法然という方向性が決定した。しかし自身の三昧発得にはさらに二十三年の歳月を要する。三昧発得は往生の必要条件ではないので、法然が自身の三昧発得に期待したりこだわったりした形跡は全くないが、六十六歳の年頭恒例の別時念仏中に、法然の三昧発得が実現。その後に『選択本願念仏集』が成立してくることは、意を注がねばならない。『選択本願念仏集』が九条兼実の要請で成ることは周知であるが、そもそも四十三歳の回心時か、その後の早い段階で、なぜ教義書が著されなかったのか。その頃にはまだ体系が整っていないとか、内専修外天台とか、諸説紛々だが、そういう素朴な疑問に対する合理的な解答は、寡聞にしてなされていないように思う。これを三昧発得を軸にすれば、答えは明らかであろう。つまり、法然が自身の三昧発得により、阿弥陀仏の存在や極楽浄土の存在が真実のものとなった。自身の確信が得られ、法然の中でその真実性が立証されたからこそ、その教義を著作として残す行動となったと言えよう。

四、確信を得た法然

阿弥陀仏や極楽浄土の実在性の証明を得て、浄土教信仰の真実性を確信した法然は、まさに阿弥陀仏に救済された存在となったと言ってよい。その真実性は、娑婆世界のあらゆる価値観を凌駕するものであり、自分の目の前の実際の現象よりも真実であるのが阿弥陀仏と極楽浄土である、という価値に生きることができるようになった。そうなれば、娑婆世界のあらゆるできごとは、かりそめの事柄であり、その事柄に一喜一憂することがない。起きてくる目の前のできごとも、うそ偽りなことであり、阿弥陀仏の極楽浄土に往生できることは真実なのであるから、意に介することはない。社会の秩序や制度といったものを超絶して真実性に触れた法然は、その社会秩序や制度に左右されずに過ごすことができるようになる。法然のそういう生き方を確認したい。

象徴的なことは、法然が弟子の不貞の疑いで責任を取らされ流罪になるできごとである。いわゆる建永の法難と言われるもので、住蓮と安楽という弟子が声が良いということで評判で、鹿ケ谷で信者を集めていた。その信者の中に御所の女房も居り、御所の許可を得ずに出家させたため、住蓮、安楽は死罪になった。その弟子の責任が法然に及び、法然は在家に還俗させられ、流罪になる。宣旨が下り実際に配所に送られるまでの間にも、法然は弟子に念仏を説き明かしている。その際、次のようなできごとがあった。

また一人の弟子に対して、一向専修の義をのべ給に、御弟子西阿弥陀仏推参して、かくのごとくの御義ゆめゆめ有べからず候、をのをの御返事を申給べからずと申ければ、上人のたまはく、汝経釈の文を見ずやと。西阿申さく、経釈の文はしかりといへども、世間の機嫌を存するばかりなりと。上人又の給はく、われたとひ死刑にをこなはるとも、この事いはずばあるべからずと、至誠のいろもとも切なり。見たてまつる人、みな涙をぞおとしける。

（『法然上人行状絵図』第三十三巻）

つまり配流の宣旨が下ってから、ある弟子たちに念仏を説き明かしていたところに、西阿という弟子がやってきて、決して念仏の話をしてはいけない、と法然を止め、聞いている弟子たちにも、返事をするなとたしなめる。それは、冤罪のようなできごとで弟子が死罪になり、法然も罪人として裁かれた時勢では、念仏の話をしていてはまずい、ということであろう。すると法然は「経典や論書を見ていないのか」と述べる。それは、経典や論書に真実が書いてあるのにそれをやめさせようとする西阿への言葉である。西阿はそれを聞いて、「経典や論書はその通りだが、今は世間に向けては、言わない方がよい」と申し述べる。そこで法然は「たとえ死刑になっても念仏のことを言わないわけにはいかない」と言い放つ。

要するに、法然にとっては念仏して往生することこそ真実であり、それ以外のことは全く意に介していないことが分かる。往生する真実と比べれば、この世での裁きはかりそめのものであり、それこそが間違ったできごとなのである。「死刑になっても念仏のことを言わないわけにはいかない」と言う法然は、娑婆世界の価値観をはるかに超越した法然の、信仰に生きる象徴的な姿と言ってよい。単に、法然の晩年をドラマティックなセリフで印象づけようというようなことでなく、念仏の真実性に生きた法然の姿なのである。

もう一つ、信仰に生きる法然を象徴する言葉がある。

宿業かきりありて、うくへからんやまひは、いかなるもろもろのほとけかみにいのるとも、それによるましき事也。いのるによりて、やまひもやみ、いのちものふる事あらは、たれかは一人として、やみしぬる人あらん。いはんや、又仏の御ちからは念仏を信するものをは転重軽受といひて、宿業かきりありておもくうくへきやまひをかろくうけさせ給ふ。いはんや非業をはらひ給はん事ましまささらんや。されは念仏を信する人は、たとひいかなるやまひをうくれとも、みなこれ宿業也、これよりもおもくうくへきに、ほとけの御ちからにて、これほともうくるなりとこそは申す事なれ。われらか悪業深重なるを滅して、極楽に往生する程の大事をすらとけさせ給ふ。ましてこのよにいか程ならぬいのちをのへ、やまひをたすくるちからましまささらんや、と申す事也。

（『浄土宗略抄』、『和語燈録』第二巻）

ここには、病や死に対してさえ意に介さない法然の姿を見て取れる。病を受けては拝み、死を意識しては祈る当時の貴族や武士といった権力者たちが当たり前に加持祈禱を行なっていた時代に、「いのるによりて、やまひもやみ、いのちものふる事あらは、たれかは一人として、やみしぬる人あらん」と言ってのけるのは、かなり刺激的で勇気のいることであろう。現在でも延命を願い無病息災を神仏に祈ることが実施されていることを考えれば、法然の先進性と冷静な判断力に驚かざるを得ない。極楽に往生することが真実であるから、娑婆世界での病や死を憂いたり嘆いたりする必要はなく、全く無意味ということになる。法然は、その自身の病や死をはるかに超越していたからこそ言えたことであろうし、またこの世の価値観をはるかに超越しているからこそ、常識的に行なわれていた加持祈禱の無意味さを言いたかったのであろう。

阿弥陀仏に救済された法然の姿は、宗教信仰によって救済された人間そのものであり、この娑婆世界での全てが終わる死、その意味で人間の最大の関心事である死を、はるかに超越した法然の姿を確認した。

むすび

法然の生涯の中に人間のあり様を見、その法然が絶望から希望を見出し、そして救済されゆく変遷を確認した。その人間とは、現実に起きてくるできごとの中で人を憎み恨む存在であり、守らねばならない戒を守れない存在であり、煩悩に左右され想いが千々乱れて心静まらない存在であり、断ち難い悪業煩悩の絆に繋がれた存在であり、仏教において悟りを目指したとしても、そのためには必要な三学が実践できず、その実践できないという深い自覚をうそ偽りなく受け入れるべき存在である、ということであった。そして法然は、自らのそんな人間の自覚が、ほとんどの人に適用されることに想いを致し、善導の『観無量寿経』の「九品」を全て凡夫と位置づけた「九品皆品」を受け継いで、それらを「凡夫」と述べたのである。

法然の中に、人間とは凡夫であり、その凡夫は自らの凡夫性に絶望し苦悩する、その凡夫に対して阿弥陀仏が既に救いの方法を準備していることに触れた時、希望を持ち、自信となる。自信の念仏実践中に、阿弥陀仏の慈悲に触れ、その光明に包まれる時、救済され確信となる。その確信が、娑婆世界でのあらゆる価値観を超え、秩序も制度をも超えた真実の世界をもたらした。いつでも何処でも誰でもできる念仏の真実性を証明し、死を超越した法然の姿は、仏教で死が超越できることを立証したことに他ならない。現実の人間性を認めて阿弥陀仏の真実なる慈悲に触れることができるということを見せられた法然の姿は、現代における仏教の必要性を肯定している、と言ってよい。

註

（1）「日本佛教学会２０１６年度学術大会第８６回大会」パンフレットの「趣旨」参照。

（2）松沢哲郎編著『人間とは何か』岩波書店、二〇一〇年、一二頁。

（3）同書三頁。

（4）並川孝儀著『ゴータマ・ブッダ考』（大蔵出版、二〇〇五年）の第四章「ゴータマ・ブッダ伝承の非史実性」に、釈尊出家の動機に関する詳細な議論がまとめられている。

（5）『法然上人行状絵図』は、法然の百回忌を記念して、それまでの伝記を集大成したとされ、現に浄土宗総本山知恩院に所蔵されている。百回忌の記念ということで成立が一三一一年前後となるが、特定はされていない。しかし、それ以前に成立した伝記との学問的検証により、法然を神格化したり法然の言動に整合性をもたせようとの意図も認められ、扱いには注意が必要。当該部分の「会稽の恥をおもひ敵人をうらむ」「遺恨をむすはは」という文章表現も、そのまま父が遺言として発したのかということは、不明と言わざるを得ない。しかし、武士の子として父の恨みを晴らす、ということを遺言で断念させ、それが仏道へのきっかけとなった、ということは、古い伝記でも共通しており、事実として認めてよいであろう。

（6）便宜上、『法然上人行状絵図』を引用したが、それ以前に成立する法然の法語集である『和語燈録』第五巻の「諸人伝説の詞」の中に、有力な弟子の一人、聖光が伝承した言葉として所収されており、法然自身の述懐として認められる。なお、理解に資するよう段落分けし記号を付したが、原文は段落分けされていない。

（7）三昧発得とは、浄土教において、念仏信仰の中で、阿弥陀仏に相まみえ、または自分の身の回りが極楽浄土に彩られる宗教体験である。阿弥陀仏の本願は三昧発得を往生の要件とはしていないので、その体験は往生には不必要である。つまり、三昧発得がなくても念仏していれば臨終に阿弥陀仏が来迎するので往生できる。法然は六十六歳時に三昧発得していることが『三昧発得記』によって知られるが、法然生前中は、法然自身が公開することは無かったと見られている。

（8）『浄土宗聖典』（原漢文。句読点改行は筆者による）第三巻、一八五頁。

（9）伊藤唯眞「遊蓮房円照と法然」（香月乗光編『浄土宗開創期の研究』平楽寺書店、一九七〇年所収）。

キーワード　法然、三学非器、凡夫、三昧発得、確信

源信の人間観

ロバート F. ローズ

はじめに

平安時代の天台宗の僧侶である恵心僧都源信（九四二―一〇一七）が寛和元年（九八五）の四月に完成した『往生要集』が、日本における浄土教の定着・発展に大きな影響を与えたことは周知の通りである。そのなかで源信は、この世はもはや濁世末代であるという認識に立ち、このような時代に生きる人々が無上菩提を得るためには、阿弥陀仏の本願を信じて念仏を修し、浄土に往生して、そこで成仏を期すべき以外の道はないと力説している。このような『往生要集』の教えは多くの人々の共感を得て、浄土教は一気に広まることとなったのである。

本論は『往生要集』に見られる源信の人間観について考察することを目的としている。『往生要集』を詳しく見ると、そのなかには重層的な人間観が示されているように思われる。第一に、源信は人間を、一方では六道の一形態である人道のなかで迷い苦悩する存在として受け止めつつも、他方では人間として生まれてきたからこそ、無始以来受けてきた六道輪廻の苦悩から逃れることができると説いているのである。このような六道輪廻の人間観には、現実の人間を苦悩に満ちた存在として捉えるペシミスティックな側面とともに、すべての人間には六道輪廻を超えてゆく可能性があることに力点を置いたオプティミスティックな側面もあるように思える。

では、どのようにすれば、六道輪廻を超えることができるのであろうか。これは仏教の修道論に関わる問題であるが、ここで源信の時代認識（時機観）に基づいた第二の人間観が示されてくる。すでに述べたように、源信は自分の生きる時代は濁世末代であると自覚していたが、このような自覚は彼の人間観に大きく影響している。本来、六道を超えて無上菩提を獲得して成仏するためには、厳しい菩薩行を完成しなければならない。天台宗の所依の経典である『法華経』の「提婆達多品」では、釈尊が前世に国王であったとき、無上菩提を求めて発願し、六波羅蜜を満足するために布施を勤行したが、「象馬、七珍、国城、妻子、奴婢、僕従、頭目、髄脳、身肉、手足」を惜しみなく施したことが語られており（大正蔵九、三四中）、また天台止観を説く『摩訶止観』では高度で奥深い修行法が示されている。しかし源信によると、濁世末代の衆生は煩悩に覆われ、悪縁に惑わされ、このような厳しい仏道修行に打ち込むことは極めて困難である。そこで、これらの衆生が六道から解放されるには、念仏を修し浄土に往生し、そこで功を積み、成仏の道を完成すべきであると説いたのであった。このような時機観に立った人間観にも、人間の能力の低下に焦点を当てたペシミスティックな側面と、このような時代でも、阿弥陀仏の本願を信じて念仏すれば、必ず無上菩提を得ることができるというオプティミスティックな側面がある。このような言説は、浄土教全体の基礎をなすものであるが、源信の人間観も、同様の視点から展開されていることに、先ずは注意しておくべきである。

一、『往生要集』撰述の背景

周知の通り、浄土教は慈覚大師円仁（七九四—八六四）によって日本天台宗にもたらされ、八〇〇年代の半ばには、毎年八月に二千人の僧侶によって七日間に亘って行われる「山の念仏」として、比叡山の年中行事の一つとして定着するほどになった。[1]しかし実際に延暦寺の僧侶によって浄土教関係の論書が著されるようになったのは、源信の一世代前に活躍した良源（九一二―九八五）、禅瑜（九一三―九九〇）や千観（九一八―九八四）の時代からであった。良源には『観無量寿経』の九品について注釈した『極楽浄土九品往生義』一巻が帰されており、[2]禅瑜には浄土教の教義に関する十の課題を取り上げた『阿弥陀新十疑』一巻が残されている。[3]また千観は『十願発心記』一巻という、短いながら注目すべき書物を著している。『十願発心記』のなかで千観は自ら発した十願を列挙し、それらについて詳しい自注を施しているが、それら十願のなか、第一願では浄土往生を願って修行することを誓い、第二願以降では浄土往生を遂げた際には、そこで様々な形で衆生済度を行うことを誓っている。[4]これは千観が浄土教に帰依し、その教えに従って菩薩道を実践することを誓っている点で興味深い。それはともあれ、これらの僧侶によって、源信が『往生要集』を撰述する一世代前には、天台宗的な浄土教言説が構築されつつあったことは重要である。

『往生要集』の奥書によると、源信はこの論書の撰集を永観二年（九八四）十一月に開始し、翌年（寛和元年）の四月にそれを完成している。この記述によると、源信はわずか六カ月で『往生要集』を書き終えたこととなる。しかし、この論書には百六十余部の経典論書から千近くの文書が引かれており、わずか半年で著されたとは考えにくいという意見が曽て示されたことがある。[5]これに対して速水侑博士は、源信はすでに天元四年（九八一）ころに、『往生要集』の部分的デッサンともいうべき性格も持つ『阿弥陀仏白毫観』を著しており、それ以降も浄土教の経典論書から要文を抽出する作業を行い、浄土教の研究を深めていったのであろうから、実際に『往生要集』を書き上げる時間は六カ月で十分であったであろうと推測している（速水、一九八八、九五―九六頁）。それはともかく、『往生要集』撰述の背景には、源信の長年の浄土教に対する学問的研鑽があったことは間違いないであろう。

二、『往生要集』の時機観

『往生要集』は次のような有名な序文から書き起こされている。

それ往生極楽の教行は、濁世末代の目足なり。道俗貴賤、誰か帰せざる者あらん。但し顕密の教法は、その文、一にあらず。事理の業因は、その行これ多し。利智精進の人は、いまだ難しとなさざらんも、予が如き頑魯の者、あに敢てせんや。この故に念仏の一門に依りて、聊か経論の要文を集む。これを披きてこれを修むれば、覚り易く行じ易からん。（大正蔵八四、三三上）

ここに『往生要集』撰述の意図が示されているが、そのなかで源信は自分の生きている時代を「濁世末代」と捉え、そのような時代には出家者も在家者も、身分の高い人も低い人も、みな往生極楽の教えとその実践に帰依しないものはいないであろう、と述べている。その理由として、濁世末代には人間の機根は衰えているため、顕教や密教の教えは、自分のような頑魯の者には実践しがたく、阿弥陀仏の浄土に往生する道しか行えないからであると説いているのである。

このような見解の背景には、当時徐々に広がりを見せていた末法思想の存在があったことは、いうまでもない。一言でいうと、末法思想とは釈尊が入滅した後、時間が経てば経つほど、衆生の仏道を実践する能力が低下するという悲観的な仏教歴史観である。基（慈恩大師、六三二―六八二）の『大乗法苑義林章』によると、釈尊入滅後の時代は正法・像法・末法の三つの時代に分けられており、正法の時代には教・行・証（釈尊の教え、それを実践する人々、実践を通して悟りを得る人々）がすべて存在するが、像法の時代になると教と行のみが存在し、証はなくなり、ついに末法の時代になると教のみが残り、行も証もなくなってしまうとされている（大正蔵四五、三四四中）。もちろん、ここで源信は、自分の生きる時代はすでに末法であるとは述べてはおらず、実際には像法の末であると考えていたようである。現に源信が『往生要集』を撰述した二十二年後の寛弘四年（一〇〇七）に著した『霊山院式』には、この年を仏が入滅してから千九百六十三年と千九百九十年とに当たるとする二説を挙げ、前者によると末法はあと三十七年で、後者によるとあと十年で到来することとなると述べている（速水、一九八八、二二六―二二八頁）。このように源信は自分の生きる時代は像法であると理解していたようであるが、この世はすでに像法の最終段階を迎え、ほとんど末法とは変わらない状態であると考えていたとも推測される。とにかく源信は、濁世末代では人は自らの力で仏道修行を行うことはできず、そのため無上菩提を獲得するためには、先ず阿弥陀仏の浄土に往生し、そこで仏道に励む以外の道はない、と確信していたのである。

三、不浄・苦・無常の存在としての人間

さて、『往生要集』は「厭離穢土」、「欣求浄土」、「極楽証拠」、「正修念仏」、「助念方法」、「別時念仏」、「念仏利益」、「念仏証拠」、「往生諸業」、「問答料簡」の十大門（十章）より構成されている。一般的に『往生要集』といえば、誰もがすぐに思い浮かべるのが恐ろしい地獄の描写であるが、この地獄の描写は第一章に当たる「大門第一厭離穢土」のなかに見られるものである。しかし、この章が「それ三界に安きことなし。最も厭離すべし」（大正蔵八四、三三上）という言葉で書き起こされていることからも知られるように、「厭離穢土」は六道のすべてが苦しみに満ちていることを説き示すことを目的としているのである。そのため、この章のなかでは、地獄以外にも餓鬼・畜生・阿修羅・人・天の五道の衆生が受ける苦も克明に説かれている。このような観点からすると、源信は人間を基本的には六道のなかに迷い輪廻し続けている衆生の一形態として受け止めていることが知られる。これが源

信の人間観の出発点であるといえよう。

そこで、源信の人間観を考えるうえで、六道のなかの「人道」がいかに説かれているかを考察することから始めたい。この部分は「厭離穢土」のなかで地獄に次いで最も多くの紙面を費やして論じられている箇所であり、これからも源信がいかに人道の描写を重視していたが知られる。ここで示されている人間観の最大の特徴は、人間を「不浄」、「苦」、「無常」の三側面から捉えて論じている点にある。(6) 以下、それらの点を順次検討する。

1、不浄

まず「不浄」についてであるが、ここでは人間の身は不浄であることが、身中の骨肉、腹中の府蔵、体内の虫蛆、体の不浄、究極（死後）の不浄など、様々な面から詳しく論じられている。(7) 最初に「身中の骨肉」を説くなかで、源信は『宝積経』や『涅槃経』などを引用しながら、人間の身体は三百六十の骨に支えられ、その上を五百分の肉が泥塗のように蔽い、それらの間には多くの脈が流れ、その全体が七重の皮で包まれていることを説いている。そして最後に「かくの如き身は、一切臭く穢れて、自性に潰れ爛れり。誰か当に此において愛重し憍慢すべきや」（大正蔵八四、三八上）と結んでいる。次に「腹中の府蔵」に関して、人間の体内には五臓（肺・肝・心・脾・腎）が、あたかも蓮華が何重にも重なり合ったように収められ、さらには六府（大腸・胆・小腸・胃・膲・膀胱）も縦横に分布しており、特に大小の二腸は「赤白に交色し、十八に周転せること、毒蛇の蟠るが如し」（大正蔵八四、三八中）とされている。また「虫蛆」については、人間の体内には八万戸の虫が宿り、心に憂愁があるとき、それに乗じて様々な病を引き起こすことが説かれている。

続いて、「体の不浄」という観点から、人の外観はいくら美しくても、体内は不浄で満ちていることが強調されている。上等な料理を食しても、一晩経つあいだに、みな臭い糞穢と化し、体内に蓄えられるようになる。このような身であるから、いくら水を傾けて洗っても、浄潔にすることはできようがない。そのため、源信は『摩訶止観』を取意して、「外には端厳の相を施すといえども、内にはただ諸の不浄を裹むこと、猶し画ける瓶に糞穢を盛れるが如し」（大正蔵八四、三八中）と指摘している。(8) そして『禅経』の言葉として、

身は臭く不浄なりと知れども
愚者は故《ことさら》に愛惜す
外に好《よ》き顔色を視て
内の不浄をば観《み》ず
（大正蔵八四、三八中）

という偈頌を引用し、愚者は人間の美しい外観ばかりに執着して、その身体のなかは不浄に満ちていることに気付かないと、強い口調で訴えている。(9)

最後に「究竟の不浄」とは、人が死を迎えたとき、その身体は腐乱し、朽ち果ててゆくことを示している。この一節は「いわんや復た命終の後は、塚間に捐捨すれば、一二日乃至七日を経るに、その身膖れ脹れ、色は青瘀に変じて、臭く爛れ、皮は穿《む》けて、膿血流れ出ず」（大正蔵八四、三八中）という一節から始まり、続いて、その腐乱した体は鵰、鷲、鵄、梟、野干、狗などの禽獣に食われ、虫蛆によって腐りゆき、骨になって肢節が分散し、手足や髑髏がばらばらになり、最終的には砕末（塵）と化して大地に吸収されてゆく経過が長々と語られている。周知の通り、『摩訶止観』などでは、このように死体が変化してゆく姿を観察する九想観が説かれているが、源信は『往生要集』のこの部分を『大般若経』や『摩訶止観』によって書いたと割注で示している。

このように人の不浄を様々な角度から考察した源信は、結論として、

当に知るべし、この身は終始不浄なることを。愛する所の男女も皆また是の如し。誰か智ある者、更に楽著を生せん。故に『止観』に云う、「未だこの相を見ざるときは、愛染甚だ強けれども、もしこれを見已れば、欲

心都《すべ》て罷み、懸《はる》かに忍び耐えざること、糞を見ざれば、猶能く飯を噉えども、忽ち臭気を聞かば、すなわち嘔吐するが如し」と。（大正蔵八四、三八下）

と述べている。

2、苦

源信が人間の第二の特徴として挙げているのが「苦」である。ここで源信は人間存在を明確に苦悩に満ちているものとして受け止めている。彼は「この身は生まれし時より、常に苦悩を受く」（大正蔵八四、三八下）と言い切り、生まれたときから死ぬまで一貫して苦の連続であるという見解を示している。たとえば、『大宝積経』の一節を引用して、赤ん坊が母親の胎内から生まれ落ちるとき、手で受け止められたとしても、衣をもって受け止められたとしても、その肌がまだ極めて繊細なために、生剝にされた牛が墻壁に触れるような大苦悩を受けると説かれている。[10] さらに源信は同じ『大宝積経』により、苦を内苦と外苦の二種に分けて説明している。内苦とは病気のことであるが、この経に依ると、眼、耳、鼻、舌、咽喉、牙歯、胸、腹、手足など、体の各所には総じて四百四種類の病があり、それらが発病すると人を苦しませ悩ませるのである。また外苦とは外から来る苦悩のことであり、そのなかには、牢獄に投じられて棒や鞭で打たれたり、耳や鼻を劓ぎ落とされたり、手足を削られたりすること、あるいは悪鬼神に悩まされたり、蚊や虻などの毒虫に刺されたり、寒熱・飢渇・風雨などにより、身が逼迫されることなどが含まれているとされている。[11] しかし、このように数例を挙げた後、源信は「諸の余の苦相は眼前に見るべし。説くことを俟つべからず」（大正蔵八四、三八下）と述べ、人間存在が苦に満ちていることは、あまりにも明白であるため、これ以上の例を挙げる必要はないとして、次の無常の問題に移ってゆくのである。

3、無常

人間の最後の特徴として挙げられているのが「無常」である。ここで源信は『涅槃経』、『出曜経』、『摩耶経』の三経を引用して、人間の命は儚く、一瞬にして過ぎ去ることを強調している。そのなかでも最初に引用される『涅槃経』からの一節は、源信の見解をよく表しているように思われる。

人の命の停まらざること、山の水よりも過ぎたり。今日存すといえども、明くればまた保ち難し。いかんぞ心を縦にして、悪法に住せしめん。（大正蔵八四、三八下）(12)

ここで源信は、人間の命は儚く、あっというまに過ぎ去ることを警告している。そして続けて、源信はさらに次のようにも述べている。

たとい長寿の業ありといえども、終に無常を免れず。たとい富貴の報を感ずといえども、必ず衰患の期あり。『大経』の偈に云うが如し。

一切の諸の世間に
生ける者は皆死に帰す。
寿命、無量なりと雖も
かならず終尽することあり。
夫れ、盛んなるものは必ず衰うことあり。
合い会うものは別離あり。
壮年は久しく停まらず。
盛色も病に侵さる。
命は死のために呑まれ

法として常なる者あることなし。

（大正蔵八四、三九上）[13]

ここで、人間はいくら長寿で富貴であっても、死を免れることはできないことが述べられている。このことを強調するため、源信は『法句譬喩経』の一節を引用して、それは仙人となり神通力を得たとしても変わりはないと語り、さらに、たまたまあまり苦悩のない人生を送れたとしても、死だけは避けることはできないとも述べている。そのため、源信は人間としての存在に関して「人道は此くの如し。実に厭離すべし」（大正蔵八四、三九上）と説いて、速やかに人道の存在を厭離すべきであるという結論を示している。

四、六道を超える存在としての人間

以上のように、源信は人間を六道の一形態である人道に属する存在として捉え、その本質を不浄・苦・無常の三点で押さえているのである。しかし同時に、そのような状態から速やかに厭離すべきであり、現に厭離することができることも強調している。これは源信が、すべての人間には六道から解脱し、無上菩提を獲得し成仏する可能性があるという確信を有していたことを示している。[14]この点は「大門第一厭離穢土」の結論部分ともいうべき「惣結厭相」のなかで縷々説かれている。

「惣結厭相」でも源信は多くの経文を引用し、自説の根拠を示しながら論を展開しているが、ここでも人間は六道に輪廻する存在であると確認することから始められている。つまり、衆生は無始より以来、「貪愛を以て自ら蔽い、深く五欲に著す。（中略）是の如く展転して、悪を作り、苦を受け、徒に生まれ徒に死して、輪転して際なし」（大正蔵八四、三九中―下）といわれているように、貪欲に束縛され、五欲（五根の対象への欲望）に執着し、その結果として悪業を積み、苦を受け、輪廻転生を繰り返してきたことが押さえられている。

続いて源信は、「我等、いまだ曽て道を修せざるが故に、徒に無辺劫を歴たり。今もし勤修せざれば、未来もまた然るべし」（大正蔵八四、三九下）と述べ、衆生は徒に無辺劫のあいだ六道輪廻を繰り返してきたが、それは仏道を修することを怠ってきたからであると語っている。しかし、幸いに今は人間の身を得て、仏教に出会い、人間存在が不浄・苦・無常であることを深く自覚し、信心を発すこともできたのである。そして「しかるに今、たまたまこれ等の縁を具せり。当に知るべし、苦海を離れて浄土に往生すべきは、ただ今生のみにあることを」（大正蔵八四、三九下）と述べ、これらの縁を具足したので、苦海を離れて浄土に往生すべき時は今以外にはなく、この機会を逃せば、未来もまた輪廻を繰り返すことになるであろうとして、直ちに浄土往生を願うべきであると説いている。このように、源信は人間が六道に迷い苦悩する存在である点を強調するとともに、人間として生まれ、仏教に出会えた今こそ、六道を超えて浄土に往生し、無上菩提に到る機縁を獲得すべきであるとも強く主張しているのである。

五、浄土を求める存在としての人間

以上のように、源信は、濁世末代の娑婆世界では仏道を修することはほぼ不可能であると指摘して、そのため浄土に往生して、そこで無上菩提を求めて修行に励むべきであると説いている。では、何故、浄土に往生することによって六道を超え無上菩提を得ることができるのであろうか。次に、この点に焦点を当てて、そこに示唆されている人間観について考えてみたい。

源信は『往生要集』の第二章に当たる「大門第二欣求浄土」のなかで、浄土の依正の功徳を「十楽」に整理して、その一々について詳細に述べている。これら浄土の十楽とは、（一）聖衆来迎の楽、（二）蓮華初開の楽、（三）身相神通の楽、（四）五妙境界の楽、（五）快楽無退の楽、（六）引接結縁の楽、（七）聖衆倶会の楽、（八）見仏聞法の楽、（九）随心供仏の楽、（十）増進仏道の楽である。これら十楽のなかには、浄土に往生するものは阿弥陀仏の来迎に与ることができると説く聖衆来迎の楽や、浄土のすばらしさを説く蓮華初開の楽や五妙境界の楽などが含まれている。しかし、源信は浄土を単にすばらしい世界としては受け止めず、そこに往生すれば大菩薩や阿弥陀仏に見え、容易に仏道を増進し完成させることができる点を強調していることは重要である。十楽の最後の「増進仏道の楽」では、この点が顕著に表れている。

源信は「増進仏道の楽」の最初に、「今この娑婆世界は、道を修して果を得ること甚だ難し」（大正蔵八四、四五下）と述べ、娑婆世界では思うように仏道を修行することは困難であることを示している。その理由は、娑婆世界の衆生は、苦を受ければ常に憂い、楽を受ければそれに執着するため、常に解脱から遠く離れてしまうからである。そのため、発心して修行しても、なかなか成就できない状況にある。もちろん、この娑婆世界で誰も成仏し得なかったかといえば、そうではない。この娑婆世界で修行し成仏した仏として釈迦如来が挙げられる。源信は『法華経』の「提婆達多品」の一節を引き、釈迦如来が「無量劫において難行苦行して、功を積み徳を累ね、菩薩の道を求めて、いまだ曽て止息」（大正蔵八四、四五下―四六上）[15]しなかったため、ついに成仏することができたと説いている。しかし当然ながら、その目的を達成するために、釈尊は厳しい難行苦行を行わなければならなかった。その行の過酷さは、「三千大千世界を観するに、乃至、芥子ばかりも、この菩薩の身命を捨てる処にあらざる如きもの、あることなし」（大正蔵八四、四六上）[16]といわれるほどであった。このように釈迦如来は無量劫ものあいだ身命を惜しむことなく菩薩の利他行を行い、菩提の道を成ずることができたのであるが、そのような過酷な行は、源信によると、釈迦如来以外の衆生の分を遥かに超えている。特に濁世末代に娑婆世界で生きる人間は、そうである。

しかし源信は、このような衆生でも、浄土に往生すれば、無上菩提を獲得できると宣言している。その理由は、浄土に往生すれば、「畢竟して不退にして、仏道を増進す」（大正蔵八四、四六上）ることができるからである。そして衆生が浄土で仏道を増進することができる理由として、源信は次の五点を挙げている。[17]

（一）阿弥陀仏の悲願力が浄土の衆生を常に摂持しているから。

（二）阿弥陀仏の光明が浄土の衆生を常に照らして、菩提心を増進させるから。

（三）浄土の水鳥、樹林、風鈴などの声が、常に念仏・念法・念僧の心を生じさせるから。

（四）浄土の菩薩たちが善友となるため、浄土の衆生には外には悪縁がなく、内には重惑を伏すことができるから。

（五）浄土の衆生の寿命は永劫で仏と等しいため、生死の間隔なく仏道を修習することができるから。

また『華厳経』の偈には、

もし衆生ありて
一たび仏を見れば
必ず諸の業障を
浄め除かしめん。（大正蔵八四、四六上）[18]

とあるように、一度でも仏を見れば、すべての業障を浄め除かれるが、浄土では常に阿弥陀仏を見ることができるため、容易に無上菩提を得ることができるとも説かれている。

このような理由で、浄土の衆生は我・我所の心を消滅させ、慈悲の心を得て、自然に仏道を増進して無生法忍を悟り、究竟して必ず一生補処に到り、速やかに無上菩提を証することができるのである。そのうえで衆生のために八相成道を示現して、縁に随い自らの国土で妙法輪を転じ、衆生済度の行に従事するとされている。このように、娑婆世界では仏道を修するのは困難である。しかし、浄土では容易に仏道修行が行えるので、浄土に往生すれば速やかに無上菩提に到り、衆生済度の行を修することが自由に行える。このような理由で、源信は浄土往生を勧めているのである。

ここで、浄土往生と無上菩提を証することの関係について、源信はどのように理解していたかを確認しておきたい。その関係について、『往生要集』には次のように説明されている。

応に知るべし。仏を念じ善を修するを業因となし、極楽に往生するを華報となし、大菩提を証するを果報となし、衆生を利益するを本懐となすことを。譬えば世間に木を植うれば華を開き、華に因って果を結び、果を得て餐受するが如し。（大正蔵八四、五二中）

ここでは（一）善を修することが業因に、（二）極楽に往生することが華報に、（三）大菩提を証することが果報に、（四）衆生を利益することが本懐に、それぞれ当たると説明されている。そして、この説明に続いて、（一）善を修することは木を植えることに、（二）極楽に往生することは木に花が咲くことに、（三）大菩提を証することは、花が落ち、そこから果実が熟して現れることに、（四）衆生を利益することは、植樹の本来の目的である完熟した果実を食することに、それぞれ喩えられるとされている。ここで浄土往生と無上菩提を証することは、花と果実の関係にあり、浄土往生は無上菩提を証する過程の重要なステップであると受けとめていたことが明かされている。また、この喩えでは浄土に往生するためには、善根を積む必要があることも、さらには浄土往生や無上菩提を求める本来の目的は、衆生を済度するためであることも示唆されていることにも注意すべきである。

また浄土往生を可能にする要因について、源信は次の四点を挙げていることも重要である。それらは、（一）自らの善根の因力、（二）自らの願求の因力、（三）阿弥陀の本願の縁、（四）衆聖の助念の縁である（大正蔵八四、八二下―八三上）。ここから分かるように、浄土往生の因は自らの善根と自らの浄土を求める願求の心である。しかし、濁世末代に生きる人間にとって、この二因のみでは、浄土往生を遂げるためには不十分である。それらに阿弥陀仏の本願力と衆聖の助念が縁として加わり、初めて可能になると源信は考えていたのである。

六、菩提心について

さて『往生要集』には「往生の業は念仏を本となす」（大正蔵八四、六七上）という有名な言葉が見られるが、それが示すように、源信は念仏を浄土往生の根本的な行として受け止めている。[19] その念仏について『往生要集』では、世親の『往生論』に説かれる「五念門」を用いて体系的に論じている。この五念門とは、（一）礼拝門、（二）讃歎門、（三）作願門、（四）観察門、（五）廻向門である。これから分かるように、源信にとって念仏とは、単に阿弥陀仏の名を称することではなく、阿弥陀仏を対象にした総合的な行の体系として理解されていたようである。

五念門のなかで最も中心的な位置にあるのが観察門であることは、いうまでもない。この観察門の説明のなかで、源信は阿弥陀仏を念ずる方法を詳細に説き明かしているが、そこでは念仏を別相観・惣相観・雑略観の三種類に分けている。そのなかで別相観は三昧に入り阿弥陀仏の三十二相を観察する念仏、惣相観は阿弥陀仏を広大無辺の仏身と、あるいは三身一体の仏身と観察する念仏、雑略観とは阿弥陀仏の白毫などを観察する簡略化した念仏を示すものであるとされている。これらはみな、三昧中に行う念仏であるが、相好を観念するに堪えない人々のために、源信は最後に称名念仏を勧め、阿弥陀仏の名号を称えるだけでも往生は可能であることを強調している。このように、念仏を高度な観想念仏から誰でも容易に行える称名念仏まで、幅広く体系的に整理して提示している点が、源信の念仏観の特徴といえよう。

しかし、源信は五念門のなかで、観察門と並んで作願門も重視している。これは五念門の説明のなかで、作願門の解説が観察門に次ぐ長さであることからも窺える。『往生論』では、作願は浄土往生を願うこととされているが

（大正蔵二六、二三一中）、源信の解釈では、作願とは菩提心を発すこととされている。

源信は発菩提心を論じるにあたって、道綽の『安楽集』から次の文書を引用することから開始している。綽禅師の『安楽集』に云く。「『大経』に云く。「凡そ浄土に往生せんと欲せば、要ず発菩提心を須うることを源となす」と。云何が菩提とならば、乃ちこれ無上仏道の名なり。（中略）『浄土論』に云く、「発菩提心とは、正にこれ仏と作らんと願う心なり。仏に作らんと願う心とは、即ちこれ衆生を度する心なり。衆生を度する心とは、即ちこれ衆生を摂受して、有仏の国土に生まれしむ心なり」と。今既に浄土に生まれんと願うが故に、先ずすべからく菩提心を発すべし。」（大正蔵八四、四八中—下）[20]

ここで、浄土に往生するためには、菩提心を発さなければならないことが強調されている。この引用文によると、菩提心とは無上菩提を求めて発す心であるが、その目標を達成するためには菩薩行を修し衆生を済度することが必要である。そこで衆生済度を行うためには衆生を摂受して、共に有仏の国土（具体的にいうと阿弥陀仏の浄土）に往生することが求められている。このように論じた後、源信は結論として、「当に知るべし。菩提心はこれ浄土の菩提の綱要なることを」（大正蔵八四、四八下）と明確に宣言し、浄土往生には菩提心を発すことが不可欠であると示している。そして、その菩提心の具体的表現として、四弘誓願（衆生無辺誓願度・煩悩無辺誓願断・法門無尽誓願知・無上菩提誓願証）を挙げて、それらについて詳しく論究している。

このように源信は、浄土往生を求めることは、決して自分自身の救いのみを目標とするのではなく、一切衆生と共に無上菩提を求めることであると強調している。また菩提心を発すべき必要性に関して、『大荘厳論』（実は『大智度論』）から、「仏国は事大なれば、独り行の功徳をもっては成就することあたわず。要ず願の力を須ゆ。牛は力ありといえども、車を挽くに要ず御者を須って、能く至る所あるが如し」（大正蔵八四、五二中）[21]という一文を引用して、車を引く牛を正しく目的地まで誘導するために御者が必要なように、浄土に往生するためには、その行を正しく導く菩提心が不可欠であるとも論じている。

これから知られるように、源信は菩提心を重視して、それについて様々な角度から興味深い考察を行っているが、そのなかでも彼の人間観に関連するものとして、次の問答があることを紹介しておきたい。この問答は、浄土を求めるために菩提心を発すことが必要であることは理解できるが、凡夫は微力であるため、四弘誓願を勤修するには堪えない。どうして虚しく誓願を発すべきであろうか、という問いで始まる。この問いに対して、源信は次のように答えている。

答う。たとえ勤修するに堪えざらんも、猶すべからく悲願を発すべし。その益の無量なること、前後に明かすが如し。調達は六万蔵の経を誦せしも猶那落を免れざりき。慈童は一念の悲願を発して、忽に兜率に生まるることを得たり。則ち知んぬ、昇沈の差別は、心にあって行にあらざることを。何に況や、誰の人か一生の中、一たびも南無仏と称せず、一食も衆生に施さざるものあらん。すべからく、これら微少の善根を以って、皆応に四弘の願行に摂入すべし。故に行と願と相応して、虚妄の願とはならず。（大正蔵八四、四九下）

ここでは、四弘誓願を勤修するに堪えない凡夫でも、これらの願を発すべきであることが主張され、その理由として、四弘誓願を発すこと自体に、無量の利益があるからであるとされている。ここで源信は仏道修行において、最も重要なのは「心」であるという視点から論を進めている。つまり、ここでは人間が将来受ける果報は心によって決定されるのであって、必ずしもその行いによるのではないからである、と論じられているのである。その例として、調達は六万の経典を読誦したが、悪心のため死後に地獄に落ち、逆に慈童女は苦悩する衆生を救おうとする一念の悲願を発したため、兜率天に生じることを得たことが挙げられている。(22) このように将来の果報は行ではなく心によって決まるので、浄土往生を願うものは、四弘誓願を完全に実践することができなくても、それらの願を発すべきであると説かれている。

しかし、源信はさらに加えて、どんな凡夫でも、一生のあいだ一度も南無仏と称えたこともなく、あるいは一度も布施を行ったことがないものはいないであろう。これらの善根は、微細であっても四弘誓願の願行に摂入し、最終的には無上菩提をもたらすことになるとも論じている。そのため、凡夫は現時点では四弘誓願を忠実に実践することは困難であっても、発願すべきであると説いている。源信は続いて、「行者、事に随いて心を用うれば、乃至、一善も空しく過ぐる者なし」（大正蔵八四、四九下）と述べ、縁に随って、可能な限りの善行を修すれば、四弘誓願を発した行為は決して虚しく終わることはないと結んでいる。

このように、源信は凡夫でも菩提心を発すべき理由として、「昇沈の差別は、心にあって行にあらざる」という点を挙げているが、ここには「人間は何をするにしても、その志が大切である」という人間観が潜んでいるように思われる。源信が仏道修行において、その志を強調している箇所は、実は『往生要集』の随所に見られる。先に見たように、源信が浄土往生を可能にする四要因を挙げるなかで、自らの願求の因力を重視していることも、その一例であろう。また五念門のなかの讃歎門では、阿弥陀仏を讃歎することが説かれているが、讃歎に用いられる文として『十住毘婆娑論』の偈頌、『往生論』の偈頌、真言教の仏讃、阿弥陀の別讃などが示された後に、

これ等の文を、一遍にても多遍にても、一行にても多行にても、ただ応に誠を至すべし。多少を論ぜず。
（大正蔵八四、四八中）

という言葉が見られる。ここでは讃歎の多少に関係なく、至誠の心で讃歎することが重要であることが強調されている。この一節は源信が行のいわば「量」より「質」を重視していたことを示唆するもので、先に引用した「昇沈の差別は心にあり」という視座に通じるものであるといえよう。

結　論

以上のように、『往生要集』に見られる人間観について、簡単ではあるが考察してきた。最後に、その要点を再度確認すると、次の通りである。

まず、源信は人間を六道のなかで苦悩する存在と捉え、人間存在は不浄で、苦に満ち、無常であると論じている。しかし同時に、人間は六道を超える可能性を持ち、人間であるからこそ無上菩提を求めることができるとも強調している。しかし、濁世末代という時代には、娑婆世界で厳しい菩薩行を修し仏果を期するのは困難であるため、道俗貴賤の区別なく、人々は阿弥陀仏の浄土に往生することで救いを求める必要があるとも述べている。さらに浄土を求めるうえで、念仏を修することが基本であるとしながらも、菩提心を発し、ひたすら無上菩提を求める誠実な心も不可欠であることも説いている。このように源信の人間観は重層的で、ペシミスティックな側面とオプティミスティックな側面を両方に持ち備えているが、すべての衆生は成仏する可能性があるという理解が、その根底に流れているといえよう。

註

（1）九八四年に成立した源為憲の『三宝絵』には、この「山の念仏」について詳しく語られている。馬淵・小泉・今野、一九九七、二〇六―二〇七頁参照。

（2）最近、良源が『極楽浄土九品往生義』の著者ではないとする見解が示されている。平林、一九七六、一八五―一八

六頁、恵谷、一九七六、一六一―一六二頁、Groner 2002, 68–69 参照。

（3）禅瑜については佐藤、一九七九、研究篇、七九―八八頁参照。『阿弥陀新十疑』の写真と書き下しは佐藤、一九七九、資料篇、二四二―二二一頁に収められている。

（4）千観については佐藤、一九七九、研究篇、六六―七八頁、Rhodes 1999 参照。『十願発心記』の写真と書き下しは佐藤、一九七九、資料篇、一五九―二二〇頁に収められている。

（5）花山、一九七六、注記五頁。

（6）このような人間観は仏教の修行項目の一つである四念処に由来することと思われる。四念処とは身・受・心・法を観察の対象として、身を不浄、受を苦、心は無常、法は無我と観じ、常・楽・我・浄の四顛倒を破することを目的としている。しかし、ここで注意すべきことは、源信が最初の三項目（不浄・苦・無常）を取り上げていながら、最後の無我については言及していない点である。その理由として、良忠の『往生要集義記』では、「無我の行、その相細密なり。ゆえに浅識のために、以て要となさず」と説いている。浄土宗典刊行会、一九一〇、十五巻、一九七頁参照。

（7）『大智度論』では四念処を論じるなかで、身体の不浄として、（一）生処不浄、（二）種子不浄、（三）自性不浄、（四）自相不浄、（五）究竟不浄の五種不浄を挙げている。大正蔵二五、一九八下―一九九上参照。この五種不浄は天台智顗の著作とされてきた『四念処』にも見られる。大正蔵四六、五五八下―五五九上。これら五種不浄は、源信が『往生要集』で用いる「身中の骨肉」等の不浄の分類と、部分的には重なるところはあるが、あまり一致しない。

（8）これは『摩訶止観』巻第七上（大正蔵四六、九三中）の取意である。

（9）石田瑞麿博士の『源信』（日本思想大系六）の頭注によると、この「禅経」は『禅秘要法経』を示すが、『禅秘要法経』にはこの偈頌はない。ただし類似した文書はある（大正蔵一五、二三八中―二三九中）ので、源信の取意とも見られる、と指摘されている。石田、一九七〇、三六―三七頁参照。

（10）これは『大宝積経』巻五五（大正蔵一一、三二五上）に依る。

（11）同じく『大宝積経』巻五五（大正蔵一一、三二五下―三二六上）に依る。

(12) この文は『大般涅槃経』（南本）の巻二〇（大正蔵一二、七四二中）からの引用である。
(13) ここに引用されている偈頌は『大般涅槃経』（南本）巻二（大正蔵一二、六一二下）に見られる。
(14) この点について『往生要集』のなかでは詳しく取り上げられてはいない。しかし源信は後に、三一権実論争の問題点を整理して、一乗真実の立場を擁護した『一乗要決』（寛弘三年〈一〇〇六〉成立）を著し、そのなかで一切衆生は、みな成仏することを詳細に論じている。
(15) この『法華経』「提婆達多品」の一節は大正蔵九、三五中にある。ただし、源信はこの一文の出典を明示せずに引用している。
(16) この一節は、先に挙げた『法華経』「提婆達多品」からの引用文の直後に見られるが、先の引用文と同様に、その出典は明示されていない。
(17) 唐の時代に天台智顗の名のもとに偽作された『浄土十疑論』のなかにも、阿弥陀仏の浄土に往生することを勧める五の理由を挙げているが、ここで源信が挙げる五の理由のなか、最初の三は『浄土十疑論』の最初の三の理由と一致する。しかし、最後の二の理由は対応していない。『浄土十疑論』の五の理由については大正蔵四七、七九中参照。
(18) この偈は『華厳経』（八十巻本）巻二（大正蔵一〇、九上）に見える。
(19) この一節は、発表のために用意したレジメの一部分であったが、時間の関係上、口頭の発表では割愛せざるを得なかった。レジメを事前にコメンテーターの伊藤真宏先生に読んでいただいたところ、伊藤先生からのコメントのなかで、源信の菩提心観についての質問をいただいた。そのような経緯を鑑みて、本論では源信の菩提心観についての一節を加えることにした。
(20) この一文は『安楽集』巻上（大正蔵四七、七中―下）に見られる。
(21) 石田瑞麿博士が指摘している通り、この一文は『大智度論』（大正蔵二五、一〇八中）に見られる。しかし永明延寿の『万善同帰集』巻中（大正蔵四八、九七九下）に「『大荘厳論』に云く」として、この文を引用しているため、源信の引用は『万善同帰集』から引かれたのであろう。石田、一九七〇、一一三頁頭注参照。

（22）慈童女については『雑宝蔵経』巻一（大正蔵四、四五〇下―四五一下）参照。

参考文献

石田瑞麿校注、一九七〇、『源信』日本思想大系六、岩波書店。

恵谷隆戒、一九七六、『浄土教の新研究』、山喜房佛書林。

佐藤哲英、一九七九、『叡山浄土教の研究』、百華苑。

浄土宗典刊行会編、一九一〇、『浄土宗全書』第二十三巻、梶宝順。

花山信勝、一九七六、『原本校訂漢和対照往生要集』、山喜房佛書林。

速水侑、一九八八、『源信』人物叢書新装版、吉川弘文館。

平林盛得、一九七六、『良源』人物叢書、吉川弘文館。

馬淵和夫・小泉弘・今野達校注、一九九七、『三宝絵・注好選』（新日本古典文学大系三一）、岩波書店。

Groner, Paul. 2002. *Ryōgen and Mt. Hiei: Japanese Tendai in the Tenth Century*. Honolulu: University of Hawai'i Press.

Rhodes, Robert F. 1999. "Bodhisattva Practice and Pure Land Practice: Senkan and the Construction of Pure Land Discourse in Heian Japan." *Japanese Religions* 24 (1): 1–28.

キーワード　苦、不浄、無常、菩提心

證空にみる人間の理解

中西随功

序説

まず證空（一一七七―一二四七）の師僧である法然（一一三三―一二一二）は『登山状』において次のように述べている。

「まさにいま多生曠劫をへてむ（生）まれかたき人界にむまれて無量劫をおくりてあひかたき佛教にあへり釈尊の在世にあはさる事はかなしみなりといへとも教法流布の世にあふ事をえたるはこれよろこひ也(1)」

つまり現世において人間の生を受けて仏法との出会いにより得られる喜びについて述べているのである。また法然は『十二箇条問答』に次のように述べている。

「問ていはく、つねに念佛の行者、いかやうにか、おもひ候べきや。答ていはく（中略）人身のうけがたきことはりを思ひて、このたびむなしくやまん事をかなしめ。六道をめぐるに人身をうる事は、梵天より糸をくだして、大海のそこなる針のあなをとをさんがごとしといへり(2)」

法然は六道を輪廻転生する中で人身を得ることははるか高い梵天から糸をおろして大海の底にある針の穴を通すような稀な機縁であるとする。さらに法然は『一紙小消息』に次のように述べている。

「うけかたき人身をうけてあひかたき本願にあひておこしかたき道心をおこしてはなれかたき輪廻のさとをはなれてむまれかたき浄土に往生せん事はよろこひかなかのよろこひ也。（中略）このたび弥陀の本願にあへる事を行住坐臥にも報すへし(3)」

法然はここに五つの難きを述べている。第一は六道を輪廻転生する中で人身を受けるということは至難であるということ。第二は阿弥陀仏の本願に巡り会うことは至難であるということ。第三は浄土に往生することを欣い求める心を発すことは至難であるということ。第四は苦悩の多き迷いのこの世を離れることは至難であるということ。第五は成し遂げ難い極楽浄土に往生することは至難であるということである。

人間の生は無始よりこのかた輪廻するものであり、いかに苦しみ多い娑婆世界であるかということを示している。そして現世から来世にわたる喜びを教えている。つまり浄土に往生する得益について述べている。

證空は法然の趣意を継承して、『女院御書』上巻に次のように述べている。

「しかるに今うけがたき人身をうけ、逢がたき観経の教により仏の願力をきゝ、たてまつれば、善悪の凡夫ひとしく煩悩の胸のうちに歓喜の心おこりて、信心のあまり命を阿弥陀仏にたてまつるなり(4)」

ここに法然と證空は人間の存在は「受け難き身」であると理解している。その前提として六道輪廻が考えられる。

一、現実の人間像

證空にみる人間の理解を明らかにするために現実の人間像について述べている内容を窺いたい。まず受け難き身である要因としての六道輪廻についての理解から尋ねてみたい。

「衆生無始ヨリコノカタ六道ニ輪廻シテ始ヲ知ラズ(5)」

このように人間は無始より六道輪廻する存在であると述べている。さらに證空は次のように示している。

「凡夫ハ有執ニ著シテ六道輪廻ノ苦ヲ受ク(6)」

「煩悩ヲ起シテ三界六道ノ業ヲ作リテ、六趣四生ニ輪廻スル(7)」

ここに煩悩をもって三界・六道の業因として無始より以来、六道を輪廻していることを示している。證空はこの世に人間の生を受けても仏法との出会いが得られ難いことを次のように述べている。

「生死ノ間ニ、タマタマ人身ヲ受ケテ、法ニ逢フ事又希ナリ。タマタマ逢フト雖モ、唯行門ニ嗜ミテ、弘願ノ正門ニ入ラザレバ、出離ノ増上縁ナシ(8)」

「無始ヨリコノカタ生死ニ輪廻シテ多クノ生ヲ経シ間、仏ノ出世ニ遇ヒ、教ヲ修行スト雖モ、今ニ常没ノ凡夫ナル事ハ、今ノ教ニ逢ハズシテ、願力ヲ信ゼザル故ナリ(9)」

つまり人間が六道を輪廻しているのは浄土の教えに逢わず本願力を信じていないからであるという。

さらに受けた人身は無常であることを次のように述べている。

「如燈風中滅難期、トイハ、譬モテ人身ノ得難クシテ失ヒ易キ事ヲ顯ハスナリ。云ク、風吹カズシテ點セル燈ハ消エ難キノミニアラズ、相續シテ其ノ期アリ。風吹ク時ノ燈ハ暫アリト雖モ、速ヤカニ消エヌ。タトヒ又是ヲ點スト云フトモ、サキノ如ク消エ易ケレバ、其ノ光ノ用、何時ヲ期シテ成ズベシト云フ事ナキガ如シ、ト云フナリ(10)」

人間は無常の身であると共に現世で生老病死の四苦をはじめさまざまな苦を受ける。このことは避けられないのである。だが證空は四苦を受けながらも苦に煩わされない方途について説いている。

「人間ニ三苦、五苦、八苦アリト雖モ、生老病死ノ苦ハ人毎ニ遁レズ、是ヲ受ケテ心ニ思ハザル時ナシ。是即チ、今生ヲ重クシ、後世ヲ恐ルル故ナリ。然ルニ今、今生観門ノ解ヲ開キテ歓喜ノ心生ジ、一念ノ信心立シヌレバ後世ヲ疑ハズ。息絶エ眼閉ヂバ、往生疑ナシ。故ニ、二世ノ苦心ニ思ハザルガ如シ。此ノ故ニ、四苦ヲ思ハザレト云フハ一念ノ信心ヲ立テヨト云フニアルナリ[11]」

つまり四苦を受けて心労を廻らすのは現世に心奪われている。今、浄土の教えに出会って信心が確立すれば臨終して直ちに浄土往生が成就することを疑わない。ここに現世と来世にわたり苦に煩わされないことが知られる。とにかく浄土の信心を確立することが肝要であると示している。

二、現世の相――末法・悪世――

證空は人間の生きる現世の相は末法・悪世であると理解している。

「末法ハ、教ノミアリテ行、証ナシト云フ故ナリ[12]」

「悪時、トイハ、末法当世ノ時ナリ。（中略）悪世界、トイハ、今娑婆世界ナリ[13]」

すなわち現世の相は時降り機衰えて修行する者がない現実である。

「末法ニ成リテ一萬年ハ、教ハ盛ニ弘マレドモ、時降リ、機衰ヘテ、修行スル者ナケレバ、證ヲ得ル者ナシ[14]」

ここで「機衰ヘテ」の文言については證空の次の内容で知られる。

「凡、トイハ、内凡、外凡等ノ凡ヲ取ラズ、直チニ六道ノ造罪ノ凡夫ナリ[15]」

ところがこの末法・悪世においてこそ浄土教の得益が得られることを次のように述べている。

「弥陀ノ願ハ経道滅盡ノ末法ニ其ノ益顕ル。此ノ法ヲ心得ツレバ、タトヒ正法ナリトモ、末法ニアリト云フベシ[16]」

三、造　罪

このようなことから輪廻転生の間の造罪に関して注目される。この事柄について證空は次のように述べている。

「慚愧ナクシテ罪ヲ造ルハ、生死ニ輪廻シテ、出ヅル期アル事ナシ。是則チ、愚ナル極マリナリ(17)」

「具造十悪五逆、トライハ、生々世々ノ中ニ六道ニ輪廻シテ、造ラザル罪ナシ。愚痴迷惑ノ故ニ、スベテ是ヲ知ラズ。今仏願ノ不思議ナル事ヲ知ル時、無始已来ノ諸悪悉ク是ヲ悟ル事ヲ釈シ顕スナリ。罪悪生死ノ凡夫ト信ズレバ、無始ノ間、一切ノ軽重ノ罪造ラザル処ナカルベシ(18)」

いわゆる六道を輪廻する間にあらゆる造罪を慚愧なく重ねている。これは愚かなことであるという。

四、證空の果報観

次に證空の果報観について尋ねてみたい。證空は三界における受苦についての様相を対比している。

「三界ノ内人間ノ果報ニ八苦アリ。其ノ中ニ、老、ト、死、トハ流転ノ帰スル所ナレバ、是ヲ挙ゲテ厭離ノ始トスルナリ。スベテ、八苦、五苦、三苦等悉ク厭ハズト云フ事ナシ。（中略）人間ノ八苦、五苦、天上ノ退没等ノ苦モ悉ク苦ナレドモ、三悪道ノ苦ニ望ムレバ、苦ニアラズ。三界ノ内ニ三悪最モ苦ナル故ニ、沈没於苦界、ト云フナリ(19)」

「三界ノ中ノ苦楽ハ、苦、楽、共ニ苦ニ摂シ、浄土ノ中ノ苦楽ハ、苦、楽、共ニ楽ニ収ムル事ヲ釈セントシテ、先ズ分別スルナリ。（中略）三界ノ内ニ苦、楽ノ名アレドモ、実体ヲ論ズレバ、皆苦ニ摂スル事ヲ結シ顕スナリ[20]」

いわゆる六道輪廻で人間界における果報は八苦・五苦・三苦がある。とりわけ老苦と死苦が厭離の最たるものである。三悪道での苦は極苦であり人間界で受ける苦と対比できない程であるという。ここに現世における業因について指向されているのであろう。

ここに六道の中で三悪道は悪業の果報、諸天は白善の果報、人間の果報は善悪が交雑するのを感ずる世界である。だから一向の善でもなく、純悪でもないという。

五、仏法との出会い

人間の身を受ける本意は仏法との出会いにあると證空は次のように述べている。

「南浮ノ人身出離ノ器物ナリ[21]」

「佛法ヲ聞キテ悪ヲ改メ善ヲ修スベキハ人身ノ本意ナリ[22]」

「又難信希有の法に逢ぬる事は、仏道の人身を得たる命の徳用なれば、いたずらにいけるをあながちに捨んと歎くべきにあらず[23]」

このように人間として生まれたことにより仏法との出会いが得られると述べている。證空は輪廻転生から解脱できる内容を次のように示している。

「我等久シク六道ニ輪廻シテ、苦云フベカラズ、今世尊ノ恩徳ニ依リテ、生死ヲ離レ道ヲ得タリ[24]」

このように六道を輪廻している者は釈尊の経説に出逢い、仏の恩徳を受けて出離することができるのである。

「人身ヲ得テ仏法ニ逢フト雖モ、大小権実ノ教凡夫ノ機ニ当リテ、行門進ミ難ケレバ、欣フト雖モ其ノ道ヲ得ズ。凡夫ノ機ヲモテ行門ニ約スレバ、厭、欣、共ニ名ノミアリ[25]」

だが仏法に出会っても自力修行にては道果を得ることは至難である。

六、滅罪――造罪は諸仏では不滅――

そこで凡夫がいかに滅罪を得られるかについて窺いたい。

「往生ノ後ハ滅罪疑フベカラズ。現在ノ間ニ滅罪スル事ハ知ルベカラズ。故ニ、今ノ教ニ順ズレバ、現生ニ此ノ滅罪アリト顕ハスナリ。知ルベシ。（中略）滅罪ノ功能所詮ノ念佛ヲ本トス。（中略）滅罪ト生善トナリ。滅罪ニアラズバ、生死ノ業ヲ断ツベカラズ。生善ニアラズバ、往生ノ因成ズベカラズ[26]」

殊に阿弥陀仏と諸仏の滅罪の対比については注目すべきである。実は諸仏では凡夫の造罪を滅することは不可能である。

「十悪五逆ハ諸佛ノ滅セザル業ナリ、依リテ、本願ニ乗ジテ滅シテ速ヤカニ往生ヲ得ト云フ事ヲ顕ハスナリ[27]」

いわゆる阿弥陀仏の本願によってこそ滅罪されるのである。仏の恩徳とは次にみられる念仏の滅罪である。

「一切衆生無始ヨリコノカタ六道ニ輪廻シテ、罪障無量ナリ。念仏ニ滅罪ノ利益ナクバ、往生ノ障尽キ難シ。故ニ、マヅ滅罪スト明カスナリ[28]」

衆生が無始より以来、六道に輪廻してその間に無量の罪障を重ねている。念仏（阿弥陀仏）に滅罪の利益がなければ往生は成就できない。念仏には滅罪の利益があるのである。

證空は滅罪について次のように述べている。

「観門ノ上ニ必ズ滅罪ノ益アリ。此ノ故ニ、観門弘願ニ帰スル法式ヲ説ケト云フハ、観門ノ益ヲ説ケト云フニナル。観門ノ益アレバ、弘願ノ益虚シカラズ。観門ノ益ハ滅罪ナリ[29]」

そして滅罪は懺悔によってこそ得られる。

「滅罪ハ懺悔ノ力ナリ[30]」

七、證空の出離解脱観

続いて證空の出離解脱観について窺っておきたい。證空は『五段鈔』に次のように述べている。

「善悪共に輪廻の業にて、往生の益を得ざる故に、出離の縁あること無し[31]」

いわゆる凡夫は善悪ともに輪廻の業因を重ねているから往生の利益が得られず、出離の縁さえもないという。仏法との出会いの中でとりわけ浄土教との出会いが肝要となる。凡夫が六道から出離解脱できるのは阿弥陀仏の本願力によるということを明らかにしている。

「弘願ヨリ開ケテ帰リテ弘願ヲ顕シ、弘願ヲ成ジテ又弘願ニ帰ス。一切ノ凡夫ノ出離是ニヨル[32]」

「解脱、トイハ、出離ノ異名ナリ。今生ハ観門ノ功ニ依リテ他力往生ノ謂ヲ得タリ。是則チ、此世ノ解脱ナリ。来世ハ弘願ニ乗ジテ浄土ニ生ズベシ。是則チ、後世ノ解脱ナリ。凡夫ノ心極メテ羸劣ナリ。自力ノ行スベテ成ジ難シ[33]」

つまり解脱は出離のことであり、解脱については現世の解脱と来世の解脱があるとする。現世の解脱は釈尊の『観無量寿経』の教旨により得られる解脱である。これは現世での念仏信仰の確立のうえに得られる。来世の解脱は阿弥陀仏の本願力により得られる解脱である。これは他力の救済に全てを任せるうえに必ず得られる。

ここに人間として生まれた者が生老病死の四苦を受けるのである。だが阿弥陀仏の本願力により必ず極楽浄土に往生させていただくという信心を得れば出離解脱できることになる。

人間の生存を受けた者が避け難い四苦からの解放について知られる。浄土教における凡夫の救済が明かされている。

八、機教相応

法然は『逆修説法』に次のような内容を示されている。

「彼諸宗者、於今時機與教不相応教深而機浅、教広機狭故也（中略）唯此一宗機與教相応之法門也。故修之者必可成就也。然則於彼不相応教莫労費身心唯帰此相応法門速可出生死也(34)」

ここに機教相応の意趣は示されている。

證空の機教相応についての理解を尋ねてみたい。

「然ルニ今南浮ノ人身ヲ受ケテ西天ノ佛法ニ逢フト雖モ、在世ノ生ヲ感ゼズ、滅後ニ生レテ大聖ヲ去ルコト遥ニ遠ク、教法甚深ニシテ機教相応セザレバ、厭離ノ心起リ難ク、生死ヲ離ル、事能ハズ(35)」

「機教相応、ト云フハ、弘願ハ凡夫ニ蒙ラシメテ顕レ、凡夫ハ弘願ニ乗ジテ度ル。（中略）機教相応ノ義諸経ニモアレドモ、機ハ凡夫ヲ本トシ、教ハ報佛ノ教ヲ本トスレバ、今ノ機教、機教ノ根源ナル故ニ、諸教ニ是ヲ説カズ、今初メテ是ヲ説ク。故ニ殊更、機教相応、ト云フナリ(36)」

「帰命、トイハ、サキノ観門ノ発願ニ依リテ弥陀界ニ願入シヌレバ、佛心ト相応シヌ。機教既ニ相応シヌレバ、弥陀ノ願ノ外ニ生死ノ凡夫ノ法アルベカラズ(37)」

九、仏凡相応

仏凡相応は機法一体の内容である。阿弥陀仏と凡夫がいかように一体化できるのか。さらにその功徳はいかがであろうか。

「仏ノ正覚ハ衆生ノ往生ナリ、衆生ノ往生ハ正覚ノ体ナリト云フ事ヲ顕ハスナリ。故ニ、彼此三業不相捨離等ノ文意尤モ分明ナリ。（＋衆生之称礼念佛之見聞知、行願具足機法一体也庚）(38)」

「既ニ弘願ニ乗ジヌレバ、行者ノ心佛心ト相応ス。故ニ、弘願ニ帰シヌレバ、行者ノ心ヲ指スニ、佛願ニ乗ズル謂アリ。（中略）機ト法ト相応シヌ(39)」

十、本願（弘願）相応

證空は本願（弘願）に相応することを勧めている。

「唯観門ニ依リテ弘願ニ相応スレバ、願力ヲ以テ頓ニ罪惑盡キテ報土ニ生ジヌレバ、無生ヲ證スル義ナリ。（中略）他力観門ノ無漏智ヲ発サザレバ、弘願ニ相応スベカラズ。弘願ニ相応セザレバ報佛ノ土ニ生ズベカラズ。浄土ニ生レズバ此ノ厭離ノ心虚シク退スベシ。今観門ノ智ヲ得ル故ニ、弘願ニ相応シテ必ズ浄土ニ生ズベシ(40)」

「既ニ浄土ノ要門ニ逢ヒテ、出離疑ハズ、人身ノ本意是ニアリト思ハヘテ、自ラ喜ブ心生ジヌレバ、眼閉ヂ、息絶エバ、浄土ノ無生至ルベシ。此ノ穢身ヲ愛シテ、彼ノ短命ヲ惜シムベカラズ、唯西方ニ往カン事ヲノミ思フベシト云フナリ(41)」

本願（弘願）に相応できた結果として滅罪により清浄なる人間となれるのである。

「観門弘願ニ帰シテ念佛ノ心相応シヌレバ、相続シテ間断ナシ。此ノ念々ニ罪悉ク除コル故ニ、清浄ナリ。譬ヘバ、水ノ上ニ降ル雪ノ溜ラザルガ如シ。タトヒ小罪ヲ犯セドモ、罪ノ体留ラズト云フ心ナルベシ」(42)

まとめ

證空は基本的に法然の教旨を継承して人間観を理解している。まず人間としての身は得難い存在であるとする。その要因は六道輪廻によるからである。この六道輪廻の間に仏の出世に逢い教を修行するとしてもいまだ常没の凡夫であるのは、浄土教に逢わず阿弥陀仏の本願力を信ずることがないからであるとする。

證空は人間が生存する現世の相は末法・悪世であるとする。この末法・悪世においてこそ浄土教の得益が得られると理解している。ここに阿弥陀仏の本願力は信下の凡夫の救済こそを本旨としていることが窺える。

證空は凡夫が六道輪廻する間に懺悔なくあらゆる造罪を犯しているとする。これは人間として愚かなる極まりであるとする。この果報として四苦八苦などの受苦がある。

證空は人間の身を受ける本意は仏法との出会いにあるとする。しかし自力修行にては道果を得難いとする。実は凡夫が犯す十悪・五逆の重罪は諸仏では罪障を消滅できないとする。ただ阿弥陀仏の本願力によってこそ滅罪され出離解脱できるのである。

そこで證空の出離解脱観について窺い、あわせて人間と仏との関係性を尋ねる立場から機教相応、仏凡相応、本願相応についても言及している。とりわけ仏凡相応（「仏ノ正覚ハ衆生ノ往生ナリ、衆生ノ往生ハ正覚ノ体ナリト云フ事ヲ顕ハスナリ」）に示されるように、證空は人間と阿弥陀仏の関係は本願力による絶対的救済であると説いている。證空の本願正因の説示が明かされている。

なお、本願（弘願）に相応するとあらゆる行業は阿弥陀仏への報恩行として成就すると説かれる。ここに、現世において罪業の人間に仏道が具現されてくる。

註

（1）『拾遺黒谷語録（和語）』（『浄土宗聖典』第四巻、二一一）
（2）『和語燈録』（『浄土宗聖典』第四巻、一六二）
（3）『黒谷上人語灯録（和語）』（『浄土宗聖典』第四巻、一三九）
（4）『女院御書』上巻（『西山上人短篇鈔物集』一九九）
（5）『観経疏定善義自筆御鈔』巻一（『西山叢書』第二巻、九b）
（6）『往生礼讃自筆御鈔』巻第五（『西山叢書』第三巻、一六四a）
（7）『観経疏玄義分自筆御鈔』巻一（『西山叢書』第一巻、一三a）
（8）『観経疏散善義自筆御鈔』巻一（『西山叢書』第二巻、一六〇b）
（9）『往生礼讃自筆御鈔』巻第二（『西山叢書』第三巻、一〇a）
（10）『往生礼讃自筆御鈔』巻第三（『西山叢書』第三巻、五三a）
（11）『観念法門自筆御鈔』巻上（『西山叢書』第四巻、一四六b）
（12）『観経疏散善義自筆御鈔』巻一（『西山叢書』第二巻、一七一b）
（13）『観経疏散善義自筆御鈔』巻一（『西山叢書』第二巻、一七八a）
（14）『往生礼讃自筆御鈔』巻第三（『西山叢書』第三巻、六九b）

(15)『観経疏散善義自筆御鈔』巻一（『西山叢書』第二巻、一八七b）
(16)『観経疏玄義分自筆御鈔』巻一（『西山叢書』第一巻、二一b）
(17)『観経疏散善義自筆御鈔』巻三（『西山叢書』第二巻、二四四b）
(18)『観経疏散善義自筆御鈔』巻一（『西山叢書』第二巻、一八七b）
(19)『往生礼讃自筆御鈔』巻第四（『西山叢書』第三巻、八五b）
(20)『観経疏定善義自筆御鈔』巻三（『西山叢書』第二巻、一二一b）
(21)『観経疏序分義自筆御鈔』巻二（『西山叢書』第一巻、二二四a）
(22)『往生礼讃自筆御鈔』巻第四（『西山叢書』第三巻、九四a）
(23)『女院御書』上巻（『西山上人短篇鈔物集』二〇）
(24)『観経疏序分義自筆御鈔』巻一（『西山叢書』第一巻、一五八a）
(25)『観経疏玄義分自筆御鈔』巻一（『西山叢書』第一巻、一〇a）
(26)『観念法門自筆御鈔』巻上（『西山叢書』第四巻、一七二a）
(27)『観経疏玄義分他筆抄』下（『西山叢書』第五巻、一二二b）
(28)『観念法門自筆御鈔』巻上（『西山叢書』第四巻、一六九a）
(29)『観経疏定善義自筆御鈔』巻一（『西山叢書』第二巻、四一a）
(30)『観経疏散善義他筆抄』中（『西山叢書』第六巻、一五五b）
(31)『西山上人短篇鈔物集』一六一
(32)『観経疏玄義分自筆御鈔』巻二（『西山叢書』第一巻、四六b）
(33)『観経疏定善義自筆御鈔』巻一（『西山叢書』第二巻、九a）

證空は往生について即便往生・当得往生で判別している。ここで此世の解脱は即便往生、来世の解脱は当得往生に充当して理解できる。

(34)『昭和新修法然上人全集』二三六
(35)『観経疏玄義分自筆御鈔』巻一（『西山叢書』第一巻、九ｂ）
(36)『観経疏序分義自筆御鈔』巻一（『西山叢書』第一巻、一四二ｂ）
(37)『観経疏玄義分自筆御鈔』巻一（『西山叢書』第一巻、一四ｂ）
(38)『観経疏定善義他筆抄』下（『西山叢書』第六巻、五二ｂ）
證空の教学として弥陀正覚即衆生往生と説示している。詳細は拙著『證空浄土教の研究』（法藏館、二〇〇九年）を参照されたし。
(39)『観経疏玄義分自筆御鈔』巻二（『西山叢書』第一巻、八三ａ）
(40)『観経疏玄義分自筆御鈔』巻一（『西山叢書』第一巻、一一ｂ）
證空は懺悔について行門（自力）・観門（他力）・弘願（本願他力）の懺悔を示して、行門の懺悔は修しても罪障は除き難く、観門の懺悔により滅罪が成就すると述べている。（『観経疏定善義自筆御鈔』巻一〈『西山叢書』第二巻、一九ｂ〉参照）
(41)『般舟讃自筆御鈔』巻第三（『西山叢書』第四巻、三八ａ）
(42)『観経疏序分義自筆御鈔』巻二（『西山叢書』第一巻、二三六ａ）

キーワード　人間、滅罪、出離解脱

密教における「人間」定義

乾　仁志（龍仁）

はじめに

密教における人間の定義として指摘しうるのは、一つには人間は関係性の中で成り立つ存在であるということである。これは人間が個人的な存在であるとしても、社会的な関係性の中でのみ成り立つ存在であるからである。しかし日常生活において、その関係性を正しく把握できないところに問題が生じてくる。仏教はその関係性を縁起の思想によって理解し、それを宗教的な真理として提示してきた。また密教ではその縁起の思想を六大縁起をもって唱道してきた。六大縁起の考え方は空海が提唱したものであるが、空海がその六大縁起の理論的根拠としたのが華厳の円融無礙の思想であり、互相渉入の理論であった。

ここでは空海の主著である『即身成仏義』を取り上げ、空海の人間観の理論的根拠となった華厳思想について確認したい。併せて澄観の著作から影響を受けた可能性があるかを検討し、さらに『即身成仏義』の空海真撰説にも触れたいと思う。

一、密教における人間の定義について

密教では「人間」をどのように定義するのか。先行研究には「人間の定義」という表現はないが、「人間観」と題したものがいくつか確認できる。密教に関していえば、多くは空海の人間観についてのものである。最近では高野山大学の武内孝善教授が「空海の人間観」と題した論文を発表されている(1)。

武内教授は、空海の人間観に関して、この論文の冒頭で次のような点を指摘されている。

ア、空海の教えの根底には自心仏の思想と本覚思想の二つがあること。

イ、またこの二つが根幹となって空海の教えの根本命題である即身成仏思想が体系づけられていること。

ウ、そして『即身成仏義』には、空海の宇宙観・世界観が説かれるだけでなく、われわれ人間がいかなる存在であるかが説かれている。それによると、この宇宙に存在するものは一つとして例外なく、すべてのものが宇宙の根源的ないのち、すなわちこの宇宙そのものを仏とみなした大日如来と同じいのち・叡智をいただいて平等平等であること。

エ、この宇宙の有り様を正しく体解することが悟りであり、体解したものが仏であること。

オ、課題はこの教えによって一人ひとりが仏と変わりないとの自覚をもって生きていくことができる社会を創り出せるかという点であること。

またこの論文の結びでは、上記ウを細説して空海の教えを次の三点にまとめられている。

a、われわれはこの宇宙そのものを仏とみなした大日如来のいのち、すなわちこの宇宙の根源的な素晴らしい生命をいただいていること。

b、われわれだけでなく、この宇宙に存在するものはすべて、この宇宙の根源的な生命を有していること。
c、この宇宙に存在するものの生命は別々のものではない、すべての生命は繋がっていること。

そして最後に、空海のいう即身成仏とは「仏になる」のではなく、「生まれながらに仏のいのち・叡智をいただいている自身＝本来的に仏である自身に気づき、その本来の自身に帰ること・成りきること」であると結論されている。以上の指摘を踏まえて、密教では人間をどのように捉えているかを考えたい。

まず空海の教えの根底に「自心仏の思想」と「本覚思想」があると指摘されているように、この二つが空海の人間観の基調となる。したがって、密教では人間自身の中に仏を見出すことから、人間は仏を内包するものといえる。また人間とは本来的に仏と同じく悟れる存在であることである。しかし人間は現実には煩悩に覆われていてこれらのことに気づいていない。その意味では、人間は迷悟的な存在である。迷悟的な存在とは迷いと悟りの両方の面をもっているということである(2)。

さらに空海の著作には「本源に帰る」とか「帰宅の心」という表現が多いが、これは人間観の問題が根底にあって、凡聖不二・生仏一如であることから、人間自身に成仏の可能性の根拠があると考えるのである。このように密教は人間の尊厳性を強調する(3)。

そしてこれらに加えて、人間を含めてすべてのものが大日如来に象徴される宇宙的生命を共有していると捉える点も指摘しておかなければならない。逆にいえば、すべてのものは大日如来の顕現したものに他ならないということである。

二、空海の即身成仏思想

空海の人間観には、以上のような自心仏の思想と本覚思想があるが、同時にこの二つが空海の即身成仏思想の根幹となっているといわれる。そしてこの即身成仏思想の理論的根拠に華厳の思想が認められるのである。

それでは、空海の即身成仏思想とはどのようなものか。ここでは『即身成仏義』の冒頭に説かれる即身成仏の頌を用いて確認しておきたい。

六大無礙常瑜伽（体）	六大無礙にして常に瑜伽なり	体
四種曼荼各不離（相）	四種曼荼各々離れず	相
三密加持速疾顕（用）	三密加持すれば速疾に顕わる	用
重重帝網名即身（無礙）	重重帝網なるを即身と名づく	無礙
法然具足薩般若	法然に薩般若を具足して	
心数心王過刹塵	心数心王、刹塵に過ぎたり	
各具五智無際智	各々五智無際智を具す	
円鏡力故実覚智（成仏）(4)	円鏡力の故に実覚智なり	成仏

『即身成仏義』の内容は、ほとんどがこの頌文の解釈から成っている。最初の一頌四句が即身の意味を、また後の一頌四句が成仏の意味を述べている。二頌ともに心身の仏徳を明かすが、最初の一頌は身徳を示し、後の一頌は心徳を示すといわれる。そして最初の一頌は生仏の体・相・用の三大円融の理を顕わし、衆生身に直ちに仏身を具える即身の意味を述べ、後の一頌は衆生の一心に具わる仏智を開発する成仏の意味を述べている。

たとえば、最初の一頌のうち、第一句の「六大無礙にして常に瑜伽なり」は、地水火風空識の六大が宇宙法界の本性（体大）であって、常に無礙相応してよく十界の有情非情を生ずることをいう。また第二句の「四種曼荼各々離れず」は、大三法羯の四種曼荼羅が体大より生じた十界の万有の相状（相大）であって、各々相離れずして渉入することをいう。また第三句の「三密加持すれば速疾に顕わる」は、仏の身口意の三密と衆生の三業が互いに加持感応（用大）して、速疾に仏徳を顕現することをいう。また第四句の「重重帝網なるを即身と名づく」は、これら体相用の三大のいずれにおいても仏身と衆生身とが重々無礙なることをいい、それを帝釈天の宮殿にある珠網が互いに照らし合って無礙なる有り様に喩えている。

後の一頌のうち前三句は、衆生の心中に法爾法然に薩般若すなわち一切智々を具足して仏智を円満せることをいい、因位については心数心王を無数に、また果位については五智無際の智を具足することをいう。第四句はこれらの智慧を具足して、大円鏡の中に諸法をありのままに余すところなく映し出すような真実の智慧を得たものとなることをいう。

このように、『即身成仏義』では、凡聖不二・生仏一如であるとの理解の下に人間に成仏の可能性の根拠があると考えるのである。その成仏の可能性を示す三大円融の理論的根拠として重要なのが最初の一頌の第四句である。この句の意味について、空海は次のように述べている。

重重帝網名即身者。是則挙譬喩以明諸尊刹塵三密円融無礙。帝網者因陀羅珠網也。謂身者我身仏身衆生身是名身。又有四種身。言自性受用変化等流是名曰身。又有三種字印形是也。如是等身縦横重重。如鏡中影像灯光渉入。彼身即是此身。此身即是彼身。仏身即是衆生身。衆生身即是仏身。不同而同不異而異。故三等無礙真言曰
a-sa-me tri-sa-me sa-ma-ye svā-hā（筆者注：梵字をローマ字表記に改めた）
初句義云無等。次云三等。後句云三平等。仏法僧是三。身語意又三。心仏及衆生三也。如是三法平等平等一也。

一而無量無量而一。而終不雑乱。故曰重重帝網名即身。(5)

重重帝網名即身とは、是れ則ち譬喩を挙げて以って諸尊の刹塵の三密円融無礙なることを明かす。帝網とは、因陀羅珠網なり。謂わく身とは、我身・仏身・衆生身是れを身と名づく。又四種の身有り、言わく自性・受用・変化・等流是れを名づけて身と曰う。又三種有り、字・印・形是れなり。是の如く等の身は、縦横重重にして、鏡中の影像と灯光の渉入との如し。彼の身即ち是れ此の身、此の身即ち是れ彼の身、仏身即ち是れ衆生の身、衆生の身即ち是れ仏身なり。不同にして同なり、不異にして異なり。故に三等無礙の真言に曰わく、アサンメイ・チリサンメイ・サンマエイ・ソワカ

初めの句義をば無等と云い、次をば三等と云い、後の句をば三平等と云う。仏・法・僧是れ三なり。身・語・意又三なり。心・仏及び衆生三なり。是の如くの三法は平等平等にして一なり。一にして無量なり、無量にして一なり。而も終に雑乱せず。故に重重帝網名即身と曰う。

ここには諸尊の三密の円融無礙なることを明かす。またとくに身を取り上げて、我身・仏身・衆生身の三身と、自性・受用・変化・等流の四種法身と、字・印・形の三秘密身を例に、それらが縦横に重重無尽にして等同であるというのである。さらには仏・法・僧の三宝、身・語・意の三密、心・仏・衆生の三心も平等平等にして一体であり、一体であると同時に無量にして、しかも調和が取れているという。ここに華厳の円融無礙の思想が確認できるのである。とりわけ「鏡中の影像と灯光の渉入との如し」（如鏡中影像灯光渉入）という文句に注目される(6)。そこで、「鏡中影像灯光渉入」の語句の典拠について確認したいと思う。

三、「鏡中影像」と「灯光渉入」の用例

さて大正蔵経によると、「鏡中影像灯光渉入」に一致する文句は『即身成仏義』以外には見られなかった。しかしこれを「鏡中影像」と「灯光渉入」に分けて検索すると、中国の文献では次のような注釈書や論書・儀軌に確認することができる。まず「鏡中影像」の用例は次の通りである。

基撰『瑜伽師地論略纂』(大正一八二九番)

現者即可現示在此彼故。如能顕影。如水鏡中影像。此唯色名有現。(大正四三・二〇九下)

遁倫集撰『瑜伽論記』(大正一八二八番)

現者則可相示現。在此彼故。如能現影。如水鏡中影像。此唯色名有現。(大正四二・六六五下)

李通玄撰『新華厳経論』(大正一七三九番)

而実教菩薩一得一切得。為称法体中無前後故。猶如帝網光影互相参徹相入無前後際也。亦如百千宝鏡同臨妙像。一一鏡中影像相入色像斉平。如仏果位中諸菩薩。為従性起法身根本智為十住之中創証心故。(大正三六・七五三中)

譬如空中置百千宝鏡。置一仏像在於地上。以衆菩薩囲遶荘厳。於彼百千宝鏡之中一時頓現。一一鏡中影像互相参入都無来往。如来亦爾。於始成正覚之時。天上人間十方国土一時頓現。互相参徹都無来去。故彼説言音句義悉皆参入。(同・七六五中)

澄観撰『大方広仏華厳経疏』(大正一七三五番)

以鏡中影像離於本質別現鏡等之中。故喩於果与因処別。前映質之影。雖因日等影乃随身。不於日内而現。故喩

諸識雖託境生異。自在我非在於境。（大正三五・八五六上）

澄観述『大方広仏華厳経随疏演義鈔』（大正一七三六番）

疏以鏡中影像離於本質等者。第二対喩辨異。明此鏡像得果報名。果与因別故。若影在身外。前映質下辨前異此。日月在天影光（現〈甲〉）在身。身即喩因則所現法得与因俱。（大正三六・五九七上）

宗密述『禅源諸詮集都序』（大正二〇一五番）

八二諦三諦異者。空宗所説世出世間一切諸法不出二諦。学者皆知。不必引釈。性宗則摂一切性相及自体総為三諦。以縁起色等諸法為俗諦。縁無自性諸法即空為真諦（此与空宗相宗一諦。義無別也）（此与等の十二字ナシ〈甲〉）一真心体。非空非色。能空能色。為中道第一義諦。其猶明鏡。亦具三義。鏡中影像。不得呼青為黄。妍媸各別。如俗諦影無自性一一全空。如真諦其体常明。非空非青黄。能空能青黄。如第一義諦。具如瓔珞大品本業等経所説。故天台宗依此三諦修三止三観。成就三徳也。（大正四八・四〇七上）

延寿集『宗鏡録』（大正二〇一六番）

如華厳論云。（中略）而実教菩薩一得一切得。為称法体中無前後故。猶如帝網光影互相参徹相入無前後際也。亦如百千宝鏡同臨妙像。一一鏡中影像相入色像斉平。如仏果位中。諸菩薩為従性起法身根本智。為十位之中創証心故。（大正四八・八九七下—八九八上）

施護訳『仏説一切如来安像三昧儀軌経』（大正一四一八番）

我今以清浄最上之水洗浴仏像。復誦灌頂真言。

唵薩哩嚩（二合）怛他（引）誐哆（引）鼻詵（引）迦三摩野室哩（二合）曳（引）吽。

若是画像功徳。以鏡照彼所画功徳。用前五種浄水写（瀉〈明〉）於鏡上。沐浴鏡中影像。若前金銀等像及所画幀像。（大正二一・九三四上）

ここで注目されるのは、李通玄（一説に六三五―七三〇）撰『華厳経論』、澄観（七三八―八三九）撰『華厳経疏』（七八七年）および同述『華厳経随疏演義鈔』である。ただし、この中では李通玄の用例は帝網に関連して説かれ円融無礙の意味に取れるが、澄観のものは帝網と関連して説かれていない。宗密（七八〇―八四一）の『禅源諸詮集都序』も同様である。また延寿（智覚禅師）の『宗鏡録』には『華厳経論』の同文が引用されている。

一方「灯光渉入」の用例が確認できるのは、以下の『八十華厳』に対する澄観の注釈のみである。しかも無礙の語句の見える用例もある。

澄観撰『大方広仏華厳経疏』（大正一七三五番）

蓋是九世相収。重会之言亦猶灯光渉入。故法界放光。亦見菩薩遍坐道場成正覚故。此経十地之初無二七之言。二七之言順別機故。故諸経論。顕初説時有多差別。謂普耀密迹二経。第二七日即説三乗。法華過三七日方云説小。四分律中六七。五分八七。興顕行経七七。智論五十七日。（大正三五・五三〇上）

約義亦猶灯光渉入無礙。亦似灯炷重発重明。（同・八八七下）

澄観述『大方広仏華厳経随疏演義鈔』（大正一七三六番）

故今通云。重会之言。亦猶灯光渉入如点灯盞。似有前後光。無前後而相渉入。今重会義但似灯光。一時之中不妨両会。法則有重。時不重也。（大正三六・一三四上）

以上のことから、「鏡中影像」と「灯光渉入」という二つの語句の用例があるのは、『華厳経疏』と『華厳経随疏演義鈔』に限られることが分かった。ただし「鏡中影像」の用例で帝網に関連して説かれているのは『華厳経論』の方である。この点はどう解釈すべきであろうか。したがって、空海が『即身成仏義』を撰述した際に「如鏡中影像灯光渉入」という表現を用いるに当たって、「鏡中影像」と「灯光渉入」の語句をともに澄観の注釈から採用したとは速断できない(7)。

四、「重重帝網」の用例

以上に加えて、もう一語確認しておきたい。それは「重重帝網」という語句である。この語句は空海以前のどの段階で使用されるようになったのであろうか。というのは、「重重帝網」の考え方は『金剛頂経』にも見られるからである。

唐代密教の大成者である不空（七〇五―七七四）の伝えた広本『金剛頂経』には十八会の聖典があったといわれる。この中の中心的な聖典が十八会中の初会に位置づけられている『真実摂経』である。この『真実摂経』に「互相渉入」という語句が用いられているが、この用語は「重重帝網」と同じ意味をもつ(8)。

不空訳『金剛頂経十八会指帰』（大正八六九番）には、次のような文章がある。

瑜伽教十八会。或四千頌、或五千頌、或七千頌。都成十万頌。具五部・四種曼荼羅・四印。具三十七尊。一一部具三十七。乃至一尊成三十七。亦具四曼荼羅・四印。互相渉入。如帝釈網珠光明交映展転無限。修行者善達此瑜伽中大意。如遍照仏。一一身分。一一毛孔。一一相。一一随形好。一一福徳資糧。一一智慧資糧。住於果位。演説瑜伽二乗不共仏法。説曼荼羅三昧耶法門事業。量同虚空。証者如上所説。各各分剤各不雑乱。円証四身。所謂自性身。受用身。変化身。等流身。是能頓作利楽一切有情・諸菩薩・声聞・縁覚及諸外道。名瑜伽金剛乗教法。（大正一八・二八七中下）

瑜伽教の十八会、或いは四千頌、或いは五千頌、或いは七千頌あり。都て十万頌と成す。五部・四種曼荼羅・四印を具し、三十七尊を具す。一一の部に三十七を具し、乃至一尊に三十七を成ず。亦た四曼荼羅・四印を具す。互相に渉入すること、帝釈の網珠の光明交映して展転限り無きが如し。修行者、善く此の瑜伽の中の大意に達しぬれば、遍照仏の如し。一一の身分、一一の毛孔、一一の相、一一の随形好、一一の福徳資糧、一一の智慧資糧は果位に住す。瑜伽二乗不共の仏法を演説して、曼荼羅三昧耶法門の事業を説く。量、虚空に同じく、証は上の所説の如し。各各の分剤は各おの雑乱せず、円かに四身を証す。謂《い》わゆる自性身・受用身・変化身・等流身なり。是れは能く頓に一切有情・諸の菩薩・声聞・縁覚及び諸の外道を利楽することを作す。瑜伽金剛乗の教法と名づくるなり。

この箇所は『十八会指帰』の結文であり、いわば瑜伽教の十八種聖典の大意を説いたところである。しかし、基本的には『真実摂経』の基本思想である「互相渉入」の説明でもある。この結文には「互相渉入」を「如帝釈網珠光明交映展転無限」と説明している。「如帝釈網珠光明交映展転無限」というのは「重重帝網」と同じ意味であり、空海も上記に引用した『即身成仏義』の文章を著す際には『十八会指帰』のこの文を意識していたと推察されるのである。因みに空海の『法華経釈』等には、『十八会指帰』の上記の文を一部引用した箇所があり、また「互相渉入」の語句も『即身成仏義』や『吽字義』等において確認できる。[9]

そこで「重重帝網」という語句が、いつから使用されるようになったのか、大正蔵経を通じて確認しておきたいと思う。大正蔵経によると、以下の文献に見える。

法蔵述『華厳経探玄記』（大正一七三三番）

三託此重重帝網之処表示所説亦重重無尽。如不思議解脱等。（大正三五・一二八中）

四見重重帝網世界種種仏興異異説法。（同・四七七上）

法蔵撰『華厳経文義綱目』（大正一七三四番）

三託此重重帝網之処表示所説亦重重無尽。如不思議解脱等。（大正三五・四九六上）

澄観述『新訳華厳経七処九会頌釈章』（大正一七三八番）
三託此重重帝網之処表示所説亦重重無尽。如不思議解脱等。（大正三六・七一二上）
楚円集『汾陽無徳禅師語録』（大正一九九二番）
心随万境境唯心。心境元空総周備。重重帝網六門開。鏡象円真明一切。（大正四七・六二五下）
一然撰『三国遺事』（大正二〇三九番）
開演華厳。宣揚法界。無礙縁起。重重帝網。新新仏国。利益弘広。喜躍増深。（大正四九・一〇〇六下）
賛寧等撰『宋高僧伝』（大正二〇六一番）
中見法蔵禅師鑑灯。頓了如是広大法界重重帝網之門。因歎曰。先達聖人具此不思議智慧方便。非小智之所能。（大正五〇・八一八中）
道原纂『景徳伝灯録』（大正二〇七六番）
即華厳第三祖賢首大師之所製也。師覩之頓喩広大法界重重帝網之門。仏仏羅光之像。（大正五一・三六〇中）
円極居頂撰『続伝灯録』（大正二〇七七番）
森羅普現万象斉観。南北東西交横互映。重重帝網百億垂形。海印発光大千普赴。（大正五一・五七七上）

そもそも互相渉入の思想は、『華厳経』「入法界品」に説かれ、その用語も「入法界品」に見られる。(10)したがって、『真実摂経』は「入法界品」の思想を受け継いで成立しているといえる。しかし、「重重帝網」という語句が法蔵（六四三―七一二）の『華厳経探玄記』（六九五年）に確認できるということは、空海は中国華厳の流れの中でこの語句を認識したものと推測される。

因みに「重重帝網」の前後を逆にした「帝網重重」の用例はさらに多く、以下の文献に確認することができた。

法蔵述『華厳経探玄記』（大正一七三三番）

依普賢法界帝網重重主伴具足故。名円教。(大正三五・一一五下)

第五能詮教体者。通論教体。従浅至深。略有十門。一言詮辯体門。(中略)八帝網重重門。九海印炳現門。十主伴円備門。(同・一一七下)

第八帝網重重門者亦二義。先辨一門後類顕一切。前中如一句内即具一切。此一中一切復一即一切。如是重重具即不可窮尽。総是一句。二類顕者。如此一句余一切句一一皆爾。是即無尽無尽具唯普眼所知非是心識思量境界。(中略)又云。若於一小微塵中有諸仏刹不可説。於彼一一仏刹中復有仏刹不可説。解云。如是重重如因陀羅網。是謂此経円宗教体。(同・一一九中下)

或通摂無尽法界。謂人法教義等一切自在法門海並為法輪体。如帝網重重具足主伴等。此約円教。(同・一五三下―一五四上)

若依円教有二義。一如前諸教所説即同無尽法界帝網重重即入無礙具足主伴即属此摂。(同・一五九下―一六〇上)

後三知法門。初総知縁起。二別知事相。三以理会事。如帝網重重。並如前地論中已釈。(同・三九六上)

又以所障法界如帝網重重令能障同所亦皆無尽故。(同・四〇四上)

法蔵述『華厳経旨帰』(大正一八七一番)

一処円者。謂前無尽処中。随一塵処。即有如上一切処。一切時。一切仏。一切衆一切儀。一切教一切義。一切意一切益。各通帝網重重倶在一塵。如一塵処一切尽虚空法界。一一塵処皆亦如是。二時円者。於一念中。則有如前一切時劫。一切処一切仏。乃至一切益皆通。帝網重重顕示。如一念一切重重諸劫海中。一一念摂皆亦如是。

(大正四五・五九六下)

李通玄撰『新華厳経論』(大正一七三九番)

五円教者。得一位即一切位。一切位即一位故。十信満心即摂六位成正覚等。依普賢法界帝網重重主伴具足故名円教。（大正三六・七三五中）
帝網差別者。如天帝網重重光影互相容也。如是世界重重共住。即華蔵荘厳世界是。与衆生世界海共住。業不相妨。猶如帝網互相容而住。各依自業相見。（同・八八二下）
如此一乗教中以十波羅蜜。以五位十住十行十迴向十地十一地通修習。位位中以十波羅蜜互為主伴。五位之上有五百箇行門。分分微薄。以六相総別之義言之。時日歳月皆如是猶。如帝網重重参映一多同異皆不転変。（同・八九九中）
此約法身。無限無表裏。中間智身亦爾。総無限故。処帝網重重大用故。（同・九二九中）
至広大国者。以願起智興無尽行接引衆生也。乃至如十方世界微塵刹中。一一塵内有無尽仏法及身行接引衆生。一切十方国刹塵中。悉皆如是如帝網重重無尽。以願行広大。国名広大。（同・九七六上中）
李通玄撰『略釈新華厳経修行次第決疑論』（大正一七四一番）
入十光影身。如天帝網重重。影像無去無来故。（大正三六・一〇四八下）
慧苑述『続華厳経略疏刊定記』（卍新纂大日本続蔵経二二一番）
釈曰。謂生於無仏処故。菩薩万行不過此故。五位起一瞋心。一切頓障。又以所障法界如帝網重重。令能障同於所障亦皆無尽。起一瞋成百億障。理実無尽。結中三。初正結。（卍新纂大日本続蔵経第三冊、cf. CBETA）
明曠刪補『天台菩薩戒疏』（大正一八一二番）
又云華蔵者体能包含十方法界。十方法界現一塵中。猶如帝網重重無尽。不横不竪出過思議之表故名華蔵。（大正四〇・五八四下）
澄観撰『大方広仏華厳経疏』（大正一七三五番）

五円教者。明一位即一切位。一切位即一位。是故十信満心。即摂五位成正覚等。依普賢法界帝網重重主伴具足。故名円教。（大正三五・五一二下）

十因果二位。各随差別之法。無不該摂法界故。一一法一一行。一一位一一徳。皆各総摂無尽無尽帝網重重諸法門海。是謂華厳無尽宗趣。（同・五二二下―五二三上）

又所障法界如帝網重重。能障同所亦皆無尽。（同・八七〇下）

澄観述『大方広仏華厳経随疏演義鈔』（大正一七三六番）

普賢身不可思議。略有三類。一随類身。随人天等見不同故。二漸勝身。乗六牙象等相荘厳故。三窮尽法界身。帝網重重無有尽故。今当第三。含有前二。（大正三六・一八七中下）

疏。万行如華厳法身故余如別説者。遺忘集説。略有十観。一摂相帰真観。二相尽証実観三相実無礙観。四随相摂生観。五縁起相収観。六微細容摂観。七一多相即観。八帝網重重観。九主伴円融観。十果海平等観。然此十観融四法界。初二理法界。始終不異。三即事理無礙法界。四即随事法界。次五即事事無礙法界。五即一多相容不同門。六即微細相容安立門。七即諸法相即自在門。八即因陀羅網境界門。九即主伴円融具徳門。其第十観果海絶言。通為前四之極。則四法界十種玄門皆約因分。（同・二七一上中）

疏。以没現相如法性故者。斯則没而無没。現而無現真法性中無出没故。此約事理無礙。下句云此彼相相即故者。即事事無礙法界。然相即有三。一約刹此刹即彼刹。一刹即多刹故。二約人此身即彼身。一歩即多歩故。三約劫一念即是無量劫故。又此彼相炳然具故。秘密隠顕倶時成故。此彼時処互相在故。帝網重重同時具足皆不動故。

（同・六九七上）

澄観述『華厳法界玄鏡』（大正一八八三番）

由此互摂互在故。有帝網重重之義。（大正四五・六八二中）

見登集『華厳一乗成仏妙義』（大正一八九〇番）
故疏十六云。第二辨普賢行中。先明所治広大有百千障能治広大有六十行。又以所障法界如帝網重重。令能障同所亦皆無尽。（四五・七七七上）
延寿集『宗鏡録』（大正二〇一六番）
十因果二位各随差別之法。無不該摂法界。故一一法。一一行。一一位。一一徳。皆各総摂無尽無尽帝網重重諸法門海。是謂華厳無尽宗趣。以華厳之実教総摂群経。標無尽之円宗能該万法。可謂周遍無礙自在融通。方顕我心能成宗鏡（大正四八・四四八下）
一有一切普賢之身不可思議。略有三類。一随類身。随人天等見不同故。二漸勝身。乗六牙象等相。荘厳故。三窮尽法界身。帝網重重無有尽故。此第三身含前二身及無尽身。（同・五〇四上）
帝網者。此網乃是衆宝糸縷所共合成。其善住法堂。縦広四十由旬。亦是衆宝所共合成。其網一一糸孔之中。皆有明珠。其珠体瑩浄。宝網交羅互相映現。一一珠網之中。皆有珠網全身及四十由旬宝殿各各全身。於中互相顕現。如珠及網所有影現。其殿一一梁棟。一一椽柱。一一牆壁。一一栱枓。一一鏡像之中。皆有全身殿網珠影。重重互相映現。故云。如天帝網重重無尽。今此法門亦復如是。（同・六四一中）
法天訳『大方広総持宝光明経』（大正二九九番）
有以除暗放光明　帝網重重復無尽（大正一〇・八九八中）
子璿集『首楞厳義疏注経』（大正一七九九番）
五一乗円教。所説唯是法界。性海円融縁起無礙。相即相入。帝網重重主伴無尽也。（大正三九・八二四下）
以上のように、「重重帝網」や「帝網重重」という語句は、中国華厳第三祖の法蔵述の『華厳経探玄記』に登場し、その後、李通玄や澄観に受け継がれ、華厳の世界観を表す用語として定着していったことが窺える。なお慧苑

（六七三―七四三頃）の『続華厳経略疏刊定記』巻第十三の普賢行品第三十六にも「帝網重重」の用例として上記の一例が確認された。いずれにしても、空海は「重重帝網」という語句を華厳教学から採用したことは間違いないであろう。

五、空海と『即身成仏義』

以上、「鏡中影像」と「灯光渉入」等の語句について、大正蔵経における用例を検索した。その結果、前者の「鏡中影像」の語は、澄観以前では李通玄の『新華厳経論』に見えるが、「鏡中影像」と「灯光渉入」という二つの語句を出すのは『八十巻華厳』の注釈書である澄観撰『華厳経疏』六十巻と同述『華厳経随疏演義鈔』九十巻に限られることが分かった。(11) ただしこれをもって空海が「鏡中影像」と「灯光渉入」の語句を澄観の注釈書から採用したと速断できないことはすでに指摘した通りである。

なお澄観は中国華厳宗の第四祖で、不空三蔵の訳経にも参加して潤文を務めたとも伝えられ、また般若三蔵の『四十巻華厳』（入法界品）の翻訳に詳定として参加している。(12)

『御請来目録』(13) によると、空海は華厳経関係では以下のものを将来している。

新訳経

華厳入法界品四十二字観門一巻（六紙）　＊不空訳。大正一〇一九番

華厳経入法界品頓証毘盧遮那字輪瑜伽儀軌一巻　＊不空訳。大正一〇二〇番

新訳華厳経一部四十巻（六百一十二紙）　般若三蔵訳　＊大正二九三番

十地経九巻　尸羅達摩三蔵訳　＊大正二八七番

旧訳経
　華厳経心陀羅尼一巻　実叉難陀三蔵訳　　＊大正一〇二一番
論疏章等
　華厳経疏一部卅巻　澄観法師撰　　＊大正一七三五番
　華厳十会一巻
　大方広仏華厳経品会名図一巻
　華厳会請賢聖文一巻
　金師子章幷縁起六相一巻
　杜順禅師会諸宗別見頌一巻

この中の「華厳経疏一部卅巻　澄観法師撰」が澄観撰『大方広仏華厳経疏』六十巻（大正一七三五番）に相当する。つまり『華厳経疏』は空海によって最初に日本に将来されたのである。その後、天台宗の円仁が「華厳経疏二十巻　澄観法師作」(14)を将来し、また円珍は「華厳経疏二十巻」(15)および「大方広仏花厳経随疏演義鈔四十巻　観公」(16)を将来した。因みに『華厳経疏』には二十巻本の他に、十巻本、三十巻本、六十巻本があったことが指摘されているが(17)、このうち空海は三十巻本を将来し、円仁と円珍は二十巻本を将来したことになる。

したがって、空海が『即身成仏義』を撰述するに当たって、「鏡中影像」と「灯光渉入」の二つの語句を澄観の『華厳経疏』から引いた可能性がまったくないともいえない。空海が将来した『華厳経疏』については、天台宗の最澄が空海より借用していたことが確認されている。すなわち『伝教大師消息』に、最澄が弘仁二年（八一一）以前より借用し続けていた「澄観新華厳疏上帙十巻唐本」を空海の催促によって弘仁七年（八一六）に返却した時の添書きが伝わっている(18)。もしも「鏡中影像」と「灯光渉入」の語句を空海が『華厳経疏』から引いた可能性があるとすれば、『即身成仏義』は弘仁七年以降の著作であることを示唆する。[19]

なお『即身成仏義』については、かつて島地大等氏が『日本仏教教学史』の中で疑問視して以来、現在も大師の真撰を疑う意見がある。しかし一方で、『即身成仏義』の撰述年代については、弘仁年間の末から天長年間の初め頃に成立したものと推定されている。その論拠の第一点は、六大思想を説く二頌八句から成る即身成仏頌が空海撰述の『大日経開題』（法界浄心本）[20]に見られることである。また論拠の第二点は同開題の撰述が本文中に「天長元年孟冬二十二[21]」と年紀を記す「笠大夫奉為先妣奉造大曼荼羅願文」（『性霊集』巻七）と密接な関係が認められることである。そのことから『即身成仏義』は天長元年（八二四）の時点において成立していた可能性があるという。[22]

むすびに

上記において『即身成仏義』に見える「鏡中影像」と「灯光渉入」の語句がともに澄観撰述の『華厳経疏』において確認された。そのうち『華厳経疏』における「鏡中影像」という語句の用例には問題があるものの、『華厳経疏』を最初に日本に将来したのが空海であることを考えると、空海と『即身成仏義』との間に親和性が認められるように思えてならない。もちろん天台宗の円仁と円珍もその後に『華厳経疏』を将来しているのであるが、何れにしても『即身成仏義』の著者として相応しい人物は、現在のところ空海以外に想定できない。

以上、密教における人間の定義という論題であったが、ここでは先行研究における空海の人間観に沿って、とくに『即身成仏義』を取り上げ、その理論的根拠となった思想について確認した。その中で、十分に論じることができなかったが、密教における人間の定義として、本論の冒頭において一つには関係性の中で捉えるべきことを指摘した。この関係性を密教では六大縁起によって示すが、その理論的根拠となるのは「鏡中影像」と「灯光渉入」の譬喩によって示される華厳の円融無礙の思想であり、すべてのものが互いに包摂し合うという、『華厳経』「入法界品」に説かれる互相渉入の理論であると考える。

註

（1）武内孝善「空海の人間観」『密教学会報』五三を参照。なお武内教授の論考は、主として勝又俊教『密教入門』「第五　真言密教の人間観」および同『弘法大師の思想とその源流』第二章および第三章所収の論文を参考にして論究されている。また勝又俊教師前後の論考に小野塚幾澄師と福田亮成師のものがある。したがって本来ならば、これらの論文にも触れなければならないが、ここでは直近のものとして武内教授の論考のみを取り上げることにした。なお空海の教えの根底には自心仏の思想と本覚思想があり、これらが即身成仏思想の根幹となっているというのは、勝又俊教師の見解に基づかれたものである。武内上掲論文の注（1）〜（3）を参照。

（2）なお、人間の二重性・矛盾性については、田村芳朗・梅原猛『仏教の思想5　絶対の真理〈天台〉』一〇一頁以下を参照せよ。

（3）勝又俊教「第五　真言密教の人間観」『密教入門』一四二—一四三頁、一五〇—一五一頁を参照。その他、小野塚幾澄「弘法大師の人間観」、福田亮成「空海における本覚と自心仏」を参照。

（4）『弘法大師全集』第一輯、五〇七—五〇八頁。なお以下の即身成仏の頌の意味については、ここでは『密教大辞典』の「六大無礙頌」（同二三二四頁）を参考にしてまとめた。

（5）『弘法大師全集』第一輯、五一六頁。

（6）なお『定本弘法大師全集』第三巻所収本では「鏡中の影像と灯の光の渉入するが如し」（同二八頁）と読む。これに関して、勝又俊教編『弘法大師著作全集』第一巻でも「鏡中の影像と灯光との渉入するがごとし」（同五六頁）と読んでいる。

(7) なお澄観の『大方広仏華厳経疏』には、鏡灯をもって帝網の重重無尽に喩えた例（鏡灯喩）もある。「如因陀羅網世界等。亦如鏡灯重重交光。仏仏無尽。八見此華葉。即是見於無尽法界。非是託此別有所表」（大正三五・五一五下）。

(8) 田中公明「コスモグラム・サイコグラムとしての曼荼羅」、同「五元論導入の意味」等を参照。

(9) 『法華経釈』「身雲互相渉入。如帝釈網珠光明交映展転無限。一一身分一一毛孔。一一相一一随形好。一一福徳一一智恵。量等虚空法界重重無尽遍満遍満平等平等。能解此義三密相応故速証大覚位」（『弘法大師全集』第一輯、七九〇頁）。なお、『法華経開題（殑河女人）』は「一一随形」「遍満平等」とする（同第一輯、八〇二頁）。また『即身成仏義』には「如是六大法界体性所成之身。無障無礙互相渉入相応。常住不変同住実際。故頌曰六大無礙常瑜伽」（同第一輯、五一二頁）とあり、『吽字義』にも「心王心数　主伴無尽　互相渉入　帝珠錠光　重重難思各具五智」（同第一輯、五四五頁）とある。

(10) 梶山雄一監修『さとりへの遍歴　上　華厳経入法界品』一七―一八頁を参照。

(11) なお澄観と空海ないし密教のことについては、加藤精一氏による「空海と澄観」という論稿があり、また遠藤純一郎氏による「澄観と密教――『大方広仏華厳経疏』に見られる密教的要素――」、「澄観と密教――『大方広仏華厳経随疏演義鈔』に見られる密教的要素――」、「澄観と密教――密教との邂逅――」、「華厳教学と中国密教――入唐家の顕密教判の視点から――」等の研究がある。

(12) 鎌田茂雄『中国華厳思想史の研究』一六三―一六六頁。

(13) 『弘法大師全集』第一輯、六九―一〇四頁。

(14) 『入唐新求聖教目録』大正二一六七番（大正五五）

(15) 「華厳経疏二十巻」『開元寺求得経疏記等目録』大正二一六九番（大正五五）
「花厳経新疏二十巻　澄観　大中第一巻随身」『福州温州台州求得経律論疏記外書等目録』大正二一七〇番（大正五五）

（16）「花厳経疏二十巻」『日本比丘円珍入唐求法目録』大正二一七二番（大正五五）
（17）「大方広仏花厳経疏二十巻　観公」『智証大師請来目録』大正二一七三番（大正五五）
「大方広仏花厳経随疏演義鈔四十巻　観公」『智証大師請来目録』大正二一七三番（大正五五）
（18）鎌田茂雄『中国華厳思想史の研究』一九一―二〇五頁。
（19）高木訷元『空海と最澄の手紙』一四九―一五〇頁、『弘法大師の書簡』一六三―一六四頁。
（20）「知識の華厳会のための願文」（『性霊集』七）によると、空海は「弘仁十一年をもって華厳経一部八十巻を写し奉り、聊か法筵を設けて供講事畢んぬ」と記している（『弘法大師全集』第三輯、四八五―四八六頁）。すなわち『八十華厳』を書写して法会を開いて供養し講義したということであるが、その際に澄観撰『華厳経疏』を参考にしたであろうことが推測される。
（21）『弘法大師全集』第一輯、六三八―六三九頁。
（22）『弘法大師全集』第三輯、四八〇頁。
勝又俊教『密教の日本的展開』一四九、一五四頁。なお同時期の天長二年に著された「亡弟子智泉がための達嚫の文」も『即身成仏義』を踏まえて書かれたものと考えられ（武内孝善『弘法大師空海の研究』一九四頁、註(26)を参照）、『即身成仏義』はほぼこの時期に成立したものと見てよいであろう。

参考文献

遠藤純一郎「澄観と密教――『大方広仏華厳経疏』に見られる密教的要素――」（『智山学報』五三、二〇〇四年）
遠藤純一郎「澄観と密教――『大方広仏華厳経随疏演義鈔』に見られる密教的要素――」（『智山学報』五四、二〇〇五年）
遠藤純一郎「澄観と密教――密教との邂逅――」（『智山学報』五五、二〇〇六年）

遠藤純一郎「華厳教学と中国密教――入唐家の顕密教判の視点から――」(『蓮花寺仏教研究所紀要』二、二〇〇九年)
小野塚幾澄「弘法大師の人間観」(『日本佛教學會年報』三三、一九六七年)
加藤精一「空海と澄観――真言と華厳との関係――」(『印度學佛教學研究』四四―一、一九九五年)
梶山雄一監修『さとりへの遍歴　上　華厳経入法界品』中央公論社、一九九四年
勝又俊教『密教の日本的展開』春秋社、一九七〇年
勝又俊教「第二章　空海における自心仏の思想――弘法大師教学の根底にあるもの（一）――」(『弘法大師の思想とその源流』山喜房佛書林、一九八一年〈初出「弘法大師教学の根底にあるもの（一）――自心仏と本覚と菩提心――」『密教学研究』六、一九七四年〉)
勝又俊教「第三章　空海における本覚思想とその源流――弘法大師教学の根底にあるもの（二）――」(『弘法大師の思想とその源流』山喜房佛書林、一九八一年〈初出「弘法大師における本覚思想とその背景――弘法大師教学の根底にあるもの（二）――」『豊山学報』一九、一九七四年〉)
勝又俊教「第五　真言密教の人間観」(『密教入門』春秋社、一九九一年)
鎌田茂雄『中国華厳思想史の研究』東京大学出版会、一九六五年
鎌田茂雄・上山春平『仏教の思想6　無限の世界観〈華厳〉』角川書店、一九六九年
高木訷元『空海と最澄の手紙』法藏館、一九九九年（旧版『弘法大師の書簡』法藏館、一九八一年）
武内孝善『弘法大師空海の研究』吉川弘文館、二〇〇六年
武内孝善「空海の人間観」(『密教学会報』五三、二〇一五年)
田中公明「コスモグラム・サイコグラムとしての曼荼羅――曼荼羅の哲学的解釈はいかにして可能か――」(立川武蔵編『マンダラ宇宙論』法藏館、一九九六年〈再録『インド・チベット曼荼羅の研究』法藏館、一九九六年〉)
田中公明「五元論導入の意味」(『インドにおける曼荼羅の成立と発展』春秋社、二〇一〇年)
田村芳朗・梅原猛『仏教の思想5　絶対の真理〈天台〉』角川書店、一九七〇年

福田亮成「空海における本覚と自心仏」（『宗教研究』三三九、二〇〇四年）

キーワード　即身成仏義、空海、澄観、人間観

弘法大師空海における「人間」定義
――仏と人間の平等という観点から――

佐々木大樹

はじめに――二つの「人間」定義――

真言宗の開祖である弘法大師空海（七七四―八三五）は、数多くの著作を残したが、その多くで「人間」とはいかなる存在であるか、特に仏との関係性をめぐって深い考究の跡を見出すことができる。

昭和四十二年開催の日本佛教学会学術大会において、「仏教の人間観」という共通テーマのもと、すでに小野塚幾澄先生が、「弘法大師の人間観」(1)という論考を発表されているが、その論考からは大別して二つの「人間」定義を読みとることができる。

①「凡夫」としての「人間」定義

善悪や無常の理を知らず、欲望の趣くままに愛着して悪業を積み重ね、苦に苛まれ続けるという人間像である。このような人間観は、仏教全般に共有される視点であり、空海の著作中では、『秘密曼荼羅十住心論』や『秘蔵宝鑰』の第一異生羝羊心の箇所等で詳細に記されている(2)。

②「仏」としての「人間」定義

いかなる人間であっても、奥深くに仏の本性を具え、本質的に仏と衆生（＝人間）[3]は平等であるという人間像である。このような「人間」定義は、大乗仏教の如来蔵・仏性思想、本覚思想等に根差す思考であり、『即身成仏義』をはじめ、空海のほぼ全著作において認められる。[4]

空海の諸著作を概観する限り、①のように凡夫の自覚を前提としながらも、最終的には後者の②「仏」としての「人間」定義にこそ注力がなされているようである。[5]このような理由から、②「仏」としての「人間」定義こそが、空海の核心的・根源的主張であると定めて本論の主題とした。

ただ、空海における②「仏」としての「人間」定義は一様でなく、若年から晩年に至るまで表現・概念は変遷しており、いかなる意味において仏と人間は平等なのか力点が大きく移行している。例えば空海の初期著作では、「自心仏」「仏性」「仏智」等が多用され、人間の心中には仏が具わるという意味での平等性が強調されている。それが後の著作である『即身成仏義』になると、人間の心のみならず、身体をも含めて、さらにあらゆる存在の基盤である世界そのものを仏（大日如来）と同質（六大）なものとしてとらえ、万物の平等性を主張している。そして、このような思想を前提として、晩年になると『釈摩訶衍論』の影響のもと、「本覚」[6]「真覚」という表現が多用され、人間は本来的に成仏可能な存在であるという、より積極的な「人間」定義が打ち出されている。

このように空海における②「仏」としての「人間」定義は複層的であり、かつ「自心仏」「即身」「本覚」等の多様な表現が用いられることから、本論では便宜上、これらの同一傾向を有する表現・概念を一括するものとして「自仏」[7]の語を中心に据えて論じてゆきたいと思う。

本論では以下、自仏の表現について空海の著作を網羅的に検討してゆくが、その指標として苫米地誠一先生、藤井淳先生が発表された「空海著作の成立年代」（推定を含む）[8]を導入し論じることとした（主に苫米地［一九八八］に依拠）。

苫米地・藤井論文に基づく空海著作の年代

＊『定本　弘法大師全集』第一巻―第五巻（密教文化研究所、一九九七年）の教相に関わる著作に限定。
また苫米地・藤井両説で一致する年代の著作には網がけを付し、推定箇所には冒頭に「※」を付した。

<table>
<tr><th>空海の著作名</th><th>苫米地誠一説</th><th>藤井淳説</th></tr>
<tr><td>『聾瞽指帰』（『三教指帰』）</td><td>延暦十六年（七九七）</td><td>延暦十六年（七九七）</td></tr>
<tr><td>『御請来目録』</td><td>大同元年（八〇六）</td><td>大同元年（八〇六）</td></tr>
<tr><td>『五部陀羅尼問答偈讃宗秘論』</td><td rowspan="4">※大同元年（八〇六）―弘仁五年（八一四）</td><td></td></tr>
<tr><td>『仁王経開題』</td><td></td></tr>
<tr><td>『大日経開題』（今釈此経）』</td><td>※―弘仁五年（八一四）</td></tr>
<tr><td>『理趣経開題』（将釈此経三門分別）</td><td></td></tr>
<tr><td>『金勝王経秘密伽陀』</td><td>弘仁四年（八一三）</td><td>弘仁四年（八一三）</td></tr>
<tr><td>『梵字悉曇字母并釈義』</td><td>弘仁五年（八一四）</td><td>弘仁五年（八一四）</td></tr>
<tr><td>『弁顕密二教論』</td><td>※弘仁五年（八一四）―弘仁六年（八一五）</td><td>※弘仁六年（八一五）</td></tr>
<tr><td>『秘密曼荼羅教付法伝』</td><td>※弘仁六年（八一五）頃</td><td>※弘仁六年（八一五）頃</td></tr>
<tr><td>『大日経開題（三密法輪）』</td><td>※弘仁六年（八一五）</td><td>※真撰</td></tr>
<tr><td>『実相般若経答釈』</td><td>弘仁八年（八一七）</td><td>弘仁八年（八一七）</td></tr>
</table>

『吽字義』	※弘仁八年（八一七）	※弘仁九―十二年（八一八―八二一）頃
『大日経開題（大毘盧遮那）』	※弘仁八年（八一七）	※弘仁九年（八一八）―天長三年（八二六）
『般若心経秘鍵』	※弘仁九年（八一八） ※弘仁十三年（八二二）―	弘仁九年（八一八） ※年記に疑い　天長五年（八二八）―承和元年（八三四）
『法華経開題（重円性海）』	※弘仁九年（八一八）―弘仁十二年（八二一）―	
『最勝王経開題』		
『金剛般若経開題』		
『真言付法伝』	弘仁十二年（八二一） ※偽撰	弘仁十二年（八二一） ※偽撰説が有力
『平城天皇灌頂文（第一文）』	※偽撰	弘仁十三年（八二二） ※偽撰説あり
『真言宗所学経律論目録』	弘仁十四年（八二三）	
『即身成仏義』	※弘仁十四年（八二三）	※弘仁九―十二年（八一八―八二一）頃
『大日経開題（法界浄心）』	天長元年（八二四）	天長元年（八二四）
『大日経開題（関以受自楽）』	※天長元年（八二四）	※偽撰
『理趣経開題（弟子帰命）』	※天長元年（八二四）	
『声字実相義』	※―天長二年（八二五）―天長五年（八二八）	※弘仁九―十二年（八一八―八二一）頃
『教王経開題』		
『理趣経開題（生死之河）』		
『法華経開題（開示茲大乗経）』		

『梵網経開題』	※天長五年（八二八）	
『大日経開題（隆崇頂不見）』	※天長六年（八二九）頃	※偽撰
『法華経開題（殑河女人）』	天長六年（八二九）	天長六年（八二九）
『秘密曼荼羅十住心論』	天長七年（八三〇）	天長七年（八三〇）
『秘蔵宝鑰』	天長七年（八三〇）	天長七年（八三〇）
『大日経開題（衆生狂迷）』		※偽撰
『三昧耶戒序』（『平城天皇灌頂文』第四文）	※―天長六年（八二九）―承和二年（八三五）	
『平城天皇灌頂文（第二文）』		※天長六年（八二九）頃
『金剛頂経開題』	※承和元年（八三四）頃	
『法華経釈』	承和元年（八三四）	

一、入唐前後と密教受法

空海の最初期の著作である『聾瞽指帰』には自仏の表現は見当たらない。空海の著作上、自仏の表現が見られるようになったのは、唐から帰朝後の弘仁四年（八一三）頃であり[9]、その要因として青龍寺恵果（七四六―八〇五）からの密教受法が考えられる。

空海の著作上には、恵果が弟子たちに語られた言葉が断片的に書き残されているが、『性霊集』巻九「諸の有縁の衆を勧め奉って秘密蔵の法を写し奉るべき文」では、同じく恵果の言葉として、心（我）・仏・衆生の三平等を知ることが大覚であるとの教えが示されている。

和尚、告げて曰く、若し自心を知るは即ち仏心を知るなり。仏心を知るは即ち衆生の心を知るなり。三心平等なりと知るを即ち大覚と名づく。（『定本』第八巻、一七五頁）

また『秘密曼荼羅教付法伝』に収録された呉慇撰「大唐神都青龍寺東塔院灌頂国師恵果阿闍梨行状」では、胎蔵・金剛界の密教が、「即身成仏」に至る経路であることが記されている。

常に門人に謂て曰く、金剛界・大悲胎蔵両部の大教は、諸仏の秘蔵、即身成仏の路なり。（『定本』第一巻、一一一頁）

三平等の思想は、『華厳経』夜魔天宮菩薩説偈品（『大正蔵経』第九巻、四六五頁下段）に由来し[10]、一方の「即身成仏」は、『発菩提心論』（『大正蔵経』第三二巻、五七二頁下段）に由来する語であるが、これらの言葉が、師恵果から直接与えられたことは、空海の思想形成上、重要な意味をもったものと考えられる。空海の著作を概観する限り、初期の著作から「三平等」「即身成仏」の用語および概念は頻繁に用いられており、その師言の延長上に『即身成仏義』が執筆されたものとも考えられる[11]。

二、弘仁前期頃の著作における自仏思想

『金勝王経秘密伽陀』 弘仁四年（八一三）

本書冒頭では、「心仏」という表現を用い、自心に『金光明経』所説の三身が具わることを明かしている[12]。しかし、人間たちは真実に暗いために、自らの心に秘蔵された本来具足の仏に気が付かず迷っているという。『金光明最勝王経』巻四「最浄地陀羅尼品第六」を釈する箇所では、経中には説かれない三平等の思想をもって、

我心と仏智（仏心）と衆生心の三者が円かに通ずるとの解釈を示している。[13] また同経第七巻を釈する箇所では、我が心は清浄であって煩悩等によって本性が染まることはないこと、また如意宝珠のごとく諸願を満たすものであることを挙げて、心の重要性を強調している。[14]

『梵字悉曇字母并釈義』 弘仁五年（八一四）

本書では、梵字の意義を論じることに付随して、人間は仏智を本来具有することが述べられている。[15] その仏智は、「本有菩提の智」「無量の仏智」「常住の仏智」と表現され、展開すると五智・三十七智になるという。このような仏智は、無明・客塵煩悩によって覆われた状態にあるが、梵字一字でも学習・書写・読誦・観念すれば、出家・在家、男女を問わず、仏智が顕れて不壊の法身を証することができると述べている。

また本書中には、『大般涅槃経』（『大正蔵経』第一二巻、№三七四）に由来する「仏性」の用語も使われるが、その所在について第八阿頼耶識（ālayavijñāna）の浄分である第九阿磨羅識（amalavijñāna）の名を挙げている。

五に蔵持とは、謂く第九の阿磨羅識、即ち仏性の浄識、是れなり。（『定本』第五巻、一〇四頁）

『弁顕密二教論』 弘仁六年（八一五）頃

本書は、顕密対弁を主題としており自仏に関する言及はあまり見当たらない。[16] けれども本書上巻の引証喩釈段では、『釈摩訶衍論』を引用して「本覚」「本覚の仏性」と述べ、[17] また下巻の顕密分斉では、人間にも「本性の真覚」が覆蔵される（衆生秘密）と記されている。[18] この「本覚」[19] の用語は、本書が初出であり、天長年間以降の晩年の空海著作を中心に多用されていった。

『大日経開題（三密法輪）』 弘仁六年（八一五）※推定

本書では、我が心は仏心と平等であり仏慧を本来具足すると述べ、心のみならず我が身も仏身を離れていないと主張している[20]。空海は、師恵果から継承した言葉である「即身成仏」を本書において初めて用いており、身の重要性を強調している。

是の故に遍照法王は法界宮に安住して荘厳の秘蔵を開き、三密の法輪を転ず。即身成仏、是の日に雷震し、我則法身、是の時に師吼す。無等三等（＝三平等）、未だ聞かざるを今聞く。五智本より具せば、昔失えるを忽ちに得たり。（三密法輪：『定本』第四巻、五三頁・隆崇頂不見）

真言行者は、遍照法王の三密活動によって「即身成仏」「我則法身」が自覚され、心（我）・仏・衆生の三平等の理が自ずと把握されるという。この時に、本来具足しながらも実感上、長い間失われていた「五智」もまた即時に回復することができるという。本書は『大日経』の開題にも拘わらず、人間が本来具える仏智について「一切智智」ではなく、金剛頂系の智慧概念である「五智」（金剛界五仏の智）を用いて説明しており注目される。

『実相般若経答釈』 弘仁八年（八一七）

本書は、東大寺円蔵法師から出された『実相般若経』への疑問に返答したものである。その第三問の「無願」の理由として、人間には本来的に菩提も涅槃も具有されることを挙げ、「衆生の心臓」には、無尽荘厳の宝を具有することを明かしている。このような表現は、胎蔵曼荼羅の中台八葉院のイメージを重ね合わせたものであり、人間の内なる仏性・仏智を「曼荼羅」として把握したものと考えられる。

無願とは、言く三界の果報、乃至、菩提・涅槃をも願わざるなり。斯れ乃ち遮情の義なり。復た次に無願とは本有の故に。謂く菩提・涅槃は法爾にして自有なり。諸仏は開授すと雖も、還て衆生の心臓に就いて開与するのみ。既に心臓の無尽荘厳の宝を知んぬ。更に誰に就いてか願い求めん。

（『定本』第四巻、一四一頁）

『性霊集』（弘仁前期頃の文）[21]

『性霊集』でも初期に属する弘仁四年（八一三）の「中寿感興詩」（『性霊集』巻三）では、我が心に「法仏」（＝法身仏）が具有され、本より安楽国（阿弥陀の極楽世界）や都史多天（Tuṣita：弥勒の兜率天）も胸中にあるという他著作に類を見ない思想が示されている。

冀くは生盲の徒をして頓に悟らしめん。三昧の法仏は本より我が心に具せり、二諦の真俗は倶に是れ常住なり。禽獣・卉木は皆な是れ法音、安楽・都史は本より来た胸の中なり。

（『定本』第八巻、四三頁）

また弘仁前期の『性霊集』の文では、人間を含めた動植物、有情・非情の別に関係なく、全てが「仏性」を有するという言い回しが共通して用いられている。

○弘仁四年（八一三）「藤中納言大使の為の願文」（『性霊集』巻六）

蚑行・蠕動、何れか仏性無からん。遍く平等の法雨を灑いで早く妙覚の根果を熟せしめん。

（『定本』第八巻、一〇三頁）

○弘仁六年（八一五）「式部の笠の丞が為の願文」（『性霊集』巻六）

毛鱗・角冠、蹄履・尾裙、有情・非情、動物・植物、同じく平等の仏性を鑑みて、忽ちに不二の大衍を証せん。

（『定本』第八巻、一〇二頁）

○弘仁六年（八一五）「諸の有縁の衆を勧め奉って秘密蔵の法を写し奉るべき文」（『性霊集』巻九）

若し神通乗の機の善男善女、若しは緇、若しは素、我と志を同じくする者有りて、此の法門に結縁して書写し、読誦し、説の如く修行し、理の如く思惟せば、則ち三僧祇を経ずして父母所生の身もて十地の位を超越して、速やかに心仏に証入せん。六道・四生は皆な是れ父母なり。蠉飛・蠕動、仏性あらざること無し。
（『定本』第八巻、一七六頁）

○弘仁九年（八一八）以前「藤大使亡児の為の願文」（『性霊集』巻六）

鱗衫・羽袍、蹄蜀・角冠、誰か仏性無からん。早く実相を見せしめん。[22]
（『定本』第八巻、一〇四頁）

右の類似表現として、弘仁八、九年頃の「高野建立の初の結界の時の啓白文」（『性霊集』巻九）では、天神地祇・鬼神等に対して、有形有識は必ず仏性を有することを述べており、弘仁前期頃には「仏性」という語が多用されれる傾向が読みとられる。

夫れ有形有識は必ず仏性を具す。仏性・法性、法界に遍じて不二なり。自身・他身、一如と与にして平等なり。
（『定本』第八巻、一七七頁）

三、『吽字義』における自仏思想　弘仁八年（八一七）※推定

本書では、吽字（hūṃ）に無量の義利を含むことを明かすため、a と ha と ū と ma に分析するが、このうち汙字（ū）、麼字（ma）の箇所で、人間もまた本来仏と等しい、あるいは仏性や仏の三身・三密を具える等の記述が見受けられる。

まず汙字（ū）の実義（一切諸法損減不可得）では、衆生の一心は常住であり、無限の仏智を本来具有しており、それは決して損減されないと説かれている。[23] また続きでは、仏の視点から見れば、仏と衆生は同じく「解脱の床」に住し、無二平等であると主張し、人間が本来具える仏陀の本性は増減なく、上下の序列もなく、決して損減されないと強調している。

今、仏眼を以て之を観ずるに、仏と衆生と同じく解脱の床に住す。此も無く彼も無く、無二平等なり。不増不減にして周円周円なり。既に勝劣増益の法無し。何ぞ上下損減の人有らん。是れを汙字の実義と名づく。

（『定本』第三巻、五九頁）

その続きでは、汙字の実義を讃嘆する偈頌が記され、その中では当人の実感に拘わらず、「無尽の宝蔵」「無量の宝庫」に比すべき様々な仏徳が、人間にも本来具有されると明かしている。[24] その仏徳は、全て自仏思想に関するものであり、「本有の三身」「本有三密」「本覚」「真如法性」「真仏」「本仏」「仏性」等の多様な言い換えが行われている。また顕教の空理に執われて仏性の存在を否定することが損減であり、その仏性をいかに否定しようとも、決して無くならず人間においても常住であると述べている。

此の権戟を揮て　彼の真仏を破す　是れを損減と名づく

常遍の本仏は　損せず虧せず　汙字の実義なり

（『定本』第三巻、六三頁）

損減の利斧は　常に仏性を斫く　然りと雖も本仏は　損も無く減も無し

（『定本』第三巻、六三頁）

また同偈頌では三種世間の全てが「仏体」であるとし、四種曼荼羅を具えるもの全てが「真仏」であると記すが、これらの記述は後の『即身成仏義』へと繋がってゆくものと考えらえる。

三諦円渉して　十世無礙なり　三種の世間は　皆な是れ仏体なり

四種の曼荼は　即ち是れ真仏なり　汙字の実義も　応に是くの如く学すべし

（『定本』第三巻、六三頁）

第四の麼字（ma）の実義（吾我不可得）では、まず人我の数は無量としながらも、四種法身説と結び付け、我の本体は一相一味であると述べている。[25] 続きでは、『仁王般若陀羅尼釈』（『大正蔵経』第一九巻、五二三頁下段）の取意を引き、麼字は大日如来の種子であること、人間たちが「我」と認識するものの根底に、大日如来が住することを明かしている。この実義の我を、本書では「大我」「心王の如来」と呼んでいる。以前の著作では、人間が本来具えるものについて「仏智」「仏性」等の汎仏教的表現が用いられたのに対し、本書では本有の仏陀を大日如来と解釈した点に思想的展開を見出すことができる。

経に云く、麼字とは大日の種子なり。一切世間は我我と計すと雖も、未だ実義を証せず。唯だ大日如来のみ有て、無我の中に於て大我を得たまえり。心王の如来は、既に是くの如くの地に至れり。塵数難思の心所眷属、誰か此の大我の身を得ざらん。是れ則ち表徳の実義なり。（『定本』第三巻、六五頁）

続きでは、麼字の実義として「三昧耶自在の義」を明かす中で、法身大日如来の三密は、虚空に際限なく、隅々まで平等に行き渡っており、その対象は人鬼畜等の有情、瓦石草木等の非情を選ばないという。それゆえに人間を含めて一切の生類は、その根源において法界や大日如来と等しく、天龍鬼神の八部衆等を含め、あらゆる存在と円融の関係にあるとの実義を明かしている。

等とは平等、持とは摂持。法身の三密は纖芥に入れども迮からず、大虚に亘れども寛からず。瓦石草木を簡わず、人天鬼畜を択ばず。何の処にか遍ぜざる、何物をか摂せざらん。故に等持と名づく。是れを平等の実義と名づく。（『定本』第三巻、六五頁）

経に云く、我れ則ち法界なり、我れ則ち法身なり、我れ則ち大日如来なり、我れ則ち金剛薩埵なり、我れ則ち一切仏なり…（中略）…。乃至、我れ則ち天龍鬼神八部衆等なり。一切の有情・非情は、麼字に不ること無し。是れ則ち一にして能多なり。小にして大を含ず。故に円融の実義と名づく。（『定本』第三巻、六六頁）

以前の著作では、人間に本来具わる自仏について「仏性」「仏智」等の表現が主であったのに対して、本書では、人間を含む一切生類の根源として法身大日如来を規定した点が重要であり、その根底には人間の心身と曼荼羅を結び付ける発想があったものと考えられる。

四、弘仁後期頃の著作における自仏思想

『大日経開題（大毘盧遮那）』　弘仁八年（八一七） ※推定

本書でもまた「心と仏と衆生の本性は和同」すること、また諸仏の警覚によって「本有の仏性」が目覚める等の表現が見受けられる(26)。本書では、上記の同開題（三密法輪）と同様に四種法身や恒沙の徳が「即身」に得られるとし、後の『即身成仏義』の執筆を予感させる。

心王の国土・無為の楽しみ、踵を旋すに期しつべし。四種法身・恒沙の徳、即身に自ら得。

（『定本』第四巻、三三二頁）

『般若心経秘鍵』　弘仁十三年（八二二） ——※推定

本書冒頭の偈頌では、仏法は自分とかけ離れたものではなく心中にあり、また真如も自分の身体を捨てて求められるものではないとしている。

夫れ仏法遥かに非ず、心中にして即ち近し。真如外に非ず、身を棄てて何んか求めん。迷悟我に在り、則ち発心すれば即ち到る。明暗他に非ず、則ち信修すれば忽ちに証す。

（『定本』第三巻、三頁）

本書では心のみならず、身の意義を強調しており、その傾向は末尾の偈頌でも同様である。すなわち真言の読誦・観念によって無明を払い、本有の仏性を呼び覚まし、我が身に即して覚りを体現することができると説かれている。同偈頌中の「一心」は、『大乗起信論』『釈摩訶衍論』に由来する語であり、仏を具有する根源的心こそが、あらゆる存在の基体であると理解される。

真言は不思議なり　観誦すれば無明を除く　一字に千理を含み　即身に法如を証す
行行として円寂に至り　去去として原初に入る　三界は客舎の如し　一心は是れ本居なり
（『定本』第三巻、一一頁）

『法華経開題（重円性海）』　弘仁九年（八一八）―弘仁十二年（八二一）―　※推定

本書では、『妙法蓮華経』や観音菩薩と関連させながら、人間の心性もまた等しく本来清浄であるとしている。[27] すなわち観音菩薩の手にする白蓮華（puṇḍarika）は、人間の身中に具有される「如来蔵性」を象徴するものであり、決して無明や煩悩によって汚染されないと述べている。本書後半では、胎蔵九尊に象徴される「智慧荘厳」は、仏のみの占有ではなく、人間を含めて一切の生類が具有することを明かし、八葉蓮華の観想によって心中の仏を如実に知見すべきとしている。

また本書が執筆された弘仁九年頃を契機として、以降の著作では、開題対象の経典に関係なく、しばしば本覚等の『釈摩訶衍論』由来の用語・概念が多用され、自仏の表現は難解なものとなってくる。本書の場合は、顕密対弁の一環として六重本覚の表現も見られる。[28]

『最勝王経開題』　弘仁九年（八一八）―弘仁十二年（八二一）―　※推定

本書では、『金勝王経秘密伽陀』と同様、『金光明経』所説の三身が本来具足することが説かれる。[29] さらに『金光明経』所説の四仏、すなわち不動・宝生・無量寿・天鼓雷音もまた自らに宿るとしている。また本書では、晩年の著作で多用される「還源」という語が著作上で初めて使用されており、[30] 自分の根底にある大日如来の本性、あるいは曼荼羅世界こそが還るべき源であるとの見解を示している。

『金剛般若経開題』弘仁九年（八一八）─弘仁十二年（八二一）─ ※推定

本書では、有為・無為を『釈摩訶衍論』の用語で説明し、有為法を三自門（心生滅門）と規定し、四種の本覚を挙げている。一方の無為については、一如門（心真如門）として恒沙の仏徳を具有することを明かし[31]、それら無量の仏徳は、「一衆生の心法」に帰結することを明かしている。

また本書では、経題「金剛」に関する密意を明かす中で、『金剛頂瑜伽中略出念誦経』を引き、一切の生類の心中にある堅固な菩提心こそが薩埵（sattva）の当体であることを強調している[32]。

『性霊集』（弘仁後期頃の文）

弘仁十二年（八二一）に記された「四恩の奉為に二部の大曼荼羅を造する願文」（『性霊集』巻七）では、大日如来を中心とする曼荼羅諸尊は、本より心（心蓮・覚月）に居ることを明かし、仏からの三密加持によって「還源」すべきことを勧めている。このような表現は、曼荼羅概念を前提とするものであり、人間の心中にもまた曼荼羅が内在することを明かしている。

衆宝の心殿は高広にして無辺なり。光明の日宮は所として遍ぜざること無し。真言の大我は本より心蓮に住し、塵沙の心数は自ら覚月に居す。三等の法門は、仏日に住して常に転じ、秘密の加持は機水に応じて断ぜず。法性の身塔、奇しき哉、皇なる哉。弟子某、性薫、我れを勧めて還源を思いと為。（『定本』第八巻、一〇八頁）

五、『即身成仏義』における自仏思想　弘仁十四年（八二三）※推定

本書は、恵果の「即身成仏の路」や「三平等」の師言にもとづき、その理論背景を明かしたものであり、従前の

自仏思想に関する集大成の書と位置づけられる。
本書は、「即身成仏の偈頌」を注釈する形で展開するが、その中でも核になるのは、偈頌初句の六大の概念である。六大とは地・水・火・風・空という五大（物質原理）と識大（精神原理）を合わせたものであり、六大をもって仏も、人間を含む衆生も、さらには存在の基盤である世界（三種世間）までをも発生すると説かれている。[33]そして個々の存在の形や大きさは違えども、全ては六大を「法界体性」とするものであり、この六大の基体を通じて全存在は相互に深く結び付き、同時に法身大日如来とも関係づけられるのである（瑜伽）。

此（＝六大）の所生の法は、上は法身に達り、下は六道に及んで麤細隔て有り、大小差有りと雖も、然れども猶お六大を出でざるが故に、仏は六大を説いて法界体性と為たもう。諸の顕教の中には四大等を以て非情と為。密教には則ち此を説いて如来の三昧耶身とす…（中略）…。是の如くの六大法界体性所成の身は、無障無礙にして互相に渉入相応し、常住不変にして同じく実際に住す。故に頌に六大無礙常瑜伽と曰う。

（『定本』第三巻、二三―二四頁）

偈頌二・三句目では、六大を体性とする全存在は、法身大日の徳相である四種曼荼羅、またその活動である三密や三身を本来具有しており、[34]それは三密行（印・真言・三摩地）の実修によって自覚され、顕現してくると説明されている。
偈頌四句目「重々帝網名即身」では、帝釈天（Indra）の宮殿にかかる網の目に喩えて、六大を体性とする全存在、言い換えれば法身大日と、人間を含む一切存在の深い結びつきを説明している。この箇所では、恵果の師言である心（我）・仏・衆生の三平等思想が援用されるとともに、さらに心のみならず、三者の身までも平等であるとの表明もなされている。
謂く身とは我身と仏身と衆生身と是れを身と名づく。又た四種の身有り。言わく自性・受用・変化・等流、是れを名づけて身と曰う。又た三種有り。字・印・形、是れなり。是くの如き等の身は縦横重々なること鏡中の影像と灯光の渉入するが如し。彼の身即ち此の身、此の身即ち彼の身、仏身即ち是れ衆生の身、衆生の身即ち是れ仏身。不同にして同なり。不異にして異なり。故に三等無礙なり…（中略）…。仏法僧、是れ三なり。身語意、亦た三なり。心仏及び衆生も三なり。是の如くの三法は平等平等にして一なり。一にして無量なり、無量にして一なり。而も終に雑乱せざるが故に、重々帝網名即身と曰う。

（『定本』第三巻、一八─一九頁）

偈頌五句目「法然具足薩般若」では、一切智智（薩般若）は法身大日のみならず、六大を体性とする全存在が、法然に具足する智徳であると述べられている(35)。従前の著作でも、人間もまた仏智を具有することが度々述べられてきたが、本書では『大日経開題（三密法輪）』と同様、その仏智を金剛界五仏、三十七尊に象徴される無量無数の智とする点に特徴がある。このような観点のもと、偈頌六句目では「心数心王過刹塵」、七句目では「各具五智無際智」と述べられている。このような曼荼羅を前提として、特に金剛頂系の智の概念をもって表現する手法は、以後、晩年の著作『十住心論』等へと継承されてゆくことになる。

六、天長年間頃の著作における自仏思想(36)

『大日経開題（法界浄心）(37)』　天長元年（八二四）

本書は、『即身成仏義』と密接な関係を有するものであり、一切処に四種法身・四種曼荼羅・三密が遍満し、六道衆生もまた大日如来の種々の現れ方の一つであると明かしている。

是の如くの等の文は如来の四種法身、四種曼荼羅、三密業用、一切処に遍満することを表す。故に初に大の言を挙げて塵数の徳を讃ず。大日の四種身、その数塵数に過ぎたり。

（『定本』第四巻、五頁）

上み大日尊より、下も六道の衆生の相に至るまで、各々の威儀に住して種々の色相を顕す。並びに是れ大日尊の差別智印なり。更に他身に非ず…（中略）…。是の如くの法身、互相に渉入すること猶し絹布の経緯・竪横相結して不散・不乱なるが如し。
（『定本』第四巻、九頁）

さらに本書では、『釈摩訶衍論』の要素も取り入れて「一如の本覚」「本覚の一心」と記し、曼荼羅上の無数の眷属が「自心の宮」に住し、無尽荘厳されることが述べられている。(38) 本書と同時期と推定される『性霊集』巻一の「雨を喜ぶ詩」でも、「本覚の源」「自心の宮」等の表現が用いられており、(39) 同書との関連性が見出される。

『声字実相義』　―天長二年（八二五）―天長五年（八二八）※推定

本書は、『即身成仏義』の理論を前提として、法身説法と声字の関係を明かした書である。冒頭の叙意では、六塵（知覚対象である色・声・香・味・触・法の六種）は元々、法身大日の常恒なる三密活動に由来するとし、(40) その三密を人間もまた具有する理を明かしている。

偈頌二句目「内外依正具」を釈する箇所では、「仏身」と「衆生身」とが互いに内（有情）・外（器界）となり、依報（環境世界）・正報（自らの身心）となるとし、(41) 仏と人間の密接さを強調している。また偈頌三句目「法然随縁有」では、あらゆる身土は大日如来の法爾所成であると明かし、業縁に従って生起する人間の身もまた、仏と平等なる「本覚法身」であることを強調している。(42)

『教王経開題』『理趣経開題（生死之河）』『法華経開題（開示茲大乗経）』
―天長二年（八二五）―天長五年（八二八）※推定

同時期の三開題では、冒頭部が共用されており、仏の本源は特別なものではなく、眼前にある六塵や心中に遍満すると述べており、『声字実相義』と類似している。

夫れ道の本は無始無終なり。教の源は無造無作なり。三世に亘て不変なり。六塵に遍じて常恒なり。然ども猶お示す者無きは、則ち目前なれども見えず。説く者無きは、則ち心中なれども知らず。

（『教王経開題』：『定本』第四巻、九八頁等）(43)

右の他、『教王経開題』では、『即身成仏義』と同様、金剛頂系の五智・十六智・三十七智等の仏智が全て一衆生の徳であることを明かしている(44)。また『法華経開題（開示茲大乗経）』は、『同（重円性海）』と同様、観音菩薩の蓮華と如来蔵性を結び付け、心・仏・衆生の三無差別を説いている(45)。

『梵網経開題』　天長五年（八二八） ※推定

本書の自仏思想は、三毒煩悩を除けば本有の仏性が顕現するという単純なものではなく、三毒煩悩等の負の要素も含めて「本覚」であることを強調している。これは、『即身成仏義』や『声字実相義』等での思想展開を前提とした深秘の解釈であり、極めて難解な内容である。

本書では、密教の立場から梵天王（Brahmā）を釈し、「清浄本覚心王」と呼び、その三摩地には、一切の塵垢への差別を浄め、本来清浄の一如に還帰させる力があるとしている(46)。その時に一切の塵垢は財となり、人間のもつ煩悩は菩提になるとし、また本覚の立場から見れば全てが等しく「万徳法身の別」になると明かしている。

一切の無明・煩悩、大空三昧に入れば、則ち都て所有無し。一切の塵垢を即ち財と為す。仁王に説く所の、菩薩未成仏には、菩提を煩悩と為し、已成仏の時には煩悩を菩提と為す。又た婬欲、即ち是れ道、恚癡も亦復た然り等、亦た此れなり。

（『定本』第四巻、二二四頁）

若し体性本覚に約さば、皆な是れ万徳法身の別なり。

（『定本』第四巻、二二五頁）

その上で「本清」（本来清浄の意か）は心王の体性、「塵垢」は心数の本名であるとし、従来否定されてきた三毒・五逆もまた「仏の密号名字」であるという深秘の解釈を示している。

復た次に本清は則ち心王の体性、塵垢は則ち心数の本名なり。三毒・五逆は皆な是れ仏の密号名字なり。若し能く此の意を得れば、則ち染浄に着せず、善悪に驚かず、五逆を作して、忽ちに真如に入り、大欲を起て、乍ちに法身を得と。

（『定本』第四巻、一二一五頁）

梵天の梵名「ma」を釈する箇所では、『吽字義』と同様に「大我」の義を明かし、行者が中観に入れば、自心に「真言の大我」（＝大日如来）を観ることができると述べている[47]。

本書の後半、『梵網経』の百十の心地を釈する箇所では、『釈摩訶衍論』の三十二法門に五大（不二と一心と三大）を加えて金剛界三十七尊と解釈し、「諸仏の万徳」であり、それは「衆生の三密」であるとも述べられている[48]。

『梵網経』の経文「虚空光体性本原成仏常住法身三昧」（『大正蔵経』第二四巻九九七頁下段）を釈する箇所では、「成仏」に本覚・始覚の二つがあるとしている。その上で、人間を含む一切の生類は、両覚の三昧を具足し、その心王には十の心地、塵刹の身が具わることを明かし、仏と人間とでは優劣が無いことを強調している。

虚空と言うは理法身、光とは智法身、体とは二種の法仏の身、性とは不改の義、本原とは無始、成仏とは本始両覚なり。言く一切衆生、皆な悉く此の両覚の三昧を具足す…（中略）…。是の如くの心王は大自在力を具するが故に摩醯首羅と名づく。是の如くの法仏は、則ち虚空に等し。無際なるが故に大なり。塵垢を離して潔白なるが故に梵という。是の如くの百千、乃至、塵刹の身と名と仏と衆生と優劣有ること無し。

（『定本』第四巻、一二一八―一二一九頁）

『性霊集』（天長年間頃の文）

弘仁前期頃に記された『性霊集』の文は、人間は仏性を具有するという簡素な表現であったのに対し、天長年間頃に比定される文では、即身成仏や本覚思想を前提として、自仏に関する思想・表現も円熟し、多様な言い回しが駆使されている(49)。

同時期の文では、「即身成仏」の用語・概念が多く使われており、人間の心身両面にわたり、法身大日如来の智徳が本来具わることが強調されている。願文や詩文を集めた『性霊集』の性格もあって、この人間の自仏については、多様な言い換えが行われており、胎蔵曼荼羅に由来するであろう「心蓮」や、『釈摩訶衍論』に由来する「本覚」等の表現が見受けられる。空海は、多様な言い換えによって、自仏の思想を仏教・密教の理論・概念によって裏付けるとともに、人間のもつ可能性を最大限表現しようと試みたものと考えられる。

七、『秘密曼荼羅十住心論』『秘蔵宝鑰』における自仏思想

『秘密曼荼羅十住心論』天長七年（八三〇）

本書は、淳和天皇の勅に応え、十の段階に分けて密教と顕教の優劣、人間の心品の転昇を論じた書とされる（天長六本宗書の一）。本書中では、序文および第十秘密荘厳心を中心に、数か所で自仏の思想が読みとられるが、その表現もまた多様である。

冒頭の帰敬序では、人間の身口意（三密）には、六大体性・四種曼荼羅を具えた四種法身が、法然に具わることが述べられている(50)。続く大意序では、狂迷する人間の様子を示した後、一転して仏の視点から、地獄・天堂、仏性・闡提、煩悩・菩提、生死・涅槃等の全てが「自心仏」の密号名字であることを明かしている。ここでは、従来

の仏教で忌避されてきた地獄・闡提・煩悩等の負の因子を否定せず、むしろ肯定的に解釈しており、それは前の『梵網経開題』と通底している。安直な否定に終始せず、人間の営みの奥に法身大日如来の姿を見出して肯定し、人間のもつ煩悩等の負の因子も含めて心品転昇、すなわち覚りへの原動力になることを強調したものと解される。

若し能く明かに密号名字を察し、深く荘厳秘蔵を開けば、則ち地獄・天堂、仏性・闡提、煩悩・菩提、生死・涅槃、辺邪・中正、空有・偏円、二乗・一乗は、皆な是れ自心仏の名字なり。焉れを捨て、焉れを取らん。

（『定本』第二巻、六―七頁）

同様に第三嬰童無畏心では、天乗・人乗、さらに鬼畜等も含めて「秘密仏乗」と呼び、その証左として『大日経疏』巻二十（『大正蔵経』第三九巻七八八頁下段）を引き、天龍鬼もまた大日如来と等しいことを強調している。

所謂る嬰童無畏住心とは、是れ所謂る天乗なり。若し只だ浅略の義をのみを解すときは、則ち生死に沈淪して解脱を得ず。若し真言の実義を解すは、則ち若しは天、若しは人、若しは鬼畜等の法門は皆な是れ秘密仏乗なり。故に文に「我れ則ち天龍鬼等」と云う、云々。言く我即ち大日如来なり。

（第三嬰童無畏心：『定本』第二巻、一四二―一四三頁）

第八一道無為心では、『法華経開題』と同様、人間の心身もまた蓮華のごとく本来清浄であると述べ[51]、また第九極無自性心では、自心仏の広大さ、不思議さを指摘している[52]。これら両心の記述もまた、空海の自仏思想の一端を示すものであるが、第十秘密荘厳心では、より円熟した自仏への考えが表明されている。

第十秘密荘厳心の冒頭では、まず人間の心身もまた、無量無数の仏（仏智）が具足されることを明かし、その様子は「胎蔵曼荼羅」「金剛界曼荼羅」等のごとくであると述べている[53]。

秘密荘厳心とは、即ち是れ究竟じて自心の源底を覚知し、実の如く自身の数量を証悟するなり。所謂る胎蔵海会の曼荼羅、金剛界会の曼荼羅、金剛頂十八会の曼荼羅、是れなり。

（『定本』第二巻、三〇七頁）

そして以降では、四種曼荼羅説を基調として密教経典を引用し、人間の心身、身語意（三密）もまた、無限の可能性が秘められることを証明しようとしている。

本書は、空海の自仏思想に関する集大成ともいえる書であり、大乗仏教の仏性思想[54]、三平等思想、本覚思想等に立脚しつつ、人間の自仏を曼荼羅概念によって具体的に展開させ、「即身成仏」への道程を明らかにしたものと考えられる。

『秘蔵宝鑰』　天長七年（八三〇）

本書は、前の『十住心論』の略論であり、自仏に関する記述も簡潔である。第二愚童持斎心の冒頭では、雄羊のごとき人間であっても「本覚」が内で薫習し、やがて仏光が外に放たれ、節食や布施を行うようになると述べ、誰でも善への目覚めがあることを強調している[55]。

第八一道無為心では、『大日経』住心品の「如実知自心」の教えを配当し[56]、第九極無自性心では、「初発心時便成正覚」を示し、人間の心身は広大無辺であることを説いている[57]。

第十秘密荘厳心冒頭の偈頌では、「刹塵の渤駄（buddha）」が我が心の仏であり、「海滴の金蓮」が我が身であると述べている。これは曼荼羅の仏部・金剛部・蓮華部を前提とした表現であり、『十住心論』と同様、無量無数の仏が、人間の心身にもまた本来的に具わることを説いたものと考えられる。

刹塵の渤駄は吾が心の仏なり　海滴の金蓮は亦た我が身なり。　（『定本』第三巻、一六七―一六八頁）

この後に『菩提心論』の三摩地段のほぼ全文を引用し、自仏（＝大菩提心）を覚醒させる手立てとして月輪観・阿字観・五相成身観等の密教的実践が説き示されている。

八、承和年間頃の著作における自仏思想[58]

『三昧耶戒序』（『平城天皇灌頂文』第四文）[59]　―天長六年（八二九）―承和二年（八三五）※推定

本書は、密教の三昧耶戒（＝菩提心戒）の理念を説く書であり、『平城天皇灌頂文』にも第四文として収録されている。本書中では、自仏を「自心の本宅」「本覚荘厳の床」と表現し、人間が帰順すべき源であることを強調している。[60]

本書では、菩提心を能求と所求の二つに分け、そのうち所求の菩提心について、金剛界曼荼羅を前提として「無尽荘厳金剛界の身」と述べ、身の重要性を強調している。

所求の心とは、所謂る無尽荘厳金剛界の身、是れなり。大毘盧遮那の四種法身・四種曼荼羅は、皆な是れ一切衆生、本来より平等にして共有なり。然りと雖も五障の覆弊を被り、三妄の雲翳に依りて、覚悟することを得ず。（『定本』第五巻、八頁）

さらに人間を含む一切の生類は、本来平等に「大毘盧遮那」の四種法身、四種曼荼羅を共有するとし、それは秘密三摩地（日月輪観、三密行など）によって顕現することを明かしている。

『金剛頂経開題』　承和元年（八三四）頃 ※推定

本書は、『釈摩訶衍論』の本覚思想を援用して、[61]『金剛頂経』の経題・用語を解釈するものであり、難解な内容であるが、自仏に関する記述も見られる。五智の説明では、自他に本覚の仏を認めて、仏の三身、四徳、および恒沙の功徳（＝五智・三十七智等の塵数の眷属）を具有することを明かしている。[62]

自他の本覚の仏は、則ち本爾自覚にして本来、三身・四徳を具足し、無始より恒沙の功徳を円満す。所謂る恒沙の性徳とは、五智・三十七智及び塵数の眷属等なり。（『定本』第四巻、七八頁）

経題「現証」の釈（特に随縁現証）では、業縁によって生死に流転する人間等の生類は、久しく源に背いた状態であるが、いずれは本覚が内部で薫習することによって始覚の光を発し、やがて涅槃を求め、本有の宝蔵に気付くと述べている。

随縁現証とは、随縁の本智は生死に流転し、源を背いて時久し。若し内薫・外縁の力に遇えば、生死を厭いて涅槃を欣び、始覚の日光を発して、無明の闇夜を照し、遍く本有の宝蔵を知りて、悉く自家の功徳を得、之を現証と名づく。（『定本』第四巻、八一―八二頁）

これは、どのような人間であれ、いずれ善に目覚めゆく存在であるという肯定的解釈であり、このような発想は、前の『秘蔵宝鑰』第二愚童持斎心の冒頭と共通するものである。

『法華経釈』 承和元年（八三四）

本書では、「仏知見」を釈して衆生の三密であるとし、その三密には「六重の本覚」が具わることを述べている。その上で人間たちが気付かないだけで、本覚には三十七智、百八智、さらには微塵数の仏智、また四種法身・四種曼荼羅身が具足されることを明かしている。

知見とは、所謂る衆生の三密なり。衆生の三密に六重の本覚あり。是の本覚に各々三十七智・百八、乃至、微塵数の仏智・四種法身・四種曼荼羅身を具す。然りと雖も衆生、宅中の宝蔵を覚らざれば、仏は能く此の宝蔵を知見して、衆生に開授せしめんと欲う。（『定本』第四巻、二〇五頁）

本書後半では、観音菩薩を主とする時には、仏・菩薩をはじめ全ての存在が観音であることを明かし、それは人間を含む一切の生類において同様であるとしている[63]。このような見地は、『即身成仏義』の六大説、曼荼羅思想を前提とするものであり、全ての存在は原理上、無限に主伴が交替可能であることを示したものと考えられる。そのような存在の関係性を結して、「重重無尽遍満遍満平等平等」（同二〇九頁）と表現している。

『性霊集』（承和年間頃の文）

承和元年中の文は数少ないが、承和元年（八三四）の「招提寺の達嚫文」（『性霊集』巻八）では、六大体性とするものは全て我が身であり、十界の全てが我が心であると説いている。

六大の所遍、皆な是れ我が身なり。十界の所有、並びに是れ我が心なり。（『定本』第八巻、一三八頁）

以上取り上げた他、成立年不明な『性霊集』の文中にも、自仏への言及が見受けられる[64]。

結　論

空海には、①「凡夫」としての「人間」定義、②「仏」としての「人間」定義の二つが確認される。このうち本論では、後者の②「仏」としての「人間」定義こそが空海思想の核心であるとの前提に立ち、近年の研究成果を踏まえ、年代順、網羅的に空海著作について検討してきた[65]。その結果、②「仏」としての「人間」定義は、空海の若年から晩年にかけて、いかなる部分において衆生は仏と平等たりえるのかという点で、その表現・概念は変遷していたことが判明した。

最後に空海における②「仏」としての「人間」定義について、所感を合わせて、変遷の過程を箇条で示すと以下の通りとなる。

○師恵果が門弟に示した「即身成仏」や「三平等」（心・仏・衆生の三心平等）の教えは、空海の思想形成に多大な影響を与えたようであり、空海の「人間」定義の基層となっていた。
○弘仁四年頃の空海著作より、自仏の表現が見られるようになった。初期の表現は、人間の「心」が中心であり、心には本来的に「仏智」「仏性」「三身」等が具有されると簡潔に述べられていた。また空海の初期著作には、恵果から継承したと目される「三平等」の思想も多く見受けられた。同時期の「人間」定義は、初期仏教・大乗仏教を踏襲したものであり、人間は心中に仏性や仏智を具え、その意味において仏と人間は平等であるとの意が読みとられた。
○弘仁六年頃と推定される『大日経開題（三密法輪）』では、恵果から継承した「即身成仏」の言葉が初めて使用されており、本書以降、人間の「身」を重視する傾向が顕在化し、後の『即身成仏義』執筆に繋がっていったものと考えられる。空海が「身」を重視した理由は、おそらく若い頃の山林修行（大瀧嶽や室戸崎等）の原体験によって、身体の重要性が確信されたものと推測される。執筆年が不詳であるが、『一切経開題』では、身体は心の「舎」であり、「拠り所」であって、身体無くして心単体では成り立たないことを指摘している。仏教全般では心を重視して、身体を軽視する傾向が顕著であるが、このような流れに対して、空海は『即身成仏義』等を著述し、ことさらに「身」の重要性を強調したものと考えられる。
○『吽字義』では、人間の心王に具有される仏を「大日如来」と規定し、これを「大我」と呼んでいる。大日如来は両部曼荼羅の中尊であり、本書以降の著作では、人間の心や身体と「曼荼羅」とを結び付ける思想傾向が顕在化していったようである。人間は、「曼荼羅」の仏尊に象徴される無量の仏徳・仏智を、本来的に具有することを明かすものであり、前の「仏性」「仏智」をより展開させた「人間」定義といえるであろう。また本書では、簡潔ではあるが有情のみならず、「瓦石草木」等の非情に至るまでを成仏できる存在に含めており注目される。

○『即身成仏義』は、恵果の「即身成仏」の言葉にもとづき理論背景を明らかにした書であり、六大をもって万物の体性と位置づけ、人間を含む一切生類と大日如来は原理的に等しいとしている。そして、六大体性とする全存在は、帝釈天の宮殿の網の目のように相互に関係づけられており、心（我）・仏・衆生は、心身両面にわたり平等であるとも述べている（三平等）。本書の後半では、人間に本来具わる仏智を「薩般若」（一切智智）と規定した上で、五智・三十七智および無量の智を具足することを明らかにしている。このような表現は、人間の心身の基体として「曼荼羅」を想定したものであり、後の『秘密曼荼羅十住心論』『秘蔵宝鑰』や『三昧耶戒序』『金剛頂経開題』『法華経釈』等の著作で基調となっていった。

本書での「人間」定義は、人間の心と身体は仏（大日如来）と同質であり、本来的に無量の智慧を具えるものと位置づけられており、以後の著作は、基本的に本書の思想を前提として展開したものと考えられる。

○天長年間頃から晩年の著作（『梵網経開題』『金剛頂経開題』等）では、従来の自仏の表現に加えて、『釈摩訶衍論』に由来する「本覚」の用語が頻繁に使われるようになった（※空海の著作における「本覚」の初出は『弁顕密二教論』である）。「本覚」の語感からすれば、『即身成仏義』を前提として、人間は本来的に成仏可能な存在であるという、より積極的な意味を導き出すために採用した表現と考えられる。

○晩年の著作である『梵網経開題』や『秘密曼荼羅十住心論』等では、従来の仏教で忌避されてきた煩悩等の否定的要素についても、仏の眼から見れば「仏の密号」であるという深秘釈を示している。『即身成仏義』においては、仏と人間の存在のあり方に関する原理的考察が中心であったのに対し、晩年の著作では、原理から現実の人間へと、考察のポイントが移行したものと考えられる。真言密教で重要視する『般若理趣経』でも、人間の煩悩等を「清浄（＝空）」と述べて否定・抑制せず、むしろその煩悩のもつエネルギーを、一切の生類を救済・調御する原動力に昇華すべきことを説いており、その思考は近似している。空海の「人間」定義は、従来の仏教とは異なり、人間の凡夫性の否定に終始せず、仏との本来的同一性のもと、人間のもつ潜在的可能性を極限まで追求したものであり、人間に対する、このような積極的かつ肯定的な視点こそが、「人間」定義の新次元を切り拓く糸口になるものと考えている。

註

（1）小野塚［一九六八］では、「一 人間の本質の探究」「二 現実的人間の捉え方」「三 真言行人としての人間の在り方」の三部構成となっており、特に本論と関わるところでは、第一項において本覚思想・菩提心・即身成仏等が論じられている。

（2）『秘密曼荼羅十住心論』『秘蔵宝鑰』第一異生羝羊心の他、『理趣経開題（生死の河）』『教王経開題』等の冒頭部分、『性霊集』等において現実の人間（凡夫）に対する空海の視点を読みとることができる。

（3）空海の著作上「人間」の用例はなく、「衆生」（sattva：生命を有する者）の語がよく用いられている。「衆生」という語は、人間を含む包括的な表現であるが、具体的には人間を指し示す用例が多いため、本論では基本的に「衆生＝人間」という視点に立ち論述した。

（4）空海は、『三昧耶戒序』（『平城天皇灌頂文』）や『秘蔵宝鑰』において、いかなる人間であっても適切な教えと導きがあれば、本性の仏が目覚め、善を志向するようになるとも主張している。

「また深般若の妙慧をもって前の九種の住心を観るに自性なし。いかんが自性無きや、謂わく冬の凍り、春に遇えば即ち泮流し、金石、火を得れば即ち消鎔するが如く、諸法皆な縁より生じて自性無し。是の故に異生羝羊の凡夫、一向に悪心なれども、善知識の教誘に遇うが故に愚童持斎心を起こす」（『定本』第五巻、九頁）。

「第二愚童持斎心　夫れ禿ろなる樹、定んで禿なるに非ず、春に遇えば則ち栄え花さく。…（中略）…物に定性無し、人、何ぞ常に悪ならん。縁に遇えば則ち庸愚も大道を庶幾い、教に順えば則ち凡夫、賢聖に斉しからんと思う。

羝羊、自性無し、愚童も亦た必ずしも愚に不ず」（『定本』第三巻、一二〇頁）。

（5）本論でいう「仏」としての「人間」定義に関わる先行研究として、勝又俊教先生による一連の論考が存在している。勝又［一九七四］六二頁では、「自心仏」の思想が人間観の基調であることを強調し、本覚思想、浄菩提心思想と密接に関連すると述べ、自心仏思想の源流として華厳経典、さらに心性本浄思想に遡及することを指摘している。

（6）空海の本覚思想に関する先行研究として、勝又［一九七四］、田村［一九八一］、高崎［一九八四］、福田［一九八五］、末木［二〇〇〇］、大塚［二〇〇三］等の研究成果を参照した。空海著作を網羅的に検証した勝又［一九七四］四七頁では、空海の真言教学の要因の一つとして本覚思想を位置づけ、様々な密教経論で示された「如実知自心」「自心仏」、また「法身」「浄菩提心」等の思想と一致するものと指摘しており首肯される。田村［一九八一］では、空海を日本における本覚思想の先駆者と位置づけ、その『釈摩訶衍論』の引用傾向として、「本覚のもと仏と凡夫は不二である」と強調する箇所を多く引くことを指摘している。

また福田［一九八五］では、空海思想が多く『釈摩訶衍論』に依拠することを認めながらも、六大体大説を前提として仏である主体、すなわち我＝大日尊を強調する点に、空海の本覚思想の特色を見出している。大塚［二〇〇三］もまた「本覚」の用語にとらわれず、空海の本覚思想形成には、『釈摩訶衍論』のみならず、『大日経』『金剛頂経』『理趣経』等に由来する五智思想や曼荼羅思想が大きく関与していることを指摘している。

（7）「自仏」という語は、空海の著作上、『大日経開題（隆崇頂不見）』や『平城天皇灌頂文』に数例用いられる。本論で用いるところの「自仏」は、衆生（自）の仏という意味であり、人間は心と身体の両面にわたり仏と関係づけられ平等であることを表している。空海の初期著作では、自心に具わる仏、すなわち「仏性」という意味合いが強いが、『即身成仏義』以降の後期著作では、身の側面が強調され、人間を含めて一切生類の心身の全てが仏（大日如来）と平等であるという表現に移行したようである。このような心から身へと概念の変遷があることから、本論では心や身体の一方に偏らず、心身両面における仏と人間の平等性を指し示す統一表現として「自仏」の用語を使うこととした。

（8）苫米地［一九八八］［二〇〇八］所収〔弘法大師空海著作成立（推定）年表〕（三四―三八頁）、藤井［二〇〇八］

所収「第三章　空海の著作について」（一一〇―一四四頁）、「空海著作年表」（一四二―一四四頁）参照。

（9）空海は大同元年（八〇六）に唐より帰朝したが、その直後に著された『御請来目録』『仁王経開題』『大日経開題（今釈此経）』『理趣経開題（将釈此経三門分別）』には、自仏に関する空海自身の言葉は見受けられない。

（10）心・仏・衆生の三平等思想の源流について、勝又俊教［一九七四］では、六十巻本の『華厳経』「夜摩天宮菩薩説偈品」を挙げ、天台教学・華厳教学で大いに展開したこと、また『大日経』「住心品」の如実知自心の思想との近似性を指摘している。

（11）詳細については佐々木［二〇一六］参照。

（12）「三身は本より我が心裏に在り　…（中略）…
衆生は盲瞑にして心仏に迷い　自らに無尽の珍有ることを識らず
我れ秘蔵本有の義に託て　略して此の経の秘法輪を頌す」（『定本』第四巻、二四二頁）。

（13）「仏智と衆生と即ち我が心と　円通称入して最も幽深なり」（『定本』第四巻、二四六頁）。

（14）「我が心清浄にして是れ無染なり　能く諸願を満ず　宝珠と号す」（『定本』第四巻、二四八頁）。

（15）「四には、若しは出家、若しは在家、若しは男、若しは女、日夜分の中に於て、一時、二時、乃至、四時に此の一字を観念し誦習する時は、よく一切の妄想の煩悩・業障等を滅して、頓に本有菩提の智を証得す。これを能得忍陀羅尼と名づく」（『定本』第五巻、一〇三頁）。

「是の如く無量の智（＝五智・三十七智）は悉く一字の字の中に含めり。一切の衆生は、皆な悉く無量の仏智を具足せり。然れども衆生は覚せず、知せず」（『定本』第五巻、一〇五頁）。

「然れば則ち此の梵字は、三世に亘て常恒なり。十方に遍じて以て不改なり。之を学し、之を書すれば定んで常住の仏智を得、之を誦じ、之を観ずれば必ず不壊の法身を証す」（『定本』第五巻、一〇六頁）。

（16）『弁顕密二教論』では、自仏に関する空海自身の言葉はあまりないが、下巻の引証喩釈段の箇所では、遍照如来が本有金剛界心殿中で法身説法すること、また自受用仏が心より無量の菩薩を生み出すこと等を、『瑜祇経』『分別聖位経』を引用して示している。

(17)「龍猛菩薩の『釈大衍論』に云く、一切衆生は無始より来た皆な本覚有りて捨離する時無し。…（中略）…本覚の仏性は円にして、恒沙の諸の功徳を過ぎて増減無きが故に」（『定本』第三巻、七八―七九頁）。

(18)「所謂る秘密に且つ二義有り。一は衆生秘密、二は如来秘密なり。衆生は無明妄想を以て本性の真覚を覆蔵するが故に衆生の自秘と曰う」（『定本』第三巻、一〇九頁）。

(19) 末木［二〇〇〇］の分析によれば、『弁顕密二教論』や『十住心論』『秘蔵宝鑰』では、『釈摩訶衍論』を教判論的な役割で用い、「本覚」の概念そのものは必ずしも密教の最高段階に位置づけられないことを提起している。その上で空海の開題類では、「本覚」の位置づけが高められ、「仏の本源的な覚心」、「最高の法身仏やあるいは諸仏を統合する原理」になったことを指摘している。ただ末木［二〇〇〇］で検討された開題は、天長元年（八二四）の『大日経開題（法界浄心）』、および承和元年（八三四）の『金剛頂経開題』という、比較的後年に著された二開題のみであり、著作の種別よりも、経年によって「本覚」の位置づけが高められたものと考えられる。

(20)「無明酕醄して三毒昏昏たり。害風に因らずして邪鬼狂言して、仏心即ち我が心、我が身は仏身を離れずと知らず」（『定本』第四巻、五二頁）。

「焉に我が大師婆伽梵大悲毘盧遮那は、三昧耶の雲海普く法界に遍じ、毘鉢舎の円鏡常寂にして鑑照す。仏慧は本より衆生の心に具せりと観察して、衆生の曽て心仏を見ざることを悲嘆す」（『定本』第四巻、五二―五三頁）。

(21) 弘仁前期頃の『性霊集』のうち、本文の他、下記の自仏に関する記述が見受けられる。

「近くして覩難く高くして感じ易きも、澄鏡なるときは天祐の響きの如くに応ず。濁染なるときは鬼殺、雪のごとくに滅ゆ。其の源は大日に名を得たり。大悲は観音に号を立つ」（『性霊集』巻六「式部の笠の丞が為の願文」：『定本』第八巻、一〇一頁）弘仁六年（八一五）。

「窃に聞く、三曳の自性は他に因って造らず。一同の本覚は何ぞ縁を待て起らん」（『性霊集』巻六「藤大使亡児の為の願文」：『定本』第八巻、一〇四頁）弘仁九年以前（―八一八）。

また弘仁四年（八一三）とも、偽撰ともされる「叡山の澄法師の理趣釈経を求るに答する書」（『性霊集』巻十）では、人間の心中にもまた「仏の理趣」があること（『定本』第八巻、二〇二頁）、大日如来の三密と衆生の三密とが等しいこと（『定本』第八巻、二〇三頁）等が述べられている。

（22）同様の表現は、後の天長元年（八二四）頃の「笠の大夫、先妣の奉為に大曼荼羅を造り奉る願文」（『性霊集』巻七）、同四年（八二七）頃の「大夫笠左衛佐、亡室の為に大日の楨像を造る願文」（『性霊集』巻八）にも見られる。

（23）「復た次に一心法界は、猶し一虚の常住なるが如く、塵数の智慧は譬えば三辰の本有なるが如し。…（中略）…一心の虚空も亦復た是の如し。無明住地に辺際無く、我慢の須弥に頭頂無しと云うと雖も、一心の虚空は本来常住にして損ぜず減ぜず。是れ則ち汙字の実義なり」（『定本』第三巻、五七頁）。

（24）「日月星辰は　本より虚空に住すれども　雲霧蔽虧し　煙塵映覆す
愚者は之を視て　日月無しと謂えり　本有の三身も　亦復た是くの如し
無始より以来　本より心空に住すれども　覆うに妄想を以てし　纏うに煩悩を以てす
事は篋鏡に均く　理は礦珠に同じ　妄者は之を視て　本覚無しと謂えり
愚者の撥無も　損に非ずして何ん　彼の本身に於ては　損減不得なり」（『定本』第三巻、六一―六二頁）。
「本有の三身は　儼然として動ぜず　遍空の諸仏　驚覚し開示したもう
乃ち化城より起て　宝所に廻趣す　草木也た成す　何に況や有情をや」（『定本』第三巻、六二頁）。
「本有の三密は　日の天に麗きが如し　如空の四智は　金を地に埋るに似たり」（『定本』第三巻、六二頁）。
「真如法性は　心の実常なり　凡そ心有らん者の　誰か此の理無からん
心智は即ち理なり　心の外の理には非ず　心と理と是れ一なり　湿と鑑と豈に別ならんや」（『定本』第三巻、六三頁）。
「此の理を説かざるは　即ち是れ随転なり　無尽の宝蔵　之に因て耗竭し
無量の宝庫　此に於て消尽す　之を損減と謂う」（『定本』第三巻、六四頁）。

（25）「所謂る我に二種有り。一には人我、二には法我なり。人は謂く四種法身なり。法は謂く一切諸法なり。…（中略）…是くの如くの四種法身は、其の数無量なりと雖も、体は則ち一相一味にして、此も無く彼も無し。既に彼此無し。寧ぞ吾我有らんや」（『定本』第三巻、六四―六五頁）。

（26）「心と仏と衆生は本性和同せること空と光との如し。無始無終にして断滅有ること無し」（『定本』第四巻、三四頁）

「復た次に諸仏如来は必ず師に因りて覚る。然るずんば諸仏は大悲の徳を闕て、衆生には所尊の境無し。本有の仏性有りと雖も、必ず仏の警覚を待ちて、乃し能く之を悟る」（『定本』第四巻、三七頁）。

（27）「妙法と言うは何ぞ、諸仏の知見、是れなり。仏知見とは、即ち是れ衆生の心性なり。衆生の心性は甚深微細にして言断心滅せり」（『定本』第四巻、一六九―一七〇頁）。

「此の三摩地を以て一切如来に奉献すれば、亦た能く妄心より起こす所の雑染、速かに滅し、疾く本性清浄の門を証す。是の故に観自在菩薩は、手に蓮華を持し、一切有情の身中の如来蔵性自性清浄光明なりと観ず。一切の惑染、染ずること能わざる所なり」（『定本』第四巻、一七三頁）。

「何が故ぞ sa 字門は諸法を照らすや。謂く本性清浄の故に。本性清浄とは衆生本来清浄の心なり。此の清浄の心は、猶し円鏡の垢無く、能く諸の色像を現ずるが如し」（『定本』第四巻、一七六頁）。

「dha 字とは、即ち法界の義、法身の義なり。衆生の心法、其の数無量無辺なり。塵沙も喩に非ず、心量も測る莫し。彼此の異門、同にして不同なり。故に界と名づく。界とは差別の義、身の義なり」（『定本』第四巻、一七六―一七七頁）。

「ka 字門は、一切の諸法事業の義なり。如来事業の加持に由るが故に、一切衆生は本覚の妙慧を発起し、生滅の因を厭い、常楽の果を求む」（『定本』第四巻、一七七―一七八頁）。

「是の如くの智慧荘厳（＝胎蔵九尊）は、只だ諸仏のみ此れ有るに非ず。一切衆生も亦復た此の如し。如来は無垢清浄眼を発して一切衆生を照見し、諸の衆生をして、是の如くの本心に悟入せしめんが為の故に慇懃に悲歎して諸法を開示す」（『定本』第四巻、一七九頁）。

「仏知見とは何れの処に在るや。凡夫の内心の最恵、中に於る汗栗駄心なり」（『定本』第四巻、一七九頁）。

※以上引用は、『同（開示茲大乗経）』『同（殑河女人）』『法華経釈』『法華経密号』等に同文・類文あり。

(28)「所謂る妙法とは且く六重の浅深あり。一には染浄本覚妙法、二には清浄本覚妙法、三には一心法界本覚妙法、四には三自本覚妙法、五には一如本覚妙法、六には不二本覚妙法なり」（『定本』第四巻、一六九頁）。

(29)「夫れ独尊の大空は機根を超えて、本具の蔵は絶絶たり。双如の一心は建立を寂にして、以て性海の徳は離離たり。…（中略）…曽て三身の己に在りと知らず、誰か四徳の我が有なりと覚らん。還源の思い已に忘れ、返本の情ろ都て失ぬ」（『定本』第四巻、二三三頁）。
「妙幢、予を起すの力、空蔵、寂を扣くの功に非ずよりは、誰か能く室の中の四仏を顕し、心宮の三身を現ぜん。四仏は他に非ず、三身は即ち自なり。能く此の理を覚るを名づけて覚者と曰う。能く此の趣に迷うを即ち無明と曰う」（『定本』第四巻、二三四頁）。

(30)「還源」に関する初期の用例として、弘仁十二年（八二一）の「四恩の奉為に二部の大曼荼羅を造する願文」（『性霊集』巻七：『定本』第八巻、一〇八頁）、天長元年（八二四）の「平城の東大寺にして三宝を供する願文」（『定本』第八巻、一一七頁）等がある。

(31)「且く龍猛菩薩の釈義に約して之を談ぜば、所謂る有為とは三自の法、無為とは一如の法、法とは衆生の心なり。三自門に染浄・清浄・一法界・三自の四種の本覚有り。一如門の中に亦た恒沙の仏徳を具し、円満海の中に亦た無量の徳を具す。此の如くの諸徳は皆な是れ一衆生の心法なり」（『定本』第四巻、二五七頁）。

(32)「金剛頂経に云く、普賢法身は一切に遍じて能く世間自在の主と為り、無始無終にして生滅無く、性相常住にして虚空に等し。一切衆生所有の心の堅固の菩提を薩埵と名づく。心、不動の三摩地に住して精進決定せるを金剛と名づくと」（『定本』第四巻、二五八頁）。

(33)「謂く六大とは五大と及び識となり。…（中略）…是の如くの六大は能く一切の仏と及び一切衆生と器界等と四種法身と三種世間とを造る。…（中略：如来発生の偈）…此の偈は何の義をか顕現する。謂く六大は四種法身と曼荼羅と及び三種世間とを能生することを表す」（『定本』第三巻、一九頁、二一頁）。

「此の文（＝『大日経』悉地出現品）は何の義をか顕現する。謂く六大の一切を能生することを表すなり」（『定本』第三巻、一二三頁）。

本書で示された六大の概念は、『声字実相義』や『大日経開題（法界浄心）』『教王経開題』『理趣経開題（生死の河）』『金剛般若経開題』および『性霊集』（巻八「招提寺の達嚫文」等）等、後の著作で前提概念として度々使用されている。

(34)「一々の尊等に刹塵の三密を具して、互相に加入し彼此摂持せり。衆生の三密も亦復た是の如し。故に三密加持と名づく」（『定本』第三巻、二五頁）。

「行者が若し能く此の理趣を観念すれば、三密相応するが故に、現身速疾に本有の三身を顕現し証得するが故に、速疾顕と名づく」（『定本』第三巻、二八頁）。

(35)「如来の法身と衆生の本性とは、同じく此の本来寂静の理を得れども、然も衆生は不覚不知なり。故に仏は此の理趣を説いて衆生を覚悟せしめたもう」（『定本』第三巻、二九頁）。

(36) 苫米地［一九八八］で天長六年（八二九）頃と推定された『大日経開題（隆崇頂不見）』は、藤井［二〇〇八］において後世の編集との指摘がなされているので、本文からは割愛したが、「即心自仏」（『定本』第四巻、四二頁）、「即心自覚」（同五一頁）等の表現を用いて、法身と我身の平等性を説き示している。

(37) 苫米地［一九八八］で同時期とされる『大日経開題（法界浄心）』と『大日経開題（関以受自楽）』は、内容的に一致する部分が多い。前者は空海の真撰とされるのに対し、後者は藤井［二〇〇八］一一五―一二八頁において後世の編集である可能性が指摘されているため、本論の検討対象からは除いた。

(38)「夫れ法界の浄心は、十地を超えて以て絶絶たり。一如の本覚は、三身を孕んで離離たり。況や復た曼荼の性仏は円円の又の円。大我の真言は本有の又の本なり。…（中略）…恒沙の眷属は鎮に自心の宮に住し、無尽の荘厳は本初の殿に優遊す」（『定本』第四巻、三頁）※『同（隆崇頂不見）』『同（衆生狂迷）』にも同文。

「上転神変とは、若し衆生有りて菩提心を発し、自乗の教理を修行し昇進して本覚の一心を証して、則ち能く迷識の神心を転変して自乗の覚智を証得し、一切の難思の妙業、心に随て能く作す」（『定本』第四巻、七頁）。

(39)「哀々たり、末世の諸の元々、聾瞽にして聖者の言を屑にせず。久しく無明の酒に酔いて、本覚の源を知らず」（『性霊集』巻一「雨を喜ぶ詩」：『定本』第八巻、一三頁）天長元年（八二四）。

「男女、若し能く一字を持せば、朝々に一ら自心の宮を観よ。自心は只だ是れ三身の土なり。五智の荘厳、本より豊かなり」（『定本』第八巻、一四―一五頁）。

(40)「初に叙意とは、夫れ如来の説法は必ず文字に籍る。文字の所在は六塵が其の体なり。六塵の本は法仏の三密、即ち是れなり。平等の三密は、法界に遍じて常恒なり。五智・四身は十界を具して欠けたること無し。悟れる者は大覚と号す、迷える者をば衆生と名づく。衆生は癡暗にして自ら覚るに由無し。如来は加持して其の帰趣を示したもう」（『定本』第三巻、三五頁）。

(41)「今、此れ等の文（＝『華厳経』如来現相品）に依て明かに知んぬ、仏身及び衆生身は大小重重なり。或いは虚空法界を以て身量と為し、或いは不可説不可説の仏刹を以て身量と為、乃至、十仏刹を以てし、一仏刹一微塵を身量と為。是くの如くの大小の身土は互いに内外と為り、互いに依正と為る」（『定本』第三巻、四六頁）。

(42)「若し謂く、衆生に亦た本覚法身あり、仏と平等なりと。此の身、此の土は法然として有なるのみ。三界・六道の身及び土は、業縁に随て有なれば、是れを衆生の随縁と名づく」（『定本』第三巻、四八頁）。

(43)『教王経開題』の他、『理趣経開題（生死之河）』や『法華経開題（開示茲大乗経）』に同一表現が見られる。このうち『理趣経開題（生死之河）』では、『即身成仏義』を前提として、「能説・能聴、体ともにこれ六大所成なり。ゆえに大曼荼羅身という」（『定本』第四巻、一一三―一一四頁）と続けて述べる。

(44)「所謂る大覚は、根本の五智・十六智及び三十七智、乃至、塵数の仏智を具す。斯れ則ち一仏、一衆生の徳なり」（『定本』第四巻、一〇〇頁）。

(45)「此の故に観自在菩薩は、手に蓮華を持して、一切有情の身中の如来蔵性を観じたまうに自性清浄にして光明なり」（『定本』第四巻、一五九頁）。※『法華経密号』に同文あり。

「此の人（＝観自在）と法（＝キリク字）と蓮とは何れの処にか在るや。本来、一切衆生の心に在り。茲の心と仏と衆生との三種は一体の異名なり。是の故に経に心・仏及び衆生、是れ三無差別と云う」（同一六〇頁）。

(46)「今謂く梵王は清浄の義なり。…（中略）…是れ則ち清浄本覚心王の名なり。斯の三摩地の本意は、衆生をして一切の塵垢の差別を浄めて、本来清浄の一如に還帰せしめんが為の故に、始より終に迄、一々の章段、一道清浄を歎じ、差妄垢を弃ることをせしむ、即ち以え有るかな」（『定本』第四巻、二二二―二二三頁）。

(47)「第二に賀蒂の字あり。行者、若し能く中観に入りぬれば、早く無我の大我を得。大我は則ち毘盧遮那の別名なり。自心の鏡中において真言の大我を観ず。是の如くの釈義は、即ち是れ深秘の義なり」（『定本』第四巻、二二六頁）。

(48)「是の如くの一々の仏（＝金剛界三十七尊）、各々に則ち塵数の眷属なり。是れ則ち諸仏の万徳なり。衆生の三密なり」（『定本』第四巻、二二八頁）。

(49)「誰か若かむ、弌阿の本初、性真の愛を吸うて始め無く、金蓮の性我、本覚の日を孕んで終り無きには。機・因縁を断ち、言は筌蹄を離る。自自ら自を為し、阿独り婀を作す」（『性霊集』巻七「笠の大夫、先妣の奉為に大曼荼羅を造り奉る願文」：『定本』第八巻、一一二頁）天長元年（八二四）。

「法身、何くんか在る、遠からずして即身なり。智体、云何ぞ、我が心に甚だ近し。本より来た無去にして鎮えに満月の宮に住し、如今、不生にして赫日の台に常恒なり」（『性霊集』巻七「平城の東大寺にして三宝を供する願文」：『定本』第八巻、一一七頁）天長元年（八二四）。

「久しく方を還源に迷して、長く境を帰舎に酔えり。幸に外警の縁と内薫の力とに因りて狂想を覚り、聖智を尚う」（『定本』第八巻、一一七頁）。

「月鏡を心蓮に観じ、妄薪を智火に焼く。我則金剛、我則法界、三等の真言加持の故に五相成身、妙観智力をもって即身成仏し、即心の曼荼なり」（『性霊集』巻八「亡弟子智泉が為の達嚫文」：『定本』第八巻、一四〇頁）天長二年（八二五）。

「内心の大我は法界に都として常恒なり。金蓮の冒地は心殿に会て以て不変なり」（『性霊集』八「弟子の僧真体が亡妹の七七の斎を設け、并に伝灯の新田を奉ずる為の願文」：『定本』第八巻、一三四頁）天長三年（八二六）。

「本有の荘厳を見、妙覚の理智を証せん。…（中略）…無明黒暗の郷、妄想顛倒の宅、同じく心仏の光明を照らして共に恵炬の熾炎を焚かしめん」（『定本』第八巻、一三五頁）。

「眷属は猶お雨の如し　遮那は中央に坐す　遮那は阿誰が号ぞ　本と是れ我が心王なり」（『性霊集』巻一「山に遊んで仙を慕う詩」：『定本』第八巻、一〇頁）天長三・四年頃（八二六・八二七）。

「双円の大我は如如を一居に起し、五部の曼荼は智智を諸識に韞めり」（『性霊集』巻六「天長の皇帝、故中務卿の親王の為に田及び道場の支具を捨てて橘寺に入るる願文」：『定本』第八巻、九四頁）天長四年（八二七）頃。

「遠くして遠からざるは即ち我が心、絶えて絶えざるは是れ吾が性なり」（『定本』第八巻、九四頁）。

「伏して願くは、此の法水を汲いで彼の煢霊を洗わん。性蓮、乍ちに発けて微塵の心仏を顕し、心法、忽ちに開けて恒沙の遍智を証せん」（『定本』第八巻、九五頁）。

「摂持の故に大身、法界を孕んで外が無く、光照の故に広心、虚空を呑んで中無し。理智、他に非ず。即ち是れ我が身心なり。一三自の法、外に求むるは迷癡なり」（『性霊集』巻八「大夫笠左衛佐、亡室の為に大日の槙像を造る願文」：『定本』第八巻、一二九頁）天長四年（八二七）。

「法雷は永蟄の仏性を驚かし、甘露は根葉に灑がん」（『定本』第八巻、一三〇頁）。

「法界は惣て是れ四恩なり。六道、誰か仏子に非ざらん。怨親を簡ばず、悉く本覚の自性に帰せしめん」（『性霊集』巻八「藤左近の将監、先妣の為に三七の斎を設くる願文」：『定本』第八巻、一三二頁）天長四年（八二七）。

「即心の変化不思議なり　心仏之を作す恠み猜うこと莫れ　万法とは自心にして本より一体なり　此の義を知らずは尤も哀うべし」（『性霊集』巻十「如泡の喩を詠ず」：『定本』第八巻、二一〇頁）天長四年（八二七）。

「巻（※妙法蓮華経）を解けば則ち心蓮自ずから開け、紙を舒ぶれば則ち仏智忽ちに入る」（『性霊集』巻八「播州の和判官、攘災の願文」：『定本』第八巻、一三二頁）天長六年（八二九）頃。

「仰ぎ願くは、斯の光業に藉て自他を抜済せん。無明の他、忽ちに自明に帰し、本覚の自、乍ちに他身を奪わん」

（『性霊集』巻八「高野山万灯会の願文」：『定本』第八巻、一五八頁）天長九年（八三二）。
(50)「是くの如くの自他の四法身は　法然として輪円せる我が三密なり」（『定本』第二巻、三頁）。
(51)一道無為住心では、観自在菩薩の蓮華は、「本来清浄の理」（『定本』第二巻、二七一頁）の標示とした上で、『観智儀軌』を引き、「一切衆生の身中に皆な仏性有り。如来蔵を具せり。一切衆生は無上菩提の法器に非ざる無し」（『定本』第二巻、二七三頁）としている。
(52)第九極無自性心では、「近くして見難きは我が心、細にして空に遍ずるは我が仏なり。我が仏は思議し難し。我が心は広にして亦た大なり」（『定本』第二巻、二七五頁）等と心の無限性を説いている。
(53)「（『大日経』百字果相応品の後）此れ即ち横の義なり。衆生の自心、其の数無量なり。衆生は狂酔して覚せず知せず」（『定本』第二巻、三〇八頁）。
(54)「『涅槃』は仏性を示すに拠りて之を得。…（中略）…各々の所愛所珍に随て之を名づくるのみ。幷に是れ小秘にして究竟の説に非ず」（『定本』第二巻、三二四―三二五頁）。
(55)「羝羊に自性無し、愚童も亦た愚に不ず。是の故に本覚内に薫じ、仏光外に射して欻爾に節食し、数々檀那たり」（『定本』第二巻、一二〇頁）。
(56)「即ち此れ実の如く自心を知るを名づけて菩提と為」（『定本』第三巻、一五七頁）。
(57)「初発心時便成正覚」を説く第九極無自性心を、初心の仏と位置づけ、この心を証する時に三種世間も我が身であることを覚るとしている（『定本』第三巻、一六二頁）。
(58)苫米地［一九八八］で天長六年前後と推定された『大日経開題（衆生狂迷）』は、藤井［二〇〇八］一一五―一二八頁において後世の編集である可能性が指摘されたため本論の検討対象からは除いた。本書中では、「仏性」（『定本』第四巻、一五―一六頁、一九頁）や「一真の覚殿」等の表現が見受けられる。
(59)苫米地［二〇〇八］に収録される「『平城天皇灌頂文』をめぐって」（三五一―三六七頁）によれば、本書は四つの表白文を後にまとめたものであり、このうち第四文が『三昧耶戒序』に該当する。平城天皇の灌頂に直接関わる本書第一文については、偽撰の可能性が指摘されているが、「仏慧の照らす所は衆生即ち仏なり。衆生の体性と諸仏の法界と本来一味にして、都て差別無し」（『定本』第五巻、一三頁）、「衆生をして頓に心仏を覚り速やかに本源に帰らしめんが為に…」（『定本』第五巻、一三頁）等の自仏の表現が見受けられる。第二文冒頭では、「夫れ此の太虚に過ぎて広大なるは我が心、彼の法界に越えて独尊なるは自仏なり」（『定本』第五巻、一八頁）と述べ、三昧耶（samaya）の平等の義では、仏蓮金の三平等を示した上で「此の三部の仏、各の四種曼荼羅・四種法身を具す。是の如くの諸尊は平等平等にして増減・優劣の異有ること無し。是を平等と名づく。是の如きの諸尊、其の数無量なり。此の無数の仏は、則ち一衆生の仏なり」（『定本』第五巻、二一―二二頁）、また摂持の義では、自心の仏と他心の仏とが互いに摂持しあう理を明かしている（『定本』第五巻、二二頁）。

(60)「若し上根上智の人有りて、是の如くの法を行じて早く自心の本宅に帰らんと欲わば、先ず須らく乗の差別を簡知すべし」（『定本』第五巻、五頁）。

「既に知んぬ、狂酔して三界の獄に在り、熟眠して六道の藪に臥せり。何ぞ神通の車を駈りて本覚荘厳の床に帰らざらん」（『定本』第五巻、七―八頁）。

(61) 田村［一九八二］八九三―八九四頁では、本覚は本来、生滅門における内在原理であるとの前提を示した上で、『金剛頂経開題』の「真如門本覚」という表現に注目し、本覚を真如にまで上げたことを意味するならば、進みすぎた解釈である可能性を指摘している。

(62)「四種法身と言っぱ、自性身・受用身・変化身・等流身、是れなり。此の如きの四種法身は自然自覚なり。…（中略）…是の如くの本覚、重々無量なり。今此の経に示す所の本覚は、通じては一切の本覚を摂し、別しては不二門の本覚を表す。此の本有法身、其の数無量なり。故に一切如来という」（『定本』第四巻、七九―八〇頁）。

「自他の本覚に約して真実を弁ずること前に准じて知んぬべし」（『定本』第四巻、八一頁）。

(63)「但だ此の尊（＝観音）に是の如くの徳を具するのみには非ず。自余の一切仏、一切菩薩、一切衆生も亦た此の如し。能く此の義を覚りて則ち三平等に入れば、速かに究竟大曼荼羅を得」（『定本』第四巻、二〇八頁）。

（64）著述年が不明な『性霊集』の文にも、以下のごとき自仏の記述が見受けられる。このうち巻八所収の二文は、「性蓮」「身蓮」という表現から、弘仁年間末から天長年間頃とも推測される。

「一身の三密は塵滴に過ぎたり。十方法界の身に奉献す」（『性霊集』巻一「山中に何の楽しみか有る」：『定本』第八巻、一七頁）。

「豈に若かんや、性蓮の大我、大虚に遍じて終り無く、覚樹の法皇、微塵に入りて始め無きには」（『性霊集』巻七「荒城の大夫、幡の上の仏像を造り奉る願文」：『定本』第八巻、一一八頁）。

「夫れ身蓮、空に等しくして二覚寂照なるは没駄の号なり」（『性霊集』巻八「林学生の先考妣の忌日に仏を造り僧に飯する願文」：『定本』第八巻、一三三頁）。

（65）本論執筆にあたり、教理・思想に関わる空海著作のほぼ全てに目を通したが、紙数の都合上、また論文が煩雑になるとの見地から、著述年が不明な空海著作については除外した。除外した著作として、『真実経文句』『法華経密号』『一切経開題』『釈論指事』『念持真言理観啓白文』『秘蔵記』『秘密三昧耶仏戒儀』がある。このうち『一切経開題』には、自仏に関する多くの表現が含まれており、下記のごとく心と身体の関係性を論じている点は、他著作と異なり興味深い。なお本書が空海の真撰であるならば、自仏に関する表現は比較的平明であり、弘仁前半頃の著作と類似するように思われる。

「有為の心は以て無為の理を表す。衆生の自性は比類すべき無し。等しんべき者無きを名づけて如と曰う。只だ是れ衆生の性なり。性を離れて別の法無し。下智の為には有為と説き、上根の為には無為と説く。一種の人に両般有り。迷悟殊有ればなり。如来とは即ち是れ本心なり。一切の妄念は皆な本心より生ず。本心は主、妄念は客なり。本心は菩提心と名づけ、亦は仏心と名づけ、亦は道心と名づく」（『定本』第四巻、二七二頁）。

「則ち我が法身も亦た是の如く広大無辺にして虚空無等等なる者の如し。菩薩は一切の法に於て生を見ず、死を見ず、彼此を見ず、尽虚空界、乃至、十方を合して一相と為し、一切の諸仏、乃至、蠢動含霊を本来差別無しと見る。…（中略）…若し一念も妄心を起ば即ち餓鬼・畜生・地獄の三途を見て苦を受く。若し一切衆生の性、自性と別無しと見れば、即ち一切処皆な是れ仏なり」（『定本』第四巻、二七五頁）。

「衆生の仏性の金剛も、亦た是の如し。若し深く仏性を見ることを得れば、一切の邪見と煩悩共に起らず、所疑の処、一切の塵労は一時に摧伏す」（『定本』第四巻、二七五―二七六頁）。

「心に妄念無くして六塵に染せざれば、仏は即ち常に心に在す。万法の主と為るが故に心王と名づく。法界を国と為し、色身を舎と為。今既に人身を受得して、心王は中に処るが故に名づけて舎と為す。此れを仏の止住の処と名づく。迷えば即ち濁悪の処なり。悟れば即ち清浄の処なり。染の境無ければ亦た浄土と名づく。衆生の自性は本より来た不生不滅にして虚空に同じ」（『定本』第四巻、二七六頁）。

「諸の妄念は本自無性なりと了するを諸仏と名づく。能く心を知れば是れ仏なり。十方、只だ是れ一空なり。分別有ること無し」（『定本』第四巻、二七六頁）。

参考文献

勝又［一九六一］：勝又俊教「弘法大師の菩提心観とその思想的源流」（『豊山学報』七、一九六一年）
小野塚［一九六八］：小野塚幾澄「弘法大師の人間観」（日本佛教学会編『仏教の人間観』平楽寺書店、一九六八年）
勝又［一九七〇］：勝又俊教『密教の日本的展開』春秋社、一九七〇年　※二〇〇〇年 新装版
村上［一九七三］：村上長義「恵果和尚に就いて」（『東洋学報』一七、一九二九年）
勝又［一九七三］：勝又俊教「恵果和尚伝の研究」（櫛田良洪博士頌寿記念会編『高僧伝の研究』櫛田博士頌寿記念、山喜房佛書林、一九七三年）
勝又［一九七四］：勝又俊教「弘法大師教学の根底にあるもの――自心仏と本覚と菩提心――（一）」（『密教学研究』六、弘法大師ご誕生千二百年記念特集、一九七四年）
勝又［一九七四］：勝又俊教「弘法大師における本覚思想とその背景」（『豊山学報』一九、一九七四年）

田村［一九八一］：田村芳朗「密教と本覚思想」（勝又俊教博士古稀記念論文集刊行会編『大乗仏教から密教へ』勝又俊教博士古稀記念論集、春秋社、一九八一年）
高崎［一九八四］：高崎直道「弘法大師と如来蔵思想」（真言宗智山派御遠忌記念出版編纂委員会編『弘法大師と現代』筑摩書房、一九八四年）
福田［一九八四］：福田亮成「弘法大師の三平等観とその意義」（『弘法大師と現代』一九八四年）
福田［一九八五］：福田成亮「弘法大師の本覚的主体観」（『仏教の歴史と思想』壬生台舜博士頌寿記念、大蔵出版、一九八五年）
苫米地［一九八七］：苫米地誠一「〈法身説法〉説の成立について」（『智山学報』三六、一九八七年）
苫米地［一九八八］：苫米地誠一「弘法大師に於る〈法身説法〉説の展開について――開題類を中心として　付・弘法大師空海著作成立（推定）年表――」（『智山学報』三七、一九八八年）
鎌田［二〇〇〇］：鎌田茂雄「智山教学大会特別講演　華厳と密教」（『智山学報』四九、二〇〇〇年）
末木［二〇〇〇］：末木文美士「本覚思想と密教」（立川武蔵・頼富本宏編『日本密教』シリーズ密教四、春秋社、二〇〇〇年）
大塚［二〇〇三］：大塚伸夫「『即身成仏義』にみられる本覚思想の一背景」（『豊山教学大会紀要』三一、二〇〇三年）
藤井［二〇〇八］：藤井淳『空海の思想的展開の研究』トランスビュー、二〇〇八年
苫米地［二〇〇八］：苫米地誠一『平安期真言密教の研究』第一部（初期真言密教教学の形成）、ノンブル、二〇〇八年
佐々木［二〇一六］：佐々木大樹「恵果からの相承と『即身成仏義』――「三平等」と「即身成仏」の表現に注目して――」（川崎大師教学研究所『佛教文化論集』一二、二〇一六年）

キーワード　自心仏、即身成仏、本覚

曹洞宗の人間観

――その伝統と今後の展開について――

菅原研州

はじめに

本論は、日本における伝統仏教教団である曹洞宗において、人間観が伝統的にどう確立されたかを検討し、また、現状を分析しながら今後の展開について提言をしたいと考えている。今回は特に、人間観研究の転機となった昭和三十年代以降の問題を扱う。

やや広いテーマを敢えて扱うため、一々の検討は不十分になる可能性はあるが、ここ五十年ほどの状況を踏まえてでなければ、現状の理解を進められないため、ご寛恕願いたい。

一、曹洞宗における人間観研究

1、佐橋法龍『人間道元』『人間瑩山』

曹洞宗における人間観研究について、ある意味で突出した言論活動を展開したと判断できるのは、佐橋法龍（一九二八―二〇〇七）である。佐橋は、一九五四年に設立された曹洞宗宗学研究所(1)の初代研究員であり、後には長野県長野市松代町・長国寺専門僧堂の堂長も務めた。

佐橋は自著に『人間道元』『人間瑩山』[2]が知られ、この両著では曹洞宗の両祖（道元・瑩山）及びその周辺の人間像探究に努めたのであった。特に、『人間道元』にて「道元は、思想と人格（生活といってもよい）の分離を、徹底して嫌った人である」[3]とした佐橋は、「道元の人と思想は、変化しつつ深まっている。その変化と深まりの道程のなかに、道元その人の真の骨髄がある」としつつ、「悟後の人と思想の深化に焦点を定めて」[4]研究を行う旨を主張している。そして、本書においては道元への理解を通して、同じ人間としての自分の生きる支えを見出すことを目的としたという。また、本書はE・クレッチマー（独・一八八八―一九六四）の性格類型論を参考にしながら、道元とその周囲の人々の性格を考察しているのも特徴であるといえる。しかし、その結果、道元の本師である天童如浄（一一六五―一二二七）に対しては、粘着気質の闘士型であり、「不平の多い偏執的心理の屈折したもの」[5]であるとした。また、道元に対しては、他者への批判が冷厳で辛辣きわまりなく、性格については分裂質であるとした。このような見解については、当然に批判も招いた。

また、佐橋は自分の態度に先行する研究者などに、『道元』を執筆した竹内道雄（一九二二―二〇一四）や、『古仏のまねび〈道元〉』の執筆者の一人である梅原猛（一九二五―）、そして道元七百回大遠忌（一九五二年）に当たり伝記的小説の執筆を依頼されつつ、それが果たせなかったことを『道元禅師の話』に記した里見弴（一八八八―一九八三）を挙げた。

里見は従来の道元伝を比較検討した上で赤裸々な人間的真実を追究し、祖師の伝記にありがちな神異譚などを退けた。佐橋は、里見について「禅への造詣が乏しく、禅者道元の本領を十分に掘り下げるものではない」[6]と批判しつつも、「文学者里見弴の方法態度の根底に、深くして確かな人間認識がある」[7]と評価した。これらの態度は、禅僧の伝記にしばしば見られる虚像を解体し、実像を探究することで、祖師の人間性に触れ、祖師本人を正確に理解することを可能とした。

2、佐橋法龍における研究方法の形成について

佐橋は何故、このような研究方法に至ったのだろうか。

佐橋には昭和三十三年（一九五八）四月以降に構想・執筆され、昭和三十五年に私家版として刊行した『曹洞宗学研究序説』があり、「序論　曹洞宗学研究のあり方とその方法」と、「序章　曹洞宗学の研究的発展を妨げるもの」が本論において参照されうる。佐橋は、「宗学は信仰を絶対とする」としながらも、自らの信仰・教義・歴史などを信仰的立場から支持・顕彰する護教的過程においては、経験科学的手法を十分に駆使し、その成果をもって、一般の人々を首肯させるものを作れば良いとした。その点、当時の宗学者は経験科学的手法を導入しつつも、宗門的信仰を失う危険な結果を予断して研究しているために、中途半端であると指摘する。

その予断の例として、三つ挙げられている危険の中でも第一は、宗学に経験科学的な手法を導入することは、十九世紀のドイツ観念論哲学が辿った神学の破壊否定の方向に向かうと危惧されたという。特に、ヘーゲル左派は神学の合理化・批判を試みながらも人間学から無神論の方向へと走ってしまったと分析し、その状態に自らを追い込む危険性を考えているのではないか(8)としている。

しかし同時に、これらの危険については、子細に検討し、十分な討議を用意すれば、必ずしも避けられないものではないとし、例として禅宗祖灯説への批判的研究から、西天二十八祖説などが否定されたとしても、禅宗の存在意義が未だ高く評価されていることを挙げて、ドイツ観念論哲学が辿った方向を危惧しても曹洞宗学に経験科学的手法を導入しない理由にはならないとするのである。つまり、人間学の徹底が、曹洞宗学にとって必要かつ有効だと述べていることになる。

なお、佐橋が「経験科学的手法の中途半端な導入」として批判した具体例は、忽滑谷快天（一八六七―一九三四）、岡田宜法（一八八二―一九六一）、衛藤即応（一八八八―一九五八）などであるが、特に忽滑谷を例にすれば、主著の一つである『禅学思想史』は、達磨から慧能までの時代を「純禅の代」、六祖示寂以降五代末までを「禅機の代」としたが、いたずらに前者のみを良しとし、後者を病弊に満ちた時代だとするのは、後者が清規を始めとして禅宗を構成する諸要素が成立した時代であることを考える時、不当であるとした。そして、不当な判断に至った理由を、忽滑谷個人の信仰信念に原因があるとした。他にも、いわゆる青原下の禅を良しとし、南嶽下の禅を不当に貶めることについても、前時代的性格が混入した「信仰的独白」だとした。

その上で、僅かに光彩を放った例として栗山泰音（一八六〇―一九三七、一九三四年から大本山總持寺貫首）による『總持寺史』と、大久保道舟（一八九六―一九九四）による『道元禅師伝の研究』を挙げている。前者は、曹洞宗における總持寺の本山としての地位について詳細な歴史的研究による立証を試みたものであり、後者は史実的見地から道元の生涯と道元滅後の教団について論考したものである。両著ともに全く欠点が無いとはいわないが、それを超えて多大な成果を上げげたと評価する。

つまり、佐橋自ら指摘するように、かつて和辻哲郎（一八八九―一九六〇）が「沙門道元」[9]の中で、当時の永平寺が刊行した道元の全集に、伝記として江戸期の『道元和尚行録』を掲載した様子について、「ばかばかしい伝記に対して憤りを感ぜずにはいられない」とし、「道元の高貴なる人格的生活は看過され、その代わりにあらゆる世間的価値と荒唐なる奇蹟とが彼を高貴にするために積み重ねられている」[10]と批判したのと佐橋は軌を一にし、歴史的研究をもって祖師の人間性を明らかにし、教義の実態を把握することを是としたのである。そして、その態度の上で著された成果が、『人間道元』『人間瑩山』であった。

この態度が良い意味で宗派内に共有され、歴史的研究に裏打ちされた人間観研究の進展が正当に続けば、我々が現在得ている種々の成果は、もう少し早い段階で得られていたのかもしれないが、二つの状況を原因として遅れることとなったと推定される。

一つは、佐橋の見解が批判を招くものであったことである。[11] 大胆に心理学的手法を用いたといっても、得られた結論はセンセーショナルな内容であり、佐橋がいう「経験科学を導入した研究方法」に対し、かえって忌避感が強まったことは否めない。また、佐橋は自著でしばしば「独善的な禅僧」を非難するが、佐橋自身の言動に独善的傾向が見られたのも事実である。

もう一つは、ちょうど佐橋の見解が世に問われた直後、曹洞宗では人権問題に直面することとなり、その中で、曹洞宗における人間観研究が、大きく舵を切ることとなったこと、が挙げられる。

3、「町田発言」とその後の人権問題

「町田発言」とは、一九七九年五月に米国プリンストンで行われていた第三回世界宗教者平和会議（ＷＣＲＰⅢ）において、当時の曹洞宗宗務総長であった町田宗夫（一九一六―二〇〇九）が行った問題発言を指す。町田は、同会議の「人権と人種および民族グループ」作業部会において、日本の部落差別への懸念を表明しようとする方向に対して否定的な発言を行い、部落差別への懸念の一節を削除させようとした。その結果、部落解放同盟中央本部などから社会的な抗議が寄せられ、その後、同同盟主催の確認・糾弾会を経て、町田と曹洞宗は発言や態度の差別性を確認するに至った。

その後、差別図書の回収など、様々な人権問題研究・対策が行われるようになったが、その最中、一九八四年の秋頃、広島県内の宗門寺院住職によって引き起こされた問題が、「家系図作成事件」であり、檀信徒の過去帳の記載を利用して家系図を作成することで、結婚問題にも直結する身元調査に協力したのであった。この問題もまた、

同同盟広島県連合会による確認・糾弾会が行われ、ついに一九八六年一月に同連合会から提起されたのが、仏教の説く因果や業の問題を含む、「道元禅師の人間観と部落解放」という課題であった。

この課題の研究は、幾つかの成果を生み出した。

曹洞宗人権擁護推進本部が主導して、『曹洞宗ブックレット』の〈宗教と差別〉〈宗教と人権〉〈教学と差別〉各シリーズなどが刊行され、一部ではこの課題への応答がなされた。また、この課題の調査検討に関わった石川力山（一九四三―一九九七）によって編集された『道元思想大系二〇』「思想篇　第十四巻」も、副題として「道元の人間観」としており、明らかな成果の一つである。

そこで、これらの成果によって、曹洞宗の人間観がどのように構築されたのかを確認しておきたいと思う。

まず、先に挙げた部落解放同盟広島県連合会に提起された課題に直接応え得たのが『『業』について――道元禅師の人間観と部落解放――』[12]である。本書は、以下の構成となっている。

序言
一、はじめに
二、仏教における『業』論
三、差別イデオロギーとしての『業』論
四、道元禅師における『業』論
（一）はじめに　（二）釈尊の『業』論　（三）道元禅師の『業』論における前提　（四）道元禅師の『業』論といま　（五）道元禅師の『業』論
結びに代えて

まず、本書は非常に入り組んだ構造をしており、仏教で説かれる「業」論について、二―四章のタイトルの通りに分類した。だが、例えば「二、仏教における『業』論」については、「三、差別イデオロギーとしての『業』論」と明確に分けて、「本来の『業』論」のような論じ方をするかと思えば、決してそうではなく、『マヌ法典』第十二章における「輪廻」の思想と、中国成立（と推定）の『善悪因果経』及び日本で作られた『因果和讃』の同質性を挙げつつ、結果として「業」の説明に、現実における身体障害者を視聴覚資料として扱ったと批判した。一方で「四、道元禅師における『業』論」については、道元の『正法眼蔵』等から本文を長く引用しつつ、努めて真意を探ったといえる。

なお、本書の立場として、「業」論の特徴については、仏教徒として自らのことを「宗教的実存」の深みにおいて捉え、生きようとする時には、「業」なる存在であると教えるという。そして、現実に存在して在ることの深い意味を探り、そこから「己事究明」なる主体的姿勢を引き出す意味があるとした。一方で「差別イデオロギーとしての『業』論」の特徴としては、業を悪業に限定しつつ実体的に捉え、現実における被差別的立場を肯定し、差別を助長したと結論付けている。また、先に挙げた「仏教徒としての「宗教的実存」」についても、業の存在としてあることを踏まえて現状の努力を「あきらめ」させるためのイデオロギーとして機能したという。[13]

また、道元については、（批判されるべき）「仏教における『業』論」とも「差別イデオロギーとしての『業』論」とも全く異なり、決して現実から逃避をすることなく「業」を自覚し、その業障の自己として悪業を自覚しつつも、その中で「正法」に目覚めて仏道修行に努めた場合、今度は「宿善（善業）」の結果となるという。このように、業の自覚は精神・行為ともに、人間の解放の営みを可能にするという。

そして、以下のように宣言をする。

「業」の自覚に基づいた、宗教上における実践・行持と、人間の（精神と行為における）解放の営みとは、不可分のものであるといえよう。そうした人間の解放の営みは、同時に、自己解放の営みの運動でもある。それが信仰を証明する修証ともなるものである（運動が信仰証明の営みでもある）。このことは、被差別部落の解放運動と、決して無縁のものではない[14]。

要するに、この宣言は、「悪業」が差別助長の抑圧的機能でしかない状況に陥らず、自己において主体的に自覚し、その中で実践・行持を通して善業へと改め、人間と自己を解放していくということになろう。

さらに曹洞宗の宗典『修証義』（一八九〇年公布）に因む人権問題も、公布百周年を迎えた一九九〇年代以降極めて大きくなったが、現段階で曹洞宗として明確な結論を出しているわけではない。例えば、曹洞宗人権擁護推進本部が編集した『『修証義』について考える』[15]は、未だ中間報告に留まっていること、そして近年、近代の曹洞宗教団への研究が進んだことにより[16]、成立経緯や編集過程を含めた『修証義』への評価について、慎重を期する必要があると考えるため、本論では割愛する。

二、従来の人間観への評価について

以上、簡単に概観したが、まず、曹洞宗教団における人間観は、「業」論への研究・評価を伴って論じられた。それは、曹洞宗の現役（当時）僧侶が行った差別発言を認識・反省することで自らを改め、そして差別を撤廃し、被差別者を解放しなくてはならないと自覚をしていく過程と並行して論じられたものである。いわば、悪業としての差別的発言を批判し、善業としての解放運動へ宗派そのものを向かわせるという流れになっている印象を受ける。

また、曹洞宗教団が「悪しき業論」否定の末に採り得た「業」の主体的な自覚については、道元の主著である『正法眼蔵』への学びから得られたものとされるが、若干の注意が必要である。

道元禅師の人間観を、その「業」論のうちに探るというのは、とりもなおさず、人間に対する見方、信仰の在り方を探る営みとなり得るものでありますが、それは、単に道元禅師を歴史上の一点に位置づけることではなく、むしろそれを通し、様々な今日的課題を抱える私たちから、道元禅師を逆照射し、同時にそのことによって道元禅師から光を受け、以て我々自身の解放・人間解放（部落解放）の思想と行動に資するため、であります[17]。

道元に対するこの位置付けを見ていくと、それこそ、佐橋が述べたような状況からは後退し、経験科学的な手法に基づく厳密な理解というよりも、「今日的課題への取り組みから見られた道元」を仰ぐあり方に見える。果たして、それは本当に道元自身が抱いていた問題意識を踏まえた考え方だといえるだろうか。

また、本来の問題である「人間観」の考察が、「業論」の考察に変わっていると批判する見解もある[18]。そこで、従来の佐橋法龍及び曹洞宗教団が行った「人間観」の考察には、その善し悪しがあるといえる。例えば、佐橋が行った取り組みと、その後の人権問題の中で行われた取り組みは、「非連続の連続」ではあるけれども、ともに「啓蒙思想的」だと評価することができる。しかし、同じく啓蒙思想的であるとしても、佐橋の場合には啓蒙思想における歴史研究の成果を受容し、また迷信の打破を強く訴えて神異的伝記を退け、祖師の人間存在そのものに注目した。曹洞宗教団の場合には啓蒙思想における平等観に裏打ちされた解放思想の成果を受容せんとしたものだといえる。

そして、両方ともに批判すべきところもある。後者についてが次章で詳述するが、佐橋についてはやはり、歴史的人物に対して行う性格判断が、妥当かどうかを慎重に考察するべきだったといえる。特に、歴史的人物を扱うのであれば、その人における様々な歴史的記述や伝承が、正当であるかどうかを余程正確に評価しなければならない。一例として、佐橋が道元の苛烈な性格を表現するものとする「玄明首座の一件[19]」についても、十五世紀まで下る道元伝の一つに見えるのみで、玄明という人物について論じる他の資料を見ても、道元が果たして、玄明についてそこまで苛烈な態度を取ったかどうか疑わしい点が残る。

そうなると、少なくとも佐橋による道元への「分裂質」という性格判断については、佐橋の時代に入手できた伝記史料で、そのように「描かれていた」と評するべきであって、道元その人に対する評価とはいえないのである。

三、曹洞宗の人間観における今後への展望

石川力山は「道元の人間観」という副題が付けられた『道元思想大系二〇』の序言において、「道元禅師の人間観と部落解放」の課題研究を経て、次の結論を得たという。

この「人間観」という課題こそが、仏教者、あるいは広く宗教者として、人権擁護や反差別という問題とまともに向き合うための視点・視座を確立する、決定的な要因になるのではないかと思うようになった。つまり、ここでいう「人間観」とは、今現に生きて右往左往しているこの人間という存在に、どのような「視線」で対峙するかという問題に尽きる課題ではないかということである。[20]

要するに、前項で述べた「自己の解放が同時に、差別問題の解放を意味する」ことに繋がる文脈であるといえる。ところが、本書に収録された一連の論考を見ても、何故そうなるかがよく分からず終いのものが多いという印象である。それは、それほどに理論化が難しいということになるのだろう。特に、自己の問題を究明するのは曹洞宗や禅宗の伝統的文脈に多く見られるから良しとして、その自己の問題の究明が、何故社会と繋がっていくのかについて、伝統から導き出すのは容易ではないと思われる。

ただし、その中でも『道元思想大系二〇』に収録された小森龍邦の論考を見ていくと、以下の一節が見られる。

人間は、ものごとを分析し、説明するだけでは駄目で、どのようにするかという本当の課題の前に立つとき、

自分がどうするかということを考える。そのとき、ものごとが解決していくルートに乗ることができるのである(21)。

この小森の指摘などが、おそらくは、課題に向き合う中で解決へと進み行くルートを切り開く条件を示していると思われる。ただし、種々の様相を見せる社会の中の問題を対象とする限り、一元的に方法まで詳しく説けるわけがなく、この条件の提示から、実際にどう進むかは、さらに各人が問われることになったといえる。

さて、これらの諸問題を踏まえて、少なくとも曹洞宗教団は人権問題の再発防止の徹底を念願して、人権学習が研修会という形で繰り返し行われている。それは、ただの座学に留まらず、様々な差別が行われた現場に足を運ぶフィールドワークを伴う場合が非常に多い。そして、書籍等の文章は、曹洞宗教団の公的な書籍であればあるほど、徹底して差別語を排除する傾向にあるといえる。しかし、これらの方法論や成果について、敢えて批判的に見れば、課題に向き合った結果というよりも、機械的に問題を排除せんとしているようにも見え、果たして十全といえるのかどうか、今後も慎重に評価していく必要を感じる。

四、曹洞宗の人間観としての「共生」

曹洞宗の人間観を考える上で、重要な転機と捉えられるのが、二〇一一年三月十一日に発災した東日本大震災である。

曹洞宗では、シャンティ国際ボランティア会（ＳＶＡ）や全国曹洞宗青年会（全曹青）を中心に、一九九五年の阪神・淡路大震災以降、各地で続いた震災へのボランティア活動に従事し、徐々に経験を増やしていたが、東日本大震災はその規模や、原発事故の被害の大きさなど、それまでの状況を明らかに凌駕し、その中で活動を行った僧侶は一様に新たな活動方法を模索した[22]。

そこで、二〇一六年三月には、現場を経験した僧侶の立場から、改めて「宗旨としての坐禅」と「ボランティア活動」との接点を見出そうとした『衆生済度と坐禅――人びとのこころに向き合う坐禅とは――』が刊行された。本書は二〇一五年十二月の座談会が元になっているが、本書における人間観は従来の曹洞宗で取り組もうとした問題の先に置くべき内容だといえる。また、末木文美士は『現代仏教論』の中で、東日本大震災が現場と教理の乖離を鋭く抉り出したことを指摘したが[23]、『衆生済度と坐禅』は間接的にその問題への応答ともなっている。

本書は元から、「人びとのこころに向き合う」ことを課題に置き、苦悩する人びとを如何に導き得るのかという問題も正面に据えて取り組んでいる。その中で、以下の発言から、本書が模索する人間観を知ることができる。


救う、救われないというのは相手との関係性の中にこそ存在する重要な問題です[24]。


印象的な文脈を敢えて引用したが、本書は上求菩提としての坐禅と、下化衆生としてのボランティア（を含む諸活動）について、非常に込み入った議論をしている。しかし、議論の中では引用文のように、宗教者の自己を先に立てることよりも、相手との関係性を先にし、その中で実践の内容を確定せんとする姿勢を見ることができる。

そしてこれは、昨今の社会福祉の現場における人間観の転換と並行する変化であったといえる。近年、社会福祉の現場では、社会保障を受けるべき障害者が特別扱いされることと差別の拡大とは並行的であると判断されるようになり、そこからノーマリゼーションを実現することには限界があるため、差別を無くすための「共生」を目指すべきだとした。なお、ここでの「共生」の意味は、まず人間存在がお互いに「異質」であることを前提にし、各個人の独自性こそが尊厳の対象になるという。よって、いたずらに調和を求めるわけでもない。また、啓蒙運動における人間観は、弱い人間から強い人間へ、というような移動であることも批判され、社会福祉は人間を強弱の二項対立と見るのみでは成立し得ず、多様な関係性の中で「共生」の活動が継続されるべきだともされる[25]。

そこで、[26]例えば曹洞宗教団も東日本大震災発生後、直ちに認識された東京電力・福島県第一原子力発電所の事故に基づく放射線被害に際し、差別の拡大にならないようにと、警告を出しつつ人権的配慮の啓発を目指した。だが、それもどこまで効果があったのだろうか。二〇一六年十一月には、横浜市に避難した福島県出身者に対する陰湿ないじめ（二〇一七年一月の段階で、横浜市教育委員会はいじめだと断言せず）が報道される状況からは、これらの問題へは、苦悩を抱えざるを得なくなった人に対する態度として、本当の意味での寄り添いを啓発できるか否かにかかっている。

しかし、その点、容易に実践しうるとは考えない方が良いと思われる。

例えば、道元と共生思想について提言を行った鏡島元隆（一九一二―二〇〇一）は、「共生の行としての道元禅」を主張し、道元の『弁道話』[27]及び『永平広録』巻一―一〇上堂を参照しながら、[28]次のように述べた。

両文において著しい特徴は、生けるものの一人としてわれわれが真理を説くと同時に、無生物・無機物がわれわれに向かって真理を説いてやまないことである。だとすれば、われわれは謙虚にその声に耳を傾け、その主張の実現に努めなければならない。

右によって知られることは、生物の一人としての人間が、無生物に向かって真理を説くことは、それだけに了れば人間の思い上がりであることである。無生物・無機物も真理を説いているのであり、ただわれわれが知らないだけである。

要するに、禅師の坐禅は、「大地有情同時成道」の思想を根底としながら、自然と一如になり、すべてのものと共に生き、また共に生かされる共生思想である。[29]

鏡島の指摘を、先に挙げた社会福祉の共生思想とも共鳴させて理解すれば、「謙虚に（声なき声にも）耳を傾けること」により、我々人間と対立するようにも思われてしまう自然ともまた、共生することである。これは、傾聴の対象を人間のみならず、自然へも向けることを意味する。それこそ、震災は大きな爪痕を東日本各地に残し、それは未だに続いている。だが、自然と対立したままでは、人々の生活は取り戻せない。同じく、自然本来の姿とかけ離れた原子力発電所についてもまた、多くの批判が寄せられ、反省を求める声がある。

自然の声を聞けないのは、我々の思い上がりであり、道元が説いた坐禅に、「大地有情同時成道」という釈迦牟尼仏の言葉[30]を学べば、自ずと共生思想にも目覚めるといえるだろう。また、同じく曹洞宗の伝統的文脈の中には「無情説法」もある。心識の無い無情物が、かえって真実の法を説くという教えであり、道元『正法眼蔵』の一巻にもなっているほどで、共生思想の理念を得ることは不可能ではない。

問題は、鏡島自身が指摘するように、このことはあくまでも人間的次元を超えて、天地同根万物一体という自然との共生を示すのであって、それを人間的次元に戻すとまた、対立抗争を免れ得ないこと[31]である。よって、人間的次元における共生について、果たしてどう実践されうるか、声の有無にかかわらず能く耳を傾け、苦悩に直面する人々と共に苦悩に直面する（立ち尽くす）ことを踏まえて、どう歩むべきであろうか。従来、菩薩行・報恩行などと語られてきた仏教者の理想像の現実化が可能か否かを問いつつ、現代の苦悩に見合った新たな実践モデルの提供がされるべきだといえよう。

五、実践できる「共生」の模索

本論では、実践と理念の一部を紹介するのみであったが、筆者としては現在でも続けられている、傾聴ボランティアやそこから進んだ臨床宗教師までの実践そのものを、成果として見ていきたいと思っている。何故ならば、震災におけるボランティアの中で、自ずと見出された真摯な実践であり、かつ現状も継続されているならば、それは混沌とするこの世界に必要な行いだったといえる。よって、成果として評価されるべきであるし、そこからさらに継続的に実践可能なモデルの模索も続けていくべきであろう。そこで、個人の独自性という尊厳の尊重、多様化への対応など、目指すべき先は見えてきており、従来のような特定の「教義の型＝救われ方の形」に当て嵌めるだけでは意味がないことも分かってきている。だからこその「傾聴ボランティア」ではあるが、さらにその先の実践を模索するとなると、やはり天童如浄が道元に説いた「柔軟心[32]」などのキーワードが「優れたヒント」として、実践できる「共生」を模索する道を開くことが可能なように思う。

註

(1) 現在の曹洞宗総合研究センター宗学研究部門に相当。
(2) 『人間瑩山』の原題は『瑩山――日本曹洞宗の母胎瑩山紹瑾の人と思想――』で、相川書房より一九七五年に刊行された。後に、春秋社から改版の上刊行される際に、『人間道元』（春秋社、一九七〇年）と題を合わせ、『人間瑩山』に改められた。また、参考までに、一九七九年に山折哲雄『人間蓮如』も同社から刊行されている。
(3) 『人間道元』「序」五頁。
(4) 二箇所ともに『人間道元』「序」七頁。
(5) 『人間道元』一七五頁。
(6) 『人間道元』二五頁。
(7) 『人間道元』二五―二六頁。
(8) 『曹洞宗学研究序説』二頁。
(9) 和辻哲郎『沙門道元』の、『新小説』『思想』における連載は一九一九―一九二一年にわたって行われ、一九二五年に『日本精神史研究』（岩波書店）に収録された。
（10）二箇所ともに岩波文庫『日本精神史研究』二四三頁。
（11）なお、佐橋の方法論や見解への批判は根強く存在し、松本皓一「道元禅師の「人間」論をめぐって」（『道元思想大系二〇』六〇―六四頁参照）では、佐橋が出した道元への評価が「分裂質」であるという一事をめぐって強く批判し、一宗の祖師に対する評価として不適当であるとした。
（12）曹洞宗ブックレットの〈宗教と差別9〉に当たる。発行年は一九九三年だが、内容は『曹洞宗報』六五六―六五九号（一九九〇年五―八月）まで、四回連載されたものを元にしている。
（13）「差別イデオロギーとしての『業』論」を論述していく過程の中で、「差別即平等」といった「即是の論理」が現実の差別を肯定し、助長すると批判され、その批判において用いられたのが、袴谷憲昭の「本覚思想批判」であった。
（14）『『業』について――道元禅師の人間観と部落解放――』七七―七八頁。
（15）曹洞宗ブックレットの〈宗教と差別12〉に当たる。発行年は二〇〇一年であり、副題として「「旃陀羅・修証義」に関する専門部会中間報告」と付されている。
（16）曹洞宗総合研究センター編『曹洞宗近代教団史』（二〇一四年）では、「第七章　大内青巒居士と『修証義』教会・結社」とし、当時の教団が置かれた政治的状況を踏まえつつ、どのような教化手法を検討していたかを経過的に示した。その結果、『修証義』についても、改めて当時の状況を踏まえる必要が感じられるため、本論では割愛した。
（17）右同著、六頁。
（18）小森龍邦「道元禅師の業観をどうみるか」（『道元思想大系二〇』）三四九頁。
（19）玄明首座とは、道元伝の一つである『建撕記』（永平寺十四世・建撕が編集したとされ、成立は建撕の生没年〈一四一五―一四七四〉に鑑み、十五世紀中期以降と推定される。なお、現存写本最古のものは天正十七年〈一五八九〉の「瑞長本」。なお、詳細は『道元禅師伝記史料集成』七一〇頁参照）において、道元が鎌倉行化をした際に、当時の執権・北条時頼が所領を永平寺に寄進するという話となった。その話を道元に同行した玄明が永平寺に持ち帰り、周囲の僧に嬉しそうに語ったという。その様子を見た道元は怒り、玄明を擯斥し、玄明が坐禅をする場所を破壊し、その下に大きな穴まで掘ったと伝えられている。なお、道元の遺言を伝えるものの、成立年時などに問題を含む『御遺言記録』では、玄明という問題がある僧がいたとはされる（『全集七』二六〇頁）が、道元の苛烈な対応までは書かれておらず、その「温度差」が気がかりなところである。

(20) 『道元思想大系二〇』「序言」iii頁。

(21) 小森龍邦「道元禅師の業観をどうみるか」（『道元思想大系二〇』）三七七頁参照。

(22) 東日本大震災で行われた多様なボランティア活動の中で、以前から曹洞宗関係者の一部で行われていた「傾聴ボランティア」に注目が集まり、「臨床宗教師」へと繋がっていく。

(23) 末木文美士『現代仏教論』六七―七〇頁参照。

(24) 『衆生済度と坐禅――人びとのこころに向き合う坐禅とは――』三七頁、久間泰弘（福島県伊達市龍徳寺住職、全国曹洞宗青年会元会長）の発言。

(25) この一節は、岡崎利治「社会福祉専門職の援助基盤としての人間観の検討」（『京都女子大学生活福祉学科紀要四』二〇〇八年）、直島克樹「社会福祉における人間観の課題――生成的側面への焦点化――」（『川崎医療福祉学会誌二一』二〇一二年）、秋山智久『社会福祉の思想入門――なぜ「人」を助けるのか――』（ミネルヴァ書房、二〇一六年）などを参照した。特に秋山が同著「第10章　望ましい社会福祉実践を目指して」にて提示した「立ち尽くす実践」は、究極的といいつつも、東日本大震災で注目された「傾聴ボランティア」のことを指しているといってよい。それは、実際に苦悩する人の苦悩を直接に援助することができない場合、問題に直面するその人と共に直面し、逃げ出さずにいることをいう。

(26) 以下の一節は、学術大会発表時には詳述できなかったものだが、本論執筆にあたり加筆した。また、関連して木村清孝「共生と縁成」（日本佛教学会編『仏教における共生の思想』、一九九九年）を参照した。木村は現代の我々が直面する問題を解決してくれるような共生論的な仏教思想は存在しないとし、伝統的な仏教の文脈からは「優れたヒント」を得るのみだとするが、この言葉に大きな示唆を受けて、現代だからこそ実践しうる共生としての仏教を模索した。

(27) 参照されている『弁道話』の一節は、『全集二』四六二—四六四頁が該当。

(28) 参照されている『永平広録』巻一の一節は、『全集三』六—七頁が該当。

(29) 鏡島元隆『道元禅師』九八頁参照。なお、鏡島は道元思想の特質を共生思想だと見る人として、岩田慶治「道元の自然」(『大法輪』一九九六年九月号)を指摘している。

(30) 「大地有情同時成道」は禅宗で伝える釈迦牟尼仏成道時の言葉とされ、元々は『建中靖国続灯録』巻三「廬山開先善暹禅師章」から引用されたものであるが、中国禅宗の語録・灯史等でも、用例は決して多くない。だが、道元は自著で複数回この用語を引き、また、道元から数えて四代の祖師である瑩山紹瑾（一二六四—一三二五）も主著である『伝光録』「釈迦牟尼仏章」にて引用し、その意義を提唱した。このため、曹洞宗では広く用いられている。

(31) 鏡島『道元禅師』一〇二頁参照。

(32) 天童如浄から受けた教えを記した道元『宝慶記』の第三二問答では、如浄が「仏仏祖祖の身心脱落を弁肯するが、乃ち柔軟心なり」(『全集七』三二頁、原漢文）と慈誨している。なお、浄土教系の文献である婆藪槃頭造『浄土論』には、「かくのごとく菩薩は、奢摩他と毘婆舎那を広略に修行して柔軟心を成就し、如実に広略の諸法を知る。かくのごとくして巧方便回向を成就す」(『浄土真宗聖典（七祖篇）』三九頁）とあり、禅定と柔軟心との繋がりが説かれ、かつ巧方便へと繋げていることが分かる。

参考資料

・永平道元の著作は『道元禅師全集』全七巻（春秋社、一九八八—一九九三年）を参照した。引用に際しては『全集〇』〇〇頁と、巻数と頁数を含めて略記した。

・永平道元の伝記史料及び解題は吉田道興編著『道元禅師伝記史料集成』（あるむ、二〇一四年）を参照した。
・浄土教系の文献については、浄土真宗教学研究所浄土真宗聖典編纂委員会編『浄土真宗聖典（七祖篇）』（本願寺出版部、二〇〇五年）を参照した。

附録・「曹洞宗の人間観」関連略年表

この略年表は、本論に関連する事項と参考文献を掲載したものである。なお、前半は主に、佐橋法龍『曹洞宗学研究序説』に因む事項を掲載し、後半は曹洞宗の人権問題関連で、本論に関連する事項を掲載している。

一九一六年（大正五）　忽滑谷快天『曹洞宗宗意私見』鴻盟社
一九一九年（大正八）　和辻哲郎が春陽堂書店『新小説』誌上に「沙門道元」連載開始。掲載誌は途中で岩波書店『思想』に変更され、一九二一年まで続く
一九二三年（大正一二）　忽滑谷快天『禅学思想史（上）』玄黄社
一九二五年（大正一四）　忽滑谷快天『禅学思想史（下）』玄黄社
一九二六年（大正一五）　和辻哲郎「沙門道元」、『日本精神史研究』岩波書店　※先に挙げた連載を収録
一九二九年（昭和四）　衛藤即応が「仏教の宗教学的研究に就て」を日本仏教学協会学術大会で発表。翌年刊行の同協会年報に掲載
一九三一年（昭和六）　岡田宜法『禅学研究法と其資料』代々木書院
一九三二年（昭和七）　岡田宜法『曹洞宗教理概説』代々木書院
一九三四年（昭和九）　忽滑谷快天死去（六十七歳）
一九三八年（昭和一三）　田辺元が「日本哲学の先蹤」を日本諸学振興委員会夏期哲学会にて講演。翌年刊行の教学局編

『教学叢書五』に収録
一九三九年（昭和一四）栗山泰音『總持寺史』大本山總持寺
田辺元『正法眼蔵の哲学私観』岩波書店
宇井伯寿『禅宗史研究』岩波書店
一九四〇年（昭和一五）秋山範二『道元禅師と行』山喜房佛書林
一九四一年（昭和一六）秋山範二『道元の研究』岩波書店
宇井伯寿『禅宗史研究　第二』岩波書店
一九四三年（昭和一八）岡田宜法『日本禅籍史論　曹洞禅編（全二巻）』井田書店
宇井伯寿『禅宗史研究　第三』岩波書店
一九四四年（昭和一九）衛藤即応『宗祖としての道元禅師』岩波書店
一九五三年（昭和二八）大久保道舟『道元禅師伝の研究』岩波書店
里見弴『道元禅師の話』岩波書店
岡田宜法『正法眼蔵思想大系（全八巻）』法政大学出版局、全巻刊行終了は昭和三〇年
一九五七年（昭和三二）佐橋法龍が季刊誌『曹洞禅』を創刊するも二号で休刊
一九五八年（昭和三三）衛藤即応死去（七十歳）
一九五九年（昭和三四）衛藤即応『正法眼蔵序説――弁道話義解――』岩波書店
一九六〇年（昭和三五）佐橋法龍『曹洞宗学研究序説』私家版
和辻哲郎死去（七十一歳）
一九六一年（昭和三六）岡田宜法死去（七十九歳）
一九六二年（昭和三七）竹内道雄『道元』吉川弘文館人物叢書
一九六七年（昭和四二）叡山学院にて日本佛教学会第三三回学術大会開催、テーマは「仏教の人間観」。光地英学が「瑩

山紹瑾の人間観」、東隆眞が「懐奘禅師――その仏教的人間像――」を発表。翌年学会誌へ掲載
一九六八年（昭和四三）佐橋法龍『禅』角川書店
一九六九年（昭和四四）高崎直道・梅原猛『古仏のまねび〈道元〉』角川書店
一九七〇年（昭和四五）佐橋法龍『人間道元』春秋社
一九七二年（昭和四七）佐橋法龍『禅の思想――『正法眼蔵』の基本思想――』雪華社
一九七五年（昭和五〇）佐橋法龍『瑩山――日本曹洞宗の母胎瑩山紹瑾の人と思想――』相川書房
一九七九年（昭和五四）六月、佐橋法龍『人間瑩山〈第二版〉』春秋社、前掲『瑩山』の改訂版
九月、町田宗夫がWCRPⅢにて部落差別に関する問題発言
一九八〇年（昭和五五）佐橋法龍『禅――公案と坐禅の世界――』実業之日本社
一九八一年（昭和五六）部落解放同盟中央本部主催の差別発言確認・糾弾会
一九八二年（昭和五七）曹洞宗が二月十九日付『読売新聞』に「差別図書の自主回収についてのお願いとおわび」広告掲載
一九八四年（昭和五九）広島県内曹洞宗寺院にて「家系図作成事件」
四月、曹洞宗人権擁護推進本部を設置
一九八六年（昭和六一）一月に部落解放同盟広島県連合会から「道元禅師の人間観と部落解放」の課題が提起され、同年四月から曹洞宗宗務庁内にて同課題を検討する通称「広島小委員会」開始
一九八七年（昭和六二）曹洞宗人権擁護推進本部編『曹洞宗ブックレット〈宗教と差別7〉「悪しき業論」克服のために』曹洞宗宗務庁
一九九〇年（平成二）『修証義』公布百周年に因み、業論の問題も受けて『修証義』解釈の問題を扱った『『修証義』布教のためのガイドブック』（曹洞宗宗務庁）発刊
一九九二年（平成四）栃木県内曹洞宗寺院住職差別発言事件

一九九三年（平成五）　曹洞宗人権擁護推進本部編『曹洞宗ブックレット〈宗教と差別9〉『業』について』曹洞宗宗務庁
一九九五年（平成七）　一月十七日、阪神・淡路大震災発災
九月、石川力山編『道元思想大系二〇』同朋舎出版
一九九七年（平成九）　鏡島元隆『道元禅師』春秋社
二〇〇一年（平成一三）　曹洞宗人権擁護推進本部編『曹洞宗ブックレット〈宗教と差別12〉『修証義』について考える』曹洞宗宗務庁
二〇一一年（平成二三）　三月十一日、東日本大震災発災
二〇一二年（平成二四）　東北大学内に「臨床宗教師」養成の寄付講座開設
八月、末木文美士『現代仏教論』新潮新書
二〇一六年（平成二八）　曹洞宗総合研究センター編『衆生済度と坐禅――人びとのこころに向き合う坐禅とは――』曹洞宗総合研究センター

キーワード　曹洞宗、共生思想、人権問題

法華経の人間観

則武海源

序

仏教における人間観に関しては日本佛教学会で昭和四十二年に既に一度論じられている。(1)また勝又俊教博士が仏教における人間観の諸形態を、

(一)　仏を目指しながらも現実自己に観点をおく人間観
(二)　本来、仏と人間は不離一体であることを確信し理想としての自己に観点をおく人間観
(三)　上記現実的・理想的人間観とを結合・組織化したもの

として三種に分類している。(2)

さらに久保田正文博士は本論で取り上げる『法華経』の人間類型を、

(一)　凡夫または衆生と呼ばれる人間類型
(二)　声聞・縁覚と呼ばれる人間類型
(三)　法華経のもっとも望ましい人間類型を本化の菩薩

として論考されている。(3)

仏に成ることを目指し教導する仏法において共通していえることは、一般凡夫たる衆生を煩悩・迷いの世界から覚者・悟者に到らしめる人間そのものの問題・教えということである。いうなれば成仏道すなわち人間の悟りへの問題を扱うことが仏教経典にみられる基本的特徴であるといえよう。

仏とは「人間が求める最高の理想的姿」、「人類が永遠に願い目指す目標」であり、『法華経』はいうまでもなくこの究極の理想的人間像たる仏になることを教説し、さらにそれを実践する人々との関係を諸方面から描写・伝道する経典であると考えられる。さらに『法華経』の思想的特徴は、人間を肯定しているだけでなく、人間生活そのものをも一定の条件のもとで肯定している点である。

大乗仏教の思想の基盤には「一切衆生悉有仏性」の考え方があり、人間はだれでも成仏できる資質を有しているとする考えがその根底にある。内容的には『法華経』はこの「一切衆生悉有仏性」の考え方を充分に包含し示しているのであるが、「仏性」あるいは「如来蔵」といった語は『法華経』には見られず、仏性思想そのものも『法華経』の成立以降の展開と考えられている(4)。

人間の究極の理想像を仏としたならば、『法華経』はさらに成仏道を教導・実践する菩薩と衆生との関係性を示しており、仏教徒の願いである人類の普遍的理想たる仏に成るための種々の実践例が示されている(5)。

現実世界にあって我々人間は、悟りの境地が絶対寂静のものとする釈尊の教法を理想化し、単に頭で理解し現実を否定した虚無の境地に近いものと捉えがちである。また我々人間そのものの見方も、知らないうちに与えられた環境や習慣に影響・制約されて先入観や偏見がそこに生じている。このような我々凡夫の避けられない現実的なものの見方は、時間・世間の変遷にかかわらず、過去世・現在世・未来世において恒常的に生み出されている。

釈尊はこの迷いや偏見を生じさせる原因を、自己の既得の意識に固執する「我見」であると説く。『法華経』はこの自我を滅却した者には仏の実相世界が開かれると説いており、仏の実相は既成の観念では捉えられるものではなく、むしろ既成観念を払拭・否定していくところにその実相をみることができるとしている。

天台智顗の『法華玄義』『法華文句』『摩訶止観』の教観二門による法華教学は天台学として古くより先師先学により長年研究が積み重ねられており、周知の通りである。また近代に入ってからも『法華経』の研究は多くの研究者により多方面から探究されている[6]。

近年、我が国でも法華菩薩思想の研究[7]や『法華経』の文献学・翻訳研究[8]、中央アジア出土の梵文写本研究や『法華経』を仏伝と考え複雑化した仏教の原点回帰運動の一環として『法華経』を位置づける研究[9]など実に多岐にわたっているが、時代・地域・民族などを超越した仏と凡夫・衆生などと呼ばれる人間との種々の関係性をそれらの研究にみることができる。

本論では『法華経』興起論や梵文原点解釈などの視点ではなく、あくまでも東アジアで弘通した鳩摩羅什訳『妙法蓮華経』（以下、妙法華経）に視座を置き、本年度のサブテーマである「仏教における人間定義」について考察するものである。

一、仏と人間の関係性

まず「仏と人間との関係性はいかなるものであるか」「仏はなぜ人間世界に現れたのか」という問題がある。妙法華経方便品の「一大事因縁」箇所に次のようにある[10]。

諸佛世尊。欲令衆生開佛知見使得清淨故出現於世。欲示衆生佛之知見故出現於世。欲令衆生悟佛知見故出現於世。欲令衆生入佛知見道故出現於世。舍利弗。是爲諸佛以一大事因縁故出現於世。

ここでは諸仏は衆生に対し、仏の知見を開かせ、仏の知見を示し、仏の知見を悟らせ、仏の知見を得る道に入らせようと願いこの世に出現したと示されている。つまり一般衆生に対し、仏の智慧を「開き・示し・悟らせ・そこに入らせる」（開示悟入）という目的のために諸仏はこの世に出現したと明示されている。

この文脈からみて、もし人間世界の衆生が仏知見を微塵も身につけていないとしたら釈尊による衆生への仏知見の開示悟入の発想は生じ得ない。それぞれの衆生は差異こそあれ、何らかの仏知見たる素養を具えているということが前提になっていると読み取れる。

さらにこの段階的に仏の最終目標たる「衆生を仏知見に入らしめる」こと、すなわち仏に成らしめるために釈尊は人間世界たるこの世に出現し、衆生に接しているという両者の関係性が示されている。

二、法華経一乗思想にみられる人間分類

大乗仏教では「衆生成仏」が根本命題であることはいうまでもないことであるが、大乗仏教経典の中で一乗思想を成仏思想の中心に置いたことも妙法華経の特徴といえよう。(11)

先の妙法華経方便品の「一大事因縁」箇所で仏が衆生に仏知見を開示悟入するために出現した関係性をみたが、その中での衆生とは一切衆生であって、妙法華経では声聞・縁覚の二乗の成仏が説かれ、さらに開三顕一による一乗思想へと展開している。

特に声聞成仏は妙法華経の特徴といえ、方便品で声聞成仏に二種の立場が示されている。一つは衆生がいかなる立場・修行の階位にあってもそれぞれの立場・階位において仏の悟りと直結し仏との一体感を得るという意味での成仏であり、ここでは三乗は併存し上下の階位は存在しない。もう一方は衆生が断惑の修行によって自らの立場・地位を乗り越え、修行の階位を向上させ、究極的には仏果に到りそれを実現するという意味での成仏であり、ここ

では、声聞・縁覚・菩薩・仏という上下階位の差異が認められる。言い換えれば、第一の本覚的成仏観に基づいて、第二の始覚的実践が成立するように成仏観が展開しているのである。

妙法華経信解品の偈では、四大声聞が釈尊の命により他の菩薩に最高の菩提に向かう最高の道を説きながら、自らはそれを得たいという願望を持たなかったため仏智を求められなかったと示されている。[12] それは四大声聞が劣った信解しか保持していなかったためであり、かれらに仏智を与えるため釈尊は教化によって劣った信解を漸次広大なものたる「大乗」に変化させたとしている。

ここで注意すべきは、四大声聞は釈尊の命とはいえ無上菩提の法を菩薩たちに説きながらも自らは求められなかったという点である。つまり知識として無上菩提の法を理解していることと、それを志求することは別問題であるということである。すなわち、この信解品で意味することは、いかなる立場・階位にあっても無上菩提を志求し正しい信解をおこした者は、そのままの立場・地位で無上菩提を体得し、仏との一体感を得られるとしている点である。

これに対し、声聞への授記作仏を声聞から菩薩への廻心・転向を前提に説かれているものが、化城喩品の譬喩説である。[13]

ここに出てくる導師は仏であり、従者は凡夫たる衆生を表している。衆生が悟りに到る道のりは、四苦をはじめ多種煩悩により大変困難な悪道である。目指す宝処とは仏法の目標である悟り（涅槃）を意味し、途中で仏たる導師が出現させた化城とは声聞・縁覚の悟りを意味している。つまり声聞・縁覚の小乗者が到達したと思っている安穏たる城は実は化城であり、大乗の本来の目的地たる宝処こそが、本当の悟りの場所であると説く譬喩説である。

成仏という究極の目的たる宝処はすなわち仏果を表しており、途上で出現する化城は、声聞・縁覚の二つの地位の涅槃に相当している。一般衆生・凡夫→声聞→縁覚→菩薩→仏の順で廻心・向上して階位を上げていくという始覚的実践によるものである。

妙法華経では方便品から人記品において諸々の声聞を授記作仏によって廻小向大せしめた後、法師品の冒頭で三乗を含む一切衆生に対し成仏の総授記がなされている。

最終的には「一切衆生悉有仏性」から「衆生皆成仏」たるものが一乗思想の理想であろうが、上述の第一の本覚的成仏観、第二の始覚的実践にみたように、妙法華経では成仏に到る段階で三乗という三種属性を設けて人間を分類し、その能力・状態に応じて譬喩説にみられるような対機説法による成仏道が設けられているのである。

三、『法華経』にみられる親子関係

妙法華経では、この対機説法の手法として譬喩説が多用され、仏と人間たる衆生を親と子、特に父と子の関係で示している。

これは妙法華経の譬喩品には、(14)

今此三界　皆是我有　其中衆生　悉是吾子

三界はみな是れ我が有なり　其の中の衆生は悉くこれ我が子なり

とあり、仏が三界にあってその中の衆生は全て仏の子であると明示されている。

特に法華七喩と称される譬喩説中で、方便品の開三顕一の一乗思想を一般凡夫たる衆生にわかりやすく説示する三車火宅譬喩（譬喩品第三）(15)、子の志意下劣の信解を崇高な父たる仏の信解に導く長者窮子譬喩（信解品第四）(16)、久遠の仏の存在を理解し信じることのできない我々一般大衆（子）に、久遠仏たる良医である父が不自惜身命の態度で教導して衆生（子）を仏に成らしめるという良医治子の譬喩（如来寿量品第十六）(17)は、いずれも仏＝親（父）と人間（衆生）＝子の関係で物語構成がなされており、人間世界での親が子を教導する姿を仏と人間たる衆生に相当させる関係を示している。

四、菩薩の役割と実践

声聞・縁覚とは異なる菩薩の役割・階位とはどのようなものであるのか。妙法華経では現在世から未来世に到るまで衆生を成仏に導く地湧の菩薩たちに仏法の付嘱が行われている。妙法華経神力品「別付嘱」に、[18]

爾時佛告上行等菩薩大衆。諸佛神力如是無量無邊不可思議。若我以是神力。於無量無邊百千萬億阿僧祇劫。爲囑累故説此經功德。猶不能盡。

とあり、多くの仏の神通力は量り知れず際限が無く不可思議のもので、もし釈尊がこの神通力により量り知れず、際限が無く数え切れないほどの長い時間この経の委嘱をしたとしても、この経の功徳はなお説き尽くすことはできないと上行等の菩薩たちに説いている。

さらに続く「結要付嘱」には、[19]

以要言之。如來一切所有之法。如來一切自在神力。如來一切祕要之藏。如來一切甚深之事。皆於此經宣示顯説。

とあり、要点をもっていうならば、上行菩薩などの諸菩薩に授けた教えの中心は、①如来の一切の所有の法、②如来の一切の自在の神力、③如来の一切の秘要の蔵、④如来の一切の甚深の事を宣示顕説することであるとする「四句要法」が説かれている。如来が悟られている全ての真理、如来の自由自在の神通力、如来の全ての秘密、重要な教えの蔵、如来の全ての奥深い真実相の全てがこの『法華経』であり、釈尊はこれを宣べ示し顕らかに説くとしているのである。[20] 菩薩への嘱累という未来への委嘱が意図されている。

よって妙法華経では、菩薩の集団は上行・無辺行・浄行・安立行の四菩薩に率いられ、釈尊滅後に我々の娑婆世界に仏法たる『法華経』を弘める役割を担って委嘱（嘱累）がなされていることとなり、『法華経』の久遠の仏の永久的出現にあわせて、地湧の菩薩としてこの菩薩たちもまた過去世・現在世・未来世において時間を超越して恒常的に出現していることになる。

五、現在生きているその処が成仏の場所

我々人間たる凡夫が「仏に成るのは何時・何処であるのか」という問題がある。『法華経』では仏の世界は「即是道場」いわゆる人間が生活を営む娑婆の現実世界こそが仏に近づく修行の場所であり、この現実世界にあってこそ仏に成ることができると説いている。同じく神力品に以下のようにある。[21]

當知是處即是道場。諸佛於此得阿耨多羅三藐三菩提。諸佛於此轉于法輪。諸佛於此而般涅槃。

当に知るべし。是の処は即ち是れ道場なり。諸仏、此に於いて阿耨多羅三藐三菩提をえ、諸仏、此に於いて法輪を転じ、諸仏、此に於いて般涅槃したもう。

このように妙法華経では「是の処は即ち是れ道場なり」と示され、現実世界のこの時・この場所こそが仏に成る修行の場所であると明言している。この「即是道場」思想によれば、現代社会こそが私たちが理想とする人間像たる仏に近づく修行の場であるということである。

さらに釈尊は未来世の者（人間）に次のように示唆している。[22]

於如來滅後　知佛所説經　因縁及次第　隨義如實説　如日月光明　能除諸幽冥　斯人行世間　能滅衆生闇　教無量菩薩　畢竟住一乘　是故有智者　聞此功徳利　於我滅度後　應受持斯經　是人於佛道　決定無有疑

これは妙法華経の委嘱を受けた人間は、如来が入滅した後に仏が説かれたこの経の因縁や順序次第を知ってその意義に随って真実を説くことが示され、これは日や月の光明がよく多くの暗闇を除くようなもので、その人は世間のことに精通しよく衆生の闇を滅するであろうと示している。そして無量の菩薩の教導により一乗にとどまらせるであろうと示され、さらに智慧の有る者はこの功徳の利を聞いて、釈尊が入滅した後にこの経を受持すべきであり、その人は仏道において成仏することが決定していると明示されている。このように菩薩の役割が釈尊により命令・委嘱され、妙法華経の一乗思想を確立させ、妙法華経の受持さらには仏道を得ることに関してまったく疑いなきところであると示されている。

いうなれば、釈尊が上行菩薩等の菩薩たちに仏法としての妙法華経弘通の使命を委嘱し、『法華経』の精神を「四句要法」で示し、そしてこの上行菩薩等に代表される菩薩たちが、絶えず我々がいる現在世の中に出現して、我々一般衆生を成仏に導いていくことがここに述べられているのである。

大乗仏教の実践はまさしく菩薩行である。『法華経』で説く釈尊滅後の菩薩の役割は、究極の理想的人間たる仏に成るという正しい真理を実践する仏教徒そのものともいえ、現代社会においても可能な概念である。

この考え方であるならば、仏のいるこの現世の娑婆世界は本来浄土であり壊れることがない永遠不滅の安楽の地であるはずである。しかし人間社会には憂いや怖れや多くの煩悩が充満し、本来仏にとって浄土であるべきはずのこの娑婆世界は、我々凡夫の汚れた心や煩悩の中ではただの苦しみの世界にしか映らないのである。妙法華経如来寿量品の偈の結びに、仏の人間たる衆生への願いが述べられた文言が示されている。[23]

毎自作是意　以何令衆生　得入無上慧　速成就佛身

毎に自ら是の意（念）を作す。何を以てか衆生をして無上慧（道）に入り、速かに仏身を成就することを得せしめんと妙法華経では方便品以来展開されてきた釈尊の教法の本懐がこの如来寿量品にあり、その結語が全ての衆生である我々を成仏させるという釈尊の願いで締め括られている。永遠性を有する久遠の本仏であるがゆえに我々衆生を救済するという願いも永遠であり、無上慧（道）たる最高の仏の悟りの世界に人間たる衆生を導こうとする考えが示されている。

あらゆる人々は、本仏の久遠の寿命によりこの世に生かされているのであって、各々の素養に応じて教化・教導し成仏させ、現実世界の中に、安穏とした平和な理想世界である仏国土を実現させることが『法華経』の説く大きな目的といえよう。

結

仏教は智慧を以てその拠り所とするが、この智慧がいかなるものであるのかは根本的に極めて難しい問題である。(24)相対的認識としての理性や知性とは区別され、究極の真理を認識する絶対的理性・知性こそが仏教の説く智慧であるともいえよう。

大乗仏教では「一切衆生悉有仏性」が説かれ、人間はだれでも成仏できる資質を有しているという考え方を前提としている。妙法華経はこの概念を強調した経典とみることもでき、仏とは「人間の最高の理想的姿」、「人類が永遠に願い目指す目標」であることを説いている。仏を求めるとは見方を変えれば現実を肯定する人格形成活動であり、これは人間個人の目標であると同時に、より良き人間世界を構築するための大目標ともいえよう。

妙法華経ではこの人間個々の崇高・理想たる人格形成活動とともに、他人をより良い人間へと導く教化・実践に励む菩薩の思想が強調されている。いうなれば、『法華経』は人間の理想像としての仏とそれを実現させようとする菩薩あるいは衆生との関係を、多方面から分析・描写した経典といえ、多種多様な人間像に応じて対機説法たる三周説法や譬喩説等の手法を用い、人間が陥りやすい高慢さの否定、正しい真理の見方、理想とする「衆生皆成仏」たる三乗方便一乗真実が明記されているのである。

『法華経』の人間観は普門示現のものであり、我々人間が送る日常生活こそがその仏に成る過程・道場であり、人間の発心も修行も成仏も現実世界の中で起こり得るものと考えられる。これは古来より出現した仏と同一概念であり、時代・世間の変遷にかかわらず恒常的に生み出され未来世にも引き継がれていく永久性を有している。理想とする人間像たる仏に近づき仏そのものに成るという最終目的において、迷妄する人間たる衆生を救済・教導することが『法華経』にみられる人間観である。

註

(1) 『日本佛教學會年報』三三、一九六八年。
(2) 勝又俊教「仏教における人間観の諸形態」『宗教研究』三九(三)、一九六五年、七二―七三頁。
(3) 久保田正文「什訳法華経の社会学的研究――特にこの経にあらわれる人間類型について――」(坂本幸雄編『法華経の思想と文化』平楽寺書店、一九六五年)、四二七―四三六頁。
(4) 高崎直道『如来蔵思想の形成――インド大乗仏教思想研究――』春秋社、一九七五年、七四五頁。
(5) 平川彰「大乗仏教における法華経の位置」(『講座・大乗仏教四　法華思想』春秋社、一九八三年)参照。
(6) 藤井教公「天台智顗の『法華経』解釈――如来蔵仏性思想の視点から――」(勝呂信静編『法華経の思想と展開』平楽寺書店、二〇〇一年)、三五一―三六九頁。

（7）伊藤瑞叡『法華菩薩道の基礎的研究』平楽寺書店、二〇〇四年。
（8）辛嶋静志「法華経の文献学的研究」『印度学仏教学研究』四五（二）、一九九七年、一二五―一二九頁。
（9）岡田行弘「法華経における仏伝的要素」『法華文化研究』三三、二〇〇七年、一五三―一六五頁。
平岡聡『法華経成立の新解釈』（大蔵出版、二〇一二年）。下田正弘博士、岡田行弘博士、井本勝幸博士、菅野博史博士、平岡聡先生をはじめとした法華経を仏伝とみる研究が列挙されている。
（10）大正蔵九巻（二六二）七頁上。
（11）勝呂信静博士の以下の論文を参照。「法華経の一乗思想」中村元博士還暦記念会編『中村元博士還暦記念論集　インド思想と仏教』春秋社、一九七三年、「法華経の一乗思想――声聞成仏をめぐって――」（『宗教研究』六八（四）、一九九五年）、「法華経の一乗思想」（『印度哲学仏教学』一〇、一九九五年）。
（12）大正蔵九巻（二六二）一七頁下―一九頁上。
（13）大正蔵九巻（二六二）二五頁下―二六頁上。
（14）大正蔵九巻（二六二）一四頁下。
（15）大正蔵九巻（二九二）一二頁中―一三頁上。
（16）大正蔵九巻（二九二）一六頁中―一七頁中。
（17）大正蔵九巻（二六二）四三頁上―中。
（18）大正蔵九巻（二六二）五二頁上。
（19）大正蔵九巻（二六二）五二頁上。
（20）天台大師は『法華玄義』巻第一上（大正蔵三三巻）で名・体・宗・用・教の五重玄義に相当するものとして、名・体・宗・用の四重玄義が教たるこの一経に総括され開示されるとしている。
（21）大正蔵九巻（二六二）五二頁上。
（22）大正蔵九巻（二六二）五二頁中―下。

(23) 大正蔵九巻(二六二)四四頁上。

(24) 川崎信定『一切智思想の研究』春秋社、一九九二年。

キーワード 法華経、人間観、衆生成仏、即是道場

中国唯識学派の人間観

——『成唯識論』のアーラヤ識説を中心に——

吉村　誠

はじめに——『唯識三十頌』のアーラヤ識の定義——

あらゆるものはただ心の現われであると説く唯識思想においては、自己も世界も心が作りだしたものと考えられる。唯識思想では、心法として通常の六識に第七マナ識と第八アーラヤ識を加えた八識を立てるが、それらの根本となるのがアーラヤ識である。本論では、玄奘（六〇二—六六四）が糅訳した『成唯識論』のアーラヤ識説を取り上げ、中国唯識学派の人間観について考察する。

『成唯識論』は、世親の『唯識三十頌』に対する複数の論師の注釈を、護法（五三〇—五六一）の解釈を正義として一本にまとめたものと言われる[1]。『唯識三十頌』では、第四頌の後半から第六頌にかけて、次のようにアーラヤ識の定義がなされている。

（四）初阿頼耶識、異熟、一切種。

（五）不可知執受　処了。常与触

　　作意受想思　相応。唯捨受。

（六）是無覆無記。触等亦如是。

恒転如瀑流。阿羅漢位捨。(2)

(四)初めのは阿頼耶識なり、異熟なり、一切種なり。

(五)不可知の執受と処と了となり。常に触と

作意と受と想と思と相応す。唯し捨受のみなり。

(六)是れ無覆無記なり。触等も亦た是の如し。

恒に転ずること瀑流の如し。阿羅漢の位に捨す。

ここでは、傍線部分に対する『成唯識論』の解釈を検討し、アーラヤ識説において人間がどのように定義されているのかを明らかにすることにしたい。なお、アーラヤ識はあらゆる有情にあるとされているが、以下では人間を代表として叙述することにする。

『成唯識論』のアーラヤ識の解釈

1、アーラヤ識の行相・所縁

先ず、『唯識三十頌』第五頌の「不可知の執受と処と了となり」に対する解釈を検討し、アーラヤ識が自己や世界を作りだすことについて考察する。

了謂了別、即是行相。識以了別為行相故。処謂処所、即器世間。是諸有情所依処故。執受有二。謂諸種子及有根身。諸種子者、謂諸相名分別習気。有根身者、謂諸色根及根依処。此二皆是識所執受。摂為自体同安危故。執受及処倶是所縁。阿頼耶識因縁力故、自体生時、内変為種及有根身、外変為器。即以所変為自所縁。行相仗之而得起故。(3)

了とは謂く了別、即ち是れ行相なり。識は了別を以て行相と為すが故に。処とは謂く処所、即ち器世間なり。是れ諸もろの有情の所依処なるが故に。執受に二有り。謂く諸もろの種子と及び有根身となり。諸もろの種子とは、謂く諸もろの相と名と分別との習気なり。有根身とは、謂く諸もろの色根と及び根依処となり。此の二は皆な是れ識に執受せらる。摂して自体と為りて安と危と同ずるが故に。執受と及び処とは倶に是れ所縁なり。阿頼耶識は因と縁との力の故に、自体の生ずる時に、内には種及び有根身を変為し、外には器を変為す。即ち所変を以て自らの所縁と為す。行相は之れに仗して起こるを得るが故に。

ここでは、アーラヤ識の行相・所縁について説かれている。行相とは認識作用のことである。アーラヤ識の行相は「了」、すなわち対象を明瞭に識別することであるという。所縁とは認識対象のことである。アーラヤ識の所縁は「処」と「執受」の二つであるという。「処」は器世間であり、人間が依拠する場所である。「執受」は人格を維持・統一するもので、種子と有根身の二つがある。種子とはアーラヤ識に蔵された過去の経験の結果であり、心の内容といえる。有根身は対象を知覚する能力をもつ体のことである。種子と有根身はアーラヤ識に属して「自体」となり善趣・悪趣に生死を繰り返すという。アーラヤ識は因縁の力によって「自体」が生じる時に、内には種子と有根身を作りだし、外には器世間を作りだす。こうしてアーラヤ識は自ら作りだしたものを所縁とし、それを助けとして行相を起こすという。これを図示すれば、次のようになるだろう。

阿頼耶識
- 行相（識。阿頼耶識の見分）――了
- 所縁（境。阿頼耶識の相分）
  - 処（外境）――器世間
  - 執受（内境）
    - 種子
    - 有根身

これによれば、人間は自己の心身であれ、世界であれ、自らが作りだしたものを認識しているということになる。ここで注意したいのは、アーラヤ識はそれが生じる時に自己の心身と世界を作りだすという点である。アーラヤ識は心の根本であることから、いわゆる深層心理のように捉えられることが少なくない。しかし、アーラヤ識は、自己の心とともに体をも作りだし、世界にあらしめるものであり、人間の生命ないし存在そのものであると見るべきであろう(4)。

2、アーラヤ識と三性（善・悪・無記）

次に、『唯識三十頌』第六頌の「是れ無覆無記なり」に対する解釈を検討し、アーラヤ識の倫理的性質について考察する。

法有四種。謂善・不善・有覆無記・無覆無記。阿頼耶識何法摂耶。此識唯是無覆無記。異熟性故。異熟若是善染汚者、流転還滅応不得成。又此識是善染依故。若善染者、互相違故、応不与二倶作所依。又此識是所熏性故。若善染者、如極香臭、応不受熏。無熏習故、染浄因果倶不成立(5)。

法に四種有り。謂く善と不善と有覆無記と無覆無記となり。阿頼耶識は何れの法に摂するや。この識は唯だ是れ無覆無記なり。異熟性なるが故に。異熟若し是れ善と染汚とならば、流転と還滅と応に成ずるを得ず。又た此の識は是れ善と染との依なるが故に。若し善と染とならば互に相違するが故に、応に二の与に倶に所依と成らざるべし。又た此の識は是れ所熏性なるが故に。若し善と染とならば、極めて香と臭との如く、応に熏を受けざるべし。熏習無きが故に、染浄の因果倶に成立せず。

仏教では善・悪・無記の三性を立てるが、唯識思想ではさらに無記を有覆と無覆に分けて四つにする。無記であるが悟りの障げになるものが有覆無記、無記であり悟りの障げにならないものが無覆無記である。これを図示すれば、次のようになるだろう。

- 三性
  - 善 ―― 善（清浄）
  - 悪 ―― 不善（染汚）
  - 無記
    - 有覆無記 ―― 不善（染汚）
    - 無覆無記 ―― 無記

アーラヤ識は、このうち「無覆無記」であるという。アーラヤ識が無記である理由には三つある。第一は、アーラヤ識は異熟性であるから。異熟とは、アーラヤ識は善・悪の業の結果として輪廻するが、転生したアーラヤ識そのものは無記であるということである。もしもアーラヤ識が善または悪（原文では悪と有覆無記を合わせて不善と言うが、以下では悪を代表として叙述する）ならば、人間は迷うことも悟ることもないであろう。第二は、アーラヤ識は過去の善・悪の種子の依り所であるから。もしもアーラヤ識が善または悪ならば、相反する性質の種子の依り所にはならないため、二つの共通の依り所にはならないであろう。第三は、アーラヤ識は現在の善・悪の業の熏習を受けるから。もしもアーラヤ識が善または悪であれば、相反する性質のものは熏習されないであろう。

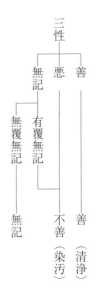

このように、アーラヤ識は善にも悪にも相反することがないため、無記であるという。また、有覆無記であるマナ識のように、識そのものが煩悩とともに働いて悟りを障げるようなことはない。すなわち、アーラヤ識が無覆無記であるということは、人間の生命ないし存在そのものは善でも悪でもなく、悟りを障げることはないということである。

このことは、『成唯識論』のアーラヤ識の解釈の最後で、第八識の有漏位と無漏位を比較する中で、次のように述べられている。

然第八識総有二位。一有漏位。無記性摂。……但縁前説執受処境。二無漏位。唯善性摂。……以一切法為所縁境。鏡智遍縁一切法故。(6)

然も第八識に総じて二位有り。一には有漏位。無記性に摂める。……但だ前に説きし執受と処との境のみを縁ず。二には無漏位。唯だ善性のみに摂める。……一切法を以て所縁の境と為す。鏡智の遍く一切法を縁ずるが故に。

すなわち、第八識は有漏位では無記であり、前述のように執受（種子と有根身）と処（器世間）のみを所縁とするという。有漏位とは煩悩がある時であるが、煩悩があるとしても人間は必ずしも悪を行うわけではない。煩悩を抱えながら善を行うことも十分に可能である。それはアーラヤ識が、善でも悪でもなく、無記だからである。このことは、すべての人間が悟りに向かう可能性があるということを示唆している。

これに対し、第八識は無漏位ではただ善のみであり、大円鏡智と相応し、一切法を所縁とするという。煩悩がない無漏位の第八識は、アーラヤ識や異熟識とは言わず、浄識と言う。生命ないし存在そのものが善であるというのは、理想の人格であり、通常の人間を超えている。それが菩提を成就した仏・如来であるというのである。

3、アーラヤ識と有漏種子

次に、『唯識三十頌』第四頌の「初めのは阿頼耶識なり、異熟なり、一切種なり」に対する解釈を検討し、アーラヤ識と有漏種子の関係について考察する。

初能変識、大小乗教、名阿頼耶。此識具有、能蔵・所蔵・執蔵義故。……此即顕示、初能変識所有自相。……此是能引諸界趣生、善不善業、異熟果故、説名異熟。……此即顕示、初能変識所有果相。……此能執持諸法種子、令不失故、名一切種。……此即顕示、初能変識所有因相。[7]
初能変の識を、大小乗教に、阿頼耶と名く。此の識に具さに、能蔵・所蔵・執蔵の義有るが故に。……此れ即ち、初能変の識の、所有《あらゆ》る自相を顕示す。……此れは是れ能く諸もろの界と趣と生とを引く、善・不善の業の、異熟果なるが故に、説きて異熟と名く。……此れ即ち、初能変の識の、所有る果相を顕示す。……此れ能く諸法の種子を執持して、失せざらしむるが故に、一切種と名く。……此れ即ち、初能変の識の、所有る因相を顕示す。

ここでは、第八識の三つの名前があげられ、有漏位におけるこの識の特徴が説かれている。第一はアーラヤ識である。これが総合的な名前であり、自相という。アーラヤの意味には、能蔵（種子を持つ）、所蔵（熏習を受ける）、執蔵（我執の対象となる）の三つがあるという。第二は異熟識である。この識が過去の善・悪の業の結果でありながら無記であるということで、果相という。第三は一切種子識である。この識が諸法の因縁となるあらゆる種子を持つということで、因相という。これを図示すれば、次のようになるだろう。

三相──自相──阿頼耶識……能蔵（持種）・所蔵（受熏）・執蔵（我愛執蔵）
　　　├─果相──異熟識
　　　└─因相──一切種子識

これによれば、アーラヤ識は、それが持つ種子が認識を生じ（現行）、認識に基づく業の結果を蔵する（熏習）という、現在の因果関係によって成り立っている。また、アーラヤ識は過去の業の結果でもあり、その種子は未来の諸法の原因でもある、ということである。このように人間がアーラヤ識を中心に縁起していることを、アーラヤ識縁起という。

種子の倫理的性質については、次のように説明される。

諸有漏種、与異熟識体無別故、無記性摂。因果倶有善等性故、亦名善等。諸無漏種、非異熟識性所摂故、因果倶是善性摂故、唯名為善[8]。

諸もろの有漏種は、異熟識と体別なること無きが故に、無記性に摂めらる。因も果も倶に善〔・悪・無記〕等の性有るが故に、亦た善〔・悪・無記〕等と名く。諸もろの無漏種は、異熟識の性に摂めらるるものに非ざるが故に、因も果も倶に是れ善性に摂めらるるが故に、唯だ名けて善と為す。

すなわち、種子には有漏種子と無漏種子の二つがある。有漏種子は異熟識と同体であることから無記とも言えるが、過去や現在の業と因果関係があることから善・悪・無記の三性があるとも言えるという。因果関係については後者の意味である。これを図示すれば、次のようになるだろう。

- 種子
  - 有漏種子
    - 無記（異熟と同体である意）
    - 善・悪・無記（過去や現在の業と因果関係がある意）
  - 無漏種子
    - 善

このように、アーラヤ識は、過去と現在の三性の業の種子を蔵し、その種子が現在と未来の諸法を生じるという、有漏の因果を繰り返しているという。これは人間が煩悩を抱えた迷いの生存であるということを意味している。この有漏の因果が打ち破られるには、悟りの因子である無漏種子が現行する必要がある。ところが、無漏種子はただ善のみであり、異熟識に属さないという。

無漏種子が異熟識に属さないことについては、行相・所縁の解釈の中でも、次のように述べられている。

諸種子者、謂異熟識所持一切有漏法種。此識性摂。故是所縁。無漏法種、雖依附此識、而非此性摂。故非所縁。雖非所縁、而不相離。如真如性、不違唯識。[9]

諸もろの種子とは、謂く異熟識の所持する一切の有漏法の種なり。此の識の性に摂めらる。故に是れ所縁なり。無漏法の種は、此の識に依附すと雖も、而も此の性に摂めらるるに非ず。故に所縁に非ず。所縁に非ずと雖も、而も相離れず。真如性の如く、唯識といふに違せず。

すなわち、異熟識はあらゆる有漏種子を持っており、これを所縁とする。無漏種子は異熟識に「依附」しているが、それには属さない。だからこの識の所縁とはならないが、この識を離れることもないという。

これは、異熟識は有漏種子と同体であるため、それと相反する無漏種子とは同体にならないということである。もしも異熟識が両方の種子を持つならば、異生（凡夫）の異熟識も無漏種子と同体であるということになるだろう。唯識思想ではこのような考えを認めないため、無漏種子は異熟識に属さないとするのである。しかし、先述のように、この識そのものは無記であり、悟りに向かう可能性もある。そこで、無漏種子は異熟識に「依附」していると表現するのである。

4、アーラヤ識と無漏種子

最後に、『成唯識論』に説かれる無漏種子が現行する理論を検討し、アーラヤ識と無漏種子の関係について考察する。これには本有義・新熏義・合生義という三つの説がある[10]（以下、書き下し文には【　】で論旨を補う）。

（一）　本有義

此中有義、一切種子皆本性有、不従熏生。由熏習力、但可増長。……『瑜伽』亦説。……「諸有情類無始時来、若般涅槃法者、一切種子皆悉具足。不般涅槃法者、便闕三種菩提種子」。……又『瑜伽』説。「地獄成就三無漏根」。是種非現。……由此等証、無漏種子法爾本有、不従熏生。(11)

此の中に有義は、一切の種子は皆な本より性有り、熏に従りて生ずるにあらず。熏習する力に由りては、但だ増長するのみなるべし。……【種姓差別】『瑜伽』に亦た説く。……「諸もろの有情の類は無始の時より来た、若し般涅槃法の者ならば、一切の種子皆な悉く具足せん。不般涅槃法の者は、便ち三種の菩提種子を欠く」と。……【無漏種子】又た『瑜伽』に説く。「地獄に三無漏根を成就す」と。是れ種にして現には非ず。……此等の証に由りて、無漏種子は法爾に本有なり、熏に従りて生ずるにはあらず。

本有義は、あらゆる種子は本から有るという説である。種子は熏習から生じることはなく、熏習によって強められるのみであるという。『瑜伽論』には、「般涅槃する者はあらゆる種子を具えるが、般涅槃しない者は三種の菩提種子を欠く」と述べられている。これは、三種（声聞・独覚・菩薩）の無漏種子の有無によって種姓差別が立てられるという意味である。また、『瑜伽論』には、「地獄でも三無漏根（未知当知根・已知根・具知根）を成就する」と述べられている。これは無漏種子が本から有る証拠であるという。

この説では、無漏種子は現在における熏習によって生じるわけではないという。人間に煩悩がある以上、現在の熏習は有漏のものである。有漏の熏習が無漏種子を生じることはない。これは合理的説明である。一方、この説では、成仏できるかどうかは本有無漏種子の有無によって予め決定しているように見える。その意味では、現在の修行の意味を見出すことが難しいとも言えるだろう。

（二）　新熏義

有義、種子皆熏故生。……無漏種生亦由熏習。説「聞熏習、聞浄法界等流正法、而熏起」故。「是出世心種子性」故。有情本来種姓差別、不由無漏種子有無。但依有障無障建立。如『瑜伽』説。「於真如境、若有畢竟二障種者、立為不般涅槃法性。若有畢竟所知障種非煩悩者、一分立為声聞種性、一分立為独覚種性。若無畢竟二障種者、即立彼為如来種性[12]」。

有義は、種子は皆な熏ずるが故に生ず。……【無漏種子】無漏の種の生ずることも亦た熏習するに由る。「聞熏習は、浄法界より等流する正法を聞きて、而も熏じ起こる」と説くが故に。「是れ出世心の種子性なり」といふが故に。【種姓差別】有情は本より来た種姓差別なりといふこと、無漏種子の有無に由るにはあらず。但だ有障無障に依りて建立す。『瑜伽』に説くが如し。「真如の境に於て、若しくは畢竟の二障の種有る者を、立てて不般涅槃法の姓と為す。若しくは畢竟の所知障の種のみ有りて煩悩に非ざる者において、一分を立てて声聞種姓と為し、一分を立てて独覚種姓と為す。若しくは畢竟の二障の種無き者を、即ち彼を立てて如来種姓と為す」と。

新熏義は、種子はすべて熏習から生じるという説である。無漏種子も熏習から生じるという。『摂大乗論』に、「聞熏習は清浄法界より等流する正法を聞いて起こる」、「これが出世間心を生じる種子である」と述べられているのが、その証拠であるという。また、種姓差別は、無漏種子の有無ではなく、二障（煩悩障・所知障）の種子の有無によって立てられるという。『瑜伽論』に、「真如に対して二障がある者は、般涅槃しない種姓である。所知障があって煩悩障がない者は、声聞種姓または独覚種姓である。二障がない者は、如来種姓である」と述べられているのが、その証拠であるという。

この説では、無漏種子は聞熏習によって新たに生じるという。人間が成仏するためには、正法に耳を傾け、修行に励むほかはない。正法を聞く者には無漏種子が新たに生じる。これは、現在の修行を重視した説明であり、受け入れやすい。一方、この説では、有漏の聞熏習がどうして無漏種子を生じるのかという問題については、ほとんど説明がなされていない。

（三）　合生義（図参照）

有義種子各有二類。一者本有。……二者始起。……有諸有情、無始時来有無漏種、不由熏習法爾成就。後勝進位熏令増長。無漏法起以此為因。無漏起時復熏成種。……其聞熏習非唯有漏。聞正法時亦熏本有無漏種子、令漸増盛展転乃至生出世心。故亦説此名聞熏習。聞熏習中有漏性者是修所断。感勝異熟。為出世法勝増上縁。無漏性者非所断摂。与出世法正為因縁。……依障建立種姓別者、意顕無漏種子有無。謂若全無無漏種者、彼二障種永不可害、即立彼為非涅槃法。若唯有二乗無漏種者、彼所知障種永不可害、一分立為声聞種姓、一分立為独覚種姓。若亦有仏無漏種者、彼二障種倶可永害、即立彼為如来種姓[13]。

有義は、種子に各おの二類有り。一には本有。……二には始起。……【無漏種子】諸もろの有情は、無始の時より来た無漏の種有り、熏習するに由らずして法爾に成就すること有り。後の勝進の位（資糧位）にて熏じて増長せしむ。無漏法の起こるは此れを以て因と為す。無漏の起こる時（通達位）には復た〔無漏の〕種を熏成す。……【聞熏習】其の聞熏習は唯だ有漏〔性の者〕のみに非ず。〔無漏性の者は〕正法を聞く時に亦た本有無漏種子を熏じ、漸く増盛ならしめて展転《ちんでん》して乃至出世心を生ぜしむ。故に亦た此れを説きて聞熏習と名く。聞熏習の中に有漏性の者は是れ修所断なり。勝れたる異熟を感ず。出世の法の為に勝れたる増上縁たり。無漏性の者は非所断に摂めらる。出世の法の与に正しき因縁たり。……【種姓差別】障に依りて種姓の別を建立するは、意は〔本有〕無漏種子の有無を顕すなり。謂く若し全に無漏種無き者の、彼の二障の種を永に害すべからざるは、即ち彼を立てて非涅槃法と為す。若し唯だ二乗の無漏の種のみ有る者の、彼の所知障の種を永に害すべからざるは、一分を立てて声聞種姓と為し、一分を立てて独覚種姓と為す。若し亦た仏の無漏種有る者の、彼の二障の種を倶に永に害すべきは、即ち彼を立てて如来種姓と為す。

合生義は、本有種子と新熏種子の両方を認める説である。したがって、無漏種子にも、本有無漏種子と新熏（始起）無漏種子があるという。本有無漏種子が無漏法を生じる因であり、無漏法が生じると新熏無漏種子が熏習される。また、聞熏習には、有漏のものと無漏のものがあるという。本有無漏種子が無漏法を生じるさい、有漏の聞熏習は増上縁となり、無漏の聞熏習は因縁となる。さらに、種姓差別は、二障種子の有無ではなく、本有無漏種子の

図　合生義

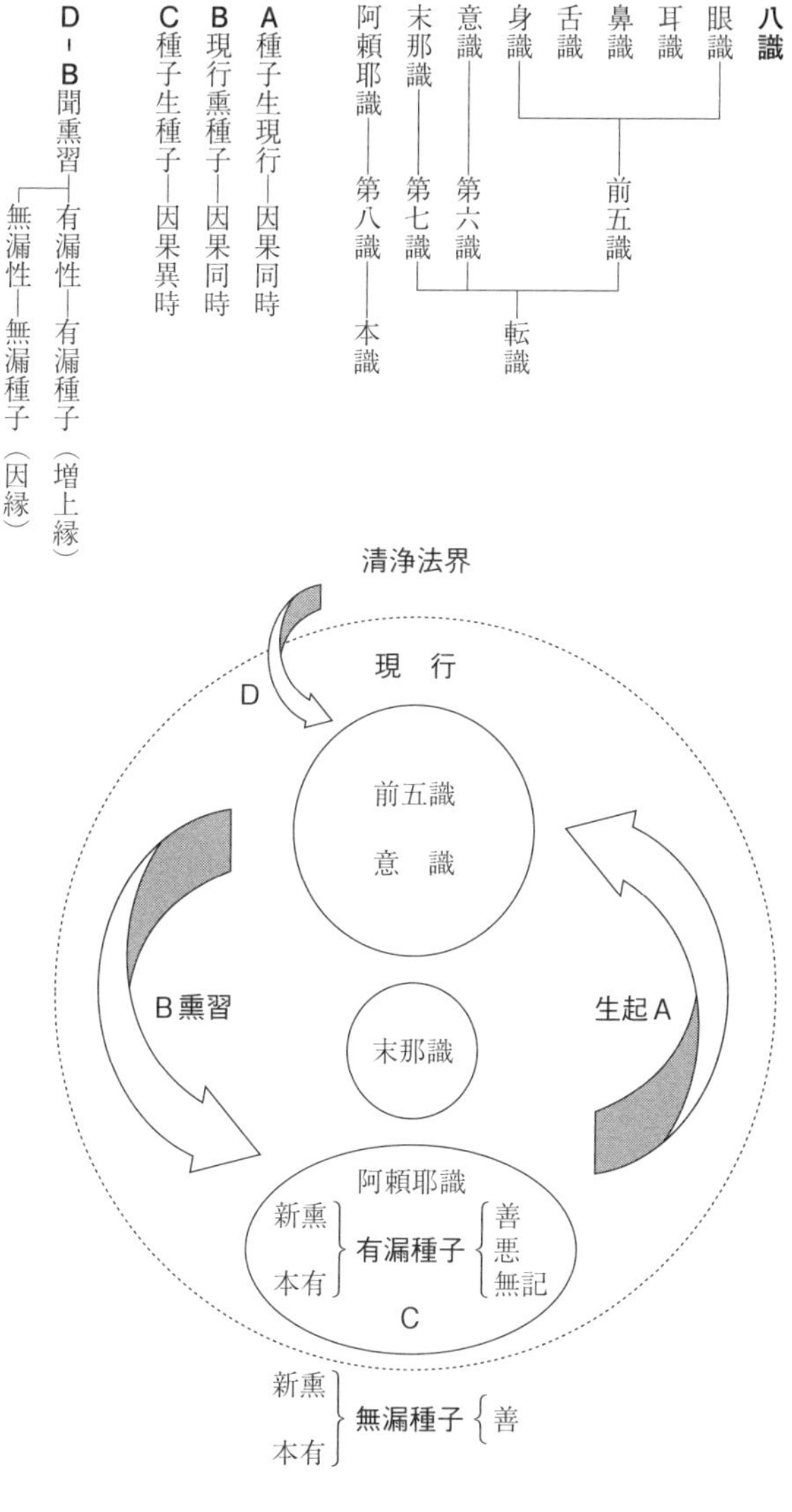

有無によるという。無漏種子がない者は、般涅槃しない種姓である。二乗の無漏種子がある者は、声聞種姓または独覚種姓である。仏の無漏種子がある者は、如来種姓である。ここでの無漏法が生じる過程を整理すれば、次のようである。

①無漏法の因である本有無漏種子がある。

②資糧位（三賢位）以後、無漏の聞熏習により本有無漏種子が増長される。

③通達位（見道）以後、本有無漏種子が現行して無漏法が生じる。

④無漏法が生じると新熏無漏種子が熏習される。

この説では、無漏の聞熏習により本有無漏種子が現行して無漏法を生じるという。また、本有無漏種子の有無により種姓差別があるという。最後の部分は、五姓各別説の典拠とみなされることもあるが、これは人間の生得的能力に差別があるという主張ではないだろう[14]。全体の文脈は、本有無漏種子が現行するためには聞熏習に努める必要があり、それができる者には無漏種子がある、というものである。

むしろ注目すべきは、有漏の聞熏習に努めるならば自ずと無漏の聞熏習も起きているという理論のほうである。これによれば、通達位（見道）で無漏法が生じるまでは、みな本有無漏種子があるかどうか分からないまま、有漏の聞熏習に努めるしかないということになる。これは、人間が煩悩を抱えながら修行に励むすがたを、的確に捉えていると言えるだろう。

通達位（見道）以後も有漏種子は残っているため、成仏以前はみな有漏位である。そうであるとすれば、無覆無記であるアーラヤ識に有漏種子を持っているという意味において、人間はみな平等である。そして、煩悩を抱えながらも正法を聞き、修行を続けてゆくならば、誰もが悟りに近づくことができる。これが『成唯識論』のアーラヤ識説に見られる基本的な人間観である。

おわりに――基のアーラヤ識の解釈――

『成唯識論』の筆受を務めた基（慈恩大師。六三二―六八二）は、『成唯識論述記』の中で、次のように述べている。

若無有漏聞熏習者、無漏之種不生現行[15]。

若し有漏の聞熏習無くば、無漏の種は現行を生ぜず。

すなわち、もしも有漏の聞熏習が無ければ、無漏種子は現行しないという。裏を返せば、有漏の聞熏習を続けるならば、自ずと無漏の聞熏習も行われており、いつかは無漏種子が現行するということである。これは、有漏位にあっても聞熏習に努める人には必ず無漏種子がある、と述べているのと同じであろう。

また、基は『般若心経幽賛』の中で、次のように述べている。

若見有此施等麁相纏蓋軽微麁重薄蒻、応知定有菩提本性。然由未遇真実善友為説菩提、雖遇為説顚倒執学方便慢緩、善根未熟故処生死[16]。

若し此の施等の麁相に纏蓋の軽微にして麁重の薄蒻なること有るを見れば、応に定めて菩提の本性有るを知るべし。然も未だ真実の善友の為に菩提を説くに遇はず、為に説くに遇ふと雖も顚倒して執学し方便慢緩にして、善根未だ熟せざるに由るが故に生死に処す。

すなわち、もしも布施などができるほど煩悩が希薄であれば、それは菩提の本性があるということである。しかし、まだ善友に会って聞法していないか、聞法しても誤解したり、修行が浅かったり、善根が未熟であったりするために、生死の苦しみの中にいるのだという。そうであるとすれば、少しでも布施などができる人は、善友に会って聞法し、正しく解し、修行を重ねて、善を積むならば、菩提が得られるということになるであろう。基はこのように人々を熱心に励まし、修行の道へと誘っている。ここには『成唯識論』のアーラヤ識説に基づいた、中国唯識学派の人間観の一端が表われていると言えるだろう。

註

(1)『成唯識論掌中枢要』巻上本、大正四三、六〇八b―c。
(2)『唯識三十頌』大正三一、六〇b。
(3)『成唯識論』巻二、大正三一、一〇a。
(4) アーラヤ識と身体の関係については、山部能宜「アーラヤ識説の実践的背景について」(『東洋の思想と宗教』三三、二〇一六年)参照。
(5)『成唯識論』巻三、大正三一、一二a。
(6)『成唯識論』巻三、大正三一、一三c―一四a。
(7)『成唯識論』巻二、大正三一、七c―八a。
(8)『成唯識論』巻二、大正三一、八a。
(9)『成唯識論』巻二、大正三一、一一a。
(10)『成唯識論』の種子説と熏習説については、吉村誠『中国唯識思想史研究――玄奘と唯識学派――』(大蔵出版、二〇一三年)第二篇第四章「唯識学派の心識説」参照。
(11)『成唯識論』巻二、大正三一、八a―b。
(12)『成唯識論』巻二、大正三一、八b。

（13）『成唯識論』巻二、大正三一、八b―九a。
（14）五姓各別説については、前掲『中国唯識思想史研究』第二篇第三章「唯識学派の仏性観」参照。
（15）『成唯識論述記』巻二末、大正四三、三〇八c。
（16）『般若心経幽賛』巻上、大正三三、五二五b。「蒻」、大正は「蒟」に作る。文義により改める。

キーワード　アーラヤ識、無漏種子、五姓各別

慈恩大師基の教学における人間観について

水谷香奈

はじめに

本学術大会のテーマは、仏教における「人間定義」の諸相であり、仏教の多彩な学説の中から、「人間」についての原理的な定義を見出すことを目標としている。筆者が研究対象としてきた唯識に関して言えば、その最大の特色はやはり第八識を中心とした心の構造を解明して、その心を人間存在の根源に置くところにあり、これについては吉村誠氏や山部能宜氏が発表されている。そこで、筆者は中国の唯識系の諸学派の中でも、玄奘（六〇二―六六四）の翻訳経論に基づいて慈恩大師基（六三二―六八二）が大成した、いわゆる法相宗の代表的教理のひとつである五姓各別説を扱いたい。厳然とした種姓の違いを説く五姓各別説は、インドから日本に至るまで、各時代、各地域において議論の対象となり[1]、大乗仏教における主流を占めることはなかったが、仏教の多様な人間観を示す一例として本論で扱う意味はあると思われる。

ところで、基の五姓各別説に関しては、彼以前の仏性思想からの影響や、同じ玄奘門下の円測（生没年未詳）との同異といった問題に関連して、すでに優れた先行研究が多くなされている[2]。よって本論では、従来とは少し異なる視点から、五姓各別説の実践的な解釈に着目してみたい。

まず、五姓各別説について、『仏地経論』に基づいて概要を確認した後、五姓のひとつである菩薩種姓を主に取り上げる。基も自らが大乗仏教徒だという自負はあったはずだが、五姓各別説に立てば、大乗仏教を信じていたとしても、自分が菩薩種姓であるとは即座に明言できない。では、その確信を得るには何が必要なのか。どのような人物を菩薩種姓と判断するのか。それを基の章疏に基づき、理行二仏性説との関わりを通して明らかにしてみたい。

後半では、五姓の中でも声聞に関する基の解釈について『法華玄賛』を中心に考察する。大乗仏教において、声聞は独覚とともに小乗として低く扱われることが多い。その理由のひとつが声聞・独覚の自利偏重にあることは言を俟たないが、鍵主良敬氏が「声聞道は現実の道であるのに対し、菩薩道は理想の修行道であり望むべき実践道であったとも云える(3)」と述べているように、大乗の利他は崇高な目標だとしても、実際には自身の心の統御すら苦労するのが我々人間の姿でもある。そのように見れば、大乗の菩薩よりも声聞の方が、あるいは我々にとっては身近な側面を有しているとも言えよう。五姓各別説ではこの二乗について、「定姓」の存在を認めている。このことが無性有情の存在とともに、悉有仏性・一切皆成の立場からの批判を受けるのだが、声聞としての姓が定まっているという解釈は、現代的に見た場合、人間観としてどのような意義があるのか。そのような問題についても、少し考察を試みたいと思う。

一、『仏地経論』に説かれる五姓各別説の概要

太田久紀氏は唯識の人間観の特徴として、「ここに生きている事実としての人間」を扱い、人間性の限界を真正面からとらえている点にあると述べているが(4)、五姓各別説もその特徴に合致している。周知のように、無始以来第八識に依附している本有無漏種子の有無や、その種類によって、有情を五種類に分類するのが五姓各別説である。

すなわち、修行を重ねればいずれ仏果を得られる菩薩種姓、決して大乗に廻心することがない独覚種姓と声聞種姓の定姓二乗、菩薩・独覚・声聞のいずれの果を得るか決定していない不定種姓、そして仏果はもちろん辟支仏果や阿羅漢果を得る可能性も永遠に持たない無性有情を指し、これらの五姓の違いは本有無漏種子の有無と種類によって先天的に定まっているとするところに、この説の特徴がある。

悉有仏性が広く認められていた当時の中国仏教界に玄奘がこの説を紹介すると、霊潤をはじめとする一切皆成論者から反論が出され、神泰・神昉といった玄奘門下との応酬が続いたことは、最澄（七六七―八二二）の『法華秀句』に述べられている。最澄自身もこの問題を法相宗の徳一と議論したことで、以後日本仏教において、仏性に関する議論は一乗・三乗思想の優劣とともに、天台と法相の間の重要な争点となった。

しかし五姓各別説が唯識思想において、当初からこのようなかたちで存在していたわけではない。これは『楞伽経』、『瑜伽師地論』（以下、『瑜伽論』）、『大乗荘厳経論』など、多数の経論に説かれた諸要素を組み合わせて成立した説であり、[5] インドの唯識派における五姓各別説の思想的源流に関する考察は、佐久間秀範氏の研究に詳しい。[6] 佐久間氏によれば、『瑜伽論』には五姓各別説を構成する各種の要素は見られるが、それらはまだ十分体系化されていない。また、種姓の区別は単なる理論ではなく、当時の瑜伽行派を取り巻く諸事情が反映されている形跡も見られるという。五姓に関する諸説を統合してシステム化する傾向は、安慧の『大乗荘厳経論釈』に見られるというが、[7] 現存する文献から判断する限り、現在知られるかたちにまとめられたのは親光等造、玄奘訳『仏地経論』においてである。

『仏地経論』における五姓各別説は、『仏地経』に世尊の偉大な功徳について「尽虚空性窮未来際」（大正一六、七二〇下）と説く箇所に対する註釈の一部として登場する。本論では、五姓各別説も含む該当箇所全体を引用し、検討してみたい（①～③の段落分けは筆者による）。

①　尽虚空性窮未来際者、顕示世尊無尽究竟殊勝功徳。謂如虚空常無窮尽。諸仏法界所起功徳亦復如是。無窮尽故、如未来際無有尽期。利楽一切有情加行無休息故。諸仏功徳、為性是常無尽究竟。為性無常相続不断、無尽究竟。不可定説。以仏法身清浄法界理性功徳性是常故、受用変化二身功徳、雖性無常無断尽故、無尽究竟。一切如来本発弘願、為有情故求大菩提。若諸有情尽得滅度、爾時諸仏有為功徳何不断滅。諸有情界無有一切尽滅度時。故仏功徳無有断滅。所以者何。由法爾故。

②　無始時来、一切有情有五種性[8]。一声聞種性。二独覚種性。三如来種性。四不定種性。五無有出世功徳種性。如余経論広説其相分別建立。前四種性雖無時限、然有畢竟得滅度期。諸仏慈悲巧方便故。第五種性無有出世功徳因故、畢竟無有得滅度期。諸仏但可為彼方便示現神通、説離悪趣生善趣法。彼雖依教勤修善因、得生人趣乃至非想非非想処、必還退下堕諸悪趣。諸仏方便復為現通説法教化。彼復修善得生善趣。後還退堕受諸苦悩。諸仏方便復更抜済。如是展転窮未来際。不能令其畢竟滅度。

③　雖余経中宣説一切有情之類皆有仏性皆当作仏、然就真如法身仏性、或就少分一切有情方便而説。為令不定種性有情、決定速趣無上正等菩提果故。由此道理、諸仏利楽有情功徳無有断尽。此利他徳依自利徳乃得無断。是故如来有為功徳従因生故。雖念念滅而無断尽。由仏功徳無尽究竟。是故成就最清浄覚。（大正二六、二九八上―中）

（①　尽虚空性窮未来際とは、世尊の無尽究竟の殊勝の功徳を顕示す。謂く虚空の如く常にして窮尽無し。諸仏の法界より起きる所の功徳も亦復是の如し。窮尽無きが故に、未来際にも尽くる期有ること無きが如し。一切有情を利楽し加行して休息無きが故に。諸仏の功徳、性是常と為せば無尽究竟なり。性無常と為せば相続すること不断にして、無尽究竟なり。定めて説くべからず。仏の法身は清浄法界の理性の功徳にして性是常なるを以ての故に、受用と変化の二身の功徳は、性は無常なりと雖も断尽無きが故に、無尽究竟なり。一切如来は本より弘願を発し、有情の為の故に大菩提を求む。若し諸の有情尽く滅度を得れば、爾時諸仏の有為の功徳何ぞ断滅せざる。諸の有情界は一切尽く滅度の時有ること無し。故に仏の功徳は断滅有ること無し。所以は何ぞ。法爾に由るが故に。

② 無始時来、一切の有情に五種性有り。一には声聞種性。二には独覚種性。三には如来種性。四には不定種性。五には出世の功徳有ること無き種性なり。余の経論に広く其の相の分別と建立を説くが如し。前の四種性は時限無しと雖も、然も畢竟して滅度を得る期有り。諸仏の慈悲と巧なる方便の故に。第五の種性は出世の功徳の因有ること無きが故に、畢竟して滅度を得る期有ること無し。諸仏は但だ彼の為に方便して神通を示現し、悪趣を離れ善趣に生ずる法を説くべし。彼は教に依りて善因を勤修し、人趣乃至非想非非想処に生ずることを得と雖も、必ず還た退下して諸悪趣に堕す。諸仏方便して復た為に通を現じ説法教化す。彼も復た修善して善趣に生ずることを得るも、後に還た退堕して諸の苦悩を受く。諸仏方便して復た更に抜済す。是の如く展転して未来際を窮むるも、其をして畢竟して滅度せしむること能わず。

③ 余の経中に一切有情の類は皆仏性有りて皆当に作仏すべしと宣説すと雖も、然れども真如法身仏性に就きて、或は少分の一切有情に就きて方便して説く。不定種性の有情をして、決定して速やかに無上正等菩提の果に趣かしめんが為の故に。此の道理に由りて、諸仏の有情を利楽する功徳は断尽有ること無し。此の利他の徳は自利の徳に依りて乃ち断無きを得。是の故に如来の有為の功徳は因従り生ずるが故に、念念に滅すと雖も断尽無し。仏の功徳は無尽究竟に由りて、是の故に最清浄覚を成就す。）

この中で、五姓各別説について説いているのは②と、③の前半部分である。②によれば、無始以来五姓の区別が存在し、声聞・独覚・如来（菩薩）の三種の定姓と不定姓はいずれ必ず涅槃に至るが、無性有情は人・天に生まれることはできても、輪廻から脱することはできず、いずれは悪趣に落ちてしまい、再び諸仏により救済される。③

では悉有仏性説に対する解釈として、それが「真如法身仏性」いわゆる理行二仏性説における理仏性を指すこと、あるいは本当の「一切」の有情に対する教えではなく、「少分の一切」すなわち不定種姓の衆生に向けた方便であることが語られている。この一連の箇所は後に基や円測らによって、五姓各別説の有力な根拠とされている。(9)

ここでは無性有情に関する描写が比較的多く、諸仏が何度教化しても、いずれは再び悪趣に落ちてしまい、永遠に輪廻から抜けることができない者がいるという記述は、訳出当時から読む者に衝撃を与えたのではないかと思われる。それが「無始時来」すなわち自分の力の及ばない昔から先天的に決定していることから、五姓各別説は差別的思想ではないかとの批判を生む理由にもなっている。しかし、前後を通して読むと、この②の無性有情は、諸仏の救済からはずれた存在とされているわけではない。

①では、経文に基づけば如来の功徳は「無尽究竟」であり、それは常なる法身と、無常だが無窮不断の受用身、変化身の二種類に大別されることが述べられる。後者は如来の有為の功徳、すなわち四智のはたらきである。そして、例えば『涅槃経』などのように、悉有仏性・一切皆成であるが故にいずれすべての衆生は成仏するという教えと、四智のはたらきが無窮であると説く『仏地経』との間にある齟齬をなくすことを目的として、②が展開されているのである。

その際に、唯識派で用いられてきた五姓を用い、その中でも、無性有情とは決して涅槃に入ることができない存在であるということが強調されている。それは一見、救われない存在に思えるが、①の終わりに「一切如来は本より弘願を発し、有情の為の故に大菩提を求む」とあり、③にも「諸仏の有情を利楽する功徳は断尽有ること無し」とあるように、全体としては、どんな衆生であれ如来が救済対象としていることが語られている。そして、無性有情がいればこそ、『仏地経』が説く如来の仏国土、そしてそこに住まう受用身と変化身の救済活動が、経文どおり真に「窮未来際」であることが証明される。そのような論理であろうとも、悉有仏性・一切皆成を主張する立場から批判を受けることにはなるが、涅槃が得られないとしても、無性有情も常に如来の救済にあずかっていると論主は考えていることがうかがえる。

五姓各別説は『成唯識論』に至ると無漏種子に関する諸説と結びつき、さらなる体系化が図られる。深浦正文氏は五姓各別説を整理したのは護法の頃であろうとの立場に立ち、その背景として、有漏の因（有漏種子）から無漏の果（仏果など）が生じることは認められないこと、また同じ無漏果でも我空すなわち依他起性の境地にとどまる二乗と、法空も含めた円成実性の境地に至る菩薩乗を同列に扱うことは容認できないことなど、理論の整合性の追求があると解釈している。[10] 一方、佐久間氏は五姓各別説の完成には玄奘が深く関与していると推測している。[11] いずれにしても、論理的矛盾のない体系を求めた結果が『成唯識論』の五姓各別説として結実したという点は共通している。つまり五姓各別説は、『瑜伽論』のような初期段階においては現実の人々のあり方を反映していたが、体系化される過程で理論が先行する傾向を強めていったと言えるだろう。

二、基の理行二仏性説と菩薩種姓の条件

次に、五姓各別説の持つ実践的な側面について、主に菩薩種姓に対する解釈を中心に検討してみたい。先に、この説が唯識思想としての教理的整合性を重視していく中で体系化されたことを述べた。しかし、理論先行型の側面が強い人間観であったとしても、玄奘門下ではこれをインド唯識学派の正当な説であると受けとめたはずである。では、彼らは実際に仏教者としての自らの生き方と関連させて、この五姓各別説をとらえたのか。さらに、もしとらえていた場合は、具体的にどのように考えていたのか、という疑問が湧く。それに対する回答を、基撰とされる章疏を中心に探ってみたい。

五姓の違いは先天的だが、大乗の経論を奉ずる者として、おそらくは基も自らが菩薩種姓でありたいと考えていた可能性は高いであろう。ところで、『菩薩地持経』には無種姓について「復た発心し勤めて精進すると雖も、必ず阿耨多羅三藐三菩提を究竟せず」（大正三〇、八八八上）とある。『菩薩地持経』の無種姓は菩薩・独覚・声聞といった三乗の教えを信じない人々だが、将来の成仏の可能性は完全には排除されておらず、厳密に言えば『成唯識論』などで説かれるような、本有無漏種子を持たない無性有情と同義ではない。だが、基は『法華玄賛』で理行二仏性の説明をする中で、次のように行仏性を持たない無性有情の説明としてこの文章を引いている。

性有二。一理性。勝鬘所説如来蔵是。二行性。楞伽所説如来蔵是。前皆有之、後性或無。談有蔵無説皆作仏。依善戒経・地持論中唯説有二。一有種姓。二無種姓。彼経論云、性種姓者無始法爾六処殊勝展転相続。此依行性有種姓也。無種姓人無種性故。雖復発心懃行精進終不能得無上菩提。但以人天善根而成就之。即無性也。

（大正三四、六五六上―中）

（性に二有り。一には理性。勝鬘に説く所の如来蔵是なり。二には行性。楞伽に説く所の如来蔵是なり。前は皆之有るも、後の性は或は無し。有を談じ無を蔵して皆作仏すと説く。善戒経・地持論中に依れば唯二のみ有りと説く。一には有種姓。二には無種姓なり。彼の経論に云く、性種姓とは無始より法爾に六処殊勝にして展転相続すと。此は行性に依る有種姓なり。無種姓の人は種性無きが故に、復た発心し懃行精進すと雖も終に無上菩提を得ること能わず。但だ人天の善根を以て之を成就す。即ち無性なり。）

この中で、基は理仏性とは『勝鬘経』に説かれる如来蔵であり、行仏性は『楞伽経』に説かれる如来蔵だとしている。同様の記述は基の『観弥勒菩薩上生兜率天経賛』にも見られる。

法身本有諸仏共同。凡由妄覆、有而不覚。煩悩纏裏得如来蔵名。由近善友断妄生死。出纏裏時具法身之称。諸功徳法所依止。故勝鬘経中在纏名如来蔵。出纏名法身。（中略）自受用身新修所起有情分別事体異故。従凡夫位但有無始無漏種子。由近善友聴聞正法。種子漸増為報身本。亦名如来蔵。楞伽経云。阿梨耶識名空如来蔵。具足熏習無漏法。故名不空如来蔵。前法身蔵。此報身蔵。（大正三八、二七三上―中）

（法身は本有にして諸仏共同なり。凡は妄覆に由りて、有るも覚らず。煩悩纏裹にて如来蔵の名を得。近善友に由りて妄の生死を断ず。纏裹を出ずる時、法身の称を具す。諸の功徳法の依止する所なり。故に勝鬘経中に在纏を如来蔵と名づけ、出纏を法身と名づくと。（中略）自受用身は新修にして有情の分別事体異なるが故に起す所なり。凡夫位従り但だ無始の無漏種子有り。近善友と聴聞正法に由りて、種子漸増し報身の本と為る。亦如来蔵と名づく。楞伽経に云く。阿梨耶識を空如来蔵と名づく。熏習の無漏法を具足するが故に不空如来蔵と名づくと。前は法身蔵、此は報身蔵なり。）

基はここで、法身と報身（自受用身）を説明するにあたり、前者は『勝鬘経』に「若し無量の煩悩蔵に纏われたる如来蔵において疑惑せざれば、無量の煩悩蔵より出る法身においてもまた疑惑すること無し」（大正一二、二二一中）などと説かれる、煩悩に覆われているが本来無垢なる如来蔵を指すとしている。後者は『楞伽経』に「阿梨耶識は如来蔵と名づく。意と共なる転識、熏習無きが故に名づけて空と為す。無漏の熏習法を具足するが故に名づけて不空と為す」（大正一六、五五九下）とある箇所に基づく。基は「無漏の熏習法」をいわゆる本有無漏種子と解釈し、この種子を具えている不空如来蔵を報身の本体であるとしている。

『法華玄賛』に戻ると、前者の『勝鬘経』の如来蔵は法身すなわち真如法性であり、すべての有情が等しく有する「理仏性」である。それに対して、後者の『楞伽経』の不空如来蔵は本有無漏種子を具足しており、この種子は『成唯識論』で「諸の有情は既に本より五種の性別有りと説くが故に。応に定めて法爾種子有るべし。熏に由りて生ぜず」（大正三一、八上―中）とあるように、熏習（後天的な努力）によっては生じない。これが「行仏性」であり、先天的に五姓の違いをもたらすと同時に、これを持たない無性有情も存在することになる。

基の理行二仏性説はよく知られているが、この説は元来玄奘門下で悉有仏性と五姓各別の会通に用いられる説として広く行われており、その淵源は地論学派にまで遡るとされる[(12)]。これに対して一切皆成の立場からは、理仏性のみがあり行仏性がないというのは道理に合わないとの指摘がなされるが[(13)]、唯識教学の修道論から見た場合には、そのように簡単に言い切ることができない部分もある。

『菩薩瓔珞本業経』などに説かれる修行階梯として、十信・十住・十行・十迴向・十地・等覚・妙覚という五十二位があるが、基は十信を十住の初住（発心住）に含め、行位としてはカウントせず、『法華玄賛』にて「一大阿僧祇にて方に初地に入る」（大正三四、七六四上）とあるように、四十二位の中で十住の初住から第十迴向までが一大阿僧祇劫、十地以降妙覚までは二大阿僧祇劫かかるとする。無性有情とはたとえ発心して努力しても、この長大な時間に耐えきれずに挫折するか、あるいはどれだけ努力しても空・無所得という真理を証得できない機根の持ち主ということになる。

では、逆にどの段階にあれば、自分は無性有情ではない、あるいは菩薩種姓であり仏性を有すると確信できるのか。これに関連して、基は『法華玄賛』などで四不退という解釈を述べている。

不退有四。一信不退。十信第六名不退心。自後不退生邪見故。二位不退。十住第七名不退位。自後不退入二乗故。三証不退。初地以上即名不退。所証得法不退失故。四行不退。八地已上名不退地。為・無為法皆能修故。

（大正三四、六七二中）

（不退に四有り。一には信不退。十信の第六を不退心と名づく。自後生邪見に退せざるが故に。二には位不退。十住の第七を不退位と名づく。自後入二乗に退せざるが故に。三には証不退。初地以上を即ち不退と名づく。所証の得法において退失せざるが故に。四には行不退。八地已上を不退地と名づく。為と無為との法において皆能く修するが故に。）

この中で、十信の第六は信不退と呼ばれ、邪見を生じなくなる段階である。邪見は唯識では煩悩の心所の一種であり、因果の理法の否定など、誤った見解を指す。基撰『金剛般若論会釈』[14]（以下、『会釈』）によれば、この信不退は「信決定位」であり、これ以前はたとえ発心していても善根を断ずることがあるが、信不退に至ると「深く仏法の因果理智を識り、信じて退屈せず。深義を解するに由りて、方に信より退すること無し」（大正四〇、七二五上）という。すなわち、仏教以外の教えに戻ることなく、仏教に対する理解と信が固まった段階と言える。[15]

次の位不退になると、二乗への退転がなくなるとされる。つまり、十住の第七に至って初めて菩薩種姓であると考えてよい段階に入るが、この位に至るのは必ずしも容易ではない。『法華玄賛』に「五戒優婆塞戒経に、舎利子、大乗道を修するも、六十劫已りて眼を施すに因るが故に退して二乗と作す」（大正三八、一〇四九中）とあるように、長い輪廻を経て大乗を学んできても、十住第七に到達する直前で二乗に退転する可能性があり、釈尊の弟子の中で智慧第一とされる舎利弗さえ、『法華経』を聞いてようやくこの位不退に至ることができたと解釈されているからである。

なお、この問題については、円測も『仁王経疏』において「今此の経文、重ねて十住第七は不退なりと讃ず。問う、此の種性菩薩、此の経の如しと為せば、必ず不退なるや。或は退有るや」（大正三三、三九四中）として、菩薩種姓がこの段階で必ず退転しないと言えるかどうかを論じている。円測は『金剛仙論』によれば退転しないと言われているとしながら、「此の習種性の人に、亦二種有り。一は性決定。二は不定なり。不定とは、未だ能く性地に入るを決定せず。乃至初地まで進退有ることを容す。故に不定と言う。若し善知識に遇えば即ち不退なり。若し遇わざれば外凡及び二乗地に退入す。或は性種性も猶お地獄に退堕す」（同右）として、習種性（十住）については性地（十行）に至るかどうか決まっておらず、場合によっては十信位や二乗に退いたり、あるいは性種性（十行）でも地獄に落ちることもあると述べている。

これだけの時間と苦労を重ねながら、仏果を得る過程としては、全体の三分の一未満の段階である。さらに、行仏性（本有無漏種子）の有無は凡夫には軽々に判断できないものであり、菩提心を起こし、実際に日々不断の修行を重ね、幾度生死を繰り返そうともいつか必ず仏陀となるという堅固な信仰心があったとしても、基が「発心し懃行精進すと雖も終に無上菩提を得ること能わず」と述べたように、菩薩種姓であることを確約するものではない。

これに関連して、基は『会釈』の中で、次のように述べている。

此中発心、有二問答。一問或有種性而発大心。或無種性亦発大心。既倶発心。云何応知。当得仏果、二種有異。答菩薩地説。若有六度種性相者、発心得仏。不爾不得。（大正四〇、七三一上）

（此の中の発心に二の問答有り。一に問う、或は有種性にして大心を発す。或は無種性も亦大心を発す。既に倶に発心す。云何が応に知るべし。当に仏果を得んとするに、二種異ること有るを。答う。菩薩地に説く。若し六度の種性の相有れば、発心して仏を得と。爾らずんば得ず。）

有種性の発心と無種性の発心の違いについて、基は六波羅蜜に応じた種性の相があれば、その人は発心して仏となる、すなわち仏性を有していることがわかるという。これは『瑜伽論』（大正三〇、四七八下）において、本性住種性と習所成種性の説明の後に続く内容に基づく。六波羅蜜は菩薩の実践徳目であり、基の主張は、それを正しく行じることができれば、その人には行仏性が具わっていることになるという意味であろう。より正確に言えば、本有無漏種子はまだ現行していないとしても、将来それにつながるような有漏の善行を積み重ねることができているのである。以下、『瑜伽論』を要約するかたちで六波羅蜜それぞれに関する説明が続くが、ここでは布施に関する記述のみを紹介したい。

謂有施種性相者。性楽均布広大恵捨[16]。無財慚恥。讃勧随喜。受寄無差。他債不諍[17]。共財無負、雖求財位、意楽広大、設得速厭、済抜怖好説無情[18]。（大正四〇、七三一上―中）

〔謂く有施種性相とは、性として均布を楽い、広大に恵捨す。無財なれば慚恥し、〔布施を〕讃勧して随喜す。寄を受けて差無く、他債を誑かさず。共財において負うこと無く、財位を求め、意に広大を楽うと雖も、設い得るとも速やかに厭い、怖を済抜し好んで〔有情・〕無情〔の利益〕を説く。〕

玄奘の伝記には、自らの仏性の有無を観音菩薩像の前で問うたという逸話が伝えられている。[19] 唯識学派の伝承によれば、無著は十地の位に至ったが、世親は見道に入る前の地前の菩薩とされており、[20] 玄奘からそのような話を聞いた人々にとっては、世親や無著と我が身を引き比べれば、自身の仏性の存在を確信することは容易ではなかったと思われる。基の伝記に「厳戒真施」（『卍新纂続蔵』八八、三八二上）として、持戒や布施を実践していたと記されているのも、単なる事実や賛辞以外に、基自身が菩薩種姓であろうと心がけた実践的な側面を表現していると見ることも可能であろう。理仏性と行仏性を別個に扱うことは、それを唯識以外の教理から見た時、適切であるかという批判にはさらされるものの、「我々がたとえ真如を本性としていても、果たして菩薩と呼ぶにふさわしい生き方をしているのか」という、現実の人間への鋭い問いかけを含んでいるのである。

三、『法華玄賛』における声聞観

1、『法華経』の教化対象となる声聞

続いて、五姓各別説の中の声聞に関わる二つの種姓、すなわち声聞定姓と不定種姓に関して、『法華玄賛』を中心にしながら考察してみたい。『法華経』は言うまでもなく、小乗から大乗への廻心を主要なテーマとして説く経典であり、声聞にも仏菩薩から授記が与えられるなど、声聞に焦点が当てられる箇所が多い。この声聞について、授記との関係から四種類に分類したのが、世親の『法華論』（菩提流支訳）である。四種類とは、決定声聞、増上

慢声聞、退菩提心声聞、応化声聞であり、後者の二種類については、如来から授記が与えられる。前者の二種類については、機根が未熟のため如来による授記はないという。(21)

『法華論』は智顗（五三八―五九七）、吉蔵（五四九―六二三）、基など、諸家の法華経註釈書に引用されてきた。基のような唯識系の仏教者にとって、世親の註釈は無論重んずるべきものだが、天台や三論においても重視されてきた実態については、奥野光賢氏の研究に詳しい。(22)

基は『法華論』と『瑜伽論』の「云何が名づけて四種声聞と為す。一には変化声聞なり。二には増上慢声聞なり。三には迴向菩提声聞なり。四には一向趣寂声聞なり」（大正三〇、七四四上）という記述を合わせて、次のように解釈している。

決定声聞＝一向趣寂声聞：声聞定姓

増上慢声聞は共通：凡夫の第四禅で得られる無我智を阿羅漢果と思う声聞

退菩提心声聞＝廻向菩提声聞：不定種姓。小乗から大乗へ転ずる声聞

応化声聞＝変化声聞：仏菩薩の化作

そして、『法華経』について、「此の経の説く所の一乗の理は、論に二声聞の為に説く、謂く退心と応化なりと言うと雖も、法華の一会は正に唯退菩提心のみの為に説き、兼ねて亦応化の為とす。（中略）亦二菩薩の為に説くべしと雖も、正宗は唯漸悟者のみの為に説く」（大正三四、六五三上―中）として、法華一乗は退菩提心の声聞、すなわち不定種姓の声聞と、小乗から大乗に廻心した漸悟の菩薩を対象とする教えであると位置づけている。(23)

ただし、橘川智昭氏の指摘によれば、(24)『法華玄賛』をより細かく読み込むと、基は「此の経は彼の大乗の定性、声聞定性、及び不定性を被う」（同、六五六下）として、『法華経』は独覚定姓と無性有情を除く三種姓を対象に説かれたと解釈している。筆者はその根拠を探ってみたが、ここで声聞定姓が含まれるのは、『法華経』妙荘厳王本

事品の最後に、この品を聞き終わって聴衆が功徳を得る場面に「八万四千人、遠塵離垢にて法眼浄を得」とある一文を「即ち初果等なり」(同、六五七中)と解釈したことによる。その典拠は『瑜伽論』などであると『法華玄賛』には記されているが、貞慶(一一五五―一二一三)の『法華開示抄』(大正五六、四七三下)には『阿毘達磨雑集論』によるという。[25]また『解深密経』にも妙荘厳王品と同様の文がある。[26]基はこれらを総合し、さらに後述する「不愚法」の声聞の存在を念頭に置いて、不定種姓を対象とした『法華経』という「一乗」の教えが説かれる場にも声聞定姓がいると解釈したようである。

なお、妙荘厳王品の同じ箇所については、吉蔵の『法華玄論』に「八万四千人、遠塵離垢にて法眼浄を得。此の義は乃ち応に大小に通ずべし。而して諸経の中には多く以て小乗と為すなり」(大正三四、四〇〇下)とあり、[27]基はこれを参照した可能性もある。両者の文面はやや異なるが、『法華玄論』以外の法華経註釈書には、この箇所についての解釈は述べられていないためである。基が吉蔵の『法華義疏』を参照していた点については、末光愛正氏[28]や平井俊栄氏[29]により指摘されており、あるいは『法華玄論』も参照したかもしれない。『法華経』は一般的に認められる菩薩種姓と、五姓各別説によれば所化の中心である不定種姓(の声聞)に加えて、ごく一部だが声聞定姓も聴衆となり、小乗の果を得るかたちでの救済対象に含まれているという基の独自の見解の背景には、彼の唯識思想も関係していると考えられるが、これについては稿を改めて論じたい。

2、理仏性から見た声聞観

では、なぜ大乗経典である『法華経』を、大乗に転向する可能性を持たない声聞定姓も聞くと解釈する必要があるのか。この問題については、橘川氏の先行研究が参考になるため、[30]それをふまえつつ少し言及しておきたい。『法華論』では、四種声聞の中の趣寂声聞と増上慢声聞は授記が与えられないが、常不軽菩薩は四種声聞すべてに授記を与えたと解釈されており(31)、その意味について基は増上慢声聞と趣寂声聞の違いに着目しながら次のように述べている。

其増上慢既是異生根現未熟。故仏不与記。菩薩与記者、即常不軽為具因記令信有仏姓。復漸発心脩大行故。其趣寂者、既無大乗姓。何得論其熟与不熟。応言趣寂由無大姓。根不熟故仏不与記。菩薩与記具理姓因。漸令信大不愚法故。非根未熟後可当熟。故非菩薩与記令発趣大乗心、言当作仏。菩薩願心方便化之令生信意。如般若経我皆令入無余涅槃。非皆入尽。菩薩記於趣寂亦爾。若許趣寂同増上慢、不但不得名為趣寂、甚違諸教義不相叶。由趣寂者与増上慢合一処説、翻訳之主同言根未熟令其発心。正義応言趣寂根未熟故不与記。菩薩与記令発信解大乗心故。増上慢者根未熟故仏不与記。菩薩与記令発趣向大乗心故。若趣寂者後亦作仏、違涅槃等処処教文。（大正三四、六五三上）

（其れ増上慢は既に是異生にして根現に未熟なり。故に仏は記を与えず。菩薩記を与うとは、即ち常不軽、因と記を具し、仏姓有りと信ぜしめ、復た漸く発心して大行を脩せしめんが為の故に。其れ趣寂は、既に大乗姓無し。何ぞ其の熟と不熟とを論ずることを得ん。応に言うべし。趣寂は大姓無きに由りて、根不熟なるが故に仏記を与えずと。菩薩理姓因を具するをもって記を与う。漸く信ぜしめ不愚法ならざらしめんがための故に。根未熟に非ざれば、後に当に熟すべし。故に菩薩記を与えて大乗心を発趣せしめ、当に作仏すべしと言うに非ず。菩薩願心にて方便して之を化して信意を生ぜしめんとす。般若経に我皆をして無余涅槃に入らしめんというが如し。皆入尽するには非ず。菩薩の記は趣寂に於ても亦爾なり。若し趣寂と増上慢と同しきを許せば、但名づけて趣寂と為すことを得ざるのみならず、甚だ諸教の義に違し相叶せず。趣寂は増上慢と合一の処にて説くに由りて、翻訳の主は同しく根未熟として其をして発心せしむと言う。正義には応に趣寂は根未熟なるが故に記を与えずと言うべし。菩薩記を与え、信を発し大乗心を解せしめんがための故なり。増上慢は根未熟なるが故に仏記を与えず。菩薩記を与え、趣向大乗心を発せしめんがための故なり。若し趣寂は後に亦作仏すとせば、涅槃等の処処の教文に違す。)

増上慢声聞は根未熟のため、仏からの授記はないが、仏性を信じさせるため(常不軽)菩薩からの授記は与えられる。「根未熟」は、いずれ機根が熟して大乗に廻心する可能性を指す。また、趣寂声聞(声聞定姓)は根不熟であり、大乗に廻心しないが、「理姓因」すなわち理仏性があり、「大不愚法」すなわち大乗を信じる心を起こさせるために授記する。[32]『法華論』ではこれらの二種声聞はセットにされているが、厳密には両者の授記の意味は異なるのである。「翻訳の主は同しく根未熟として其をして発心せしむと言う」という表現からは、両者の混同は翻訳の問題であり、世親は本来増上慢と趣寂の違いを理解していたはずだという基の心情がうかがえる。

橘川氏はこの箇所に関連して、趣寂声聞を大乗に導きながらもこれを不定種姓として解釈しないのは、小乗を大乗に組み込む基の包括的な一乗観に基づくものであると分析し、次のように述べている。「声聞なら声聞として存在すること自体が理性の顕現であって、したがって理仏性を有するということは、将来の成仏の可能性といった隠れたところにある未発芽の仏性ではなく、すでに成就し機能しているとみるのが基の理性観として妥当と思われる。[33]」この橘川氏の言葉は、理仏性が意味するものから考えても適切であろう。[34]行仏性は将来の仏果をもたらす無漏種子だが、理仏性は真如法性、法身、法界などと同義であり、仏・菩薩・衆生すべての本質にして一味平等、現実世界と不即不離の関係にある、あるがままの真実だからである。

このことは、本学会の趣旨から見て重要ではないだろうか。大乗仏教では通常、「仏になること」が仏教の最終目的であり、そのための教えが大乗だとする。だが、それは小乗仏教や世俗的な善行を大乗よりも低く見る見解と表裏一体でもある。基の教学においても、行仏性に関する記述はそのような側面を持つ。基は円測と比較して無性有情の説明に力点を置いているとされるが、[35]それは結果として五姓各別説を差別的な教説と印象づけることにもつながっていよう。一方、理仏性の立場から見れば、大乗だけではなく、二乗も人天乗も等しく仏陀の教えであり、それらの道を望む者はそのままで真如法性としての仏陀の現れとなる。衆生には機根の違いがあり、五姓各別説によればそれは将来にわたっても埋まらないことになるが、衆生の持つ本質的な部分に着目して言うならば、それは差別でも悪でもなく、卑下したり批判する必要もないのである。(36)

おわりに

本論では、基の教学における人間観について考察を行い、第一節では五姓各別説の概要として『仏地経論』を取り上げ、無性有情にも諸仏のはたらきかけは常に行われていると論主が考えていることを確認した。第二節では理行二仏性説と菩薩種姓に着目し、そこから読み取れる人間観の厳しさに着目した。第三節では『法華玄賛』の声聞観を取り上げ、声聞定姓についても『法華経』を通して大乗仏教を信じ尊重するという、いわば大乗との共生の道が開かれており、理仏性の立場から見た時には、五姓は等しく真如としての仏陀の現れであるという解釈について、先行研究に基づきつつ取り上げてみた。

五姓各別説は先天的に信仰の選択肢とその結果が制限されるという差別的側面が注目されがちだが、現実世界において、たとえば上座部仏教や仏教以外の宗教などを重んじ、それに満足する人々がいるとき、大乗仏教の側から、それをどうとらえるかという問題が生じることになる。大乗仏教の理念として悉有仏性・悉皆成仏（理仏性）を掲げつつ、現実に存在する人々の違いを実際の行動（行仏性）に基づいて積極的に認め、自らも大乗仏教徒にふさわしい行いを目指そうという、両者のバランスのもとで成り立つ人間観については、グローバル化した社会における仏教のあり方について考えるときに、一つの理解の仕方として有益なのではないかと思う。

註

（1）五姓各別説と悉有仏性説や一乗思想との相違から生じた様々な議論に関する研究としては、常盤大定『仏性の研究』（国書刊行会、一九七二年）、富貴原章信『中国日本仏性思想史』（富貴原章信仏教学選集第一巻、国書刊行会、一九八八年）が中国と日本における仏性論争の全般的な経緯を扱う代表的な研究書として知られる。近年では、吉村誠「唐初期の唯識学派と仏性論争」（『駒沢大学仏教学部研究紀要』第六七号、二〇〇九年）において、基の時代に至るまでの両者の論争の経緯が、要点をふまえつつ簡潔にまとめられている。この論争に関わる個々の仏教者の思想については枚挙に暇が無いため、本論に関連するもののみ、以後脚註等で紹介することとする。

（2）近年、基および彼と同門である円測の五姓各別思想に関する研究は、吉村氏と橘川智昭氏を中心に進められてきている。橘川智昭「円測による五性各別の肯定について――円測思想に対する皆成的解釈の再検討――」（『仏教学』第四〇号、一九九九年）。吉村氏の研究成果については、多数の論文が近年『中国唯識思想史研究――玄奘と唯識学派――』（大蔵出版、二〇一三年）として集成され、刊行された。

（3）鍵主良敬「大乗菩薩道における声聞の位置について」（『印度学仏教学研究』第一一巻第二号、一九六三年）一五九頁。

（4）太田久紀「特別講義　唯識教学の人間像」（『教化研修』第三二号、一九八九年）三二頁下段および三七頁上段。

（5）五姓各別思想の典拠となる経論については、深浦正文『唯識学研究　下巻：教義論』（大法輪閣、二〇一一年、オンデマンド版〈初版は永田文昌堂から一九五四年に発行〉）、および保坂玉泉「五姓各別と成仏不成仏の問題」（『駒沢大学研究紀要』第一六号、一九五八年）にて詳しく検討されている。

（6）佐久間秀範「瑜伽行派の実践理論が教義理論に変わる時」（『哲学・思想論集』第三一号、二〇〇五年）。同「『瑜伽師地論』に見られる成仏の可能性のない衆生」（『哲学・思想論集』第三二号、二〇〇六年）。同「五姓各別の源流を訪ねて」（『真言密教と日本文化〈下〉：加藤精一博士古稀記念論文集』ノンブル、二〇〇七年）。

（7）佐久間前掲論文「『瑜伽師地論』に見られる成仏の可能性のない衆生」一五五頁参照。

（8）大正蔵二六、二九八、脚註一によれば、以下「種性」とある箇所について、宋版、元版、宮内庁版はすべて「姓」とする。
（9）吉村前掲書論文「唯識学派の五姓各別説について」二三八頁以降を参照。
（10）深浦前掲書、六三七―六三八頁。
（11）佐久間前掲論文「五姓各別の源流を訪ねて」二七七頁を参照。
（12）基と円測の説との比較や、基に至るまでの理行二仏性説の展開については、吉村前掲書第二篇第三章を参照。
（13）最澄『法華秀句』中本（『伝教大師全集』三、五五頁以降）を参照。
（14）『金剛般若論会釈』については、一般に基撰とされるが、基の門弟が彼の監修のもとで執筆した可能性がある。拙論（林香奈）「基撰『金剛般若論会釈』の真偽問題について」（『東アジア仏教研究』第一一号、二〇一三年）。
（15）大正蔵四〇、七二五上、脚註二五に基づき、「智」を削除した。
（16）原文では「慧」だが、『瑜伽論』（大正三〇、四七九上）に「恵施広大」とあることから、「恵」に変更した。
（17）原文では「抵」だが、『瑜伽論』（同右）に「終不抵誑」とあることから、「誑」に変更した。
（18）原文では「罪」だが、『瑜伽論』（同右）脚註八により「情」に変更した。
（19）吉村前掲書、六八―六九頁。
（20）船山徹「龍樹、無著、世親の到達した階位に関する諸伝承」（『東方学』一〇五号、二〇〇三年）。この論文では、最勝子造、玄奘訳『瑜伽師地論釈』に「無著菩薩位登初地」（大正三〇、八八三下）とあり、また基の『唯識二十論述記』に『弁中辺論』の護月釈の説として、「世親菩薩、先住地前順解脱分廻向終心。聞無著説此弥勒頌、令其造釈、得入加行初煖位中」（大正四三、一〇〇九下）とあることが指摘されている。
（21）「言声聞人得授記者。声聞有四種。一者決定声聞。二者増上慢声聞。三者退菩提心声聞。四者応化声聞。二種声聞如来授記。謂応化者退已還発菩提心者。若決定者増上慢者二種声聞、根未熟故不与授記。」（大正二六、九上）
（22）奥野光賢『仏性思想の展開――吉蔵を中心とした『法華論』受容史――』大蔵出版、二〇〇二年。

(23) 基や円測といった玄奘門下における一乗観が、小乗に相対する単純な大乗ではなく、二乗や人天乗の存在意義も肯定した包括的なものであることは、複数の先行研究で明らかにされている。橘川智昭「円測教学における一乗論――基教学との比較において――」(『東洋大学大学院紀要』第三二号、一九九五年)。師茂樹「法相宗の「一乗方便」説再考――諸乗義林を中心に――」(『印度学仏教学研究』第四七巻第一号、一九九八年)。吉村誠前掲書第二篇第二章。

(24) 橘川智昭「理仏性と行仏性」(『東アジア仏教学術論集:韓・中・日国際仏教学術大会論文集』第一号、二〇一三年)。

(25) 「諸法忍能遠塵。諸法智能離垢。由彼最初於諸諦中妙聖慧眼為自性故。(以下略)」(大正三一、七三五下)

(26) 「説此勝義了義教時、於大会中有、六百千衆生、発阿耨多羅三藐三菩提心。三百千声聞、遠塵離垢、於諸法中得法眼浄。一百五十千声聞、永尽諸漏心得解脱。七十五千菩薩、得無生法忍。」(大正一六、六九七下)

(27) この「遠塵離垢於諸法中得法眼浄」という文章は阿含経典にも頻出しており、吉蔵はそれもふまえて「此の義は乃ち応に大小に通ずべし」と解釈したのではないかと思われる。

(28) 末光愛正「法華玄賛と法華義疏」(『曹洞宗研究員研究生研究紀要』第一七号、一九八六年)。

(29) 平井俊栄『法華玄論の註釈的研究』春秋社、一九八七年。

(30) 橘川前掲論文「理仏性と行仏性」を参照。

(31) これは基以前から行われ、吉蔵にも見られる。奥野前掲書第三章を参照。

(32) 不愚法については、『勝鬘経』において、一乗との関係で用いられている(大正一二、二二〇下)。不愚法の阿羅漢や縁覚は、必ず大菩提を得るのであり、それは声聞乗と縁覚乗が大乗(仏乗)に「入る」からである。法雲『法華経義記』をはじめ、これに言及する註釈書は複数あるが、基が「定姓の声聞」の意味で不愚法の声聞を取り上げるのは、『成唯識論述記』に阿陀那識の存在について、定姓二乗の「不愚法の声聞も亦信聞する」が、行性がないため「修を造らず」とあることによると考えられる(大正四三、三五〇下)。

(33) 橘川前掲論文「理仏性と行仏性」一七四―一七五頁。

（34）基の章疏における理仏性についての記述はかなり少ないが、『法華玄賛』に「此依行性以説有無。已下多依行性而説。理性遍有故、依有非無。勝劣異故、天親摂論亦言。上乗・下乗有差別故。菩薩・声聞各分三蔵」（大正三四、六五六中）として、行性には有無があり、理性は遍在していることが述べられている。世親の摂論でも大乗と小乗には差別があるとされ、これが行性に基づいていることから、基の章疏に明記されてはいないが、理性の立場に立てば、そのような仏性の有無や機根に基づく差異・差別がなくなる、いわば諸仏の視点が実現されることになろう。

（35）吉村前掲書第二篇第三章を参照。

（36）このような表現は、いわゆる本覚思想的解釈に基づく現実世界の諸問題の肯定につながるのではないかという趣旨のご指摘を、発表の場にていただいた。おそらく同様の感想を持たれた方は多いであろうし、筆者もその可能性は承知している。よって、誤解を避けるために、「衆生の持つ本質的な部分に着目して言うならば」という限定の一文を挿入させていただいた。基は、理仏性と行仏性の関係についてあまり踏み込んでおらず、理仏性的視点が現実社会の中で差別などを助長させる可能性を持つといったケースについても言及していない。彼にとって理行二仏性説は悉有仏性説との会通が主な目的であり、基本は行仏性・五姓各別にあったと思われる。なお、基が実際に二乗の仏教者と接触したことはあるのか、という趣旨のご質問もいただいたが、現存する資料からは確認できないことを申し添えておきたい。

キーワード　五姓各別説、理行二仏性、『法華玄賛』

セッションNo.1の発表に対するコメント

藤　嶽　明　信

今年度のテーマである仏教における「人間」定義の諸相について、セッションNo.1では、親鸞と法然の人間観を取り上げて新井俊一氏と伊藤真宏氏から発表があった。親鸞も法然も阿弥陀仏の信仰に生きた人である。よって新井氏は、人間について阿弥陀仏との関係を中心にして発表された。伊藤氏は、人間を死や煩悩の問題を抱えた存在として捉え、その凡夫が阿弥陀仏の救いを了解し、確信をしていく過程について法然を通して発表された。以下、両氏の発表について要点およびコメントを述べさせていただく。

一、新井俊一氏の発表「人間と阿弥陀仏の時間・空間における関わり
――親鸞浄土教における人間観――」について

新井俊一氏からは「人間と阿弥陀仏の時間・空間における関わり――親鸞浄土教における人間観――」と題して発表があった。発表は「はじめに」と続く五項目によって構成されている。以下、私なりの受け止めを記す。

「はじめに」では、『歎異抄』の言葉を取り上げて、救われ難い人間が阿弥陀仏の名号を称えることによって浄土への道を進むのであるとの救済論の全体像が述べられている。そして、このような救済における人間と阿弥陀仏と

の関わりについて、時間と空間の観点から考察するのが本発表の主旨であると述べられている。

「1．無量寿と無量光の働き」では、阿弥陀仏について述べられている。ここでは「阿弥陀」の名義である無量寿と無量光を中心に述べられている。「無量寿」が意味するように三世（過去・現在・未来）の全時間を貫き、「無量光」が意味するように十方（東西南北・四維・上下）の全空間に亘ってはたらく、これが阿弥陀仏であると述べられている。

「2．衆生・人間の有り様」では、人間に関して二点（①流転の生、②末法の時代）から述べられている。①流転の生：衆生が久遠の昔から六道のなかを流転・輪廻し、仏法に出遇わなければ、業と因果の法則に縛られて、限りなく迷いの生を続けていくと述べられている。新井氏は人間に関して時間的および空間的な観点から次のように述べている。迷いの人間は、有限で直線的・不可逆的・通時的な時間のなかで生き、有限の空間を出ることがない。②末法の時代：人間の直線的・不可逆的・通時的時間を典型的に示すものとして末法思想が取り上げられている。釈尊から時が経つほど仏教が衰え、人間は限りなく絶望的な流転をたどってきた。阿弥陀仏の救いは釈尊の時代以前からあるのであるが、聖道門の仏法が効果をなくした末法の時代においてますますその輝きを増してきた。このように述べられている。

「3．阿弥陀仏・諸仏・諸菩薩による衆生済度の働き」では、阿弥陀仏および諸仏・諸菩薩が衆生を済度しようとするはたらきに関して四点（①八相成道、②化身の循環的出現、③往相回向と還相回向、④諸仏）について述べられている。以下要点を記す。八相成道は、時間論からいうと循環的時間と捉えることができる。／法然などは化身である。／人間のまわりには数え切れない還相の菩薩がいる。／親鸞は諸仏を身近な信心の人と見なしている。／このような諸仏・諸菩薩が我々の身の回りにあることによって、我々は知らないうちに浄土の時間・空間に組み込まれていることになる、と述べられている。

「4．阿弥陀仏の時空と人間の時空の接点」では、阿弥陀仏の超越的時間と人間の不可逆的時間との関係が考察されている。諸仏の称名を聞いて阿弥陀仏の本願を信じる信心獲得の瞬間とは、人間が決定的に浄土の時・空に迎え入れられた瞬間である、と述べられている。

「まとめ」では、次のように述べられている。人間の時間と空間とを超越した阿弥陀仏が、さまざまな方便によって人間を苦悩から救い出そうとする。人間は阿弥陀仏に救われるだけではなく、他の衆生を救う側に立つことができる存在である。

新井氏の発表に対して、四点ほど質問を中心にコメントさせていただいた。

一、空間（論）を軸にした阿弥陀仏と衆生との関係について：阿弥陀仏の浄土は無辺際であるから、人間が住む穢土もそのなかに包含されていることになる。このように新井氏は述べておられる。しかし経典には「法蔵菩薩、今すでに成仏して、現に西方にまします。此を去ること十万億の刹なり。その仏の世界を名づけて安楽と曰う」（『大無量寿経』）、および「これより西方に、十万億の仏土を過ぎて、世界あり、名づけて極楽と曰う」（『阿弥陀経』）などと説かれている。これらの経説はどのように了解されるのか。

二、時間（論）を軸にした阿弥陀仏と衆生との関係について：「五劫」「不可思議兆載永劫」と説かれる時間についてどのように考えるか。新井氏は、阿弥陀仏は寿命無量であること、また無量寿と無量光は能持と所持の関係にあることなど、果位・阿弥陀仏の時間論を中心に述べられた。しかし発表では本願にも言及されているのであるから、因位・法蔵菩薩の時間論も取り上げてもよいように思われる。親鸞は「弥陀の五劫思惟の願をよくよく案ずれば、ひとえに親鸞一人がためなりけり。されば、そくばくの業をもちける身にてありけるを、たすけんとおぼしめしたちける本願のかたじけなさよ」（『歎異抄』）と述べる。また「ここをもって如来、一切苦悩の衆生海を悲憫して、不可思議兆載永劫において、菩薩の行を行じたまいし時、三業の所修、一念・一刹那も清浄ならざることなし、真心ならざることなし」（『教行信証』「信巻」）と述べている。このように親鸞は、因位・法蔵菩薩の願行について「五劫」「不可思議兆載永劫」と説かれる時間に着目しながら述べている。そしてその莫大な時間の長さには、救い難い衆生の迷いの深さと、その衆生を如何にしても救おうとする如来の大悲心の深さが表されているといえよう。このような因位・法蔵菩薩の時間論に関してお尋ねしたい。

三、他者観について：新井氏は、阿弥陀仏および諸仏・諸菩薩が衆生を済度するはたらきを論じるなかで、諸仏とは信心を獲得した人であると述べる親鸞の文章を取り上げている。そのことに関連して、親鸞の人間観・他者観をお尋ねしたい。親鸞による人間観・他者観とは、信心獲得の人と未獲得の人とを分けて見ていくだけなのか。そのような一面がある一方で、それとは異なる人間観・他者観があるのかお伺いしたい。

四、住正定聚と往生と証大涅槃、これらに関する時間論および空間論について：人間が信心を獲得して浄土に往生し大涅槃を証する、それらのことは時間論においてはどのように了解ができるのであろうか。また娑婆と浄土とは空間論においてはどのように捉えることができるのか。

また会場からも次のような質問があった。時間に関して「静止的・超越的時間」や「循環的・超越的・共時的時間」と表現されているが、それはどのような意味なのか。

新井氏からは以下の内容を中心に応答があった。

無量寿は慈悲を表し、無量光は智慧を表す。また浄土と阿弥陀仏とは別のものではない。浄土に関して空間的に「十万億の仏土（を過ぎて）」といわれ、また阿弥陀仏に関して時間的に「兆載永劫」といわれることも、阿弥陀仏のさとり・智慧・慈悲の深さを距離（空間的）と時間の大きさに換算して表しているといえる。また『阿弥陀経』

には「十万億の仏土を過ぎて」といわれる一方で『観無量寿経』には「阿弥陀仏、此を去りたまうこと遠からず」といわれている。これらは阿弥陀仏の智慧と慈悲は、人間の智慧と慈悲に比較にならないほど深く大きいが、私たちを救うために傍におられることを表しているのであって、矛盾しているのではない。

他者観については、信心を得た人も得ない人も、仏の目から見れば「一子地」ということで、どちらも自分の一人子のように可愛いのではないかと思う。そして仏の慈悲は全ての衆生に及んでいるが、信心を得た人は仏の慈悲に目覚めている人であるから、浄土に往生することが約束されている人といわれるのである。阿弥陀仏は衆生が心を開いて目覚めるのを待っておられる。

時間に関して「超越的時間」とは、仏の時間は人間の時間を超越していることを意味している。「循環的時間」とは、その仏が人間を救うために人間の時間のなかにさまざまにはたらくことを意味している。

二、伊藤真宏氏の発表「法然における凡夫救済の原理」について

伊藤真宏氏からは「法然における凡夫救済の原理」と題して発表がなされた。法然における人間としての苦悩・絶望、そのことが求道や仏教との出遇いによって確信へと導かれていく過程を、法然の生涯を通して見ていこうとする発表であった。発表内容としては八項目が掲げられている。以下、私なりの受け止めを記す。

「1、宗教→人としての最大関心事《死》の超克・超越＝仏教」では、人間の最大関心事として死を取り上げている。人間は生きている間を善とし、死で全てが終わるから死を悪として捉えていく。そしてその死の恐ろしさなどの乗り越えや解決を求めてきた。その問題に対して宗教・仏教は、生と死が同等との価値を与えた。それまで恐ろしく、また無意味に思われていた死に価値をもたらした。

「2、証り（悟り）＝真理・真実→四諦＝苦集滅道」では、仏教においては証り（悟り）が苦集滅道の四諦を通して表されていることが述べられている。

「3、四苦八苦＝生老病死／愛別離苦・怨憎会苦・求不得苦・五蘊盛苦」では、釈尊は人間に苦集滅道の四諦を分からせるために、四苦八苦（生老病死／愛別離苦・怨憎会苦・求不得苦・五蘊盛苦）などを通して、一切が苦しみに満ちたものであることを提示した、と述べられている。

「4、願望と起きてくる現実とのギャップ＝苦」では、苦とは何かとあらためて考えてみると、おそらく願望と起きてくる現実とのギャップということになるであろう、と述べられている。それは、死にたくはないのに死ななければならないというようなことである。

「5、現実存在としての「私」」では、人間は死ぬものであると頭では理解できていたとしても、自分自身のこととしてはなかなか理解できない問題が取り上げられている。そこにあるのが人間の煩悩性とか我執とかいわれる執着である。

「6、法然の出家→父の死と遺言」では、法然が出家した動機として父の死と父の遺言があることが述べられている。父の遺言によって、法然は仇討ちを断念して出家していったと考えられる。

「7、法然の述懐　絶望（苦悩）→希望（自信）→救済（確信）」では、比叡山での修行および念仏との出遇いに関する法然の述懐が取り上げられている。法然は出離・解脱を求めてあらゆる学びや修行をしたが、それらは三学（戒・定・慧）に収まると述べている。そして法然は、自分自身は戒・定・慧を実現することができないものであると述べている。それは誤魔化しのない自分自身への洞察である。法然は、悪業煩悩によって雁字搦めになっていることに深く絶望した。そこで法然は「我等ことはすでに戒定恵の三学の器にあらす」と語るのであるが、その「我等」という表現には自身のみならず同じ時間と空間を生きる人間への気付きがあると思われる。そのような絶望の淵に立ちながら、法然はついに善導による念仏の教えに出遇っていった。それは絶望のなかから希望を見出したということである。

「8、浄土教思想の真実性を立証した法然の生きざま（三昧発得→生死を超越）」では、法然四十三歳における善導の教言との出遇い、そこから法然六十六歳における三昧発得に至るまでの過程が考察されている。念仏信仰における三昧発得という宗教体験によって、浄土や阿弥陀仏の存在が確信され、また念仏が間違いのないものであると確信されていった。この確信において『選択集』は撰述されたものであろう。そして念仏信仰においては何時死んでも問題はないというように、生と死が同等であるという価値観がもたらされている。そこには絶望から希望への展開、さらには確信へとの展開がある。人間とは戒定慧の三学の器ではないが、そのことを自覚したところに宗教的な真実に触れることができる。このように法然浄土教は語っているといえよう、と述べられている。

伊藤氏の発表に対して、五点ほど質問を中心にコメントさせていただいた。

一、死と出離生死について：死が人間にとって深い関心事としてあること、そしてそのことが釈尊や法然の出家の動機として大きく関わっていたという発表に異論はないが、その上でお尋ねしたい。法然の父の遺言には「はやく俗をのかれ」「みつからか解脱を求」などとあり、出離・解脱を求めることが述べられているが、このことと死の問題との関係をお尋ねしたい。次に、法然の比叡山での修行における関心事とは、死であるのか出離生死であるのか。そもそも死と出離生死の問題とは、同じ問題なのか、別の問題なのか。法然は修道を成し遂げることの困難さへの絶望を語っていると思われるが、その絶望にも死の問題を見ていくことができるのかどうかをお尋ねしたい。

二、煩悩を具足した凡夫について：法然は人間について煩悩具足の凡夫であると述べるが、法然による煩悩観の中心を占める内容や有様があれば示してもらいたい。それは妬みや欲などのことか、あるいは修行を妨げる心の散乱などのことか。
三、念仏道における三昧発得の位置付けについて：法然は念仏や浄土教思想の真実性を三昧発得によって確信したと伊藤氏は発表された。その三昧発得とは、あくまでも法然における重要事項に留まるのか、あるいは念仏の道を歩む人には共通した重要事項なのかをお聞きしたい。
四、人間の救済観（摂取不捨と往生）について：法然は、摂取不捨の利益を蒙るのは平生のときであると述べ、また臨終の来迎や往生浄土を述べている。摂取不捨と臨終来迎と往生浄土、これらには救済に段階性があることが語られているのか、あるいはそうではないのか。法然による救済観についてお尋ねしたい。
五、他者観について：念仏信仰によって、人間観・他者観の転換があるのであればお聞きしたい。
また会場からも質問があった。一つめの質問は、確信する前の生と後の生とでは生の意味や価値がどのように違ってくるのかについて。二つめの質問は、『選択集』撰述と三昧発得とは必然的な関係にあるのかどうかについて。


伊藤氏からは次の点を中心に応答があった。

最大関心事は、人によってそれぞれあるとは思う。しかし、死は誰にでも関わる問題であり、また釈尊の出家の動機としても示されることであるから、死を例として取り上げた。あらゆる場面に死が関わるという訳ではないが根本的な問題であろう。法然においても、父の死をきっかけに出家した。そして法然の修行においても、死にたくないのに死ななくてはならないという人間存在の問題と、証り（悟り）を開きたいのに証り（悟り）を開けないという問題は、同じくあったと思われる。

凡夫の煩悩については、散乱とかさまざまに述べられている。煩悩による迷いに関しても、死にたくないのに死ななくてはならないというギャップとか、その煩悩を取り去らなくてはならないのに取り去れないギャップとか、迷いということでは同じように捉えていくべきではないかと考えている。

三昧発得については、法然浄土教においては三昧発得がなくても浄土には往生できる。そういう意味では、三昧発得は法然にとっての特有の場面であるとはいえる。けれども、我々においても三昧発得という宗教体験があったならば、念仏信仰の真実性を正しく了解できるであろう。そのような意味で三昧発得は重要であろうと思われる。

平生とか臨終とかといわれるのは救いの段階性を表すのかについては、自信において阿弥陀仏の光に照らされるのであり、そこにおいて阿弥陀仏によって救われるのだと了解することになるのである。ただしそれが継続するかというと、そのことを忘れたりするところに凡夫性があるが、自信においてすでに阿弥陀仏の光に照らされるのである。だから三昧発得や確信に至ってこそ救われるというのではなく、自信においても救いはある。

死を超克する前と後では違いがあるのかについては、格段の差があるといえる。死を恐れなくなるのである。それは死で全てが終わるとか、だから今何かを為さなくてはならないとかという不安がなくなる。そういう意味での安心が得られる。

『選択集』撰述と三昧発得との関係については、法然は三昧発得によって確信が得られ、そのところに九条兼実の要請に背中を押されて撰述したものであろう。このように考えることができるように思う。

セッションNo.2の発表に対するコメント

狩野　恭

はじめに

「人間とは何か」というテーマでのふたつの研究発表に関するコメントを記すにあたって、以下の三点を確認しておきたい。第一に、今回筆者がコメントを担当したふたつの発表のテーマと内容は、それぞれに多くの研究史を有しており、また、仏教における認識論や修道論など多くの問題と関わっている。これらの研究や問題について筆者が網羅的知識を持ちあわせていないことはいうまでもなく、したがって、コメントは限定的にならざるを得ないという点である。第二に、筆者は「論評」するのは容易であるが、実際の文献にあたって格闘するのは容易ではないと認識しており、いわゆる「論評」なるものをあまり好まないので、できる限り、「提案」や「課題」というかたちで述べたい。そして第三に、かつて、本『日本佛教學會年報』第七八号において榎本氏が述べられたように、以下では、筆者の考えを述べることは必要最小限とし、気づいた点をできる限り「提案」や、これからの「課題」として順次述べることとする。

今回のふたつの研究発表は、比較的若い世代の研究者による意欲的な発表であり、まずもってその積極性を高く評価したい。しかも両テーマとも、文献学の発表に、特に若い研究者のそれにしばしばありがちな重箱の隅をつつくような問題の取り上げ方ではなく、大きな問題につながるテーマを堂々と論じている点、好感がもてる。

一、佐藤智岳氏の発表「一切智者論から見た「人間」」について

佐藤氏の発表はいわゆる「一切智者」の問題を、煩悩障（kleśāvaraṇa）、所智障（jñeyāvaraṇa）という二障の除去との関わりから、主に『タットヴァ・サングラハ』（TS）、『タットヴァ・サングラハ・パンジカー』（TSP）を典拠として論じたものである。「本発表では、この規定（煩悩障、所智障を除去すれば一切智者になる）に基づき、煩悩障や所智障の除去という観点から、一切智者とはいかなる者か、そして二障を除去していない非一切智者である人間が一切智者になり得るのか、ということを「一切智者章」の記述を中心に検討する」とし、結論として、「一切智者となるのは「大悲を備えた菩薩」であり、声聞・独覚は煩悩障のみが除去されていて菩薩との差異がある。ただ、TSやTSPには一乗真実説も記述され、煩悩に苦しむ者たちも仏陀、一切智者になる可能性がしめされる」としている。そして「今回確認した一切智者像は、他者理解が根底にあるといえる」とした。全体として非一切智者の一切智者への可能性という論の目的が、設定された観点からしっかり果たされていて、「人間とは何か」というテーマにも合致した発表であった。以下には、気づいた点と将来的課題を簡潔に述べたい。

まず第一は、一切智者とはいかなる者かという一切智の内容についてである。これは、所知障の内容とも関わるが、「あらゆる形象に関する智」と、いわゆる「四聖諦」や「捨てられるべき、また受持すべき真理」との関係については、従来の研究やそれに基づく佐藤氏の発表では、前者が後者二者とはひとまず別であるとの前提で議論が行なわれているようにみえる。仮に全く別の内容であるとすれば、なぜ、どのような文脈で「あらゆる形象に関する智」という概念が一切智の内容として現れ、従来の「四聖諦」や「捨てられるべき、また受持すべき真理」に関

する知では不都合であったのかが問題となろう。また、もし両者が何等かの意味で関連しているとすれば、その関連性が注目されねばならない。というのも、この点は次の吉田氏の発表の中でも言及されているように、四聖諦の解釈、四聖諦に対する修習の問題に関わるからである。そして、このことは、所智障という概念がなぜ、どのようにして出現したかという根本的問題とも関わる可能性がある。筆者は、「あらゆる形象に関する智」という考え方は、「四聖諦」や「捨てられるべき、また受持すべき真理」に関する知という考え方の大乗的解釈から生まれたものである可能性があるのではないかと考えている。一見別個にみえる、一切智の内容の相互の関連性について、ダルマキールティも含め、再検討が必要ではないであろうか。

第二は、第一の点と関連するが、声聞・独覚は煩悩障のみを除去し、菩薩がさらに所知障をも除去して全智者と「なる」あるいは、「なりうる」という図式がどの程度明確に述べられているのかという点である。この点に関しては、菩薩と二障の除去との関係が問題となろう。佐藤氏も述べるように、カマラシーラによって一切智者性は二障を除去したものにあると言明されているからである。佐藤氏自身が「まだ明確に答える準備ができていない」というように、この点に関してはさらなる考察が必要であろう。さらにこのことは、一乗真実説がＴＳＰにおいてカマラシーラによってどの程度認められているかという点にも関わる。佐藤氏も確認しているように、ＴＳＰにはその確たる根拠は乏しい。とすれば、この点については、やはり一乗真実説が述べられている『中観明論』さらには『修習次第』との比較検討も必要であるように思う。所智障の除去の問題と、非一切智者が一切智者になりうるとして、その可能性の問題と、どのようにしてそこへたどりつくことができるのか、また、その中で、佐藤氏のいう「他者理解」がどのように獲得されるのかという「修習」の問題とは不可分に思えるからである。この点からみても、当然のことではあるが、一切智者論と大乗的修道論とは密接不可分の関係にあり、カマラシーラの他の二著作における記述との比較検討が不可欠ではないかと思うのである。

二、吉田哲氏の発表「修道論から見た仏教の人間観」について

吉田氏の発表は、ディグナーガやダルマキールティといったいわゆる仏教論理学・認識論の伝統の中で、有部アビダルマ的修道論がどのように継承されているかを、ヨーギンの直接知覚、四聖諦、二諦といった問題から検討したものである。そして結論として、仏教論理学派の人々も、四諦の各行相や三慧の体系などを重視していること、また、ダルマキールティの考える修習（bhāvanā）、反復経験（abhyāsa）はその内容によって迷いにも悟りにも向かうことになるという。

吉田氏の論点は、これまで部分的にしか言及されてこなかった、仏教論理学派の中に仏教における伝統的修道論がどのように受け継がれているのかという問題を正面から取り上げているという点で重要な問題を提起している。個々の詳細な点についての問題点に立ち入ることはできないが、まず第一は、「ヨーギンの知覚」が修所成慧（bhāvanāmayī prajñā）をはじめとする三慧との関係で論じられている点である。たしかに、ディグナーガにおけるヨーギンに関する記述には、アビダルマにおける三慧の考え方を受け継いでいる点がみられ、また、プラジュニャーカラグプタにも同様の記述がみられるが、ただ、そのことをもってして、ディグナーガやダルマキールティ自身が三慧の考え方を重視していると結論づけるのはやや危険であるように思える。三慧の考え方は仏教における「智（慧）」に関する基本的な考え方であるので、修道論の中で伝統的三慧の考え方が現れるのはある意味で当然と思えるからである。

第二は、吉田氏の論点と直接関わりがあるわけではないが、そもそも、ディグナーガやダルマキールティが知識論の中で呼ぶ「ヨーギン」とは、一体、修道論上どのような存在と考えられているのか、という点である。仏教論

理学派では、知識論としての論書の性質上やむを得ないとはいえ、ヨーギンの知覚が認識論上の問題のみとして言及され、その知の性質が議論されるが、肝心なヨーギンそのものの位置づけが必ずしも明確ではない。はたしてこの「ヨーギン」として瑜伽行唯識派のような観法を中心とする瞑想法に基づく行者が想定されているのかどうかは疑問として残る。この種の文献からこの点を読み解くのは容易ではないかもしれないが、知識論と修道論との関わりを論じる以上、この点は避けて通れず、吉田氏が今回試みたように、各文献に散見される言及を拾い集めることによってその位置づけを明らかにすることを今後の課題としていただければと思う。このことは、「修道論から見た仏教の人間観」というタイトルにとって核心的問題に思えるからである。

第三は、やや些細な点であるが、修習（bhāvanā）という概念の問題である。前述のように吉田氏はその結論において「ダルマキールティの考える修習（bhāvanā）、反復経験（abhyāsa）は原理的には人間を迷（い）にも悟（り）にも導き得るものである」としている。この指摘は重要であろう。すなわち、そもそも、一般に「修習」と訳されることが多い bhāvanā は、少なくともダルマキールティにあっては、「何を bhāvanā しているか」によって、肯定的な意味にも否定的な意味にもなるということを示している。このことは、この語が本来ニュートラルなニュアンスをもつ言葉である可能性を示唆する。ダルマキールティだけが特殊なニュアンスで用いた可能性も捨てきれないが、その根拠が考えにくいからである。とすれば、この語は本来、単に「何か新しい状態、力を生じさせる実修」といった意味であると思われる。よく用いられる「修習」という訳語からは、どちらかといえば肯定的なニュアンスが読み取れるので、この点が問題であるのかもしれない。吉田氏が「反復経験」と訳される abhyāsa もしばしば「修習」と訳され、吉田氏が引用するヴィニータデーヴァの記述のように、bhāvanā と同義と解釈される場合もある。abhyāsa の場合、「繰り返し行なうこと」という原義からすれば、必ずしも肯定的なニュアンスをもつとは限らないことは当然かもしれない。そして、これら両者が実践的にどのように異なるのか、あるいは異ならないのかという点も、肯定的意味と否定的意味の両方をもちうるという点とともに、これまであまり明確ではなかったと思える。両語は修道論において重要な位置を占めるので、これらの語が示す具体的内容、そのニュアンスについて、他の文献における両語の用法の違いの検討を含め、今後の課題としていただきたい。

以上、気づいた点を筆者の関心、疑問を中心に列挙した。何分専門外であるので、的外れ、筆者の誤った理解、また、発表者の趣旨とは関わりの薄い点もあるかとは思うが、これからの仏教学を担う若い研究者の今後の研究に少しでも役立てば幸いである。なお、フロアーからの質問も若干あったが、質問の趣旨についての筆者の記憶の誤り、誤解を恐れ、ここに特記することは差し控えた。

セッション№3の発表に対するコメント

伊藤真宏

はじめに

今次学術大会の共同研究テーマ「人間とは何か　人間定義の新次元へ——仏教における「人間」定義の諸相——」は、趣旨にもあるように、仏教の教理・教学が人間をどのように捉えているのかを炙り出すであろう。しかし、様々な人間観が提示されるとき、そこに我々は何を見出すべきか。あるいは仏教という枠組みの中、何かしらの共通項が見出され収斂していくのか。次回の大会に向けて非常に楽しみなことと言える。

このセッションでは、日本浄土教の要というべき源信と、発展型ともいうべき證空について発表された。共通する人間観か、まったく異なる人間観か、その比較はまことに興味深いことであった。

一、ロバート　F.　ローズ氏の発表「源信の人間観」について

ローズ氏は、源信の人間観について、『往生要集』に説き明かされることを中心に述べられた。『往生要集』には重層的人間観が示されていると指摘。第一に、人間は六道の「人道」で迷い苦しむ存在とし、第二に、源信の時代

認識（時機観）に基づいて、濁世末代の衆生は菩薩行が困難な存在とし、それらを分析した。

第一については、「大門第一厭離穢土」に詳述される六道の苦のうち、「人道」に注目して、源信は、人間を不浄、苦、無常の三側面から捉えていると指摘した。

源信の、特に体の不浄についてを取り上げ、外観がいくら美しくても体内は不浄に満ちており、体内には糞が蓄えられ清浄にするのが不可能とし、さらに、愚かな人間は美しい外観に執著し、体内が不浄に満ちていることに気付かない、という。

苦に関しては、源信の「この身は生まれし時より常に苦悩を受く」を挙げ、生まれてから死ぬまで苦の連続であるという。その根拠を源信は『大宝積経』に求め、赤ん坊の苦や、内苦（病気の苦）と外苦（外から逼る苦）ということがあることを指摘。

無常については、源信が様々な経典を引用して、人間の命は儚く、一瞬で過ぎ去るということを強調しているといい、たとえ長寿で裕福でも死を免れないことを強調していると指摘した。

つまり、源信は人間というものについて、外観が美しくても体内は不浄であり、それに気付かずに外観に執著し、生まれてから死ぬまで苦悩の連続であり、死を免れ得ぬ存在である、と認識していた、と指摘。

第二については、濁世末代の衆生である人間は、そういう状態から速やかに厭離すべき存在であるという。六道を輪廻してきたのは仏道修行を怠ってきたとし、今こそ極楽浄土に往生すべきと説く。それは大門第二欣求浄土の中の「十楽」で、特に「増進仏道の楽」は、極楽浄土こそ仏道修行が成就する場と説明されていることを指摘。娑婆世界の衆生は、苦を受ければ憂い、楽を受ければ執著するので、発心、修行しても、解脱から遠いという。

娑婆世界では仏道修行は困難だが、極楽浄土では修行が容易にできるゆえに、源信は『往生要集』で浄土往生を勧めていると指摘する。

またローズ氏は源信の往生について、菩提心の重要性を指摘された。源信は、道綽の『安楽集』を引用して菩提心を述べるところで、源信にとって浄土往生は、自分の救いを求めるだけでなく、一切衆生と共に無上菩提を求めること、と捉えていると指摘。浄土を求める上では、発菩提心が不可欠という。「昇沈の差別は心にありて、行にあらざる」という源信の言葉を根拠に、菩提を得るか迷いに留まるかの分かれ目は、志にある、というのが源信の菩提心と指摘している。

ローズ氏が指摘した、源信の人間観とは、人間とは、不浄であり、苦の存在であり、儚い存在であり、だからこそ濁世末代の衆生は菩提心をもって極楽往生を目指すべき存在と見ていたということになろう。

恵心流・檀那流という天台宗の二大潮流を形成した源信の、①特に天台宗における特徴が人間観の上で見られるのか。また、②菩提心という意味でも天台宗において特徴があるか、と質問をした。①については、天台宗における人間観の特徴はいわゆる「煩悩即菩提」にあるといい、源信とは明確な差があるようであったが、源信以降は、天台宗に回帰していく。源信は、法然に近いとも答えられた。②では、源信は、菩提心については、天台宗におけるそれと同じように大切にされていると指摘。菩提心がなければ往生できず、四弘誓願もあるように、源信には、衆生救済のために往生する、という心持ちがある、と答えられた。

二、中西随功氏の発表「證空にみる人間の理解」について

中西氏は、法然の『登山状』『一紙小消息』を受けて、證空は『女院御書』で人間の存在について、「受け難き身」であり、無始以来、煩悩により輪廻していて、たとえ人の身を受けても仏法に出会うことは稀である、といい、六道輪廻するのは、浄土の教えに逢わず本願力を信じていないため、と指摘。『五段鈔』や『自筆鈔』などという

證空の著作から、證空の人間観を探られた。

まず、受けた人身は無常であるといい、生老病死の四苦など様々な苦を受けるといい、この避けられない苦も、浄土の教えに出会い信心が確立すれば、臨終して浄土往生が成就することは疑いない、この浄土への信心が肝要であるという。

また、現世は末法にして悪世であって、時は降り機は衰えて修行するものがいない現実、六道を輪廻する間の造罪は、慚愧なく積み重ねていて愚かなことと指摘。そういう状況下で、人間としての身を受ける本意は、まさに仏法との出会いにあると述べている、という。

さらに證空は、六道輪廻のものは釈尊の経説に出会って、その仏の恩徳を受けて出離解脱できるといい、特に阿弥陀仏と諸仏の滅罪の対比に注目すべきという。衆生は無始以来六道輪廻の間に無量の罪障を重ねており、念仏の滅罪の利益がなければ往生は成就しないといい、諸仏では造罪は滅することができない、という。よってたとえ仏法に出会っていても自力修行では道果は得られないとしている。證空は、滅罪について、「滅罪ハ懺悔ノ力ナリ」と言っていると指摘。滅罪は懺悔によって得られると中西氏は説く。

輪廻転生の間に重ねる造罪は、慚愧なく積み重ねられ、善悪共に輪廻の業となり、出離の縁がない中で、仏法、とりわけ浄土教との出会いが肝要となる、と指摘。阿弥陀仏の本願力こそが、衆生が六道から出離解脱できる方法であることを明かしているという。

また證空は、解脱について、現世の解脱と来世の解脱があると述べるという。現世の解脱は釈尊の『観無量寿経』の教旨により得られる解脱で、これは現世の念仏信仰の確立の上に得られるという。来世の解脱は、阿弥陀仏の本願力により得られる解脱で、これは他力の救済に全てを任せる上に必ず得られるという。

中西氏が指摘した、證空の人間観は、仏法との出会い、とりわけ浄土教との出会いのための人の身であり、その人の身は四苦をはじめとするあらゆる苦を受ける存在だが、臨終に阿弥陀仏の本願力によって必ず往生する、という信心を得られれば、苦を超克できる、つまり人間の苦の解放ということが明かされる、ということであった。他にも證空における人間の理解においては、機教相応、仏凡相応、本願（弘願）相応などの用語が関連するとのことであった。

證空の思想において人間の位置づけがどのようなものであったか理解できたが、①輪廻するものが釈尊の教説に出会い、仏の恩徳によって出離解脱するのは人界でのことなのか、また、②「仏凡相応」「本願（弘願）相応」についても何を意味するのか伺った。①については当然、人界のことであろうとの見解であった。それは人間の存在意義を表しているとも思われて、意義深いという感想を抱いた。②については、浄土宗西山義における根源であると答えられた。つまり十劫正覚の昔に往生は決定していることをいい、阿弥陀仏の出現と衆生救済の成就が一体というべきものと理解した。その意味においては鎮西義とも共通している。

むすび

天台宗における源信と、浄土宗における證空の共通点と相違点は、今回のお二人の発表では、全てが明らかになったとは言えまいが、少なくとも、共通点として、人間は「苦」の存在であるということ、相違点は浄土を目指す際の、菩提心の有無ということになろう。周知のように菩提心の有無については、教義上の相違であり、その相違点を述べる場ではないので触れないが、テーマの「人間とは」に注目した場合、共に「苦」の存在と見ていることは興味深い。苦を受ける人間が、念仏によって阿弥陀仏の極楽浄土に往生する、ということにより、救われることが明らかであり、救われるのには、人間としての存在に意義があると言える。

セッション中に両氏に対して様々な質問があった。全てを挙げないが、ローズ氏は、「現代との対話に道を提示できうるか」と問われ、はじめは古い思想と考えたといいつつ、現世に生きるものが煩悩に振り回されている状況を鑑みれば、それを超えていく道を提示していると思ったと述べ、十分なメッセージになりうると力強く主張されたのが印象的であった。中西氏は、阿弥陀仏にしか滅罪作用がないという発表内容に関わって、「懺悔は自力か」との質問に、「念仏をどう捉えるかによるが」と前置きしつつ、「阿弥陀仏の光に照らされて懺悔となる」と答えられた。阿弥陀仏の光明に滅罪作用があることは『無量寿経』に説き明かされており、正しい認識である。

浄土教思想が現代と未来の人間に対しても、「苦」の解決を探ることがある限り、力を発揮できる可能性を感じることができたというのが私の印象である。

セッションNo.4の発表に対するコメント

松本峰哲

今回の学術大会は共同研究テーマとして「人間とは何か　人間定義の新次元へ」、そして特に二〇一六年度のサブテーマとして「仏教における「人間」定義の諸相」が設定されている。また学術大会プログラム掲載の「趣旨」において、研究の目指すものとして「仏教の教理・教学が持つ多彩な学説の特徴を最大限に発揮し、様々な立場から「人間」についての原理的な定義を見出すことを目指す。様々な経典・学派、宗派、思想の特徴に依拠した「人間の定義」が発表される予定である」とある。このことをまず確認した上で、セッションNo.4おいて発表された三名のご発表についてコメントしたい。なおコメントについては、この拙稿が掲載されている同誌に各氏の玉稿が掲載されているはずであるので、発表内容の概略を示すことがメインではなく、評者が学術大会でご発表を拝聴した時にコメントさせて頂いたことと、評者の質問に対して各氏にお答え頂いた内容、そしてフロアの方々との質疑応答の内容を中心にまとめたい。

一、根本裕史氏の発表「ツォンカパの人間観」について

根本氏は、チベット仏教ゲルク派の大成者であり、帰謬論証を中心に空思想を論じたツォンカパの人間観について発表された。

ツォンカパは人間存在を論じる上で初期仏教以来の無我説を基本としているが、それに基づいた人間定義を論じるにあたり、仏教諸学派共通の説と帰謬論証派の説を分けて考えている。

まずツォンカパは、仏教諸学派共通の人間定義を「蘊の集合体に対して概念的に設定された施設有」であるとするが、この定義は正覚を得たものには当てはまらないとし、このことから「正覚を得たものである仏陀は人間ではない」と明確に定義するのが大変興味深い。ところがツォンカパは、この施設有が唯識におけるアーラヤ識など、独立自存の実有的存在を認めていることになるとして、結局実有的我を認めるのは異教徒と同じだと厳しく非難している。このことについて根本氏は、ツォンカパの『善説真髄』から「異教徒が蘊とは別のものとして構想する、内的な行為者としてのプルシャがあるとする把握の対象であり（以下略）」を引用され、この「異教徒」をサーンクヤ学派と説明されたが、評者はそこに疑問を持った。サーンクヤ学派におけるプルシャは、外的無活動の存在であるはずだからである。根本氏は発表後の評者の質問に対して、異教徒をサーンクヤ学派とするのは後世の註釈に従ったものであるとお答えくださった。しかしサーンクヤ学派のプルシャ理解の特徴はプルシャが無活動であることであり、引用箇所だけから判断する限りはサーンクヤ学派のプルシャと同じとは考えがたい。

さて、それではツォンカパ、あるいは帰謬論証派の人間観とは、人は分別によって措定された概念的なものに過ぎず、無分別智によって見れば、人は全く見いだせない実体の無いものであるとする。ところが同時にツォンカパ

は、人は実体が無いが幻のように存在し、この幻のような人が業を積み、苦楽を経験すると説明する。実体の無いものが経験をするということが成立するのか。評者は専門が後期密教であるが、この点に少し違和感を感じた。後期密教では身体を使った瑜伽を元にした修行が行われるが、その場合、実体の無い身体で行を行うことで功徳は生まれるのか、生まれた功徳を実体の無い身体が受けるのか、この点が疑問に感じられた。このことに関しても、根本氏よりご発表後の評者の質問に答える形で次のようにご解説頂いた。

ツォンカパの説く密教の行法である生起次第においては、行者が空であることを思念することが基本にある。そして空である自分が様々な尊格として生起するとする。ツォンカパは空性を実体的なものとして捉えており、空性が元になって様々なものが生じるのであるとする。ツォンカパは無我説、無自性を修道論から捉えているところに特徴がある。行者が三昧に入った無分別の境地から見れば人は全く存在しない。行者が三昧から出て後得智を得た状態で見ると、人はあたかも幻の如く現れるのである。

根本氏の指摘される修道論という視点は、評者にとって幻の如き人間の理解として手がかりとなるものであったが、一方で「空性を実体的なものとして捉える」というところに、アーラヤ識を否定しながらも結局は空性を実有的に捉えているのではないかという疑問が最後に残った。

二、乾仁志氏の発表「密教における「人間」定義」について

乾氏は日本密教の人間定義について、特に空海の『即身成仏義』を中心に発表された。

密教の人間定義は、大前提として「関係性の中で成り立つ存在」と定義した上で、広く仏教における関係性とは縁起の法則であり、これが密教においては六大縁起として理解され、この六大縁起思想は空海提唱のものであり、

その思想的根源が華厳の円融無碍の思想、互相渉入の理論にあるとする。一方で、空海の教えの根底に自心仏の思想と本覚思想の二つがあるとして、これらが根幹となって即身成仏思想があるとする。そしてこの即身成仏思想を説くのが『即身成仏義』である。『即身成仏義』の冒頭に説かれる偈頌において「六大無礙常瑜伽」とあるように、六大縁起は即身成仏思想の重要な根本理念であり、ここから即身成仏思想という枠組みの中で、六大縁起、自心仏の思想、本覚思想が密教の人間定義として結びついたのである。そしてこれらのことから乾氏は、密教の人間観として、人間は本来的に仏と同じく悟れる存在でありながら同時にそのことに気づかない煩悩にまみれた存在であるという、いわば迷悟兼ね備えた存在であり、ここに密教の人間存在に対する尊厳性が見られると指摘された。

評者が意外に感じたのは、この後乾氏が『即身成仏義』の思想について偈頌を中心に論じられ、特に偈頌中の「重重帝網名即身」「鏡中影像灯光渉入」の語句の典拠を華厳系の経典に求めることによって、空海の六大縁起の思想が華厳思想を根拠にしていること、そして『即身成仏義』の空海撰述真偽問題について論を進められたことである。当然であるが、これは氏のご発表を非難するものではない。六大縁起の根拠を華厳思想に求めることは、空海が『十住心論』において華厳教学を第九住心という非常に高い位置に置いていることとも関係する興味深い論考であり、『即身成仏義』の空海撰述問題も、未だに真偽がはっきりとされていない重要な問題である。評者が意外というか正直少し残念に感じたのは、六大縁起から密教の実体的な人間観とも考えられる三密の思想や、さらにその人間を含めた世界観である密厳国土の思想との関係をどのようにお考えになるのかをお聞きしたかったからである。因みに、この三密と密厳国土については、ご発表後の評者からの質問にお答え頂く形で、密厳国土は仏の現れる世界であり、自心仏、本覚思想の先に密厳国土の思想があること、三密については、密教は観念的世界ではなく具体的・体験的世界を論じることを重要視しており、華厳の観念的世界を具体化したのがマンダラであり、このマンダラ世界を肉体を通して体感するために三密があるとご解説頂いた。

二、佐々木大樹氏の発表「弘法大師空海における「人間」定義」について

佐々木氏は、空海の人間定義についてご発表された。空海の人間定義についてはご発表中に佐々木氏もご指摘されていたが、小野塚幾澄先生の「弘法大師の人間観」をはじめとして、多くの先行研究がある。それにもかかわらずこの論題を設定された理由として佐々木氏は、近年、空海の著作年代に関する研究が進んだことによる過去の研究成果の再検討の狙いがあることを述べられていたが、実際のご発表は当に空海の著作の記述を時系列で追うことによってその思想の変遷を明らかにしており、目的を十分に達成されていると感じた。また佐々木氏は、自心仏の思想を中心に論を進められたが、発表では人間という実存の肉体的イメージに拘って、あえて自心仏という言葉を使わず「自仏思想」という言葉を設定し、使用された。このように佐々木氏が、今回の学会のテーマを強く意識しながら論じられていることに評者は強い感銘を受けた。

さて、氏のご発表を振り返ってみたい。空海の自仏思想は入唐以前の著作には見いだせないが、入唐中に恵果から相承したことに関する記述からは、後に自仏思想につながる三平等の思想が見える。このことから、空海の自仏思想の源泉は師である恵果阿闍梨の教えにあることが推測される。ところが帰朝直後の著作には自仏思想への言及が殆ど見られず、しばらくしてから著作に三平等の思想が示されるようになる。そして『弁顕密二教論』において、自仏思想を示すものとして本覚の語が初めて使われ、晩年の著作になるほど多用されてゆくという。評者は不勉強で、本覚というと所謂天台本覚思想のイメージが強く、空海が本覚の語を多用しているイメージがなかった。密教の成仏論でいうと、本有の成仏と修正の成仏という考え方があるが、評者には、天台本覚思想では本有の成仏に大きなウエイトが置かれ、修正の成仏が疎んじられているイメージが強い。では空海が本覚という言葉を使った場合、

この二つの成仏のどちらにウエイトが置かれているのか、また時代によってそのウエイトの置き方に変遷があるのであろうか。このことについて佐々木氏に質問させて頂いたが、ご回答では、本有か修正かという問題については明確に答えることができないが、空海は様々な著作を通じて、本覚という言葉を非常に広い意味で使っているようであるとご解説頂いた。このことについては、さらなるご研究に期待したい。

氏のご発表では、この後空海の著作では曼荼羅思想と自仏思想が結びつけて説かれるようになり、特に『即身成仏義』において六大思想が提示されることによって、三平等の思想が心から身の平等、つまり自心仏から自身仏へと重点が変化しているとのことであったが、これは空海の実体的人間観、そして世界観として大変興味深いものであった。

四、フロアからの質問

各氏の発表の後、フロアの方々からの質問があったので、ここに質問の内容とそれに対する各氏のご回答を簡単にまとめておきたい。

一つ目は、空海の自仏思想は、中国の三階教が説く「自分自身の仏を拝む」という所謂自拝思想と関係があるのかとのご質問であった。三階教は北斉の時代の教えであるから、空海が直接影響を受けていなくても、恵果阿闍梨がこの影響を受けていたのではないかとの質問者からのご指摘であったが、これにお答えになった乾氏、佐々木氏共に解らないとのご回答であった。

二つ目は、根本氏のご発表に対する質問で、発表のレジメに示されたツォンカパの『善説真髄』からの引用において、自立論証派はアーラヤ識を認めないので輪廻において相続するのは意識であるとするが、そうであるならアーラヤ識を認めるのなら相続するのはアーラヤ識とする論議になるはずだが、ここではそのようには説かれていないし、そもそもアーラヤ識は不可知なものであるのに「人とはなにか」という文脈においてアーラヤ識が論じられることに意味があるのかとのご質問があった。これに対して根本氏は、この箇所はあくまでも唯識よりも中観派、そして中観派の中でも自立論証派より帰謬論証派が優れていることを論じるためにツォンカパによって作為的に書かれているということを考慮すべきであるとのご回答であった。

最後に司会者からツォンカパと空海の人間観は、オプティミスティック（楽観的）か、ペシミスティック（悲観的）かとのご質問があった。乾氏のご回答は、空海は成仏を信じていたという意味では悲観的とは言えず、一方で万燈会願文に見られる三尽句（虚空尽 衆生尽 涅槃尽 我願尽）からは楽観的とは言えないとのことであった。佐々木氏のご回答は、基本的には乾氏と同じく、どちらとも言えないのではということだが、空海は悲観的動機から出家し、入唐後は自分の生というものに対する根本的な悲観を持ちながらも楽観的な方向に変化していったのではということであった。最後に根本氏のご回答は、ツォンカパに対して人間存在を根底から否定するという意味では悲観的かもしれないが、一方で実体はないにもかかわらず幻としての人が善業を積むという思想からは楽観的なものが見られ、結局は空海と同じように悲観的とも楽観的とも言えないとのことであった。

最後に

今回の三氏のご発表はツォンカパと空海に関するものであったが、ツォンカパが人間の実在性を根底から否定するのに対して、空海は自心仏思想に見られるように、人間存在を仏身と同等であるとするなど実在性を否定しないことが非常に対比的で興味深く、そういった意味では、共同研究テーマにおけるセッションは大変有効であったと思う。しかし一方で、ツォンカパと空海は共に密教に関する人物であると見ることができるが、根本氏の今回のご発表は中観帰謬論証派としてのツォンカパが主で、空海と密教という同じフィールドで論じられなかったこと、そして図らずも乾氏、佐々木氏がアプローチは少し異なるが、同じ空海の人間観を論じられたことに少しバランスの悪さを感じたのも事実である。セッションテーマを密教に統一するなど、セッションにおける発表者の共通テーマやそれに対するアプローチ方法を考慮すれば、それぞれの研究成果からさらに新たな知見が得られたのではないかと、今回、三名のご発表がそれぞれ大変興味深い結論を提示されていただけに残念に思えてならない。そしてなによりも最後に、三氏の素晴らしいご発表に対して浅学な評者が、大変失礼なコメントしかできなかったことを心よりお詫び申し上げたい。

セッションNo.5の発表に対するコメント

宮下晴輝

一、横山剛氏の発表「アビダルマ範疇論の基礎をなす仏教的な人間理解——存在分析における五蘊の位置づけをめぐって——」について

『倶舎論』界品に五位が説かれず五蘊が説かれていることに関し、Frauwallner や櫻部による見解では、有部の範疇論における五蘊の位置づけや機能についての考察が不十分であったとして、本発表は、『倶舎論』で説かれる五蘊の意義を再検討しようとするものである。

論点は三つあり、第一は、五蘊が雑染と清浄の原因になること、第二は、勝義のアビダルマが随伴をともなう無漏の慧であり、それは無漏の五蘊であるとも説かれているから、五蘊はアビダルマにおける〝存在の分析〟の中心にあるということ、第三は、五蘊が見処であること、すなわち有身見の対象になることである。

たしかに五蘊にはこのような意味があるということができるだろう。さらには、第二と第三の論点は、それぞれ順に清浄と雑染の根拠を示すものでもあるから、第一の論点の内容を表わすことになるであろう。このように五蘊が特徴づけられるならば、五蘊の意味が多少なりとも見直されたように思われる。

第一の論点である、五蘊が雑染と清浄の因（saṃkleśa-vyavadāna-vastu）であるということについては、もう少し検討が加えられるべきではないだろうか。この語句は、有部の教義学のなかで、どれほどの意義をもつものなの

だろうか。教義学上の思想史的位置が確かめられてはじめて、『倶舎論』中のこの語句の意義をはっきりと受けとめることができるようになるだろう。というのは、『倶舎論』以前にこのような表現が多用されているわけではないし、「雑染と清浄の因」という表現は、どこかしら新しさが感じられるからである。この点は、十分に確かめた上でのコメントではない。むしろ明らかにしていただけるものならばお願いしたいという意味である。

また有部の教義学では、雑染や清浄の根拠を五蘊でないと表わせないというのではなく、別にも表現できるであろう。とすれば、以上のことで、五蘊という概念の特徴をより十分に了解することになるにしても、それが五位を説かない理由となるであろうか。

五位は、諸法の整理という点から見れば、きわめてすぐれた概念である。そのことは、Frauwallner や櫻部が指摘していることである。しかし、はじめに五位説が説かれなかったということについては、なるほど彼らが十分に解明したとはいえないだろう。そうとはいえ、その理由を、世親は五位を説きたかったのに権威に縛られて説けなかったのである、というだけでまとめてしまうのは少し簡単に過ぎるのではないだろうか。

また発表者は、先の三つの論点からなる五蘊の特徴が仏教の基本的な人間観に他ならないという。いったいどういう人間観であるのか。もう少し説明がないと了解しにくいのではないだろうか。しかも発表者は、阿含経における五蘊説と切り離して有部のアビダルマにおける五蘊説が論じられると考えているようである。とすればそれは有部の教義学における人間観であって、阿含経のそれではないかも知れない。こういう疑念も出てくるのではないだろうか。

二、福田琢氏の発表「阿闍世説話に見える説一切有部の人間観」について

本発表は、阿含経や律に伝えられる阿闍世の救済に関わる記述を、「最も消極的な」パーリ長部の『沙門果経』から、漢訳の増一阿含や有部律に伝えられる「無根信」にいたるまでを、整理したものである。そしてさらに、その「無根信」の意味を、『婆沙論』によりながら考察検討しようとしたもののようである。

発表者は、阿含経の中には「在家者の仏道」を表わそうとしたものがあるということを明らかにしようとする課題があるからか、その観点から「無根信」を解そうとしたようでもあり、そのことを有部の文献を介して論じようとしたのでもあろうか、聴者には発表の狙いを定めることができなかった。

いうまでもないことであるが、発表者による阿闍世説話の整理は、発表資料によるだけでも、特段にすぐれたものであった。これにもとづいたさらなる精密な考察を期待したい。

発表資料を見せていただき思うことであるが、『婆沙論』は「無根信」の「無根」について、五通りの解釈を示している。それでもやはり、阿闍世に信が生じたというところに、この説話の力点があるだろう。最も消極的なパーリ長部の『沙門果経』であっても、阿闍世は仏陀に帰依している。これもまた、不安におびえる生活の中に信頼できるものがあったという信を表わすものである。だから安眠できるようになったというのであろう。

発表冒頭では、阿闍世だけでなくアングリマーラの例にも言及している。どちらも罪を犯した者の救済の例である。おそらく発表者はここに、出家と在家の決定的な相違を見るのであろう。しかしまずは、出家であれ在家であれまったく等しく、罪を犯した者が仏陀に帰依したというところに、信の生起を見るべきではなかろうか。そしてそこに仏教の人間観を見てとることができるのではないだろうか。

セッションNo.6の発表に対するコメント

石井清純

セッションNo.6は、禅の人間観に関して、菅原研州氏および中島志郎氏よりご発表をいただいた。菅原氏は現代の曹洞宗の人間観について、中島氏は中国最初期の禅宗史についてのご発表であり、それぞれにコメントさせていただくこととしたい。

一、菅原研州氏の発表「曹洞宗の人間観
――その伝統と今後の展開について――」について

宗祖の研究から、現代社会の諸問題への曹洞宗の宗派的対応について言及されている。発表資料に「広いテーマを敢えて扱うため、いちいちの検討は不十分になる嫌いはある」とあるが、たしかに扱っている事例ごとの繋がりが希薄である印象が強い。この点については、原稿段階で修正されていることを期待しつつ、ここでは口頭発表時の各テーマについて個別にコメントを試みることとしたい。

1、曹洞宗における人間観研究

ここで示される内容は、宗派の祖の研究において、どこまで対象を「人間」として扱うかという問題提起と承った。その問題意識の中で、「傑出している」成果と評価されるのが、佐橋法龍『人間道元』（春秋社、一九七〇年）と『人間瑩山』（春秋社、一九七九年）である。私見では、宗祖を「人間」と明記し、科学的分析のもとに、人として扱い、それを現代社会へ落とし込もうとする、他にはない試みであることは事実であるが、それを宗祖に対する研究態度の代表とすることには、いま少し注意が必要であったと思われる。

曹洞宗では、派祖を二人立て「両祖」と称する。そのうち道元禅師は特に、人間としての生き様が美化され、さらに『正法眼蔵』の難解さが加わることによって人としての性格が捨象され、「仏という高い境涯からの目線」のみが重視される傾向にあったことは事実である。

それを、客観的な学術研究の俎上に載せようという動きが、じつは曹洞宗の宗学の成立と展開の歴史となる。ただ、それは極めて難しいものであったことは、「人としての道元」を小説化しようとした里見弴氏の挫折が如実に物語っているといえよう。しかし、それでもなお、学術的に道元禅師の「人間像」を抽出し、その思想を、宗教学、仏教学、歴史学の手法を取り入れることによって描き出そうとする試みは、昭和初期より、不断に継続されてきていたといえる。その先鞭となったのが、歴史的に道元伝の虚構部分をそぎ落とす作業であったことは発表の通りである。

その後、従来の曹洞宗学の枠組みを大きく打ちこわさないまでも、仏教学や宗教学という広い視野から捉え直そうとする試みは数多くなされてきている。それは、榑林皓堂『道元禅の本流』（大法輪閣、一九八〇年）における、「公案」としての『正法眼蔵』解釈や、鏡島元隆『道元禅師と引用経典・語録の研究』（木耳社、一九六五年）における出典研究など、曹洞宗学を専門とする研究者による新たな研究方法の提示であり、また、高崎直道・梅原猛

『古仏のまねび〈道元〉』（角川書店、一九六九年。再刊一九九七年〈角川ソフィア文庫〉）における「身心脱落」の語源定義に端を発した論争であった。

このように、道元研究の方法論の摸索は継続的に行われていると認識すべきである。発表者が指摘する、人間観に基づいた道元研究が、次節に触れる町田宗夫宗務総長（当時）の第三回世界宗教者平和会議（一九七九年五月）における発言に基づく人権問題によって方向を変えたとする解釈は無理があるであろう。

道元研究、延いては曹洞宗学は、現在では、中国禅思想史研究における唐代禅と宋代禅の、それぞれの特徴の明確化の流れの中で、道元禅を、その延長線上のどの地点に位置づけるか、すでに石井修道『道元禅の成立史的研究』（大蔵出版、一九九一年）において方向付けがなされており、いまは、それを確認展開する段階にきているということができるであろう。

2、人権問題について

前項でも触れたように、発表者は、世界宗教者平和会議において、日本の部落差別の存在に対して否定的な発言をした町田氏の発言に端を発した、確認・糾弾会および人権学習によって、「人間観研究が大きく舵を切った」とされる。たしかに、これは曹洞宗において大きな動きではあった。ただしそれは、すでに仏教各宗派が、その必要性を感じ実践してきたことに他ならない。

曹洞宗の場合は、そこから「本覚思想批判」という原理主義的な意見が発生してきたことが特徴といえることは、発表の通りである。そしてこのような現象が生じた要因のひとつに、人権意識の確立への動きが他律的な契機によるものであったことがあることも、発表において指摘された通りといえる。

ここに、時代や地域において変容しつつ今に至った「人間観」を、どの位置に定義してゆくかという課題が明確になったといえるであろう。特に、宗祖の「人間観」を、どのように現代社会にも適用させてゆくか、あるいは、その限界はどこにあるか、を峻別し定義してゆく必要性が提示されたということになろう。

これについて道元研究においては、すでに石川力山「道元の《女身不成仏論》について」(『駒澤大学禅研究所年報』一号、一九九〇年)において、道元禅師の女人成仏説が中世的限界を出ていないことが指摘されている。これは、ある意味、思想史研究においては当然の結論といえるが、石川氏はさらに、そこから、それをいかに現代の社会的な状況に落とし込み活かしてゆくかという課題を提示している。この発表において提起されていることも、これと文脈を同じくしているということになるであろうか。

3、震災ボランティアについて

発表者は、他律的な人権意識が、東日本大震災を契機に変化したとされる。たしかに、震災後に、多くの人々の意識も、また宗教者の意識も大きく変化した。筆者自身も、現在進行形で避難児童生徒の教育支援活動を行っているが、そこにおいて、従来の「仏教者」あるいは「僧侶」に対して求められていたこととはかなり相違する要求が存在していることを実感している。

その要求は、精神的な依り拠としての期待といえ、指摘のとおり「坐禅」中心の宗旨をそのまま適用することはかなり難しい。このような現実に即した対応の必要性は、ひとり禅宗にとどまるものではなく、宗派や宗教を超えて実感されているものであり、それが、東北大学における寄附講座として始められた、「臨床宗教師」の必要性へと繋がっていったということができよう。

かかる状況へ対応するためには、発表にもあった、「救済」とは、「相手との関係性の上にこそ存在する」という意識が重要となる。これも首肯しうる意見といえる。

発表者は、対応の延長線上にある曹洞宗の人間観を、「共生」に置くことを結論として述べられている。これは、次年度の課題となってゆくものであろうことを予想しつつ、「曹洞宗としての共生」とは、いかなる形を取ってゆくことになるのか、という質問をもってコメントを締めくくりたい。

二、中島志郎氏の発表「禅における成仏論」について

中島氏の発表は、禅の法系に依拠した歴史観に、明確で大胆な問題提起を行ったものと承った。

禅宗は、所依の経典を持たぬがゆえに、釈尊より伝わる「法系」を重視する。それをもって、法の正統的な継承の証明とするのであるが、現在では、それらがほぼ創作であることが明らかになっている。この事実の上に立って、禅の人間把握について、禅宗成立前夜に遡って思想的定義をされたのが中島氏の発表といえよう。その指摘の中心となるのは、六祖で完成されたとされている禅思想の多くが、じつは道信において確立された宗風が、その後、六祖に至るまでの間にすでに多くの「中国仏教的」変容を受けつつ展開してきたものであるということである。

中国禅宗における祖師の系譜は、創始者の菩提達磨以下、以下のように連なる。

達磨―慧可―僧璨―道信―弘忍―慧能

これは、釈尊から西天二十八祖を経て菩提達磨へ至る「正法」の証なのだが、じつにこれらの系譜は後世の創作であることは、すでに柳田聖山『初期禅宗史書の研究』（法藏館、一九六七年、二〇〇〇年に再刊）において明らかにされている。中島氏の発表は、この「新たな」禅宗史研究の流れを意識し、そこから初期の禅者僧団の再確認と、禅修行で求められるものを明確化しようとしたものであるといえよう。

この禅宗史研究のスタンスを踏襲し、明確化した近年の成果として、ジョン・R・マクレー『虚構ゆえの真実

――新中国禅宗史――』（小川隆解説、大蔵出版、二〇一二年、原題 Seeing Through Zen 二〇〇四年）があげられる。そこにおいてマクレー氏は、禅宗史における虚構の解釈について、「禅研究におけるマクレーの法則」と題し、次のような分類を試みている。

一、真実ではない、それゆえに、より重要である。

二、法系の主張は、それが強力であればあるほど、真実から離れている。

三、記述の詳細さは、不明確さを意味する。

四、ロマン主義は、シニシズムを生み育てる。

（『虚構ゆえの真実』一一―一二頁）

まさに、これが、虚構を虚構として排除するのではなく、その派生した時代的要請に目を向けるべきであるという、柳田聖山氏以降の研究姿勢を端的に表現したものといえるであろう。

中島氏の発表についても、この、「虚構性」や「中国化」の視点からの初期禅の成仏観の再確認を行ったものと理解できる。

まず、禅宗という組織が成立する前段階において、一箇所に定住する実践修行者集団が形成された。それが道信の東山法門である。一般的には、それを継いだ五祖弘忍のもとに神秀と慧能が現れ、慧能の教えが勝っていたためにその後に南方を中心に広まったとされる。

このような解釈が、慧能の弟子、荷澤神会の慧能の顕彰運動によってもたらされたものであり、実質は、弘忍の後に勢力を持ったのは、神秀を嗣いだ北宗系だったというのは、すでに定説となっている。

その意味では、禅宗祖師の評価は、その弟子たちの活躍によって「造り上げ」られていったと考えられる。今回の発表は、そのような、逆向きの思想史解釈に疑義を呈されたものと、私は受け取った。

このような意識のもと、発表者は、禅の人間（自己）把握の淵源に、現代に至る禅思想の大成者としての慧能ではなく道信を置き、その、「随自意三昧」と、『梵網経』の「菩薩戒」という、異端的な宗風を持つ出家者集団が、その後、中国仏教の主流である、「坐禅以主」、「具足戒」の出家集団へと合流していった、その変容を禅宗の歴史と捉えていく。一見ラディカルではあるが、先に触れた禅の歴史観からは、導きうる方向性といえよう。

最後に、発表者に対して、ひとつの疑義を提示してむすびとしたい。発表では「結び」として、「禅の成仏とは菩薩戒受戒（仏位）の事実を根拠にした「覚（見仏性）」の個体的実現であり、「是心是仏」の確信にあった」とされて、また「禅宗は思想標準の継承宣揚ではなく、それらを道具として「仏即覚義」の「個別的実現」を最終目的とするから個体主義である」とされていたが、はたしてここまで言いきることができるのであろうか。

たしかに、唐代の無事禅の流れを見れば、それはある部分では首肯しうる。しかしそれをもってのみ「覚」を語ると、そこには「法の継承」という視点が希薄になりすぎてしまうのではないであろうか。

たしかに、「マクレーの法則」にもあったとおり、「法系の主張」は、歴史的事実とは言い難い。とはいえ、いかに個々人の体験を重視するとはいえ、その一般性普遍性を完全に捨象することはできないであろう。つまり、いかに「覚」が、「個体的体験」であったとしても、それを第三者が確認証明する必要性を捨象してしまっては、禅宗としての独自性は構築されなかったように思われるのである。そしてそれがじつに、禅のもうひとつの特徴と考えられるのではないであろうか。このことについて、発表者がいかなるご意見を持っておられるのか、それを質問としてこのコメントを締めくくらせていただくことにする。

セッション№7の発表に対するコメント

藤井教公

はじめに

本学会では半世紀前の一九六七年に「仏教における人間観」というテーマが取り上げられた。そして今回また共同研究テーマとして「人間とは何か　人間定義の新次元へ」が取り上げられ、サブテーマ「仏教における「人間」定義の諸相」のもと学術大会が開催された。仏教で「人間」を問う場合、五十年前では西洋的近代自我意識の無意識的影響というくくり方が可能であったかのように思われるが、しかし今回の問いは、より差し迫った現代の状況における危機意識のもとに発せられたもののように感じられる。

さて、仏教の立場から「人間」を考える場合、どのような視点から、何を基準に考えるのか。それは五十年前と同じように、仏陀の言葉、仏教経典から考えるほかはない。今回、セッション№7では原田泰教氏の「「六師外道」の人間観」と、則武海源氏の「法華経の人間観」の二つの発表が行われた。両者とも同じく仏教経典に依りながら、前者は仏教が批判の対象として斥けた人間観、後者は本来このようにあるべきとして示した理想的人間観ということができるであろう。その意味では両者それぞれ異なる切り口を呈示したものといえる。

一、原田泰教氏の発表「「六師外道」の人間観」について

原田氏は初めに『梵網経』の六十二見を挙げているが、その主題は「我（attan）」と「世界（loka）」の両者、またはそのいずれかであり、輪廻思想を前提とするとき、死後に自身がどうなるのかが強い関心事であったといえるとしている。

それで氏は次に『沙門果経』に説かれる六師外道の人間観を取り上げ、経中の六師それぞれの所説を紹介する。

①プーラナ・カッサパ（道徳否定論）
②マッカリ・ゴーサーラ（決定論）
③アジタ・ケーサカンバリン（唯物論）
④パクダ・カッチャーヤナ（七要素説）
⑤ニガンタ・ナータプッタ（ジャイナ教）
⑥サンジャヤ・ヴェーラッティプッタ（懐疑論）

右の原田氏の紹介する六師の所説は従来知られている内容を出るものではないが、これらの中には仏教と共通した人間観や認識論をもつものもあるとして、⑤のジャイナ教、⑥の懐疑論を挙げている。すなわち、仏教とジャイナ教においては、「戒律や思想の面で多くの共通点がみられるが、『沙門果経』における解脱論についてみれば、霊魂の実在を認め、業の流入を想定する意味で、異なった立場を取っているといえるが、ただし、バラモン教とは異なり、方法論の異なりを除けば自己の完成を目指した点で、共通した人間観を持っていたともいえよう」とする（一部分改変）。

仏教とジャイナ教との類似点はこれまでよく指摘されていることであって、「方法論の異なりを除けば」という条件句も不必要と思われるほど、両教の近似性を主張する研究者もいるほどである。したがって、この点については新しい指摘とは言いがたい。

また、懐疑論については、「来世の問題や死後の如来（tathāgata）の存在については、明確に判断することができないため、回答を避けたのであって、責任の回避ではない。断言できないことがらについて回答をしない態度は、仏教の無記思想にも相通じるところがあり、仏教との共通した認識であるともいえよう」と述べている。このサンジャヤの懐疑論は人間をどう見るかという点に関しては、彼らが取り上げ、それについて「不可知」としたトピック、たとえば〈善悪の業に結果・報いはあるのか〉などの問題の方が取り上げられるべきであろう。

原田氏は結論として「仏教側からの立場では、「六師外道」として異なる思想、乗り越えられるべきものとして描かれているが、決して荒唐無稽な世界観、人間観を持っていたわけではない、むしろ、仏教と同様に、当時の思想界に一石を投じていたという見方もできよう」としてその意義を認め、さらに「バラモン思想を否定し、人為の効果に疑問を投げかけた点、人間存在が四大に帰すると考えた点など、「六師外道」の説は仏教の人間観と共通する点も多いといえる」として、部分的ながらその意義を認めている。

しかしながら、人間観という視点から見るならば、仏教が「六師外道」を「外道」として斥けた、まさにその点を掘り下げることによって、「六師外道」の人間観がより明瞭になってくるのではなかろうか。

二、則武海源氏の発表「法華経の人間観」について

則武氏は『法華経』方便品の説く仏知見の開示悟入の説は、衆生にその差異はあっても、何らかの仏知見たる仏

性を衆生が備えていることが前提となっているとして、『法華経』は仏性説を根拠とする皆成思想を有していると考えておられるようである。

そしてその上で、『法華経』は成仏観の上で、二種の立場を説くとしている。すなわち、「一つは衆生がいかなる立場・修行の階位にあってもそれぞれの立場・階位において仏の悟りと直結し仏との一体観《ママ》を得るという意味での成仏であり、ここでは三乗は併存し上下の階位は存在しない。もう一方は衆生が断惑の修行によって自らの立場・地位を乗り越え、修行の階位を向上させ、究極的には仏果に至りそれを実現するという意味での成仏である。ここでは、声聞・縁覚・菩薩・仏という上下階位の差異が認められる」と氏はいう。氏は前者を「本覚的成仏観」、後者を「始覚的実践が成立するような成仏観」としている。しかし、これは別な従来の言葉でいうならば、二乗廻心の一乗説、三乗方便の一乗説に近いということができるだろう。『法華経』中にはこの二者の説き方が混在していることは周知のことであるが、この両者の底辺で共通しているのは、どちらも衆生を「仏子」としている点であろう。『法華経』は一切衆生を仏子として、譬喩品で「一切衆生は悉く是れ吾が子なり」と説いて、仏を父、衆生を子とする人間観を説いている。

則武氏はまた、「最終的には「一切衆生悉有仏性」から「一切衆生皆成仏」たるものが一乗思想の理想であろうが、『法華経』では成仏に至る段階で人間に一般衆生から菩薩にいたるまでの三乗という三種属性を設けて、その能力・状態に応じて対機説法等による成仏道が設けられているのである」と述べられている。これはまことにその通りなのであるが、これを強調しすぎると、「一乗真実」ではなく「三乗真実」になってしまう危惧が生ずる。『法華経』はあくまで三乗を方便とする一乗真実を説く経典である。

また、氏は『法華経』が二乗とは異なる立場としての菩薩の役割と実践を説いているとして、仏からの『法華経』の付嘱と、その弘布について言及され、地涌の菩薩の意義について言及されている。

最後に氏は、「『法華経』では「是の処は即ち是れ道場なり」と示され、現実世界のこの時・この場所こそが仏に成る修行の場所であると明言しているのである。この「即是道場」思想こそが、現代社会にあって私たちが理想とする人間像たる仏に近づく修行の場であるのである」として、我々が理想とする人間像は仏であり、その修行の場として『法華経』がこの現実社会をその場所として説いているという。そして、「理想とする人間像たる仏に近づき仏そのものに成るという目的において、迷妄する人間たる衆生を救済するという大目的こそが『法華経』の人間観であると考える」と結んでいる。大目的が人間観であるという意味は、衆生は仏によって等しく救済される存在であるという見方のことであろう。

『法華経』に説かれる人間は、衆生としてすべて「仏子」であり、譬喩品、信解品、寿量品などの各品では父と子の関係で表現されており、授学無学人記品では仏の実子である羅睺羅が説かれている。また、信解品では、長子の息子が父親の財産を継承するという具体的な譬喩によって、仏と衆生との関係が示されている。経からはこのような具体的な例が見いだされるが、今回の則武氏の発表では極めて真摯にテーマを受け止めて、『法華経』の説く本来的な意味での人間観について言及されている。

以上の原田、則武両氏による発表はテーマを真正面から受け止め、それぞれ、真面目に取り組んだもので、発表会場からは終了後、大きな拍手が湧き起こった。

セッション№８の発表に対するコメント

吉村誠氏の発表「中国唯識学派のアーラヤ識説について」について
水谷香奈氏の発表「慈恩大師基の教学における人間観について」について
山部能宜氏の発表「身心論の観点からみた瑜伽行派の人間観
——アーラヤ識説を中心に——」について

早島　理

日本佛教学会二〇一六年度学術大会第八十六回大会の共同研究テーマは「人間とは何か　人間定義の新次元へ」で、サブテーマは「仏教における「人間」定義の諸相」である。

セッション№８は瑜伽行唯識思想に依拠した三氏の研究発表がなされた。そのうち、吉村氏と水谷氏はいわゆる中国仏教の法相唯識（吉村氏「中国唯識学派」）を、山部氏はインド大乗仏教瑜伽行唯識思想を扱っている。

また三氏のご発表は、それぞれ厳密な文献解読に基づく研究であり、同時に瑜伽行唯識思想が有する現代的意義にも言及している。さらに、瑜伽行唯識思想のうち、特にアーラヤ識論に依拠した研究発表であることは三者共通であるが、アーラヤ識論が有する様々な問題点のうち、いわば棲み分けするかのように、それぞれが異なる視点からアーラヤ識論が展開する「人間」について論じていて、結果として、三氏がアーラヤ識論の有する人間観を総合的に取り扱ったといえよう。

瑜伽行唯識学派が論及するアーラヤ識論は、今ここに生きている迷いの存在としての個体存在の輪廻転生するあり方を説明するとともに、輪廻転生する世界におけるあり方について説明している。いわば個としての「わたし」と社会存在としての「わたし」に論及しているのである。さらに、アーラヤ識論は、「生きていること」、「いのち」の説明でもある。三氏の発表は、力点の置き方に違いはあれ、これらの「わたし」についてそれぞれの側面から論じているといえよう。

吉村誠氏は主に『成唯識論』に依拠して、輪廻転生する「わたし」のあり方を、「異熟・種子」「行相・所縁」、そして「慈恩大師のアーラヤ識の解釈」の視点から詳細に論じている。現行識と深層識の八識（現行識：前五識・意識と深層識：末那識・阿頼耶識）からなる識転変の構造における、いわば煩悩の拡大再生産（迷いの存在要素の増大）と煩悩の縮小再生産（迷いの存在要素の縮小）の構造的説明、及び八識の同時因果（この一瞬のわたし）と異時因果（輪廻転生するわたし）の因果的説明をとおして「中国唯識学派」の人間像を明らかにしようとするものである。

このうち、筆者が関心を抱いたのは周知のテーマではあるが、「異熟・種子」のうち「本有義」「新薫義」「合生義」の議論である。特に「合生義」で展開される「聞薫習」（悟りの元手となる無漏の種子を薫じること）の理論である。有漏種子のなかに無漏種子がどのように薫習されるのか、換言すれば煩悩の集合体としかいいようのない「迷いの存在」が聞薫習を通じて「悟りの存在」に転換するあり方である。この問題は『摂大乗論』などでも詳しく論じられているが、「中国唯識学派」の『成唯識論』の詳細な理論は込み入っていて、中国法相唯識に門外漢の筆者には「有漏・無漏」と「聞薫習」との対応関係を完全に理解できたとは言い難いものがある。同様に、「行相・所縁」で展開される「依附」の議論（異熟識に無漏の種子が依附）もやや難解である。筆者のように中国法相唯識が専門でない者に対する、配付資料「参考図表」に提示されているような構造図式を用いた、より丁寧な説明を切望する次第である。

その「合生義」で論及されている「種姓差別」のテーマを正面から論じたのが水谷香奈氏の「慈恩大師基の教学における人間観について」である。いわゆる「五姓各別」の議論である。氏は前半で五姓各別の概要と問題点を概略的に扱い、後半で慈恩大師基『法華玄賛』を中心に声聞乗に焦点を当てて詳細に論じている。ここでの五姓各別説のキーワードは基の「理行二仏性説」である。二仏性のうち、理仏性とは真如法性であり、行仏性とは衆生が仏果を体得する可能性であるといわれる。仏陀の教えに出会いそれを行じていても仏果体得が困難な場合が実際にはあるわけで、このような人間の現実に対する厳しい見方を注視する必要があるだろう。

次に、『法華玄賛』に展開する四種声聞、決定声聞・増上慢声聞・退菩提心声聞・応化声聞についての詳細な説明が続く。その中で橘川智昭「理仏性と行仏性」を参照しながら、「大乗だけではなく、二乗も人天乗も等しく仏陀の教えであり、それらの道を望む者はそのままで真如法性としての仏陀の現れとなる。衆生には機根の違いがあり、五姓各別説によればそれは将来にわたっても埋まらないことになるが、（中略）それは差別でも悪でもなく、卑下したり批判する必要もないのである」と結論づけている。この理解はインド大乗仏教瑜伽行唯識思想と対比させても妥当な判断と思われる。例えば『大乗荘厳経論』で論じられているように、インド大乗仏教瑜伽行唯識思想が問題にするのは、不定種姓の存在である。菩薩であれ声聞・独覚であれ、定姓種姓の者はそれぞれの悟りに決定しているので、それなりに何ら問題はないとされる。問うべきは不定種姓の者である。彼らを菩薩定姓種姓に導き入れるのが菩薩行なのである。その不定種姓の声聞がこの四種声聞の退菩提心声聞に対応すると理解することができよう。彼らは「小乗から大乗へ転ずる者」と位置づけられているからである。この退菩提心声聞と瑜伽行唯識に説かれる不定種姓声聞との関連性について、さらに細かい検証が要求されるところである。

基の人間観について、五姓各別説が有する差別的側面と現実世界における人々の差異を積極的に認める側面の、両者のバランスの上に成立している、という水谷氏の結論は極めて妥当なものであり、現代社会における差別と区別を考えるとき、有意義な視点となるであろう。

続いて山部能宜氏は「身心論の観点からみた瑜伽行派の人間観――アーラヤ識説を中心に――」のテーマで、インド仏教資料に基づきアーラヤ識を「身心相関」の立場から論じている。その端緒は瑜伽行者の瞑想体験の解明に依拠した身心相関の説明であり、極めて明快である。瑜伽行唯識における「身心相関」説の代表的なものは、「安危同一」である。心心所は身体を感覚的なものとして維持し、また両者は常に相関しながら働いているのである。その両者の働きを維持しているのがアーラヤ識に他ならない。このことは『瑜伽師地論』の本地分や摂事分などにも言及されており、瑜伽行唯識学派の伝統的な理解といえよう。

この理解が示すように、アーラヤ識は心心所として働きながら、同時に身体（拠り所）としても説明されている。この身心相関という自覚はいうまでもなく瞑想体験に基づくものであるが、日常経験においても同様である。

さらに氏の提示したアーラヤ識論で重要なことは、「転依」における身心相関性が有する二重の意味である。一つは身心ともに「麁重」から「軽安」へ転換することである。同時にそれは「麁重」を引き起こす「雑染」（煩悩）から「清浄」への転換でもある。氏の表現によれば前者は「感覚的」な転換であり、後者は「倫理的」な転換であるという。この表現（「感覚的」「倫理的」）の妥当性はさておき、転換時に、身心そのものの転換とそれが同時に結果としてもたらす迷いから悟りへの転換という、転換の両側面に言及している点は重要である。

さらに注目すべきは、氏が補足説明時にも言及されたことであるが、「種子」の理解である。氏が「種子とは何らかの粒子ではない」「所依に煩悩を生み出す力があるとき、それを種子と呼ぶ」と説明するように、比喩的表現として「種」や「芽」から想起されやすいのであるが、「種子」は潜在印象であるが、微細な「物質」的なものアーラヤ識説を理解するときにくれぐれも留意すべきことである。

（「タネ」のようなモノ的なあり方）では決してなく、いわば「潜在能力」とでもいうべきものである。このことは

以上のように三氏がそれぞれの立場からアーラヤ識論を中心に仏教における人間観を論じていて、それぞれに有意義な発表であったことはいうまでもない。ただ筆者の立場から次のような「無いものねだり」をしておきたい。

一、迷いの存在を解き明かすアーラヤ識論は、そのあり方が「迷い」であると位置づけられるのは、当然のことながら「迷いを離れたあり方」に比してである。さらにこの「迷いの存在」から「悟りの存在」への転換は、いうまでもなく三性説によって明らかにされる。「唯識義の基盤としての三性説」（長尾雅人）を想起されたい。その意味で、アーラヤ識を通じて人間観を論ずる場合にも、何らかのかたちで三性説に言及することが必要であろう。

二、今回は中国法相唯識の立場から二名、インド瑜伽行唯識の立場から一名が登壇された。アーラヤ識論という共通の論議を展開しながら、やはり両者（中国法相唯識とインド瑜伽行唯識）間の齟齬に隔靴掻痒の思いを抱かざるを得なかった。今さらに始まったことではないが、テーマを絞って両方の立場からの論争を期待する。

三、もう少し大風呂敷を広げておきたい。仏教の立場から人間観を論じるとき、異なる領域の研究者との意見交換も有益であろう。例えば五姓各別の理論は、社会科学の分野からどのように評価されるのか。あるいはアーラヤ識における身心相関の考え方は、医学生理学の領域からはどのように概評されるのか。あるいはアーラヤ識における種子・薫習説とゲノム理論との比較……などなどである。個人的なことで恐縮だが、筆者は縁あって医学部に籍を置いた時期があった。その間、医学部の様々な分野の研究者と「仏教が解き明かす人間像」を巡って議論を重ねた（議論を強いられた?）ことがあり、今もって得がたい経験であったと感謝している。テーマを限定して仏教学とは異なる分野の研究者と論議することは無意味ではない。今回の共同研究テーマの趣旨にも「現代の科学が切り

開く新たな人間解釈と向き合い、仏教ならではの人間定義が展開されることが期待される」と明記されている如くである。

執筆者紹介

（掲載順・平成29〈2017〉年２月現在）

新井俊一（あらい・としかず）
相愛大学名誉教授

伊藤真宏（いとう・まさひろ）
佛教大学准教授

ロバート　F.　ローズ
大谷大学教授

中西随功（なかにし・ずいこう）
京都西山短期大学教授

乾　仁志（龍仁）
（いぬい・ひとし〈りゅうにん〉）
高野山大学教授

佐々木大樹（ささき・だいじゅ）
大正大学専任講師

菅原研州（すがわら・けんしゅう）
愛知学院大学講師

則武海源（のりたけ・かいげん）
立正大学教授

吉村　誠（よしむら・まこと）
駒澤大学教授

水谷香奈（みずたに・かな）
東洋大学助教

藤嶽明信（ふじたけ・みょうしん）
大谷大学教授

狩野　恭（かのう・きょう）
神戸女子大学教授

松本峰哲（まつもと・みねのり）
種智院大学教授

宮下晴輝（みやした・せいき）
大谷大学名誉教授

石井清純（いしい・きよずみ）
駒澤大学教授

藤井教公（ふじい・きょうこう）
国際仏教学大学院大学教授

早島　理（はやしま・おさむ）
龍谷大学教授

山部能宜（やまべ・のぶよし）
早稲田大学教授

原田泰教（はらだ・やすのり）
九州龍谷短期大学准教授

中島志郎（なかじま・しろう）
花園大学教授

福田　琢（ふくだ・たくみ）
同朋大学教授

横山　剛（よこやま・たけし）
京都大学博士課程

根本裕史（ねもと・ひろし）
広島大学大学院准教授

吉田　哲（よしだ・あきら）
龍谷大学講師

佐藤智岳（さとう・ちがく）
九州大学博士課程

人間とは何か　I

二〇一七年一二月二〇日　初版第一刷発行

編　者　日本佛教学会
代表者　加来雄之
（日本佛教学会西部事務所）

発行者　西村明高

発行所　株式会社法藏館
京都市下京区正面通烏丸東入
郵便番号　六〇〇―八一五三
電話　〇七五―三四三―〇〇三〇（編集）
〇七五―三四三―五六五六（営業）

装幀者　高麗隆彦

印刷・製本　中村印刷株式会社

ISBN 978-4-8318-7718-5 C3315

CONTENTS

Articles

Comments

Articles

一切智者論から見た「人間」

佐藤智岳

はじめに

本論は，一切智者（sarvajña）という概念を通して，仏教から見た「人間」について考える。仏陀，世尊が一切智者であるということは，単に仏陀が超人的能力を持つ人間であること，すなわちある種の「人間ゴータマの神格化」[(1)]という枠組みのみによって理解されるべきものではないだろう。少なくとも，これから確認する一切智者に関する議論において，全てを知ることは，人々を教化しようとする際に必要な能力として説かれているからである。一方で全てを知ることは，単に全てのものを知っている訳ではない。その全てのものに対する理解は，真実に根ざしたものなのである。

既に指摘されているように，一切智者という概念は，仏教史において様々に展開し，異なった意味付けが与えられている[(2)]。それら全てを概観し，ここで議論することは，筆者の力量を超える。そのため本論は，仏教における一切智者という概念を考える上で重要と思われる，ある文献の一つの章——その章は一切智者に関する広範な議論を展開しており，また近代仏教学において，一切智者という概念が注目を集めるきっかけともなったもの[(3)]である——を取り上げ議論することにする。

仏陀，世尊が一切智者であるという主張は，仏教史の初期の段階からなされた[(4)]。これに対して，ヴェーダ聖典を権威とするバラモン正統派によって批判がなされる[(5)]。とくに7世紀前半に活躍したバラモン正統派であるミーマーンサー学派の重要人物であるクマーリラ（Kumārila: 7世紀前半[(6)]）によって

なされた一切智者批判は，実に徹底したものであった。彼は，全ての人間はダルマを始めとする超感覚的対象を知覚することができず[(7)]，したがってそれら超感覚的対象を含むあらゆることを知る者（一切智者）は存在しない[(8)]，と主張する[(9)]。

クマーリラによる批判の約100年後，仏教徒シャーンタラクシタ（Śāntarakṣita: ca. 725–788）によって，『タットヴァサングラハ』（*Tattva-saṃgraha*）という全26章におよぶ大著が著された。網羅的といえるほど多くの仏教内外の見解を扱った同書は，最終章（以下「一切智者章」）でクマーリラの批判に反論しつつ，一切智者に関する広範かつ精緻な議論を展開している。シャーンタラクシタの直弟子カマラシーラ（Kamalaśīla: ca. 740–795）は，『タットヴァサングラハ』に対する詳細な注釈である『タットヴァサングラハパンジカー』（*Tattvasaṃgrahapañjikā*，以下『パンジカー』）を著した。彼ら師弟が「一切智者章」で目的としたのは，単に全ての物事を知る人間の論証ではなく，あくまで「法」を始めとする全てを知る者である仏陀の論証である[(10)]。そして，彼らが論証しようとした，一切智者である仏陀こそが，仏教徒によって善逝と呼ばれ[(11)]，また卓越した人（puruṣaviśeṣa）とも表現される[(12)]，他ならぬ世尊である[(13)]。

さて，『パンジカー』は，一切智者に関して次のように述べている。

> なぜなら煩悩［障］と所知障を断ずることで，一切智者性があるから（＝煩悩障と所知障を断ずれば，一切智者になる[(14)]）。

以上のように，『パンジカー』は煩悩障と所知障を除去すれば，一切智者になると規定している。そこで本論では，この規定に基づき，煩悩障・所知障の除去という観点から，一切智者とはいかなる者か，また二障を除去していない非一切智者である人間が，一体，一切智者になり得るのか，ということを「一切智者章」の記述を中心に検討する。

1．煩悩障と所知障

煩悩障・所知障というこれら二障の概念は，瑜伽行唯識派によって用いられ，中観派にも採用されるようになったようである[15]。ただしここでは，二障のうち，とくに所知障が，瑜伽行唯識派などで，どのように理解されてきたかという問題に関しては立ち入らず，『パンジカー』が煩悩障と所知障をどのように考えていたかという点を確認する[16]。

【煩悩障・所知障に関する記述】 そのうち，貪欲などが他ならぬ諸煩悩であり，事実を見ることを礙げるものであるから，煩悩障といわれる。取捨すべき真実である既に経験したものに関しても，全ての形象を知り尽くしていないこと，および［人々に］説明する能力がないこと，それが所知障［といわれる[17]］。

【所知障に関する記述】 また様々な手段によって四諦を明示するから，彼（善逝）の残りのない認識が推論される。［なぜなら彼は］残り（所知障）である，全ての形象の認識と［それを］説明する能力がない特徴を持つものを断じるから[18]。なぜなら，全ての形象の長所と短所を理解していない者であり，またそれを説明することが下手な人は，その通りには理解させないから[19]。

以上の記述をもとに二障を整理すると，次のようになる。

- 煩悩障：貪欲などといった煩悩のこと。
- 所知障：全ての形象を知り尽くしていないこと，しかもそのため様々な手段で四諦を人々に説明できないこと[20]。

一切智者とは単に煩悩を断じた者ではなく，全ての形象を知り[21]，様々な手段で四諦を人々に教えることができる者であることが分かる。たとえ四諦を認識したとしても[22]，それを人々に理解させるためには，あらゆることを知り，それを基に様々な手段を用いながら，相手に応じて説く必要がある[23]。そのためには，所知障を除去し，全てを知る者とならなければならない。このよう

に，所知障除去によって，全てを知ることに，一切智者の教示者（śāstṛ），救済者（tāyin）としての面が見て取れる[24]。

一切智者とはこれら二障を除去した者である。そして煩悩障は，無我の直接知覚によって除去され，一方の所知障は，その同じ無我見を，(1)注意深く，(2)中断無く，(3)長時にわたって修習することで，除去されるとされる[25]。つまり未だ二障を除去していない者であっても以上のような方法が実践可能ならば，彼らも一切智者になり得る，ともいえるだろう。しかしながら，そもそも二障を除去することは可能なのだろうか。

2．煩悩障を除去することは可能か

先に確認したように，煩悩障とは貪欲などといった煩悩のことである。これら煩悩の原因は，外界対象にあるのではなく，誤った我見に基づいたものである[26]。『パンジカー』は，我見が無始爾来のものであり，さらに我見を基に貪欲（我愛・我所愛）が生じる過程を以下のように示している。

> それゆえ，無始爾来のものであり，それぞれ先行する同種［の我見］の繰り返しによって生じた我見は，我所の把握を生み出す。また両者（我見・我所見）が我［愛］・我所愛を［生み出す］[27]。

我々人間が悩み苦しむ要因である煩悩は，無始爾来のもの，つまり無限の過去から続く，根強い我見が根本原因であるとされる。ただしそのことは，我々人間が，根強い我見を基にした煩悩による悩み・苦しみから逃れることができないことを意味しているのではない。我見は人間の本性ではなく[28]，除去可能なものである。『パンジカー』は無我見こそが本性であり，我見は本性ではないと述べている。また彼は，我見があくまで外来的な要因によるものであるとも述べている[29]。

したがって煩悩障の除去ができるか否かは，本性によって決められたものではないといえる。また心の本性について，『タットヴァサングラハ』は次のように述べる。

この心は［自ら］光り輝くものである。なぜなら，真実を見ることを自体とすることは，他ならぬ本性上，成立しているから。一方，複数の垢（煩悩）は外来的なものであると考えられている。(TS 3434)[30]

ここで『タットヴァサングラハ』は，心が輝くものであること，また煩悩が外来的なものであることを明らかにしている。これはいわゆる「心性本浄・客塵煩悩」説を述べたものであろう。

3．所知障を除去する者としない者

煩悩障の除去ができるか否かは，少なくとも本性によって決められたものではないことを確認した。つまり，人間の先天的性質の点から考えると，煩悩は除去可能なものであるといえる。

一方，所知障に関する記述で，『パンジカー』は「所知障除去のための無我の修習」を行う者と行わない者とに言及している。このことは後で検討する所知障の除去ができるか否かという問題にも関係してくるので，まずこのことから確認したい。無我を見る（煩悩障を除去する）が，所知障を除去しない者として，『パンジカー』は声聞などを挙げる。

同じ理由で，声聞など（声聞・独覚）が無我を見ても，［彼らは］一切智者ではない。なぜなら［声聞などは］そのような類の途中の特別な修習がないので，所知障を断じないから。[31]

当該箇所では，声聞・独覚が特別な修習[32]つまり「所知障除去のための無我の修習」を行わないので，一切智者ではないという趣旨のことが述べられている。一方で，哀れみのある者（kāruṇika）が「所知障除去のための無我の修習」を行う者であると示されている。[33]つまり，哀れみのある者が「所知障除去のための無我の修習」を行い，二障（煩悩障と所知障）を除去し，一切智者となるのである。一方，声聞・独覚は，煩悩障を除去しても，そのような無我の修習を行わず，所知障を除去しないので，一切智者とならない。以上のことを整理すると，次のようになる。

• 煩悩障だけ除去している者（所知障を除去していない者）：⑴声聞・独覚，⑵「所知障除去のための無我の修習」を行っている最中の哀れみのある者。

• 煩悩障・所知障を除去した者：一切智者。

また「所知障除去のための無我の修習」に着手する者としない者としては，哀れみのある者と，声聞・独覚とに分類できる。この両者の違いは，そもそも煩悩障を除去する際の動機とも関係している。

4．煩悩障を除去する動機

声聞・独覚と「哀れみのある者」とが共に煩悩障を除去していることは既に確認した通りである。一方これら両者には，以下のように煩悩障を除去する動機に違いが見られる。

> すなわち，まず第一に，生などの苦によって心が苦しめられた者達，［つまり］輪廻に基づき怯えた意を持つ者達は，自分自身のそれ（輪廻 or 苦）の鎮静を求める。彼ら声聞など（声聞・独覚）の覚りによって限定された者達には，輪廻への恐れこそが，無我の修習を求める要因である。
>
> 一方，特別な種姓（gotraviśeṣa）に基づいて，他ならぬ本性（prakṛti）上，他者の利益を為すことだけを喜びとする人々は，行［苦］を始めとする三つの苦しみ（行苦・苦苦・壊苦）によって痛めつけられている世間［の衆生］を見て，悲（kṛpā）に身を委ね，それ（世間）の苦しみを［自らの］苦しみとし，自分自身についての考慮を捨てて，残らず全ての輪廻する人々を，自分自身として受け入れて，彼ら（世間の人々）を救うために決心する。そのような者達にとって，悲（karuṇā）こそが，修習が発動する要因である。［なぜなら］得られるべきもの（目標，滅）とそれ（目標）の原因（道）が見えない人にとって，それ（目標（滅）と原因（道））を説くことは困難であるから。(34)

当該箇所では，煩悩障を除去する者達を動機の違いによって二種に分類している。前者は，輪廻を恐れる声聞・独覚である。彼らは，輪廻に基づく苦しみから逃れるために煩悩障を除去しようとする。後者は，世間の人々の苦しみを自身の苦しみとし，自分自身のことを顧みず，全ての輪廻する人々を救おうとする者達である。悟りとそれに至る道筋とを人々に説き示すためには，まず自分自身がその内容を知っておく必要がある。彼らが煩悩障を除去するのは，人々にそれらを説示しようとする，悲（karuṇā，哀れみ）によるものである。

この対比される両者は，具体的にいうと，声聞・独覚と菩薩である。彼らに関しては，大悲（mahākṛpā）を我がものとした菩薩は全ての衆生を救うために輪廻に留まり，一方の悲（kṛpā）が劣っている声聞・独覚は，輪廻に留まろうとすることなく，直ぐに般涅槃する，と述べられている[35]。

つまり悲（kṛpā）の優劣の差によって，輪廻に留まり衆生を救おうとするのか，あるいは直ぐに涅槃するのかという違いが生まれている。またその悲の優劣によって，煩悩障除去の動機が異なり，さらには所知障除去に着手するか否かが左右されるのである。

さて，先に確認した記述中，後者つまり菩薩に関する箇所で「特別な種姓（gotraviśeṣa）に基づき」という表現が確認できる。この表現は，声聞・独覚，そして菩薩の種姓（gotra）の差異，ひいては三乗思想を予想させる。また，もし仮に三乗真実説が採用されているなら，所知障除去ができない者が存在することになる。

5．一乗と三乗

既に指摘されているように，カマラシーラは『中観光明論』において，三乗真実説を批判し，一乗真実説を論証する[36]。『タットヴァサングラハ』および『パンジカー』において，一乗・三乗説に直接言及するものは，ほぼ確認できない。ただ，輪廻を認めない唯物論者を批判する『タットヴァサングラ

ハ』第22章中に，一乗・三乗思想に言及するものがあるので，確認しておく。以下の記述は，唯物論者が輪廻批判の際に提示した実例が，一乗真実説を採る者達には成立しないことを示す中で述べられたものである[37]。

> またここ（仏陀の教え）で，ある賢者達（大乗の中観派）は，無住処涅槃を有するジナ達（諸仏）を［説き］，また二乗（声聞・独覚乗）がその（仏の）乗に行き着くことを説く。(TS 1916[38])

この記述では，一乗真実説が採用されている。またこの偈に対する注釈で『パンジカー』は，中観派が「この一つの乗だけが，すなわち大乗である」という言明に基づき，声聞・独覚乗の二つが仏の一乗に行き着く，と主張する，と述べている[39]。これらの記述から，『タットヴァサングラハ』『パンジカー』が三乗真実説ではなく，一乗真実説を採用しているという説を立てることは可能であろう。

『タットヴァサングラハ』『パンジカー』最終章を中心に一切智者思想を研究したMcClintock［2010］では，一乗説に依拠して声聞・独覚も，結局は菩薩の種姓（bodhisattva-gotra）に合流し仏となると，カマラシーラなら答えるだろう[40]，という見解が採られている。ただしこの見解が，『タットヴァサングラハ』の記述によってどこまで裏付けられるのか，あるいは『中観光明論』など[41]に基づかざるをえないのかについては，まだ明確に答える準備ができていない。『タットヴァサングラハ』『パンジカー』の中で，この見解を支持する記述としてMcClintock［2010］が示しているのは，先ほどの『パンジカー』の一乗に対する言及のみである[42]。

一方で，三乗真実説を採用しているような記述も現段階では確認できていない。また先に確認したように一切智者は，全ての人々の救済を目的としている。ここでいう全ての人々の救済が，全ての人々が仏陀・一切智者になることであるといえるのならば，自ずとこの問題は解決されるかもしれない[43]。

これ以上この問題を取り扱う準備はできていない。ただし一切智者が，全ての人の救済を願い，教示するという点では変わらない。そして，教示する相手，つまり救済の対象は限定された人々ではなく，全ての人々である。最

後に，改めて，このことを確認する。

6．全ての者に対する教示

対論者クマーリラによって提示された，「シュードラ達に教示する仏陀批判」[44]に対して，『タットヴァサングラハ』『パンジカー』は反論を行う。「カースト」批判が行われるこの反論の中で[45]，『タットヴァサングラハ』は，ヴェーダ論者（バラモン）という限られた者に対してのみ教示を行うマヌ達を無悲を本質とする者（niḥkṛpātman）とし[46]，全ての者に対して教示する仏陀と対比的に描いている。

さらに，少年に至るまでの，世尊達の教示，それは，彼らの他ならぬ偉大さを明らかにする，ということを［シャーンタラクシタは］示す。「悲」云々と。

しかし悲（karuṇā）に依存する者達は，明瞭な真実を見る者達であり，また［彼ら］あらゆる非難を恐れない者達は，全ての者に対して教示を行った。(TS 3570)

また愚かさなどといった過失によって害されている人であればあるほど，主達の哀れみが，彼らに対して起こる。(TS 3571)[47]

ここでは，世尊の教示が，少年をも含む全ての者に対するものであること，このことが世尊の偉大さを示している，と述べられている。また上の『タットヴァサングラハ』第3571偈では，愚かさなどといった過失によって害されている人であればあるほど，世尊の哀れみが起こると述べられている。この偈に対して『パンジカー』は何も注釈を行っていない。当該偈に対して注釈を施していないのは，注釈を施す必要がないほど明解なものだからか，あるいはミーマーンサー学派との対論という点ではことさら議論する必要がないと考えたからなのか，分からない。ただし仏陀の大悲が，いかなる人々に対して，とくにはたらくのか，という観点から見た場合，この偈は大変興味深い。

おわりに

今回確認した記述によると，一切智者となるのは大悲を備えた菩薩であり，これと対比されるところの，自らの苦しみのみを解決しようとする声聞・独覚ではない。まず菩薩は，全ての人々の苦しみを自分自身の問題とし，彼ら全てを救おうと決心する。ただし悟りとそれに至る道筋とを人々に説明するためには，まず自分自身がその内容を知っておく必要があるため，煩悩障を除去する。菩薩が煩悩を除去する要因は，悲（karuṇā）である。つまり菩薩が煩悩障を除去するのは，彼らが人々を救うために，悟りとそれに至る道筋の説示を目的としているからである。さらに菩薩は，自らが知り得た真実を相手に合わせて様々な手段を用いて説法するために，所知障の除去を行う。そしてこれら二障を除去することで，菩薩は一切智者となるのである。

一方，声聞・独覚は煩悩障（煩悩）のみを除去し，所知障の除去には着手しない。ここに全ての人間の救済を願い，二障を除去する菩薩との差が生まれる。この差は，両者（声聞・独覚と菩薩）の悲の優劣と関係する。このような悲の優劣によって，声聞・独覚と菩薩との差が示されているが，一方で『タットヴァサングラハ』『パンジカー』には，「一切智者章」以外ではあるものの，一乗真実説を採用した記述も確認できる。「一切智者章」が論証しようとしたことは，卓越した人（puruṣaviśeṣa）と呼ばれる仏陀，世尊が一切智者であることであり，全ての人が一切智者になることではない。ただし仮に一乗真実説を採用するならば，我見を原因とした煩悩によって悩み苦しむ者達も，仏陀，一切智者になる可能性が開かれる。

一切智者という概念に対する考え方は，個々のテクストによって異なるだろう。またその概念は仏陀の権威などとも関連し，ある一つの統一した見方で一切智者を定義することは困難である。ただ今回確認したような全ての人々に対する説示という点に注目するならば，次のように述べることが許されないだろうか。

「世俗」的生き方をしている全ての人間に対して，その生き方を再考させるために，全てを知る者（一切智者）が，ありとあらゆる手段で，真実を説こうとしているのである。人間がそれぞれ異なる考え方，生まれ育った環境，言語などを持つことを認めた上で，ではどのようにして，そのような人間に教えを説き，悟りへの道に誘引するかということを考える時，一切智者という概念が要請されるだろう。

註

(1) 近代仏教学界において長年にわたり広く支持されてきた「人間ゴータマの神格化という仮説」に関しては，新田［2013］で検討されている。

(2) 川崎［1992: 9].

(3) 川崎［1992: 10].

(4) Cf. 川崎［1992: 3]. 用例としては少ないようだが，仏陀，世尊が一切智者という考えは，パーリ聖典中にも確認できる。(Cf. 川崎［1992: 61ff.], McClintock [2010: 28].)

(5) バーヴィヴェーカ（Bhāviveka）によって著された『中観心論』（*Madhyamakahṛdayakārikā*）第9章のミーマーンサー学派批判の章で，一切智者を批判する同学派に対する反論が行われている。(Cf. 川崎［1992: 6].)

(6) Frauwallner［1973: 10].

(7) TS 3174: tasmād atīndriyārthānāṃ sākṣād draṣṭā na vidyate /vacanena tu nityena yaḥ paśyati sa paśyati//（したがって，様々な超感覚的対象に関して，直接見る者は存在しない。一方，常住なる言明（ヴェーダ）によって見る者は，[超感覚的対象を］見る。) Also see TSP [S 988, 15–18; K 816, 19–22] tathā hi sarveṣām eva puṃsāṃ rāgādidoṣatimiropahatabuddhilocanatayā nātīndriyārthadarśitvam astīty avagamya tatpraṇīteṣv（tatpraṇīteṣv em.）āgameṣv apratiṣṭhitaprāmāṇyapratyāśo dharmādharmāvagamārthī naras tīrādarśīva śakunir vedam eva kila pramāṇayiṣyatīti manyamānair yad vā guṇadraviṇadāridryopahatādhimokṣatayā jaiminīyair atīndriyārthadṛk pratikṣipyate.（す

なわち——残らず全ての人間は，貪を始めとする過失というティミラ［眼病］によって害された心という眼を持つから，超感覚的対象を見る者ではないと理解した後で，彼らによって著された諸聖典に関して，確立していない真であるとの期待を持つ者（信じられない者）である，ダルマとアダルマとの理解を求める人間は，岸を見ない鳥のように，ヴェーダのみを実際に認識手段とする考えを持つ者達，あるいは徳質という財産が貧しいことによって信仰が害されていることによって，ジャイミニに従う者達によって，超感覚的対象を見る者は否定されている。）

(8) TS 3127ff.

(9) クマーリラの批判に対して，仏教論理学の大成者であるダルマキールティ（Dharmakīrti: ca. 600-660*）は反論を行い，その後仏陀の権威に関わる一切智者論は彼の後継者達によって盛んに議論され続ける。*彼の年代は，Frauwallner［1961］による。以下，各論師の年代も Frauwallner［1961］によった。

(10) TSP［S 1026, 13-16; K 847, 14-17］na hy asmābhir dharmādivyatiriktavivakṣitāśeṣārthābhijñatayā sarvajño 'bhyupagamyate, yena tatra dūṣaṇam āsajyeta, kiṃ tarhi, yasya sakalakleśajñeyāvaraṇamalavyapagatena cetasā sakalam eva dharmādikaṃ jñeyam avabhāsate, sa sarvajño 'bhīṣṭaḥ. tatra ca bhavatā na kiñcid bādhakaṃ pramāṇam abhyadhāyin.（なぜなら我々は，ダルマを始めとするもの以外が意図されている残りなく全ての対象に精通している点での一切智者——もしそうなら，それに関する論難が想定されているであろうが——を承認しているのではない。そうではなくて，一切の煩悩［障］・所知障という汚れを離れた心で，残りなく全てのダルマを始めとする知られるべきものが，ある人（X）に現れる，彼の一切智者が望まれている。またそのような人（一切智者）に関して，あなたによって，いかなる否定する正しい認識手段も説かれていない。）

(11) TSP［S 1051, 20-21; K 868, 24-25］yataḥ sugata eva yathoktajñānayogitayā sarvajñatvenāvadhāryate nānya iti nirūpitam etat.（なぜなら善逝こそが説かれた通りの認識と結びつくことで，一切智者性によって特定される。他の人が［特定されるの］ではない，という以上のことが既に確定している。）

⑿ TSP［S 1061, 21-22; K 875, 26］siddhaḥ puruṣaviśeṣo 'smābhiḥ sugata ity ucyate.（卓越した人であると成立しており，［彼は］我々（仏教徒）によって，善逝と呼ばれる。）

⒀ TSP［S 1052, 15-16; K 869, 19］etac ca sarvajñalakṣaṇaṃ bhagavaty evopalabhyate, nānyatra.（また，この一切智者の特徴は世尊に関してのみ把握される。他の人に関してではない。）

⒁ TSP［S 1052, 21-22; K 869, 27］kleśajñeyāvaraṇaprahāṇato hi sarvajñatvam.

⒂ 池田［2000: 395］。なお『三十頌』冒頭部に対するスティラマティ注では，一切智者が所知障除去と関連して説かれている。（cf. 川崎［1992: 151-152］。）

⒃ 川崎［1992: 151-162］で所知障と一切智の関係が論じられているので，参照されたい。

⒄ TSP［S 1052, 22-24; K 869, 27-870, 2］tatra kleśā eva rāgādayo bhūtadarśanapratibandhabhāvāt（-bandhabhāvāt em.）kleśāvaraṇam ucyante. dṛṣṭasyāpi heyopādeyatattvasya yat sarvākārāparijñānaṃ pratipādanāsāmarthyaṃ ca taj jñeyāvaraṇam. また煩悩障・所知障に関しては，次のような記述もある。TSP［S 1079, 15-16］**tattvadṛṣṭinibandhatvād atyantāpacayaḥ kvacit/ bāhyasyevāsya tamasa āntrasyāpi gamyate // TS 3418// tasya cāpacaye jāte jñānam avyāhataṃ mahat/ svātantreṇa pravarteta sarvatra jñeyamaṇḍale //TS 3419//** atha vā ye tattvadarśananibandhakāriṇas, te sambhavadatyantāpacayāḥ, yathā bāhyaṃ śārvaraṃ tamaḥ, tattvadarśananibandhakāriṇaś ca kleśajñeyāvaraṇādaya iti svabhāvahetuḥ.（ある場合，真実を見ることを制限することから，この内的な闇にも，外的な闇のように究極的な減少が理解される。（TS 3418）またそれ（内的な闇）の減少が生じた時，損なわれていない偉大な認識が，自由に一切の所知群に働くだろう。（TS 3419）あるいは，およそ真実を見ることを制限するもの，それらは究極的に減少し得る。例えば，外的な夜の闇のように。そして今，煩悩［障］・所知障などは，真実を見ることを制限するものである。以上は，自性因である。）

⒅ Cf. McClintock［2010: 130］"because he has eliminated the remainder（*śeṣa*）that is characterized by the inability to expound one's knowledge in all ways."

(19) TSP [S 1062, 9–12; K 877, 6–8] vicitraiś copāyaiś catuḥsatyaprakāśanād aśeṣajñānam asyānumīyate. śeṣasya sarvākārajñānapratipādanāsāmarthyalakṣaṇasya prahāṇāt. na hy aviditasarvākāraguṇadoṣas tatpratipādanākuśalaś ca tathā pratipādayati.

(20) Cf. 護山 [2012: 242]「そのうち，無余の知とは，すべての形象の知とそれに基づく説法の不可能性という「余れるもの」(śeṣa)，すなわち所知障を取り除いた全知であることを解説している」。

(21) 『パンジカー』は，一切智者が虫の数なども知り得る，とする。TSP [S 1061, 24–1062, 6; K 877, 1–2] na tu kīṭasaṅkhyādijñānāt. kin tu kīṭasaṅkhyādāv api tasya jñānasambhavaḥ sādhyate.（しかし，虫の数などを知っているから，[彼が一切智者であり，プラマーナブータであると論証されることは適切] ではない。しかしながら，虫の数などに関しても，彼（善逝）に認識があり得ることが論証される。）ただし『タットヴァサングラハ』は，このような「虫の数に関する認識」が教示内容としては必要ないと考えているようだ。Cf. TS 3527–3528 : svargāpavargamātrasya vispaṣṭam upadeśataḥ / pradhānārthaparijñānāt sarvajña iti gamyate // samudrasikatāsaṅkhyāvijñānaṃ kvopayujyate / tasyāsmākam ato 'nyārthajñānasaṃvādanena (saṃvādanena em.) kim // 明瞭に天界・解脱だけを説示するから，[人の] 主要な目的を知り尽くしているので，[彼が] 一切智者だと，理解される。[彼の] 海の砂の数の認識が [我々にとって] 何の役に立つだろうか。我々にとって，彼がこれ（主要な目的）以外のことがらの認識が合致することは無用である。Also Cf. TSP [S 1062, 23–1063, 6; K 877, 26–27]. ダルマキールティの虫の数などに関する認識に関しては，『プラマーナヴァールティカ』(*Pramāṇavārttika*) 2.31 で言及されている。(Cf. Pecchia [2008: 176].)

(22) 先行研究によると，『プラマーナヴァールティカ』においてダルマキールティは，仏陀を「四諦を知る者」，つまり後の言葉でいうところの「有益なことを知る一切智者」(upayuktasarvajña) とする。(Cf. Pecchia [2008: 176], 護山 [2012: 234–235].) ただ『プラマーナヴィニシュチャヤ』(*Pramāṇaviniścaya*) 第2章の阿羅漢の最後心についての議論においては，仏陀を単に「四諦を知る者」としてではなく，「あらゆるもの全てを知る者」と理解しているようであ

る。Cf. McClintock［2010: 136］，酒井［2017］.

(23) Cf. 護山［2012: 236-237］:「カマラシーラにとって全知者とは，四聖諦のみならずそれに関わる全ての形象を知り，衆生に合わせて説法できる者と考えられていたことが分かる」。

(24) Cf. McClintock［2010: 130］.

(25) TSP［S 1052, 24-1053, 1; K 870, 2-4］tatra kleśāvaraṇasya nairātmyapratyakṣīkaraṇāt prahāṇiḥ. jñeyāvaraṇasya tu tasyaiva nairātmyadarśanasya sādaranirantaradīrghakālābhyāsāt.（そのうち，煩悩障は，無我を直接知覚することで断じられる。一方，所知障は，同じその無我見を注意深く中断無く長期間にわたって修習することで［断じられる］。）以下，(1)注意深く，(2)中断無く，(3)長時にわたる無我見の修習を「所知障除去のための無我の修習」とする。

(26) TSP［S 1053, 1-2; K 870, 4-5］tathā hy amī rāgādayaḥ kleśā vitathātmadarśanamūlakā anvayavyatirekābhyāṃ niścitāḥ, na bāhyārthabalabhāvinaḥ.（すなわち，これら貪欲を始めとする諸煩悩は，肯定的・否定的随伴の両者によって，誤った我見に基づくものであると確定されている。［それら諸煩悩は］外界対象の力に基づいて生じるものではないから。）

(27) TSP［S 1053, 15-16; K 870, 16-17］tasmād anādikālikaṃ pūrvapūrvasajātīyābhyāsajanitam ātmadarśanam ātmīyagrahaṃ prasūte, tau cātmātmīyasneham.

(28) もし我見が本性であるならば，除去できないかもしれない。Cf. TSP［S 1055, 6-7; K 871, 22-23］anityatve 'pi vā tatkāraṇasya doṣāṇāṃ prāṇidharmatām avetya na prayatate, svabhāvasya hātum aśakyatvāt.（あるいは，それ［ら様々な過失］の原因が無常であっても，様々な過失（煩悩）が生き物の属性であることを知れば［常識人は］努力しない。なぜなら本性を捨てることはできないから。）

(29) TSP［S 1057, 4-8; K 873, 7-10］tena nairātmyagrahaṇasvabhāvam eva cittam, nātmagrahaṇasvabhāvam. yat punar anyathāsvabhāvo 'sya khyātimūḍhānām sa（khyātimūḍhānām sa em.: khyātimūḍhānām sa J）sāmarthyād āgantukapratyayabalād evety avatiṣṭhate, na svabhāvatvena, yathā rajjvāṃ sarpapratyayasya. ata eva kleśagaṇo 'tyantasauddhato 'pi nairātmyadarśana-

sāmarthyam asyonmūlayitum asamarthaḥ.（それゆえ，心は他ならぬ無我の把握を本性とするものであり，我の把握を本性とするものではない。一方，見せかけに心乱された人達にとって，それ（心）が持っている別様のあり方，それは能力に基づいて，他ならぬ外来的な認識（or 縁）によってであると定まっている。本性によってではない。例えば，縄におけるヘビの認識のように。同じ理由で，煩悩の群れが究極的高まりを見せても，これ（心）の無我見の能力を根絶やしにすることはできない。）

(30) TS 3434: prabhāsvaram idaṃ cittaṃ tattvadarśanasātmakam / prakṛtyaiva sthitaṃ yasmān malās tv āgantavo matāḥ //

(31) TSP［S 1060, 20–22; K 876, 3–4］ata eva śrāvakāder nairātmyadarśane 'pi na sarvajñatvam. tathāvidhāntarābhyāsaviśeṣābhāvena jñeyāvaraṇasyāprahāṇāt.

(32) TSP［S 1060, 18–22; K 876, 1–4］**sākṣātkṛtiḥ**（sākṣātkṛtiḥ om. K）sākṣātkaraṇam. kasya. nairātmyasyeti prakṛtatvād gamyate. tasyā **viśeṣaḥ** bahuśo bahudhopāyaṃ kālena bahunā sarvākāreṇa, tatra tadvipakṣe ca guṇadoṣāṇām atyantaprakāśībhāvaḥ. ata eva śrāvakāder nairātmyadarśane 'pi na sarvajñatvam. tathāvidhāntarābhyāsaviśeṣābhāvena jñeyāvaraṇasyāprahāṇāt.（目の当たりにすること，とは直接知覚である。何を［目の当たりにするのか，と尋ねるならば］無我を，と文脈上の話題から理解される。それ（目の当たりにすること）が持っている**特別性**とは，多種多様の手段で，長い時間でもって，全ての形象でもって，それ（無我見）やそれと対抗するもの（我見）において美質と過失が究極的に明らかになる。同じ理由で，声聞など（声聞・独覚）が無我を見ても，［彼らは］一切智者ではない。なぜなら［声聞などは］そのような類の途中途中の特別な修習がないので，所知障を断じないから［一切智者ではない］。）

(33) TSP［S 1060, 22–1061, 3; K 876, 4–7］prayogaḥ — yā sādaranairantaryadīrghakālaviśeṣaṇā bhāvanā sā karatalāyamānagrāhyāvabhāsamānajñānaphalā, tad yathā kāmāturasya kāminībhāvanā. yathoktaviśeṣaṇatrayayuktā ca sarvākārasarvagatanairātmyabhāvanā kāruṇikasyeti svabhāvahetuḥ.（論証式は［以下の通り］およそ，(1)注意深く，(2)中断無く，(3)長い時間という限定要素を有する修習，それは全て手のひらの上にある［かのような］把握対象が顕れ

つつあるところの認識という結果を有する。ちょうど恋わずらいする人に愛しい女の修習があるように。そして，哀れみのある者（kāruṇika）には先述の三種の限定要素に合致した全ての側面にわたる全てのものの無我の修習がある。以上は，自性因である。）

(34) TSP［S 1055, 14–19; K 872, 1–7］tathā hi ye tāvaj jātyādiduḥkhotpīḍitamānasāḥ saṃsārād uttrastamanasas tadupaśamam ātmanaḥ prārthayante teṣāṃ śrāvakādibodhaniyatānāṃ saṃsārād bhayam eva nairātmyabhāvanārthitvanimittam. ye tu gotraviśeṣāt prakṛtyaiva parahitakaraṇaikābhirāmāḥ saṃskārādiduḥkhatātritayaparipīḍitaṃ jagad avekṣya kṛpāparatantratayā tadduḥkhaduḥkhinaḥ svātmani vyapekṣām apāsya sakalān eva saṃsāriṇa ātmatvenābhyupagatās tatparitrāṇāya praṇidadhate. teṣāṃ karuṇaiva bhāvanāpravṛttinimittam parokṣopeyataddhetos tadākhyānasya duṣkaratvāt.

(35) TSP［S 1082, 13–17; K 894, 23–27］tathā hi paralokasya prasādhitatvād bodhisattvānāṃ ca sātmībhūtamahākṛpāṇām āsaṃsāram aśeṣasattvoddharaṇāyāvasthānāt tadāśrayavartinī cittasantatir atitarāṃ sthirāśrayā. yā tu śrāvakādīnāṃ santānavartinī sā na sthirāśrayā teṣāṃ śīghrataraṃ parinirvāṇān mandatvāt kṛpāyās teṣām avasthāne yatnābhāvād iti bhāvaḥ.（すなわち，他世が証明されているので，また大悲を我がものとした菩薩達は輪廻の終わりまで，残りなく全ての衆生を救うために，留まるから，それ（菩薩）という拠り所に属する心相続は，極めて堅固な拠り所を有するものである。一方，声聞などの［心］相続に属するものは，堅固な拠り所を有するものではない。なぜなら，彼らはより早く般涅槃するので，悲（kṛpā）が弱いので，［したがって］彼らは留まることに関して，努力がないから，という意味である。）

(36) MĀ［D 237a4–244a7, P 265b3–275a4］. Cf. 松本［1982: 291ff.］, 斎藤［1989: 64–65］.

(37) Cf. 生井［1996: 531–534］.

(38) TS 1916: ye ceha sudhiyaḥ kecid apratiṣṭhitanirvṛtīn / jināṃs tadyānaniṣṭhatvaṃ yānayoś ca pracakṣate //

(39) TSP［S 657, 18–21, K 539, 13–16］**iheti** saugate pravacane. **sudhiyo** mahāyānikāḥ. **kecid** iti mādhyamikāḥ. te hi buddhānām apratiṣṭhitatvaṃ

nirvāṇam āhuḥ, (1)→ saṃsāranirvāṇayor apratiṣṭhānāt. śrāvakapratyekabuddhayānayoś ca buddhaikayānaniṣṭhatvam āhuḥ ←(1) ((1)→…←(1) om. S). ekam evedaṃ yānaṃ (Cf. jñānaṃ K) yad uta mahāyānam iti vacanāt. (ここでとは仏陀の教えにおいて，である。賢者達とは大乗の者達である。あるとは中観派である。なぜなら，彼ら（中観派）は，諸仏が涅槃に安住していない，と語るから。というのも，［諸仏は］輪廻と解脱の二つに，安住しないから。また彼ら（中観派）は声聞・独覚乗の二つが，仏の一乗に行き着く，と語る。「この一つの乗だけが，すなわち大乗である」という言明に基づいて。）

(40) McClintock [2010: 122, n. 316] "Kamalaśīla would probably answer this question by reference to the *ekayāna* ("one-vihcle") view of the Buddhist path, according to which even śrāvakas and pratyekabuddhas eventually join the bodhisattva lineage and attain full-fledged buddhahood."

(41) 『修習次第』初篇に次のような記述がある。BhK I [216. 26–217, 2] ata eva cānyena mārgeṇa mokṣābhāvād ekam eva yānam uktaṃ bhagavatā. kevalam avatāraṇābhisaṃdhinā śrāvakādimārgo deśitaḥ. (また，まさにこのことから，別の道による解脱は存在しないから，世尊によって一乗だけが説かれた。声聞など（声聞・独覚）の道は，単に［一乗に］入らせるために説示された。）

(42) たしかにTS 3410で言及されるように，悲（kṛpā）が修習（abhyāsa）に基づいて増大することは認められている。ただしそのことが声聞・独覚にもあり得るのかについては，現段階では不明である。なお「慈悲の修習」に関しては，稲見［1986］を参照。

(43) 『修習次第』中篇では，修習の目標が一切智性の獲得であるとされている。そこでは，「一切智性［になる］ということも，どこかで，いつか，だれかがなるのであって，いつでもというのでなく，どこでもというのでもなく，すべての人がというのでもないから，それゆえ，それ（一切智性）は，因と縁に依存すると確定されるのである」（一郷［2011: 58］）と述べられている。

(44) TS 3226: yatas tu mūrkhaśūdrebhyaḥ kṛtaṃ tair upadeśanam / jñāyate tena duṣṭaṃ tat sāṃvṛtaṃ kūṭakarmavat // （しかし，愚かなシュードラ達に対して，彼ら（仏陀を始めとする者達）は教示行為を行った。それ故，それ（教示行為）は悪しきものであり，世俗的（通俗的）であると知られる。詐欺

行為のように。）

(45) 反論中，「カースト」批判が行われる。（TS(P) 3574ff.）。『タットヴァサングラハ（パンジカー）』は，ジャーティ（jāti）を批判し，仮にそれ（jāti）があるにしても，卓越はないとする（TS(P) 3574-3576.）。またバラモンの身体がシュードラなどよりも優れていることはないとも述べている。TSP［S 1113, 10-11; K 921, 5-6］na hi brāhmaṇabrāhmaṇīśarīrāṇāṃ śūdrādiśarīrataḥ śukraśoṇitādyaśucimayatvena kaścid viśeṣo 'stīty uktam etat.（実に精子・血などという不浄なもので作られているので，バラモンやバラモンの妻の身体に，シュードラなどの身体より優れている，いかなるものもない，と以上のことが語られた。）これらの記述は「仏教における人間とは何か」ということを考える上で，重要な資料となるだろう。なお Eltschinger［2000］で，当該箇所を含む，仏教論理学における「カースト」理解を中心とした研究が行われている。

(46) TSP［S 1111, 21-22; K 919, 19-22］yais tu manvādibhir vedavādibhya evopadeśanaṃ kṛtam, teṣām eva vyāmohārthaṃ tat sambhāvyata iti darśayati — ye hītyādi. ye hi lobhabhayadveṣamātsaryādivaśīkṛtāḥ / prādeśikī bhavet teṣāṃ deśanā niḥkṛpātmanām //TS 3569//（しかし，マヌなどによって，ヴェーダ論者達のみに対して，教示がなされた。他ならぬ彼ら（マヌなど）には，［ヴェーダ論者を］錯乱させるために，それ（教示，upadeśa）があり得る，という［ことをシャーンタラクシタは］示す。「実に」云々と。実に，貪欲・恐れ・憎悪・嫉妬などに支配された者達，無悲を本質とする彼らには，一部の人への教示があり得る。（TS 3569））

(47) TSP［S 1111, 23-24; K 919, 23-28］yā punar bhagavatām ākumāraṃ deśanā, sā teṣāṃ māhātmyam evodbhāvayatīti darśayati — karuṇetyādi. karuṇāparatantrās tu spaṣṭatattvanidarśinaḥ / sarvāpavādaniḥśaṅkāś cakruḥ sarvatra deśanām //TS 3570// yathā yathā ca maurkhyādidoṣaduṣṭo bhavej janaḥ / tathā tathaiva nāthānāṃ dayā teṣu pravartate //TS 3571//

略号および参考文献

一次文献

BhK I : *First Bhāvanākrama* (Kamalaśīla) Giuseppe Tucci ed. *Minor Buddhist Texts, part II*. Istiuto Italiano per il Medio ed. Estremo Oriente: Roma, 1958.

J : Jaisalmer Mss of TS/ P : J catalog no. 377 (TS); no. 378 (TSP).

MĀ : *Madhyamakāloka* (Kamalaśīla) D 3887; P 5287.

TS : *Tattvasaṃgraha* (Śāntarakṣita) See TSP.

TSP : *Tattvasaṃgrahapañjikā* (Kamalaśīla)

K Krishnamacharya, E. (ed.), *Tattvasaṅgraha of Śāntarakṣita with the Commentary of Kamalaśīla*. Geakwad's Oriental Series 30, 31: Baroda, 1926.

S Shastri, D. (ed.), *Tattvasaṅgraha of Ācārya Shāntarakṣita with the commentary 'Pañjikā' of Shrī Kamalashīl*a. Bauddha Bharati Series 1, 2: Varanasi, 1968.

二次文献

江島惠教

1980『中観思想の展開—— Bhāvaviveka 研究——』東京：春秋社.

Eltschinger, Vincent

2000 *"Caste" et Philosophie Bouddhique: Contituité de quelques arguments bouddhiques contre le traitement réaliste de dénominations sociales.* Wiener Studien zur Tibetologie und Buddhismuskunde 47. Vienna: Arbeitskreis für Tibetische und Budhhistische Studien, Universität Wien.

遠藤敏一

2005「パーリ註釈文献に現れた仏陀観とそのスリランカ的変容」『仏教研究』33: 33-50.

Frauwallner, Erich

1961 "Landmarks in the History of Indian Logic." *Wiener Zeitschrift für die Kunde Süd- und Ostasiens* 5: 125-148.

1973 *History of Indian Philosophy Volume II: The Nature-Philosophical Schools and The Vaiśeṣika System, The System of The Jaina, The Materialism*. English Translated by V.M. Bedekar. Delhi, Patna, Varanasi: Motial Banarsidas.

船山徹

2000 「カマラシーラの直接知覚論における「意による認識」(mānasa)」『哲学研究』569: 105-132.

兵藤一夫

2000 『般若経釈　現観荘厳論の研究』京都：文栄堂書店.

一郷正道

2011 『瑜伽行中観派の修道論の解明――『修習次第』の研究――』2008年度―2010年度科学研究費補助金（基盤研究（C））成果報告書: 研究代表者 一郷正道.

池田道浩

2000 「Candrakīrti の所知障解釈」『印度学仏教学研究』49-1: 392-395 (112-115).

稲見正浩

1986 「ダルマキールティの「慈悲の修習」の議論」『印度学仏教学研究』35-1: 365-361（137-141).

梶山雄一

1982 「中観思想の歴史と文献」『講座・大乗仏教７：中観思想』東京：春秋社：1-83.

片岡啓（Kataoka, Kei）

2003 「仏陀の慈悲と権威をめぐる聖典解釈学と仏教論理学の対立」『東洋文化研究所紀要』142: 158-198（151-191).

2011 *Kumārila on Truth, Omniscience, and Killing. Part 2*. Wien: Verlag der Österreichischen Akademie der Wissenschaften.

川崎信定

1992 『一切智思想の研究』東京：春秋社.

松本史朗

1982 「Madhyamakāloka の一乗思想――一乗思想の研究(I)――」『曹洞宗研究員研究生研究紀要』14: 256-301（1-46）.

McClintock, Sara L.

2010 *Omniscience and the Rhetoric of Reason.* Boston: Wisdom Publication.

護山真也

2012 「全知者証明・輪廻の証明」『シリーズ大乗仏教９：認識論と論理学』東京：春秋社：227-257.

長尾雅人

1978 「一乗・三乗の議論をめぐって」『中観と唯識』東京：岩波書店：526-541.

生井智紹

1996 『輪廻の論証――仏教論理学派による唯物論批判――』東方出版.

新田智通

2013 「大乗の仏の淵源」『シリーズ大乗仏教５：仏と浄土（大乗仏典Ⅱ）』東京：春秋社：79-103.

Pecchia, Cristina

2008 "Is the Buddha Like "a Man in the Street"? Dharmakīrti's Answer." *Wiener Zeitschrift für die Kunde Südasiens,* 163-192.

斎藤明

1989 「一乗と三乗」『岩波講座東洋思想第10巻：インド仏教３』46-74.

酒井真道

2017 「ダルマキールティのブッダ観考察の一資料――阿羅漢の最後心に関する議論について――」『印度学仏教学』65（２): 913-920（119-126).

志賀浄邦

2007 「*Tattvasaṃgraha* 及び *Tattvasaṃgrahapañjikā* 第18章「推理の考察(Anumānaparīkṣā)」和訳と訳注(1)」『インド学チベット学研究』11: 118-169.

若原雄昭

1985 「アーガマの価値と全知者の存在証明――仏教論理学派に於る系譜――」『仏教学研究』41: 52-78.

吉水清孝

2015 「クマーリラによる「宗教としての仏教」批判――法源論の見地から――」『RINDAS ワーキングペーパーシリーズ』25: 1-72.

付　記

本稿では，TS(P) の Jaisalmer 写本の画像データを使用した。当画像データは，松岡寛子氏に提供していただいたものである。松岡氏，並びに写本を管理されている Jaisalmer Lodravapur Parsvanath Jain Svetambara Trust，さらに故 Muni Jambuvijayaji に感謝する。

本研究は JSPS 科研費16J06691の助成を受けたものです。

キーワード　一切智者，悲，*Tattvasaṃgraha (pañjikā)*

修道論から見た仏教の人間観

吉　田　　　哲

はじめに

仏教のもつ人間観を問題とするとき，迷から悟への道を歩む実践者であり得ることを前提とする視点，すなわち修道論的文脈の上で修行実践者としての人間に注がれる視点からの記述には何を読み取ることができるであろうか。

ディグナーガ（Dignāga, 陳那, ca. 480-540）の『プラマーナサムッチャヤ』（*Pramāṇasamuccaya*, PS）およびその自注（*Pramāṇasamuccaya-vṛtti*, PSV）の第一章は直接知覚（pratyakṣa）の記述に充てられ，そこでは，感官知や，色等や貪等の自己認識といった意による直接知覚に加えてヨーギンの直接知覚も挙げられている。しかしディグナーガの簡潔な記述からは彼がヨーギンの直接知覚をどのようなものと考えていたのかについて不明な点が多く残る。一方，ディグナーガを継承しつつもその学説を大きく発展させたダルマキールティ（Dharmakīrti, ca. 600-660）にとってはヨーギンの知は，彼が一切知者の存在可能性を論じるときに大きな意義をもたされるものとなった。また，ダルマキールティの所説には，ヴァスバンドゥの『倶舎論』（*Abhidharmakośabhāṣya*, AK, AKBh）に見られるような伝統的修行論との関連も指摘されている[(1)]。

ダルマキールティがいう「ヨーギンの知」とは，修行者が実践し直証すべき四聖諦などを対象とする無分別知であり，通常人の感官知などとは異質な超俗的認識を指しているといえる。しかしまた，ダルマキールティはヨーギンの知に関連して，通常人にも起こり得る幻覚体験などをヨーギンの知と紛

らわしいものとして例示している。ここにはヨーギンの直接知覚と通常人の幻覚体験との相違とともに，両者のある種の類似が示されているといえるのではないだろうか。このヨーギンたちと通常人との間の相違と類似からはどのような人間観が見えてくるのであろうか。そこで，一連の修行実践の中にある人間がどのようなものとして捉えられているのかについて若干の記述を取り上げ，仏教思想中に見られる人間観の特徴をわずかでも抽出して提示したい。

1．ディグナーガの「ヨーギンの直接知覚」

ディグナーガは正しい認識手段を直接知覚（現量，pratyakṣa）と推理（比量，anumāna）の二種とし，直接知覚の一種としてヨーギンの直接知覚を取り上げ，次のように説明している。

PS I 6cd & PSV

tathā

yogināṃ gurunirdeśāvyavakīrṇārthamātradṛk ‖ (PS I 6cd)

yoginām apy āgamavikalpāvyavakīrṇam arthamātradarśanaṃ pratyakṣam.

〔意による直接知覚と〕同様に[(2)]，

ヨーギンたちの，師の言語的教示をまじえぬ対象のみの認識〔も直接知覚である〕。(PS I 6cd)

また，ヨーギンたちの，聖典に対する分別をまじえない，対象のみの認識も，直接知覚である。

ディグナーガは『因明正理門論』(*Nyāyamukha*) においてもヨーギンの知に言及するが[(3)]，それもまた簡潔なものである。ディグナーガの簡潔な説明からヨーギンの直接知覚について分かることは，ヨーギンたちには師の言葉，あるいは聖典の言葉に対する分別を離れて，対象だけを直接的に知る認識が生じ，それもまた直接知覚という認識手段と認められる，ということである。

ディグナーガは直接知覚を「分別を欠いたもの」(kalpanāpoḍha)[4]と定義し，その分別（kalpanā）を「名称や普遍等を〔対象に〕結びつけること」(nāma-jāti-ādi-yojanā)[5]とする。確かにこのヨーギンの知は，名称や普遍を把握する言語知や分別知とは異なり，言語を介さずに対象のみを認識するという点で，ディグナーガが認める直接知覚の特徴を満たすものである。

ところで「師の言語的教示をまじえぬ」あるいは「聖典に対する分別をまじえない」というこのヨーギンの知の特徴が，説一切有部のアビダルマにおける「修所成慧」(bhāvanāmayī prajñā）に関する記述と内容的に一致する点のあることがすでに指摘されている[6]。有部のアビダルマにおいては聞所成慧は名称を所縁とし，思所成慧は名称と対象を所縁とし，修所成慧は対象のみを所縁とするとされるからである。そこで，説一切有部のアビダルマにおける修道論に関する若干の記述を見ることにする。

2．有部アビダルマの修行論

ディグナーガ以前のヴァスバンドゥの『倶舎論』に見られる修道論は，その修行階梯から見ると，見道の前段階であり凡夫の段階である順解脱分(mokṣa-bhāgīya）と順決択分（nirvedha-bhāgiya)，および聖者の段階に入る見道（darśana-mārga）・修道（bhāvanā-mārga）・無学道の三道とに大きく分かれる。そのうち見道に至るまでの順解脱分は四念住を中心とするものとなり，順決択分は，四諦の観察による修所成慧という性格をもつ四善根，すなわち煖・頂・忍・世第一法としてすでに整理された形になっている。

ところで，有部に限ったことではないが，その修道過程において多くの生を要することをどのように理解すべきかという問題がある。『倶舎論』によれば，順解脱分から始めて解脱するに至るまでに，最短でも三生が必要となるとされる[7]。またその時間は『婆沙論』等によれば長いものは六十劫を経過する者もいるとされる[8]。しかしまた，例えば『婆沙論』によれば，四善根位中の煖位に到達し，次の頂位に入ろうとしたときに死んだ者は，その後の生

において，前生に修めた煖の次の，頂に入る段階から，つまり前世で修めた実践の次から始めることが可能であるなどとされている。ただし，その場合には一つの条件があり，それは，過去世において煖位に到達したことを説き示してくれる師がいることである[(9)]。これと同種の説は『倶舎論』においても採用されている。そのような師がいなければ，最初の煖位から開始しなければならないという。ただ，過去世に完成したことのある修習の段階には速やかに到達することができるという記述もある。このような修行期間の長短は概して修行者の機根あるいは素質と関連付けられているのではないだろうか。そして，修行者の素質を見抜く力は仏陀とすぐれた聖者のみが有するものとされている。

また『倶舎論』では順解脱分である四念住（smṛtyupasthāna）と，順決択分である四善根が，見道における四諦現観と巧みに連関されたものとなっている。四念住は身（kāya），受（vedanā），心（citta），法（dharma，身受心以外の諸法）を観察の対象とするが，特に諸法の「共相」（sāmānyalakṣaṇa）による観察は，有為法を「無常」，有漏法を「苦」，一切法を「空」および「無我」と観察するものであるとされる。また，身・受・心・法の一切法すべてを対象とする「総雑法念住」（sambhinnālambana-dharmasmṛtyupasthāna）も同じく「無常・苦・空・無我」と観察するものである。この「無常・苦・空・無我」は名称と内容が苦諦の四行相と同じものであり，これを集諦・滅諦・道諦の各四行相と合すると，四諦十六行相となる。このことは四念住（順解脱分）から，四諦を十六行相によって観察する次の四善根（順決択分）へ，さらには見道へと連絡することを可能としている[(10)]。そして，見道では四聖諦の現観（abhisamaya）が初めて生じることになる[(11)]。

また，聞所成慧（śrutamayī prajñā），思所成慧（cintāmayī prajñā），修所成慧（bhāvanāmayī prajñā）の三慧との関係から見れば，四念住はその三慧のいずれでもある[(12)]。他方，順決択分すなわち煖・頂・忍・世第一法の四善根もまた慧（prajñā）を自性（svabhāva）とするが，それらはいずれも修

所成慧とされる[13]。

3．四聖諦と二諦──「名」と「義」──

四聖諦に関連して，少し視点を変えて，有部アビダルマにおける四聖諦と二諦とについて検討してみたい。

有部アビダルマの修道論において「四聖諦」が最も重要な事項であることはいうまでもない。『俱舎論』の全体が四聖諦にもとづく構成となっていることや，その第六章「賢聖品」に見られる修行階梯の中で見道における四聖諦の現観がそれ以前とそれ以後とを「世間道」と「出世間道」に区別する転換点であることからもそれが分かる。それでは，四聖諦に対する修習とはアビダルマの修道論の中で具体的にどのようなものと見なされているのか。それを考える際にまず，四聖諦そのものがどのように記述されているのかを確認したい。『婆沙論』には，四聖諦を勝義諦と世俗諦の二諦という観点から論じている部分があることはよく知られている。

『婆沙論』［T. 27, 399c^{22}-400a^{3}]:

評曰。應作是說。四諦皆有世俗勝義。苦集中有世俗諦者。義如前說。苦諦中有勝義諦者。謂苦非常空非我理。集諦中有勝義諦者。謂因集生緣理。滅諦中有世俗諦者。佛說滅諦如園如林如彼岸等。滅諦中有勝義諦者。謂滅靜妙離理。道諦中有世俗諦者。謂佛說道如船栰如石山如梯隥如臺觀如花如水。道諦中有勝義諦者。謂道如行出理。由說四諦皆有世俗勝義諦故。世俗勝義俱攝十八界十二處五蘊。虛空非擇滅亦二諦攝故[14]。

【評釈】次のように述べるべきであろう。──四諦にはすべて世俗と勝義がある。苦諦と集諦とに世俗諦があることの意味は上に述べた。〔他方，〕苦諦にある勝義諦とは，すなわち苦・非常・空・非我という理である。集諦にある勝義諦とは，すなわち因・集・生・縁という理である。〔また，〕滅諦にある世俗諦とは，仏が「滅諦は園，林，向こう岸のようなものである」と説くことである。滅諦にある勝義諦とは，すなわち

滅・静・妙・離という理である。道諦にある世俗諦とは，仏が「道は船，石の山，階段，楼閣，花，水のようなものである」と説くことである。道諦にある勝義諦とは，すなわち道・如・行・出という理である。四諦すべてに世俗諦と勝義諦とがあると述べることによって，世俗と勝義はともに十八界・十二処・五蘊を包含している。虚空と非択滅もまた二諦に包含されるからである。

これは，四諦のいずれが勝義諦でいずれが世俗諦かという議論の中で，『婆沙論』が最終的な評釈を述べる部分であるが，これによると，四諦は勝義諦としてもあり，世俗諦としてもあるという。注目されるのは四諦のいずれについても，勝義諦は各諦の四行相であることである。仏陀が各諦を「……のようなものである」という比喩的表現を用いて説く場合は世俗諦とされ，行者が瞑想修行において観察する各諦の行相の場合は勝義諦とされるということであろう。

また勝義と世俗について『婆沙論』は以下の四説を挙げる。

『婆沙論』[T. 27, 400a26–b4]:

(1) 尊者世友作如是說。能顯名是世俗。所顯法是勝義。

(2) 復作是說。隨順世間所說名是世俗。隨順賢聖所說名是勝義。(15)

(3) 大德說曰。宣說有情瓶衣等事。不虛妄心所起言說是世俗諦。宣說緣性緣起等理。不虛妄心所起言說是勝義諦。(16)

(4) 尊者達羅達多說曰。名自性是世俗。此是苦集諦少分。義自性是勝義。此是苦集諦少分。及餘二諦二無爲。(17)

(1) 尊者ヴァスミトラはこのように述べる。――世俗とは〔対象を〕表示する名称である。勝義とは表示される対象である。

(2) あるいは，世俗とは，世間の人々の言語使用にしたがう名称である。勝義とは，賢者や聖者たちの言語使用にしたがう名称である。(18)

(3) 大徳〔ブッダデーヴァ〕はこのように述べる。――世俗諦とは，衆生や壺や衣服などの事物を表現するもので，偽りのない心から起こされる言説である。勝義諦とは，縁起の道理等を表現するもので，

偽りのない心から起こされる言説である。

(4) 尊者ダラダッタはこのように述べる。——世俗とは，名称を自性とするものであり，苦諦と集諦の一部である。勝義とは，対象を自性とするものであり，苦諦と集諦の一部と，残りの二諦（＝滅諦と道諦）と二種の無為（＝非択滅と虚空）である。

(1)と(4)は，世俗＝名称，勝義＝対象，という関係が明らかである。一方，(2)と(3)は，世俗も勝義も言説もしくは名称とするものである。これらの諸説を『婆沙論』はただ列挙するのみである。いずれにしても，四諦を世俗諦でもあり勝義諦でもあるとする『婆沙論』の立場からすれば，四諦は名称／言説としてもあり，対象／意味内容としてもあるということになるだろう。

ところで聞所成慧は名称を所縁（ālambana）とし，思所成慧は名称と対象を所縁とし，修所成慧は対象のみを所縁とするという点からすると[19]，四諦はまず名称を所縁として，すなわち教説として聴聞し学習され，さらに名称と対象とを所縁としつつ道理にもとづいて考察されたのちに，対象のみを所縁とする反復修習を重ねることによって直証されるべきもの，ということになるだろう。

しかし，有部における，名称（名，nāman）は，音声（声，śabda）とは異なる実有の法（dharma）であり，『アビダルマディーパ』のような段階になると，「蘊」「処」「界」等の名称と対象との間の関係は「非人為的」(apauruṣeya) なものとして定まっているとまで語られることになる[20]。これは有部の修行論において，修慧が聞・思の二慧にもとづくことが強調されねばならなかったことと関係しているのではないだろうか。

4．ダルマキールティの「ヨーギンの直接知覚」

『プラマーナサムッチャヤ』においてディグナーガはヨーギンの知についてわずかな説明しか残さなかったが，それに比してダルマキールティは直接知覚としてのヨーギンの知についてより多くの説明を与えている。ダルマ

キールティにとってのヨーギンの知は，『プラマーナ・ヴァールッティカ』（*Pramāṇavārttika*, PV）の「直接知覚章」（PV III）[(21)]では以下のように記述されている。

prāg uktaṃ yogināṃ jñānaṃ teṣāṃ tad bhāvanāmayam |
vidhūtakalpanājālaṃ spaṣṭam evāvabhāsate ‖（PV III 281）[(22)]

先の個所（＝「プラマーナシッディ章」）で述べた，かのヨーギンたちの修習より生じたその知は，分別の網が取り払われており，まさしく明瞭に顕現する。

ダルマキールティは，ヨーギンの知が修習によって分別を除かれた知であり，対象の明瞭な顕現をもつものであると述べる。注釈者のデーヴェーンドラブッディはこの偈の「先の個所で」（prāg）という語句について次のように注釈し，それが四聖諦を対境とする知であるとしている。

ここでは，ヨーギンの知のすべてが直接知覚なのではない。ではどうなのかというと，「先の個所で述べられたヨーギンたちの知が」（prāg uktaṃ yogināṃ jñānaṃ（PV III 281a））〔直接知覚なのである〕。先の個所で，四聖諦を対境とすると述べられたのであるが，諦（真実）を観察対象とするところのもの，それが〔ヨーギンの知という直接知覚だ〕という意味である。[(23)]

また，ヨーギンたちに起こる知のすべてが直接知覚なのではないということは，デーヴェーンドラブッディのいうところによれば，四聖諦以外を対境とする。例えばPV III 284にも述べられるような不浄観や地遍処といった瞑想を指すが，それらは，修習より生じる点では四聖諦を対境とする直接知覚と異なることはないとしても，他ならぬその対境が四聖諦のような真実在でないことにより，直接知覚から除外されている。ジャヤンタ（Jayanta, Jina）は，ヨーギンたちの知が無分別であることについて「青を見るのと同様」[(24)]であると述べている。ところでダルマキールティは，なぜ修習によって無分別な知が生じるのかを述べる。

kāmaśokabhayonmādacaurasvapnādyupaplutāḥ |

abhūtān api paśyanti purato 'vasthitān iva ‖ (PV III 282)

愛欲や憂愁や恐怖による混乱や〈盗賊の夢[25]〉等に惑わされた者たちは，諸々の非実在さえをも，現前に存在しているかの如くに見る。

ここでダルマキールティは，愛欲，憂愁，あるいは恐怖などのために，ありもしないものが明瞭に立ち現れることがあることをもって，修習より生じる知が明瞭に顕現し得ることを示そうとしている。これに注釈するデーヴェーンドラブッディはさらに，非実在を現前に見ることになる原因として「高速回転」や「死相」を挙げている[26]。シャーキヤブッディはそれらを「輪の如くに身体が高速で回転したことによって，運動がないにもかかわらず，運動するかの如くに明瞭に認識される。また，死ぬ時の身体と心のある段階が「死相」と呼ばれ，非実在のものが見られる[27]」と説明している。これらは，無分別であるにもかかわらず，諸種の内的外的原因によって実在せぬものが明瞭に顕現する「無分別なる擬似知覚」と変わらぬものである。

そこでダルマキールティは，修習の力によって，実在しないものの明瞭な顕現が作られ得ることを述べる。

aśubhāpṛthivīkṛtsnādy abhūtam api varṇyate |
spaṣṭābhaṃ nirvikalpañ ca bhāvanābalanirmitam ‖ (PV III 284)

不浄や地遍等[28]は真実在ではないけれども，修習の力によって化作され，明瞭に顕現し，無分別であると説かれる。

tasmād bhūtam abhūtaṃ vā yad yad evābhibhāvyate |
bhāvanāpariniṣpattau tat sphuṭākalpadhīphalam ‖ (PV III 285)

それゆえに，真実在であろうと非実在であろうと，極度に修習されるならば，修習の完成において，それは明瞭な無分別の知を結果する。

デーヴェーンドラブッディやシャーキヤブッディはPV III 284を「他派」を想定して述べられたものと見なし，その他派は「対象が実在しない場合はその対象が知に明瞭に顕現することはない」と考えるが，それに対して「不浄」や「地遍」といった，「非実在だけれども」瞑想によって「明瞭に顕現

するもの」をダルマキールティは例示したのだと解釈している。[29] プラジュニャーカラグプタは「毘婆沙師」からの反論を想定して注釈しているが，その際，ただ明瞭な顕現を生じているだけでヨーギンとなるのではなく，聞思所成の知（聞思所成の慧）によって対象を確定した後に修習し，それが完成したあかつきに無顛倒な対境をもつ認識手段を備えたヨーギンとなると述べる。[30] ダルマキールティも，修習より生じた無分別な知のうち，欺かない（saṃvādin）知がヨーギンの直接知覚であるとする。

tatra pramāṇaṃ saṃvādi yat prāṅnirṇītavastuvat |
tad bhāvanājaṃ pratyakṣam iṣṭaṃ śeṣā upaplavāḥ ‖（PV III 286）

それらのうち，先に（＝「プラマーナシッディ章」）で述べられた実在（＝四聖諦）の如く，欺かないものであれば，それは修習より生じた直接知覚という正しい認識手段と認められる。しかし，それ以外は迷乱である。

ところで，この PV III におけるヨーギンの知の記述において興味深い点の一つは，やはり，愛欲や憂愁や恐怖によって混乱した者たちが，明瞭に顕現する対象を眼前に見るということである。それらはもちろん実在するものではないが，PV III 283-285で示されているように，それらが顕現する知は無分別なものであり，またその顕現の明瞭性は，対象が実在する場合の顕現の明瞭性と区別がつかないものであると考えられているようである。また，そうでなければそもそも愛欲や恐怖の対象をあたかも眼前にあるかのように誤認することはないはずである。このような議論は，反復経験がある度を超えると，極めて強烈な明瞭性をともなう対象の顕現が認識中に立ち現れるという機構が人間に備わっていることが前提されていると考えられよう。

ダルマキールティは四聖諦などの実在に対する修習（bhāvanā），反復経験（abhyāsa）により，仏陀・世尊にあるような超感官的認識が生じることを述べる一方で，苦悩に沈む人間は有身見の反復経験によって我執や我所執を増大させていることを述べる。

PV I, PVSV［111, 11-20]:

kaḥ punar eṣāṃ doṣāṇāṃ prabhavo yatpratipakṣābhyāsāt prahīyante |

sarvāsāṃ doṣajātīnāṃ jātiḥ satkāyadarśanāt |
sāvidyā tatra tatsnehas tasmād dveṣādisambhavaḥ ‖ (PV I 222)

na hi na ahaṃ na mama iti paśyataḥ parigraham antareṇa kvacit snehaḥ | na ca ananurāgiṇaḥ kvacid dveṣaḥ | ātmātmīyānuparodhiny uparodhapratighātini ca tadabhāvāt | tasmāt samānajātīyābhyāsajam ātmadarśanam ātmīyagrahaṃ prasūte | tau ca tatsnehaṃ sa ca dveṣādīnīti satkāyadarśanajāḥ sarvadoṣāḥ | tad eva cājñānam ity ucyate |

しかし，何がこれら諸過失の起源であるのか。それに対立するものの反復経験によって止滅するところのものとは。

あらゆる種類の過失の生起は，有身見に起因する。それ（＝有身見）〔こそ〕が無明なのである。それがある場合には，それ（＝我・我所）に対する愛着があり，それ（＝我・我所に対する愛着）によって怒り等が起こる。(PV Ⅰ 222)

「我はない」「我所はない」と見る者には，〔それらに〕執着することがないので，何に対しても愛着がないからである。また，〔我・我所等を〕欲求しない者には，何に対しても怒りはない。我・我所を妨害しないものや，侵害を防いでくれるものに対しては，それ（＝怒り）はないからである。したがって，それ（＝我見）と同類のものが何度も繰り返されることから生じる我見が我所への取着を生み出すから，それら（＝我見と我所への取着）は愛着を〔生み出し〕，それ（＝愛着）は怒り等を〔生み出す〕のである。したがって，あらゆる過失が有身見から生じるのであり，したがってまた無知とはそれ（＝有身見）に他ならないといわれるのである。

おわりに

有部アビダルマの伝統における修行論は，まず人間が輪廻する存在であることを前提としている。その修行過程はいくつもの生を繰り返すこと，もしくはすでに繰り返されてきたことを想定している。なぜこのように長い時間が必要とされるのかについては，期間の長短が修行者の素質・機根に関わるものと考えられている点もふくめて，慎重な検討がさらに必要である。

ディグナーガやダルマキールティ，およびそれ以降の諸学者が，有部アビダルマの修行論を全面的に採用しているとは考えられないが，四諦の各行相や，三慧の体系などが重視されている事例を確認することができた。特にダルマキールティがヨーギンの知に関連して取り上げる「修習」(bhāvanā) や「反復」(abhyāsa) は，それが何を対象とするのかが問われなければ，原理的には人間を迷にも悟にも導き得るものである。我執や欲望の強固さは，我執や欲望が何度も繰り返し生ぜられたことの結果だという。その一方で，我執といった謬見と対立する真実を対象とした認識が幾たびも生ぜられることによって我執等が滅せられていくことも可能であるとされ，そこにまた一切知者の可能性も成立する。人間が迷・悟いずれに向かうかは，ひとえに何を修習し反復しているかによる。そのような存在として人間が考えられているといえるのではないだろうか。

略号と文献

ADV　Abhidharmadīpa: *Abhidharmadīpa with Vibhāshāprabhāvṛitti*. ed. Padmanabh S. Jaini. Kashi Prasad Jayaswal Research Institute. Patna. 1959.

AK, AKBh　Abhidharmakośabhāṣya: *Abhidharma-koshabhāṣya*. ed. P. Pradhan. K. P. Jayaswal Research Institute. Patna. 1967.

AKVy　Abhidharmakośavyākhyā (Yaśomitra): *Sphuṭārthā Abhidharmakośavyā-*

khyā by Yaśomitra. ed. Unrai Wogihara. 山喜房佛書林. 1971.
NB Nyāyabindu: *Paṇḍita Durveka Miśra's Dharmottarapradīpa*. ed. Paṇḍita Dalsukhbhai Malvania. Kashiprasad Jayaswal Research Institute. Patna. 1955.
NBṬ(V) Nyāyabinduṭīkā (Vinītadeva): D 4230 / P 5729.
PS, PSV Pramāṇasamuccaya, -vṛtti: Dignāga's Pramāṇasamuccaya, Chapter 1, by Ernst Steinkellner, 2005, (www.oeaw.ac.at/ias/Mat/dignaga_PS_1.pdf)
PVA Pramāṇavārrtikālaṅkāra (Prajñākaragupta): *Pramāṇavārtikabhāshyam or Vārtikālaṅkāraḥ of Prajñākarabupta*. ed. Rāhula Sāṅkṛityāyana. Kashi Prasad Jayaswal Research Institute. Patna. 1953.
PVP Pramāṇavārttikapañjikā (Devendrabuddhi): D 4217 / P 5717.
PVSV Pramāṇavārttikasvavṛtti (Dharmakīrti): *The Pramāṇavārttikam of Dharmakīrti*. ed. Raniero Gnoli.
PVṬ Pramāṇavārrtikaṭīkā (Śākyabuddhi): D 4220 / P 5718.
PVV Pramāṇavārttikavṛtti (Manorathanandin): *Pramāṇavārttika of Acharya Dharmakirtti with the Commentary 'Vritti' of Acharya Manorathanandin*. ed. Swami Dwarikadas Shastri. Bauddha Bharati, Varanasi, 1968.

Eltschinger, Vincent / Ratié, Isabelle
2013 *Self, No-Self, and Salvation: Dharmakīrti's Critique of the Notions of Self and Person*. OAW
Eltschinger, Vincent
2014 "The Four Nobles' Truths and Their 16 Aspects: On the Dogmatic and Soteriological Presuppositions of the Buddhist Epistemologists' Views on *Niścaya*." *Journal of Indian Philosophy* 42: 249-273.
青原令知
2002 「『倶舎論』における四諦十六行相の定義」『初期仏教からアビダルマへ：櫻部建博士喜寿記念論集』平楽寺書店．241-258.
桂 紹隆
1982 「因明正理門論研究［五］」『広島大学文学部紀要』42. 82-99.

木村俊彦

1981 『ダルマキールティ宗教哲学の原典研究』木耳社.

斎藤　明

2010 「二諦と三性——インド中観・瑜伽行両学派の論争とその背景——」『印度哲学仏教学』25. 348-335.

櫻部　建・小谷信千代

1999 『倶舎論の原典解明　賢聖品』法藏館.

田中教照

1983 「有部の四念住について」『印度学仏教学研究』31(2). 14-18.

戸崎宏正

1979 『仏教認識論の研究　上巻』大東出版社.

1990 「法称著『プラマーナ・ヴィニシュチャヤ』第１章　現量（知覚）論の和訳(6)——ヨーギンの現量と似現量——」『西日本宗教学雑誌』12. 58-62.

西　義雄

1975 『阿毘達磨仏教の研究——その真相と使命——』国書刊行会.

兵藤一夫

1990 「四善根について——有部に於けるもの——」『印度学仏教学研究』38(2). 73-81.

船山　徹

1995 「８世紀ナーランダー出身注釈家覚え書き——仏教知識論の系譜——」『日本佛教學會年報』60. 49-60.

2000 「カマラシーラの直接知覚論における「意による認識」(mānasa)」京都哲学会『哲学研究』(569). 105-132.

2012 「認識論——知覚の理論とその展開——」『認識論と論理学』（『シリーズ大乗仏教　第九巻』）春秋社. 91-120.

三友健容

2007 『アビダルマディーパの研究』平楽寺書店.

渡辺照宏

1970 「調伏天造・正理一滴論釈和訳」『インド古典研究』１，成田山新勝寺

成田山仏教研究所. 241-303.

註

⑴ Cf. Eltschinger（2014, 270-271）.

⑵ 直前の PS Ⅰ 6ab で提示された意による（mānasa）直接知覚と同様に，という意味である。後にシャーンタラクシタやカマラシーラは，ヨーギンの知が感官知ではなく「意による認識」（mānasa-jñāna）であることが示されていると理解するが，そうするとヨーギンの知は，意による認識，すなわち意知覚の特殊なものであるということになろうか。cf. 船山（2012, 103）。

⑶ 桂（1982, 87）:「7.3. 意地亦有離諸分別唯証行転。又於貪等諸自証分，諸修定者離教分別，皆是現量。

〔和訳〕意地（manobhūni 心による認識）にも，諸々の概念的思惟を伴わず，ただ〔対象のみを〕直接知覚するものがある。又，欲望（rāga）等に対する自己認識の様態や，ヨーガ行者達の，教えにもとづく概念的思惟を伴わない〔認識〕も，すべて直接知覚である。」

⑷ PS Ⅰ 3c : **pratyakṣaṃ kalpanāpoḍham.**（分別を欠いたものが直接知覚である。）

⑸ PS I 3d & PSV : atha keyaṃ kalpanā nāma ? **nāmajātyādiyojanā**（PS I 3d).（さて，いったい分別とは何なのか。名称（nāman）や普遍（jāti）等を結びつけることである。）

⑹ ディグナーガによるヨーギンの直接知覚についての表現が『倶舎論』の以下の記述と内容的に一致することについては，戸崎（1979, 377, note 122）において指摘されている。;

AK, AKBh [334, 19 - 335, 3]: kiṃ punar āsāṃ lakṣaṇam | **nāmobhayārthaviṣayā śrutamayyādikā dhiyaḥ**（AK VI 5cd）‖ nāmālambanā kila śrutamayī prajñā | nāmārthālambanā cintāmayī | kadācid vyañjanenārtham ākarṣati kadācid arthena vyañjanam | arthālambanaiva bhāvanāmayī | sā hi vyañjananirapekṣā arthe pravartate | tad yathāmbhasi plotum aśikṣitaḥ plavan naiva muñcati | kiyacchikṣitaḥ kadācid muñcet kadācid ālambate | suśikṣitaḥ plavan

nirapekṣas taratīty eṣa dṛṣṭānta iti vaibhāṣikāḥ ‖（ところで，それら（聞思修の三慧）の特徴は何か。**聞所成慧を始めとする〔三慧〕は〔順次〕，名称と両方と対象とを対象とする**（AK VI 5cd）。毘婆沙師たちの伝説するところでは，聞所成慧は名称を所縁とし，思所成〔慧〕は名称と対象とを所縁とする。音節によって対象を引く場合もあり，対象によって音節を〔引く〕場合もある。修所成〔慧〕は対象のみを所縁とする。なぜならば，それ（＝修所成慧）は音節の助けを借りずに対象に対してはたらくからである。例えば，泳ぎを学んでいない者は，水の中で泳ぐとき，〔浮き袋などを〕決して手放さず，少し学んだ者は，〔浮き袋などを〕手放す場合もあり，〔それに〕よりかかる場合もあるが，充分に学んだ者は，泳ぐとき，〔浮き袋などの〕助けを借りずに〔向こう岸に〕渡る。これが〔その〕譬喩である。）;

これはヴァスバンドゥが「毘婆沙師たちの伝説するところでは」と述べるように，『阿毘達磨大毘婆沙論』（『婆沙論』）の記述（巻四十二［T. 27, 217b29-c12］，『旧婆沙』巻二十三［T. 28, 168a21-b3］）をふまえたものである。『倶舎論』作者のヴァスバンドゥはまた，それら『婆沙論』以来の説とは異なる説も提示している。;

AKBh［335, 5-6］: āptavacanaprāmāṇyajātaniścayaḥ śrutamayī | yuktinidhyānajaś cintāmayī | samādhijo bhāvanāmayīti |（信頼すべき者の言葉を根拠とすることによって生じた決定知が聞所成〔慧〕であり，論理的洞察より生じる〔決定知〕が思所成〔慧〕であり，三昧より生じる〔決定知〕が修所成慧である。）; cf. 櫻部・小谷（1999: 67）。

しかし衆賢は『順正理論』［T. 29, 699a17-b2］において，この三慧の区別の仕方にもとづくヴァスバンドゥの説明を不要なものとして批判しているようである。

(7) AK, AKBh［349, 2-8］: kim punaḥ prathama eva janmani kṛtaprayogo nirvedhabhāgīyāny utpādayet | naitad asti | avaśyaṃ hi **prāk tebhyo mokṣabhāgīyaṃ**（AK VI 24c）utpādayitavyam | sarvasvalpaṃ hi **kṣipraṃ mokṣas tribhir bhavaiḥ** ‖（AK VI 24d）ekasmin janmani mokṣabhāgīyaṃ kuśalamūlam utpādayet | dvitīye nirvedhabhāgīyāni | tṛtīye āryamārgam |（【問】また，準備的実践（prayoga, 加行）を作した者は〔その〕同じ第一の

生において順決択分を起こし得るか。【答】それはない。それというのも，必ず，**順解脱分はそれら（＝順決択分）より前に**（AK VI 24c）起こされねばならないからである。それというのも，最少でも，**三つの生存によって速やかに解脱する**（AK VI 24d）。ある生において順解脱分の善根を起こすとすれば，第二〔の生〕において順決択分を〔起こし〕，第三〔の生〕において聖道を〔起こす〕からである。); cf. 櫻部・小谷（1999: 153）。

(8) 『婆沙論』［T. 27, 525b14–21］，『旧婆沙』［T. 28, 379b4–11］。

(9) AK, AKBh［247, 14]: **apūrvāptir vihīneṣu**（AK VI 22c）. yadā vihīneṣu punarlābho bhavaty apūrvāṇy eva tadā labhyante na pūrvaṃ tyaktāni | prātimokṣasaṃvaravad anucitayatnasādhyatvāt | sati pratisīmādaiśike pareṇotpādayaty asati mūlād eva |（**〔死によって諸善根が〕失われた場合は，以前になかった〔善根〕の得がある**（AK VI 22c)。もし，〔死によって諸善根が〕失われて，再び得られることになる場合は，以前になかった〔諸善根〕のみが得られるが，以前に捨てられたものが〔得られるの〕ではない。〔以前になかった諸善根は〕未習のものであり努力によって成就されるべきものだからである。別解脱律義と同様である。到達の程度（pratiśīmā）を説示する者がいる場合は，〔失われたものの〕直後から生起させる。〔それを説示する者が〕いない場合はまさしく根本（＝煖）から〔生起させる〕。);

ヤショーミトラの注釈によれば，それは「願智」(pranidhijñāna）を備えた者である。cf. AKVy［539, 16–25]; また，願智は仏陀と，最も優れた阿羅漢である不動法（akopya-dharma）の阿羅漢のような聖者たちに共通したものである。また，願智は世俗智（saṃvṛtijñāna）とされる。また，『光記』によれば，そのような師に遇うことによって宿住智を得た者が自ら過去世を知ることになっているようである。;『光記』［T. 41, 349b7–9]: 遇了分位善說法師，得宿住智，知曾過去已修煖等，爲說頂等便生頂等。;『倶舎論』のこの記述は『婆沙論』（巻七［T. 27, 31c28–32a7］，『旧婆沙』巻三［T. 28, 22c15–21］）の説をふまえたものである。

(10) 四念住の内容が「不浄・苦・無常・無我」として示されることもある。四念住の二種の四行相が併存する問題については田中（1983）を参照。

(11) 有部の修行階梯の中で，見道に直結する順決択分，さらにそれに先行する順

解脱分といった体系の形成過程については兵藤（1990）を参照。

⑿ AK, AKBh [341, 16–342, 2]: tatra svabhāvasmṛtyupasthānam **prajñā**（AK VI 15a'）. kīdṛśī prajñā | **śrutādimayī**（AK VI 15'a'）. śrutamayī cintāmayī bhāvanāmayī ca | trividhāni smṛtyupasthānāni śrutacintābhāvanāmayāni |（そのうち，自性の念住は，**慧である**（AK VI 15a'）。どのような慧かというと，聞等の所成〔の慧〕である（AK VI 15'a'）。〔すなわち〕聞所成〔の慧〕，思所成〔の慧〕，修所成〔の慧〕である。念住は，聞・思・修所成の三種〔の慧〕である。）

⒀ AK, AKBh [346, 5–7]: tac caitac caturvidham api nirvedhabhāgīyam, **bhāvanāmayam**（AK VI 20'b）, na śrutacintāmayam |（そして，この四種の順決択分は，「**修所成である**」（AK VI 20'b）。聞思所成ではない。）; 戸崎（1979: 377, note 122）。

⒁ 『旧婆沙』[T. 28, 298b9–18] も『鞞婆沙論』[T. 28, 472a11–21] も全体的には同内容であるが，『鞞婆沙論』では，世俗諦と勝義諦が十八界・十二処・五蘊を包含するということは，問の形で述べられている。

⒂ 『阿毘曇毘婆沙論』: 尊者和須蜜說曰。名是世諦。名所顯義。是第一義諦。復次隨順世間所說名是世諦。隨順賢聖所說名是第一義諦。(T. 28, 298c9–12); 『鞞婆沙論』: 尊者婆須蜜說曰。等諦者是諸法名。第一義諦是諸法性。重說曰。等諦者是俗數。第一義諦者賢聖數。等諦第一義諦是謂差別。(T. 28, 472a21–24)

⒃ 『阿毘曇毘婆沙論』[T. 28, 298c12–14]: 尊者佛陀提婆說曰。若說衆生。如其所念相應之言。是名世諦。若說縁起等法如其所念相應之言。是名第一義諦。; 『鞞婆沙論』には該当部分なし。

⒄ 『阿毘曇毘婆沙論』[T. 28, 298c14–15]: 尊者陀羅達多說曰。世諦體相是名。苦集諦少分。; 『鞞婆沙論』[T. 28, 472b16–17]: 尊者陀羅難提說曰。性名等諦。苦諦習諦所攝。

⒅ ⑵は西（1975, 392）の解釈にしたがった。しかし，斎藤（2010, 346）の解釈では勝義は「賢聖の所説の名に随順するもの」となる。

⒆ Cf. AK, AKBh [334, 19 – 335, 3].

⒇ ADV [113, 18–19]; **niyatodbhāvanād buddhaḥ sarvajña iti gamyate**（k. 148cd）‖ ye hy apaurṣeyā dhātv-āyatana-skandhādyavadyotakās te pratha-

maṃ buddhaviṣayā eva | tadavabodhāc ca bhagavān sarvajña ity abhidhīyate | ; cf. 三友（2007, 415）.

(21) 本論では，『プラマーナ・ヴァールッティカ』の各章を，デーヴェーンドラブッディやシャーキヤブッディ等による順序，PV I「自己の為の推理章」（Svārthānumāna），PV II「プラマーナシッディ章」（Pramāṇasiddhi），PV III「直接知覚章」（Pratyakṣa），PV IV「他者の為の推理章」（Parārthānumāna）とする。

(22) 以下 PV III 281-286 については戸崎（1979, 376-380）を参照。

(23) PVP［D210b3-4, P246b6-7］: 'dir rnal 'byor pa'i shes pa thams cad mngon sum ma yin no ‖ 'o na ci yin zhe na | **sngar bshad rnal 'byor shes pa ni** ‖ sngar 'phags pa'i bden pa bzhi'i yul can du bshad pa na | bden pa dpyod pa gang yin pa de zhes bya ba'i don to ‖

(24) PVAṬ（J）［D108b6］: gsal ba nyid kyi phyir sngon po mthong ba bzhin du rtog pa med pa yin par . . .

(25) この「盗賊の夢」（caurasvapna）が具体的にはどのようなものなのか分からない。

(26) PVP［D210b7, P247a4］: sogs pa smos pas ni | myur du bskor ba dang | 'chi ltas la sogs pa gzung ngo ‖

(27) PVṬ［D215b6-7, P266b1-2］: 'khor lo bzhin du lus myur du bskor ba las dngos po g-yo ba med pa yang g-yo ba bzhin du gsal bar dmigs par 'gyur ba 'ang 'chi ba'i dus na lus dang sems kyi gnas skabs 'ga' zhig 'chi ltas gyi ming can dngos po yang dag pa ma yin pa mthong bar 'gyur ro ‖

(28) 不浄観の対象である不浄が真実在でないということは以下の AKBh の記述とも関連するであろう。; AKBh［238, 1-2］: asthisaṃkalāyāṃ hi sarvam etac caturvidhaṃ rāgas tu nāstīti adhimuktiprādeśikamanaskāratvād aśubhayā na kleśaprahāṇaṃ viṣkambhaṇaṃ tu |（実に骨鎖に対してはかかる貪の四種すべて（＝色彩に対する貪，形に対する貪，感触に対する貪，奉仕に対する貪）がない。〔しかし〕〈勝解に属する作意〉（adhimuktiprādeśikamanaskāra）であるので，不浄観によっては煩悩が断ぜられることはなく，〔ただ〕抑制される〔だけ〕である。); この AKBh の記述は『婆沙論』巻四十［T. 27, 208a5-19］

（『旧婆沙』巻二十一［T. 28, 155a3-8］）や『婆沙論』巻十一［T. 27, 53a13-19］（『旧婆沙』巻六［T. 28, 40a22-26］，『鞞婆沙論』巻十一［T. 28, 492c18-23］）にもとづくと考えられる。

(29) PVP［D211a7-b1, P247b6-7］: gal te sgom pa la yang yang dag pa ma yin pa'i don goms pa las skyes pa gang yin pa de thams cad gsal bar snang ba ma yin zhing | rtog pa med pa yang ma yin par grub pa'i mtha' smra ba 'dod pa ma yin nam des na khas blangs pa yin no zhe na |

(30) PVA［327, 15-17］: na bhāvanāmātrata eva yogī bhavati | api tu śrutamayena jñānenārthān gṛhītvā yukticintāmayena vyavasthāpya bhāvayatān tanniṣpattau yad avitathaviṣayan tad eva pramāṇan tadyuktā yoginaḥ |（ただ修習のみによってヨーギンとなるのではない。そうではなくて，聞所成の知によって諸対象を確定した後に，論理による思所成〔の知〕によって〔その対象を〕弁別し，その後に，修習する者たちにそれ（修習）が完成するとき，顛倒なきものを対境とするもののみが正しい認識手段であり，それ（正しい認識手段）をともなうのが，ヨーギンたちなのである。）

キーワード　ディグナーガ，ダルマキールティ，『倶舎論』

ツォンカパの人間観

根　本　裕　史

はじめに

チベットのゲルク派の伝統を創始したツォンカパ・ロサンタクパ（Tsong kha pa blo bzang grags pa: 1357–1419）は仏教に伝統的な無我説や，チベットのサンプ・ネウトク僧院で発達した述定理論に立脚して人間存在を分析し，中観帰謬論証派（dbu ma thal 'gyur ba）の空思想に立脚して自身の人間観を論じている。彼の見解の要点は，人間とは固有の存在性（rang bzhin）を欠くものでありながらも，幻術師が作り出す幻（sgyu ma）のようなものとして我々の意識に顕れ，善悪の業を積み，その業の果を受けるという点にある。ツォンカパの人間観は『道次第大論（*Lam rim chen mo*）』『善説真髄（*Legs bshad snying po*）』『道次第小論（*Lam rim chung ba*）』などに説かれ，Hopkins（2003: 18–23）にその梗概が記されている(1)。本論の目的は Hopkins（2003, 2008）およびチベット論理学に関する最新の研究である福田（2003）や Hugon（2010）などの成果を踏まえ，ツォンカパの人間観の特色を明らかにすることである。

1．仏教諸学派に共通の無我説

1–1．施設有としての〈人〉

仏教の無我説は『サンユッタ・ニカーヤ（*Saṃyuttanikāya*）』の無我相経をはじめとする初期経典に現れる。そして，有名な『ミリンダ王の問い

(*Milindapañhā*)』や，南伝アビダンマ文献『人施設論（*Puggalapaññatti*)』，北伝アビダルマ文献『識身足論』『集異門足論』などにおいて，人間とは五蘊に依拠して概念設定されたもの（prajñapti，施設）に過ぎないという思想が確立される。さらに，無我説はヴァスバンドゥ（Vasubandhu: ca. 400-480）の『阿毘達磨倶舎論釈（*Abhidharmakośabhāṣya*)』「破我品」や，大乗の空思想家ナーガールジュナ（Nāgārjuna: ca. 150-250）の『根本中頌（*Mūlamadhyamakakārikā*)』第18章などに登場する。『阿毘達磨倶舎論釈』や『根本中頌』などを通じてチベットにも無我説が伝えられている。

ツォンカパが最も影響を受けたのは中観派の無我説である。彼はチャンドラキールティ（Candrakīrti: ca. 600-650）に代表される中観帰謬論証派の立場から無我説を解釈する。そのために，彼はまず帰謬論証派を除く他の仏教徒が認める無我説とは何であるかを明らかにし，その後で帰謬論証派の無我説の分析に入っている。ツォンカパの『善説真髄』によれば，他の仏教徒，すなわち，毘婆沙師・経量部・唯識派・自立論証派は「人無我（gang zag gi bdag med)」を次のように理解する。

> 「自派（仏教徒）の大乗・小乗に属する〔帰謬論証派〕以外の学説論者によれば，人無我とは，〈人〉が蘊とは異なる特質を有する[2]独立自存の実体（rang rkya thub pa'i rdzas）として存在しないことのみ（tsam)[3]を意味すると認められる[4]」

独立自存の実体（rang rkya thub pa'i rdzas）とは，色受想行識のいずれとも異なる特質を有し，五蘊に依存することなく，それ自体で存立するものである。そのような独立自存の実体としての〈人〉に対する執着が人我執である。人我執にとらわれた者は〈人〉と五蘊を「主人と使用人」のような主従関係で捉える。しかし，色受想行識の各々を分析すれば，そのいずれも真の〈人〉ではないことが知られる。したがって，五蘊のいずれかを特質とする〈人〉はどこにも存在しない。

〈人〉は独立自存の実体ではなく，むしろ蘊の集合体・相続に対して概念設定された施設有であるツォンカパ初期の作と思われる論理学・認識論の定

義集『心の闇の払拭（*Yid kyi mun sel*）』における〈人〉の定義は，まさしくこの考え方に立脚するものである。同書において〈人〉は次のように定義される。

「人（gang zag, *pudgala）の定義：四蘊または五蘊の集合体・相続に対して概念設定された施設有（btags yod）。例えばデーヴァダッタなど。ただし，未だ正覚を得ていない者（sangs ma rgyas pa）に限る[(5)]」

「四蘊または五蘊」というのは，色蘊が存在しない無色界にも〈人〉が存在することを考慮してなされた表現である。また，この記述から，ツォンカパは仏陀（sangs rgyas）を〈人〉とは見なしていないことが分かる。〈人〉を意味するチベット語 gang zag の語義解釈「誕生から壮年期までの間は満ちるが（gang），中年から死ぬまでの間は落ちていく（zag）もの[(6)]」が示すように，〈人〉とは輪廻世界の中で栄枯盛衰を経験する者である。

1-2．〈人〉という概念の措定要因

さて，ツォンカパが述べるように〈人〉は実有（rdzas yod）ではなく，施設有（btags yod）である。施設有と実有の区別については『瑜伽師地論』「摂決択分（viniścayasaṃgrahaṇī）」に議論があり，チベットでよく知られている[(7)]。チベットでは12世紀頃から施設有と実有に関する議論が展開された。サンプ・ネウトク僧院で活躍したチャパ・チューキ・センゲ（Phywa pa chos kyi seng ge: 1109–1169）によれば，施設有とは他の存在を措定要因として捉えることによってはじめて知られ得るもの（chos gzhan rnam 'jog gi rgyur bzung pa la ltos nas rtogs par bya ba）であり，一方，実有とは他の存在を措定要因として捉えることによらずに知られ得るもの（chos gzhan rnam 'jog gi rgyur bzung pa la ma ltos par rtogs par bya ba）である[(8)]。

施設有に関するこの考えをツォンカパは継承している[(9)]。施設有である〈人〉はそれ自体で知られるものではなく，識（rnam shes）などといった別の存在を措定要因として捉えることによって知られ得るものである。ツォンカパはバーヴィヴェーカ（Bhāviveka）に帰せられる中観論書『思択炎

（*Tarkajvālā*）』に依拠して次のように述べている。

「〔人が〕概念設定される様式について『思択炎』に次のように説かれる。

すなわち，我々も言語活動においては，識に対して「我」という語を直接的に適用する。例えば「識は再生を受け取るものであるから我である」というように，身体と感官の集合について〔「我」という〕転義的表現を行なうからである。

このように，部分の集合に依存して「車」と概念設定されるように，蘊に依存して「有情」と概念設定されることを説く〔文言〕を〔『思択炎』は〕引用する。さらに，ある経典には「心を調伏すれば安楽が得られる」と説かれ，またある経典には「我を調伏することによって天界が得られる」と説かれるので，心が「我」として措定される。このように聖典に基づく論拠を述べる。また，蘊を受け取る主体は我であり，識は再生を受け取るものであるので，識が「我」として措定される。このように論理に基づく論拠を述べる[10]」

さらに，ツォンカパは〈人〉という概念の措定要因である識を gang zag gi mtshan gzhi と呼んでいる[11]。これは識が「xは人である」という言明の主題xであることを意味する。mtshan gzhi とはサンプ・ネウトク僧院の伝統の中で発達した述定理論の用語である。述定理論とは，既知の主題について，未知の新規情報を与える言明がいかなる条件のもとで成立するかを吟味する理論である。例えば瘤と垂れ肉を有する白斑色（dkar zal）の動物が眼前にいて，それが牛（ba lang）であることが未だ知られていない状況において次の言明が有効となる[12]。

「白斑色のものは牛である。瘤と垂れ肉を有するもの（nog dang lkog shal dang ldan pa）であるゆえに」

この言明における「白斑色のもの」は既知の主題（mtshan gzhi）であり，「牛」は新規情報となる述定内容（mtshon bya）であり，「瘤と垂れ肉を有するもの」はその述定の根拠（mtshan nyid）である。また，重要なのは，ここで述定内容となる「牛」が言語表現の対象（tha snyad）であり概念的

存在であること，他方，その言語表現が適用される「白斑色のもの」は実在のもの（don）であるということである。これらの点もサンプ・ネウトク僧院の論理学者達が常に注意を払うところである。さて，この理論を応用すると，例えば次の言明を立てることができよう。

「デーヴァダッタは人である。四蘊または五蘊の集合体・相続に対して概念設定された施設有であるゆえに」

この言明において「デーヴァダッタ」は既知の主題であり，〈人〉は未知情報を与える述定内容であり，「四蘊または五蘊の集合体・相続に対して概念設定された施設有」はその述定の根拠である。しかし，ツォンカパが gang zag gi mtshan gzhi と呼ぶものはデーヴァダッタではなく，デーヴァダッタの識であることに注意しなければならない。デーヴァダッタという固有名を持つ〈人〉は施設有であり，他の措定要因に依存せずそれ自体で認識される実有ではなく，それゆえ，真の意味での mtshan gzhi ではない。gang zag gi mtshan gzhi とは〈人〉という概念に対応する実在のことであり，〈人〉という概念の適用根拠となるものである(13)。ツォンカパによれば，バーヴィヴェーカに代表される自立論証派は，意識こそがそのような条件を充たす mtshan gzhi であると考える。ツォンカパはこのようにしてバーヴィヴェーカに代表される自立論証派の実在論的見解を描き出し，次に見る帰謬論証派の見解と対比させようとしている(14)。

2．帰謬論証派に独自の無我説

2-1．無自性なる〈人〉

ツォンカパによれば，自立論証派のみならず，毘婆沙師・経量部・唯識派は〈人〉という概念を措定する根拠となるもの（意識，アーラヤ識など）を何らかの仕方で見出そうとするが，チャンドラキールティに代表される帰謬論証派は，〈人〉という概念に対応する実在が決してどこにも見出されないことを説く。

「それと同様に，蘊に依存して「私」という観念が起こる場合，［1］蘊において時間的に前後する相続という集合体，同時的な集合体，それの構成要素のいずれもが，その述定の主題（mtshan gzhi）として措定され得るものではない。詳しくは後述する。［2］また，蘊の構成要素および構成された全体とは本性を異にする，それの主題（gzhi）として把握され得るものも決して存在しない。この〔二つの理由〕により，その「私」は，分別によって蘊に依存して措定されたものに過ぎないのであって，それが自身に固有の存在性に基づいて成立することはない[15]」

帰謬論証派にとって，gang zag gi mtshan gzhi は究極的には存在しない。〈人〉は単に分別よって措定されたものに過ぎず，分別の働きに依存しない固有の存在性（rang gi ngo bo, 自性）を欠く。つまり，〈人〉は無自性である。この考えは先に見た仏教諸学派に共通の無我説とは大きく異なり，〈人〉の実在性を根底から否定するものであると言えよう。なぜなら，他の仏教諸学派は〈人〉が他の措定要因（識など）に依拠して知られる施設有であることを説くのみであるが，帰謬論証派はそのような措定要因と〈人〉の対応関係がそもそも成り立たないことを鋭く指摘し，〈人〉は知によって根拠なく恣意的に表現されただけのもの（tha snyad du btags pa tsam）であるという点を強調するするからである。帰謬論証派によれば，〈人〉を措定要因を欠いた無自性なるものと理解することが重要である。ツォンカパは次のように説明する。

「チャンドラ〔キールティ〕の説によれば，そのような実有としての〈人〉の存在を否定したとしても，単に言語表現されただけのものではない，自身に固有の存在性に基づいて成立する〈人〉が否定されたことにはならない。それを「ある」と捉えることが，〈人〉を実在のものとする把握であるので，人我執である。〔自身に固有の存在性に基づいて成立する法はあると捉えるのが〕法我執であるのと同様である[16]」

ここでツォンカパが説明するように，たとえ「独立自存の実体」としての〈人〉を否定しても，固有の存在性に基づいて成立する〈人〉を否定しない

限り，人我執を退けることはできない。なぜなら，「独立自存の実体」としての我を立てるのは異教徒の見解に過ぎず，それを否定したところで，人々が生来的に有する実在論的思考や，それによって起こる煩悩を断ずることはできないからである。ツォンカパは続けて次のように言う。

「さらにまた，その独立自存の実体である我は，異教徒が蘊とは別のものとして構想する，内的な働きを持つプルシャ（nang gi byed pa'i skyes bu, *antarvyāpārapuruṣa）を「ある」とする把握の対象であり，もし仮にそれの非存在を直証し，観察した内容を修習しても，色などを実在であるとする生来の把握を些かも減ずることはないので，蘊を実在と捉えた後に起こる貪欲などの煩悩が退けられるといった有意義なことはないと〔チャンドラキールティは〕説いている(17)」

五蘊を自在に支配する独立自存の実有としての〈人〉を否定するだけでは不十分であり，自身に固有の存在性（自性）に基づいて成立する実在としての〈人〉を否定することによってこそ，我執と貪欲などの煩悩を断ずることができる。これがツォンカパの理解する帰謬論証派の見解である。

2－2．幻のような存在としての〈人〉

さて，ツォンカパが他方で強調するのは，無自性なる〈人〉が幻のようなものとして存在するという点である。正理知（rigs shes）(18)によって分析すれば，〈人〉を人たらしめる固有の存在性はどこにも見出されない。しかし，〈人〉はあたかも幻のように我々の意識に顕れ，その〈人〉が業を積み，安楽や苦しみを経験する。ここで「幻」という比喩が意味するのは，〈人〉が端的に非実在であるということではなく，〈人〉が非実在でありながらも意識に顕れるということである。ツォンカパは「幻」の比喩に二つの意味があることを指摘し，次のように述べている。

「「幻」の意味として二つのものが〔経典や論書に〕説かれている。例えば「勝義諦は幻のようなものである」という場合のように，単なる存在としては成立するが実在性が否定されることを指す場合と，色などを指

して「幻である」という場合のように自己に固有の存在性を欠くものでありながらも色などとして顕れること，すなわち，「幻のような顕れ」というような場合の二つがある。その内，ここで該当するのは後者である[(19)]」

そして，ツォンカパによれば「人は幻のようなものとしてある」という理解は，二つの知に依拠して起こる。すなわち，顕れを把握する知（言語活動に関わる知）と，その顕れたものが非実在であることを確定する知（正理知）である。

「その後者の成立様式はいかなるものかといえば，顕れを把握する知と，空であることを確定する知の二者に依拠して成立するのである。例えば幻の馬・牛の顕れが眼識によって知覚され，顕れた通りの馬・牛は存在しないことが意識によって確定されることに依拠して，その馬・牛として顕れたものは幻あるいは偽りの顕れであるとの確定が起こる。それと同様に〈人〉などは言語活動に関わる知に，わざわざ捏造するまでもなく（bsnyon du med par[(20)]）顕れるが，まさにそれは自身のあり方に基づいて成立する固有の存在性を欠くものであると正理知によって確定される。この二者に依拠してその〈人〉は幻，あるいは偽りの顕れであるとの確定が起こる[(21)]」

この記述が示唆するように，「人は幻のようなものとしてある」という理解は，空性の真実を確定していない者には起こり得ない。ツォンカパが説く「幻のような人」とは，空性を直観する三昧から出定して，後得智を得た聖者の意識に顕れる対象である[(22)]。〈人〉に対するこのような認識は，空性理解の上に立って世界を眺めることのできる聖者のみが持ち得るものである[(23)]。

ツォンカパは〈人〉の実在性が正理知によって否定されるからといって，〈人〉が「兎の角」のような非存在であるとは考えない[(24)]。正理知による分析を経て無自性であることが確定された後，なおも幻のように意識に顕れる〈人〉の存在がある[(25)]。その〈人〉は無自性でありながらもこの世界に存在し，苦楽を経験する。ここにいかなる矛盾もないというのがツォンカパの人間観

の根幹にある考えである。

結　論

ツォンカパは仏教の伝統的な無我説に立脚し，チベット論理学の述定理論を踏まえて，施設有である〈人〉のあり方を分析する。ツォンカパによれば，毘婆沙師・経量部・唯識派・自立論証派は異教徒が想定する独立自存の実体としての〈人〉を否定するが，識などの措定要因に依存して知られる施設有として〈人〉の存在を認める。これに対し，ツォンカパが信奉する帰謬論証派によれば，〈人〉という概念に対応する実在は存在せず，〈人〉は単に言語活動に関わる知によって根拠なく措定されたものに過ぎないが，その無自性なる〈人〉こそがあたかも幻のように意識に顕れ，業を積み苦楽を経験する。「人は幻のようなものとしてある」というのは，空性を直観する三昧から出定して後得智を得た聖者の人間認識に等しい。幻の比喩は〈人〉が単なる虚構ではなく，紛れもなく存在することを意味しており，〈人〉の存在を前提として業報思想や修道論を説くツォンカパにとって極めて重要な考えであったことは間違いない。

註

(1) 『道次第大論』の該当箇所がCutler（ed.）2002: 300-307に，『道次第小論』の該当箇所がHopkins 2008: 75-85に訳出されている。また，ツォンカパの無我説については，デプン・ロセリン学堂出身の学僧イシ・タプケー（Ye shes thabs mkhas）師によるチベット語の論考がある（Ye shes thabs mkhas 1997: 84-94）。

(2) Ye shes thabs mkhas 1997: 86によれば，蘊が有する特質（mtshan nyid）とは生や滅などの有為相（'dus byas kyi mtshan nyid skye 'jig sogs）のことである。

⑶ ツォンカパ自身の説明によれば，tsam という語は〈人〉が「蘊とは別個のものとして存在すること（phung po las don gzhan du yod pa）」を除外する（*Legs bshad snying po* 71a2）。

⑷ *Legs bshad snying po* 70b5f.: gang zag gi bdag med ni | rang sde theg pa che chung gi grub mtha' smra ba gzhan gyi ltar na gang zag phung po dang mtshan nyid mi mthun pa'i rang rkya thub pa'i rdzas su med pa tsam la 'dod do | |

⑸ *Yid kyi mun sel* 5a2: gang zag gi mtshan nyid | phung po lnga'am bzhi'i tshogs rgyun la btags pa'i btags yod | dper na lhas byin lta bu'o | | sangs ma rgyas pa'i dbang du byas so | |

⑹ *Sgra sbyor bam gnyis* 340（cf. 石川 1993: 120）: *pūryate galat*〈e〉*[i] caiva puṅgala* zhes kyang bya ste | skyes nas dar gyi bar du ni gang | dar yol nas shi ba'i bar du ni zag pa la yang bya ste | （「pūryate galati caiva puṅgala [ḥ] ともいわれる。すなわち，誕生から壮年期までの間は満ちるが（gang, *pūr），壮年期を過ぎてから死ぬまでの間は落ちていく（zag, *gal）者をも意味する」）

⑺ VSg D 199a7ff.（cf. *Legs bshad snying po* 22a2ff.; *Thub bstan lhun po'i mdzes rgyan* 124.21ff.）: gang ci yang rung ste de las gzhan pa dag la mi ltos shing de las gzhan pa dag la mi brten par rang gi mtshan nyid 'dogs par byed pa de ni mdor na rdzas su yod pa yin par rig par bya'o | | gang ci yang rung ste | de las gzhan pa dag la ltos shing de las gzhan pa dag la brten nas rang gi mtshan nyid 'dogs par byed pa de ni mdor na btags pa'i yod pa yin par rig par bya'i | rdzas su yod pa ni ma yin te | 'di lta ste | gzugs la sogs pa'i phung po'i ming can gyi dngos po la brten zhing ltos te | gnas nas bdag ces bya ba'am | sems can zhes bya bar rgya cher nye bar 'dogs par byed pa'o | |（「およそ何であれ，それ以外のものを顧慮することなく，それ以外のものに依存せずに，自身の特質を知らしめる［'dogs par byed pa, *prajñāpayati］ものが要するに実有であると理解すべきである。およそ何であれ，それ以外のものを顧慮し，それ以外のものに依存して自身の特質を知らしめるものが要するに施設有であると理解すべきであり，実有であると〔理解してはなら〕ない。す

なわち，色蘊などの名称を持つ事物に依存し，それを顧慮しながら「我」あるいは「有情」と〔人々は〕様々に転義的表現をなす」）

(8) *Mun sel* 12b5f.（cf. Hugon 2010: 327）: rdzas yod ni chos gzhan rnam 'jog gi rgyur bzung pa la ma ltos par rtogs par bya ba ste bden pa rtogs pa lasogs pa don gyi chos rnams so | | btags yod ni chos gzhan rnam 'jog gi rgyur bzung pa la ltos nas rtogs par bya ba ste tshad ma'i tha snyad lasogs pa tha snyad kyi chos rnams sam tha snyad des khyad par du byas pa'i chos rnams so |（「実有とは他の存在を措定要因として捉えることによらずに知られ得るものである。すなわち，真実知などといった実在の諸存在である。施設有とは他の存在を措定要因として捉えることによってはじめて知られ得るものである。すなわち，「妥当な認識」という表現などといった言語表現の対象としての諸存在，あるいはその言語表現によって限定された諸存在である」）

(9) Ye shes thabs mkhas 1997: 86を参照。

(10) *Legs bshad snying po* 71a2ff.（cf. TJ D 80b2f. on MHK III 97; 江島 1980: 464f.）: btags lugs ni rtog ge 'bar ba las | 'di ltar kho bo cag kyang tha snyad du rnam par shes pa la bdag gi sgra dngos su 'dogs te | 'di ltar rnam par shes pa ni yang srid pa len pa'i phyir bdag yin no zhes lus dang dbang po'i tshogs dag la nye bar 'dogs pa'i phyir te | zhes yan lag tshogs pa la brten nas shing rta ltar phung po la brten nas sems can du 'dogs par gsungs pa 'dren no | | de yang mdo kha cig las sems dul na bde ba 'thob par gsungs la kha cig tu bdag dul bas mtho ris 'thob par gsungs pas sems la bdag tu 'jog ces lung dang | phung po len mkhan ni bdag yin la rnam shes kyis yang srid len pa'i phyir rnam shes bdag tu bzhag go zhes rigs pa'i sgrub byed smra'o | |

(11) *Dgongs pa rab gsal* 202b3ff.: slob dpon 'di kun gzhi mi bzhed pas lus len pa'i rnam shes ni yid kyi rnam shes yin te | kun gzhi mi 'dod pa gzhan yang de dang 'dra'o | | kun gzhi 'dod pas kun gzhi rnam shes nyid gang zag gi mtshan gzhir smra'o | | de yang lugs de dag gis nyan rang gis gang zag rdzas yod du med par rtogs par 'dod kyang | rnam shes gnyis po rdzas yod du med par rtogs par mi 'dod pas | gang zag rang rkya thub pa'i rdzas su med par smra ba ni gang zag gi rang gi ldog pa nas 'dod pa yin gyi | gang

zag gi mtshan gzhi rnam shes la de ltar 'dod pa min no | |（「この軌範師〔バーヴィヴェーカ〕はアーラヤ識をお認めにならないので，〔彼によれば来世の〕身体を受け取る識は意識である。アーラヤ識を認めない他の者も彼と同じである。アーラヤ識論者はアーラヤ識こそが「*x* は人である」という述定の主題であるという。さらに，それらの学説によれば，声聞・独覚は〈人〉が実有として存在しないことを理解すると認められるが，二つの識［意識・アーラヤ識］がともに実有として存在しないと理解するとは認められない。それゆえ，〈人〉が独立自存の実体として存在しないというのは〔彼らによれば〕〈人〉それ自体として他から排除されるもの［gang zag gi rang ldog,〈人〉という概念］について認められるのであって，「*x* は人である」という述定の主題［gang zag gi mtshan gzhi］である識についてそのように認められるのではない」）

⑿ この種の分析はツァンナクパ（Gtsang nag pa: 12世紀）の『量決択疏』などに見られる。*Legs bshad bsdus pa* 12a8f.（cf. 福田 2003: 15): de ltar na dkar zal mtshan gzhi' ba lang gi tha snyad du mtshon bya nog dang lkog shal dang ldan pas zhes bya ba'i sbyor ba grub pa yin no | |（「以上のような場合「白斑色のものを主題とすると，それは「牛」という言語表現の対象として述定され得る。瘤と垂れ肉を有するゆえに」という論証式が成立する」）

⒀ ツォンカパは mtshan gzhi と同義の 'jog sa（「措定の基盤」）や 'jug gzhi（「言葉の適用根拠」）という鍵概念を用いて自立論証派等の見解を次のように説明している。*Legs bshad snying po* 65a3ff.: 'o na ji 'dra zhig tu bzung na rang gi mtshan nyid kyis grub par bzung ba yin zhe na | 'di la thog mar grub mtha' smra ba'i lugs brjod par bya ste | gang zag 'dis las 'di byas so | | 'bras bu 'di myong ngo zhes pa'i tha snyad btags pa la rang gi phung po 'di nyid gang zag yin nam | 'on te de dag las don gzhan zhes gang zag gi tha snyad btags pa de'i don btsal te | don gcig pa'i don tha dad la sogs pa'i phyogs gang rung zhig rnyed nas gang zag de 'jog sa byung na las gsog pa po la sogs par 'jog nus la | ma rnyed na 'jog mi nus pas gang zag gi tha snyad btags pa tsam gyis mi tshim par de'i tha snyad gang la btags pa'i btags gzhi de ji ltar yin dpyad cing btsal nas 'jog na gang zag rang gi

mtshan nyid kyis grub par 'jog pa yin te | rang sde bye brag tu smra ba nas dbu ma rang rgyud pa'i bar thams cad kyis de bzhin du 'dod do | |（「[問] ならば〔対象を〕いかなるものとして捉えるならば〔それを〕自身の特質に基づいて成立したものであると捉えたことになるのか。[答] これについて最初に〔実在論を唱える〕学説論者の説を述べよう。「この人がこの業を為した。この人がこの果報を享受する」という表現をなす時〔実在論者は〕「彼自身のこの蘊こそが人なのか，それともそれらとは異なるもの〔が人〕なのか」と考え，〈人〉と表現されたそれの〔指示〕対象を探し求める。そして〔蘊と〕同一のもの，あるいは異なるものといった，いずれかの側のものが見出され，その〈人〉を措定する基盤が起こるならば，それを「業を積む主体」等々として措定できるが，もし〔指示対象が〕見出されないならば〔何かを「業を積む主体」等々として〕措定することはできない。それゆえ，単に〈人〉という言語表現がなされただけのものであるということでは満足せずに，その言語表現がなされる場であるその施設の基盤がいかなるものであるのかを考察して探し求めた後〔それを〈人〉として〕措定する。この時〔実在論者は〕〈人〉を自身の特質に基づいて成立したものとして措定している。自派の毘婆沙師から中観自立論証派までの全ての者がその通りに認めている」）

⒁ サキャ派のタクツァン・ロツァーワ（Stag tshang lo tsā ba: 1405-?）はツォンカパの見解を批判し，無我説に立脚するバーヴィヴェーカが意識を〈我〉であると主張するはずがないと述べる（*Grub mtha' kun shes* 110.12f.; *Legs bshad rgya mtsho* 286.7ff.）。しかし，タクツァン・ロツァーワはツォンカパの真意を曲解していると言わざるを得ない。なぜならツォンカパは，概念としての〈人〉は施設有であるが，その概念の措定根拠としての識は実有であるというのがバーヴィヴェーカの見解であるとし，それを独立自存の実体としての我を認める見解とは明確に区別するからである（註⑾を参照）。

⒂ *Dgongs pa rab gsal* 76a3ff.: de bzhin du phung po la brten nas nga'o snyam pa 'byung ba na | phung po'i steng nas snga phyi'i rgyun gyi tshogs pa dang | dus gcig pa'i tshogs pa dang de'i cha shas de'i mtshan gzhir 'jog rgyu cung zad kyang med de rgyas par 'og nas 'chad de | | de'i phyir dang phung po'i cha dang cha can las ngo bo tha dad pa'i de'i gzhir 'dzin rgyu yang cung zad

kyang med pas | nga de ni rtog pas phung po la brten nas bzhag pa tsam yin gyi | rang gi ngo bos grub pa med do | |

(16) *Legs bshad snying po* 71b1f.: zla ba'i lugs kyis de 'dra'i gang zag rdzas yod khegs kyang gang zag tha snyad du btags pa tsam min pa'i rang gi ngo bos grub pa mi khegs la de yod par 'dzin pa gang zag bden 'dzin yin pas gang zag gi bdag 'dzin yin te chos kyi bdag 'dzin bzhin no | |

(17) *Legs bshad snying po* 71b2f.: gzhan yang rang rkya thub pa'i rdzas yod kyi bdag de ni phyi rol pas phung po las don gzhan du kun brtags pa'i nang gi byed pa'i skyes bu yod par bzung ba'i yul yin la | de med par mngon sum du rtogs shing mthong zin goms par byas kyang gzugs la sogs pa la sngar bden par bzung ba cung zad kyang kha bri ba med pas phung po bden par bzung nas skye ba'i 'dod chags la sogs pa'i nyon mongs pa ldog pa'i don med par 'chad de | |

(18) ツォンカパにとって「正理知（rigs shes）」とは，自己に固有の存在性（rang bzhin, 自性）の有無を探究する知のことである。これに対し，言語活動の対象として認められる色などを捉える知を「言語活動に関わる知（tha snyad pa'i blo）」という（*Lam rim chen mo* 476b1f.）。

(19) *Lam rim chen mo* 476a2ff.: sgyu ma'i don la gnyis gsungs te | don dam bden pa sgyu ma lta bur gsungs pa lta bu yod pa tsam du grub kyang bden pa khegs pa la byas ba dang | gzugs sogs la sgyu mar gsungs pa rang gi rang bzhin gyis stong bzhin du gzugs sogs su snang ba'i snang ba sgyu ma lta bu gnyis las | 'dir ni phyi ma ste |

(20) ジャムヤンシェーパの割註によれば，顕れていないにもかかわらず「顕れている」というように捏造する不正行為をする必要もなく（mi snang yang snang ngo zhes bsnyon ham byed mi dgos par）顕れるという意味である（*Lam rim mchan bzhi* 573.14f.）。

(21) *Lam rim chen mo* 476a4ff.: phyi ma de'i 'grub lugs ni snang ba 'dzin pa dang stong pa nges pa'i blo gnyis la brten nas 'grub ste | dper na | sgyu ma'i rta glang snang ba mig gi shes pas mthong ba dang | snang ba ltar gyi rta glang med par yid kyi shes pas nges pa la brten nas rta glang du snang ba

de sgyu ma'am brdzun pa'i snang bar nges pa skye ba de bzhin du | gang zag la sogs pa tha snyad pa'i shes pa la bsnyon du med par snang ba dang | de nyid rang gi ngo bos grub pa'i rang bzhin gyis stong bar rigs shes kyis nges pa gnyis la brten nas gang zag de sgyu ma'am brdzun pa'i snang bar nges pa skye ba yin no | |

(22) *Lam rim chen mo* 477a1f.: 'di'i gnad shes na mnyam gzhag tu nam mkha' lta bu'i stong nyid bsgoms pas | de'i stobs kyis rjes thob tu sgyu ma lta bu'i stong nyid 'char ba'i tshul rnams legs par shes par 'gyur ro | |（「ここでの要点を理解すれば，三昧において虚空のような空性を修習することにより，その力によって後に得られる段階において，幻のような空性の顕現様式が正しく理解されることとなる」）ジャムヤンシェーパの割註によれば，「虚空のような空性」とは自身に固有の存在性を欠くことのみ（rang bzhin gyis stong ba tsam）を直観する知の対象であり，「幻のような空性」とは無自性でありながらも現に意識に顕れること，すなわち，顕れと空性の二者一組（snang stong gnyis tshogs）を認識する知の対象である（*Lam rim mchan bzhi* 576.6ff.）。

(23) ジャムヤンシェーパの割註はツォンカパの見解の文献的根拠として，ディグナーガの『入瑜伽（*Yogāvatāra*)』，ジュニャーナガルバ（Jñānagarbha）の『瑜伽修習道（*Yogabhāvanāmārga*)』，クリシュナパーダ（Kṛṣṇapāda）の『身正察修習次第（*Kāyaparīkṣābhāvanākrama*)』，アティシャ（Atiśa）の『中観優婆提舎（*Madhyamakopadeśa*)』，シャーンティデーヴァ（Śāntideva）の『入菩薩行論（*Bodhi[-sattva-]caryāvatāra*)』を挙げる（*Lam rim mchan bzhi* 575.5ff.）。

(24) *Lam rim chen mo* 477a2f.: 'di la yang sngar bshad pa ltar du dgag bya'i tshad legs par ma zin par gcig tha dad sogs la rigs pas brtags pa na | de dag la gnod pa mthong ba'i tshe gang zag la sogs pa ni ye mi 'dug go snyam pa dang | gang zag la sogs pa'i dngos po rnams ri bong gi rwa la sogs pa ltar don byed pa thams cad kyis stong pa'i dngos po med pa'o snyam pa byung na ni chad lta chen po yin pas yang dag pa'i lta ba'i gol sar shes par bya ste |（「さらに，これに関して，先に述べたような仕方で否定対象の及ぶ範囲を正しく確認せずに〔人は蘊と〕同一であるか異なるかといったことを正理によって

分析するならば，それらに対する否定根拠が見出される時，「人などは全く存在しない」といった考えが起こる。その場合，それは甚だしい断見であるので，正見を踏み外したものであると理解するべきである」）

(25) *Lam rim chen mo* 477a6ff.: des na rang bzhin yod med tshol ba'i rigs shes kyis sgyu ma tsam gyi don yod par bzung na'ang skyon yin gyi | rigs pa des rnam par dpyad nas rang bzhin khegs pa'i shul du dngos po rnams la sgyu ma tsam gyi don nyid yod par 'dzin pa ni nges par skye dgos pas skyon min te |（「したがって，固有の存在性の有無を探究する正理知によって「単なる幻としての対象がある」と捉えるならば，それも過失である。しかし，その正理によって考察して固有の存在性を排除した上で「諸事物には単なる幻としての対象性がある」とする把握は必ず起こるはずなので〔それは〕過失ではない」）

略号と文献

1．一次文献

インド撰述文献

TJ D *Madhyamakahṛdayavṛttitarkajvālā*（"Bhāviveka"）: Sde dge ed. *dbu ma*, dza. Tohoku No. 3856.

MHK *Madhyamakahṛdaya*（Bhāviveka）: Ch. Lindtner ed. *Madhyamakahṛdayam of Bhavya*. Chennai: The Adyar Library Series 123. 2001.

VSg D *Yogācārabhūmiviniścayasaṃgrahaṇī*（Asaṅga）: Sde dge ed. *sems tsam*, zhi. Tohoku No. 4038.

チベット撰述文献

Grub mtha' kun shes *Grub mtha' kun shes nas mtha' bral grub pa zhes bya ba'i bstan bcos*（Stag tshang lo tsā ba shes rab rin chen）. See *Legs bshad rgya mtsho*.

Dgongs pa rab gsal *Dbu ma la 'jug pa'i rgya cher bshad pa dgongs pa rab gsal*（Tsong kha pa blo bzang grags pa）: Zhol ed. Ma. Tohoku No. 5408.

Sgra sbyor bam gnyis *Sgra sbyor bam po gnyis pa*: M. Ishikawa ed. *A Critical Edition of the Sgra sbyor bam po gnyis pa: An Old and Basic Commentary*

on the Mahāvyutpatti（二巻本訳語釈）. The Toyo Bunko. 1990.

Thub bstan lhun po'i mdzes rgyan　*Grub pa'i mtha' rnam par bzhag pa thub bstan lhun po'i mdzes rgyan* (Lcang skya rol pa'i rdo rje). Beijing: Krung go bod kyi shes rig dpe skrun khang. 1989.

Mun sel　*Tshad ma yid kyi mun sel* (Phywa pa chos kyi seng ge): *Bka' gdams pa'i gsung 'bum*, vol. 8.

Yid kyi mun sel　*Sde bdun la 'jug pa'i sgo don gnyer yid kyi mun sel* (Tsong kha pa blo bzang grags pa): Zhol ed. Tsha. Tohoku No. 5416.

Lam rim chen mo　*Byang chub lam gyi rim pa chen mo* (Tsong kha pa blo bzang grags pa): Zhol ed. Pa. Tohoku No. 5392.

Lam rim mchan bzhi　*Mnyam med rje btsun tsong kha pa chen pos mdzad pa'i byang chub lam rim chen mo'i dka' ba'i gnad rnams mchan bu bzhi'i sgo nas legs par bshad pa theg chen lam gyi gsal sgron* (Ba so chos kyi rgyal mtshan *et al.*). Mundgod: Drepung Gomang Library. 2005.

Legs bshad rgya mtsho　*Grub mtha' kun shes nas mtha' bral grub pa zhes bya ba'i bstan bcos rnam par bshad pa legs bshad kyi rgya mtsho* (Stag tshang lo tsā ba shes rab rin chen). In *Dpal ldan sa skya pa'i gsung rab*, Pod bcu pa, *grub mtha'*. Mi rigs dpe skrun khang/mTsho sngon mi rigs dpe skrun khang. 2004.

Legs bshad snying po　*Drang ba dang nges pa'i don rnam par phye ba'i bstan bcos legs bshad snying po* (Tsong kha pa blo bzang grags pa): Zhol ed. Pha. Tohoku No. 5396.

Legs bshad bsdus pa　*Tshad ma rnam par nges pa'i ṭi ka legs bshad bsdus pa* (Gtsang nag pa brtson 'grus seng ge). Otani University Collection no. 13971. Otani University Tibetan Works Series, vol. 2. Kyoto. 1989.

２．二次文献

Cutler (ed.) 2002　Cutler, J. W. C. (ed.). *The Great Treatise on the Stages of the Path to Enlightenment*, Volume 3. Ithaca: Snow Lion.

Hopkins 2003　Hopkins, P. J. *Maps of the Profound, Jam-yang-shey-ba's Great Exposition of Buddhist and Non-Buddhist Views on the Nature of Reality.*

Ithaca: Snow Lion.

Hopkins 2008 Id. *Tsong-kha-pa's Final Exposition of Wisdom*. Ithaca: Snow Lion.

Hugon 2010 Hugon, P. "The Origin of the Theory of Definition and its Place in Phya pa Chos kyi seṅ ge's Philosophical System." *Journal of the International Association of Buddhist Studies* 32: 319-368.

Ye shes thabs mkhas 1997 Ye shes thabs mkhas. *Shar tsong kha pa blo bzang grags pas mdzad pa'i drang ba dang nges pa'i don rnam par 'byed pa'i bstan bcos legs bshad snying po*. Sarnath: Wā ṇa dbus bod kyi ches mtho'i gtsug lag slob gnyer khang.

石川 1993 石川美恵訳・註『二巻本訳語釈――和訳と注解――』（Materials for Tibetan-Mongolian Dictionaries, Vol. 3）東洋文庫.

江島 1980 江島恵教『中観思想の展開―― Bhāvaviveka 研究――』春秋社.

福田 2003 福田洋一「初期チベット論理学における mtshan mtshon gzhi gsum をめぐる議論について」『日本西蔵学会々報』49: 13-25.

キーワード ツォンカパ，帰謬論証派，述定理論

アビダルマの法体系の基礎をなす仏教的な人間理解

――存在の分析における五蘊の意義をめぐって――

横　山　　　剛

はじめに

インド仏教では，輪廻の中で生死を繰り返す苦しみに満ちた生存の原因を見極めるために，生存を構成する要素を観察し，修すべき要素と断ずべき要素を選り分ける存在の分析が重視される。存在の分析に関する教理は初期経典の段階から確認されるが，部派仏教の時代に入ると，数ある部派の中で一大勢力を誇った説一切有部（Sarvāstivāda）は初期経典に説かれる教理に分析と総合を加え，自性（svabhāva）を有する法（dharma）からなる諸法の体系（いわゆる「五位七十五法」）を構築した。

存在の分析に関する教理の一つに人間をその環境を含めて五種類の要素の集合として捉える「五蘊」（pañcaskandha）という教理がある(1)。仏教における人間理解を考える際に五蘊は重要な教理であるが，『仏教の人間観』（日本佛教学会編，1968）を見る限り，今から凡そ半世紀前に開催された「仏教の人間観」をテーマとする学術大会（1967年，於叡山学院）においては考察の対象とはならなかったようである。したがって，仏教における人間の定義を再考するという本年度のテーマのもと，本論では五蘊に注目して仏教における人間理解について考察する。

その中でも本論では有部が説く諸法の体系における五蘊に焦点をあてたい。五蘊は仏教における基礎的な教理の一つであるため，五蘊を扱う研究は少なくない。しかし，その大半が五蘊の初期の形態や機能を検討するものであり，

研究の対象が初期経典の五蘊に集中する傾向が見られる[2]。一方，有部の法体系については，有部の教理解釈の中で新たに成立した「五位」（*pañcavastu）が研究の中心となる[3]。先行研究のこのような傾向の中で，有部の法体系における五蘊は考察の対象から外れ，これまで本格的な議論や検討がなされることがなかった。そして，このような状況は，一見すると，初期経典から有部の教理へと至る過程で存在の分析を担う教理が五蘊から五位へと移行したかのような印象を与える。しかし，実際はそうではなく，五蘊は有部が説く諸法の体系においても重要な位置を占める。

本論では，まず，有部の初期論書から大乗論書へと至る法体系の展開を五蘊に注目して概観することで，有部の後期論書に説かれる法体系，そして，それを基盤として成立した大乗論書における法体系において，五蘊がとりわけ重要な位置を占めていることを指摘する。その後に『倶舎論』の「界品」に五位が説かれない理由についての先行研究の見解を確認し，その問題点を指摘したい。本論の後半では，有部の教理を伝える代表的な論書である『倶舎論』の解説を用いて，有部が行う存在の分析から読み取ることができる五蘊の意義を検討し，有漏無漏の分類と五蘊の関係，アビダルマと五蘊の関係，認識対象としての五取蘊という三つの点からその意義を指摘する。そして，以上の考察結果を総合して，有部の法体系の基礎に五蘊という仏教における基本的な人間理解が据えられていることを明らかにする。

1．有部の法体系と五蘊の関係について

まずは有部の初期論書から大乗論書へと至る諸法の体系の展開を概観することで，法体系の解説において五蘊が重要な位置を占めることを指摘したい。

1-1．大乗論書における法体系の解説

展開の順序とは逆になるが，大乗論書に説かれる法体系から検討を始めたい。大乗論書に説かれる法体系は有部の教理を基礎としてそれを展開させた

ものであり，インド仏教における法体系の最終的な到達点であるといえる。法体系の解説を趣旨とする大乗論書に世親（Vasubandhu，320-400あるいは400-480頃）の『五蘊論』（*Pañcaskandhaka*）と月称（Candrakīrti，600-650頃）の『中観五蘊論』（*Madhyamakapañcaskandhaka*）がある(4)。両論では五蘊，十二処，十八界を組み合わせた体系の下で諸法が説かれ，一切法の大半を占める有為法が五蘊の下で解説される。五蘊に続く十二処の解説では法処が説かれ，その一部として無為法が説かれる。そして，最後に十八界が説かれる。このように，両論に説かれる法体系においては，五蘊の解説が大きな割合を占め，とりわけ重要な位置を占めている。そのことは「五蘊論」「中観五蘊論」という書名からも知ることができよう。

蘊処界を組み合わせた体系の下での諸法の解説は，無著（Asaṅga，310-390あるいは395-470頃）の『阿毘達磨集論』（*Abhidharmasamuccaya*）にも見られる(5)。さらに，諸法を解説する際のこのような形式は，アバヤーカラグプタ（Abhayākaragupta，11-12世紀，一説には1125没）の『牟尼意趣荘厳』（*Munimatālaṃkāra*）における一切法の解説など，インド仏教最後期の論書にも受け継がれる(6)。しかし，先に述べたように，このような解説は大乗論書に特有な教理というわけではなく，有部の教理を踏襲したものに他ならない。以下では，五蘊を軸として，有部論書における法体系の展開を概観してみよう。

1-2．有部の初期論書と中期論書における法体系の解説

蘊処界を組み合わせた法体系が成立するのは，有部の綱要書が製作される時代の先頭（中期中盤から後期初頭に相当）に位置づけられる『甘露味論』以降のことである。まずは，有部の初期論書と中期論書を対象として，諸法の体系と五蘊の関係を見てみよう。

有部の初期論書の段階では，主な関心は初期経典の教理を整理，注釈することにあり，組織立った法体系を構築しようとする姿勢は見られない。例えば，有部の初期論書の一つである『法蘊足論』（*Dharmaskandha*）の「蘊

品」では，初期経典における主要な教理の一つとして五蘊が解説の対象となっている[(7)]。同品の解説では，五蘊の各蘊を構成する法が示され，結果的に五蘊を骨格とする簡単な法体系が示される[(8)]。「蘊品」の前後に位置する「処品」と「多界品」では，五蘊と同様に，十二処と十八界が解説されるが[(9)]，初期論書の段階では蘊処界が組み合わされた体系が組織されているわけではない[(10)]。

1－3．『甘露味論』と有部の後期論書における法体系の解説

有部の綱要書が製作される時代の先頭に位置づけられる『甘露味論』の「陰持入品」において，蘊処界を組み合わせた体系の下で諸法を説き，その後に諸門分別を説くという形式が成立する[(11)]。『甘露味論』で成立した蘊処界を組み合わせた体系はその後の有部の後期論書の展開の中でさらに整備され，『倶舎論』において一つの完成形ともいえる段階に到達する[(12)]。『倶舎論』の「界品」において諸法の体系が説かれる際の解説の構成，ならびに，そこで説かれる有漏無漏，有為無為，五蘊五取蘊の関係を図にして示せば，次頁の通りである[(13)]。

一方，五位に関しては，『倶舎論』では第二章の「根品」において，諸法の倶生（色の八事倶生など）を解説する文脈で説かれる。

> 今度は次のことが考察される。これらの有為なる諸法は相が別々であるように別々に生じるのか。あるいは，必ず共に生じるものもあるのか。あるということで〔次のように〕言う。これらすべての法は五〔種〕となる。色，心，心所，心不相応行，無為である。その中で，無為は決して生じることがない。一方，有色の諸法については，次の定則がある。……[(14)]

このような状況を見ると，有部の後期論書である『倶舎論』において法体系が解説される際に，なぜ，有部の教理解釈の過程で新たに成立した五位ではなく，五蘊に重きを置いた解説がなされたのかということが問題となる。以下ではこの点に関する先行研究の見解を確認し，その問題点を指摘したい。

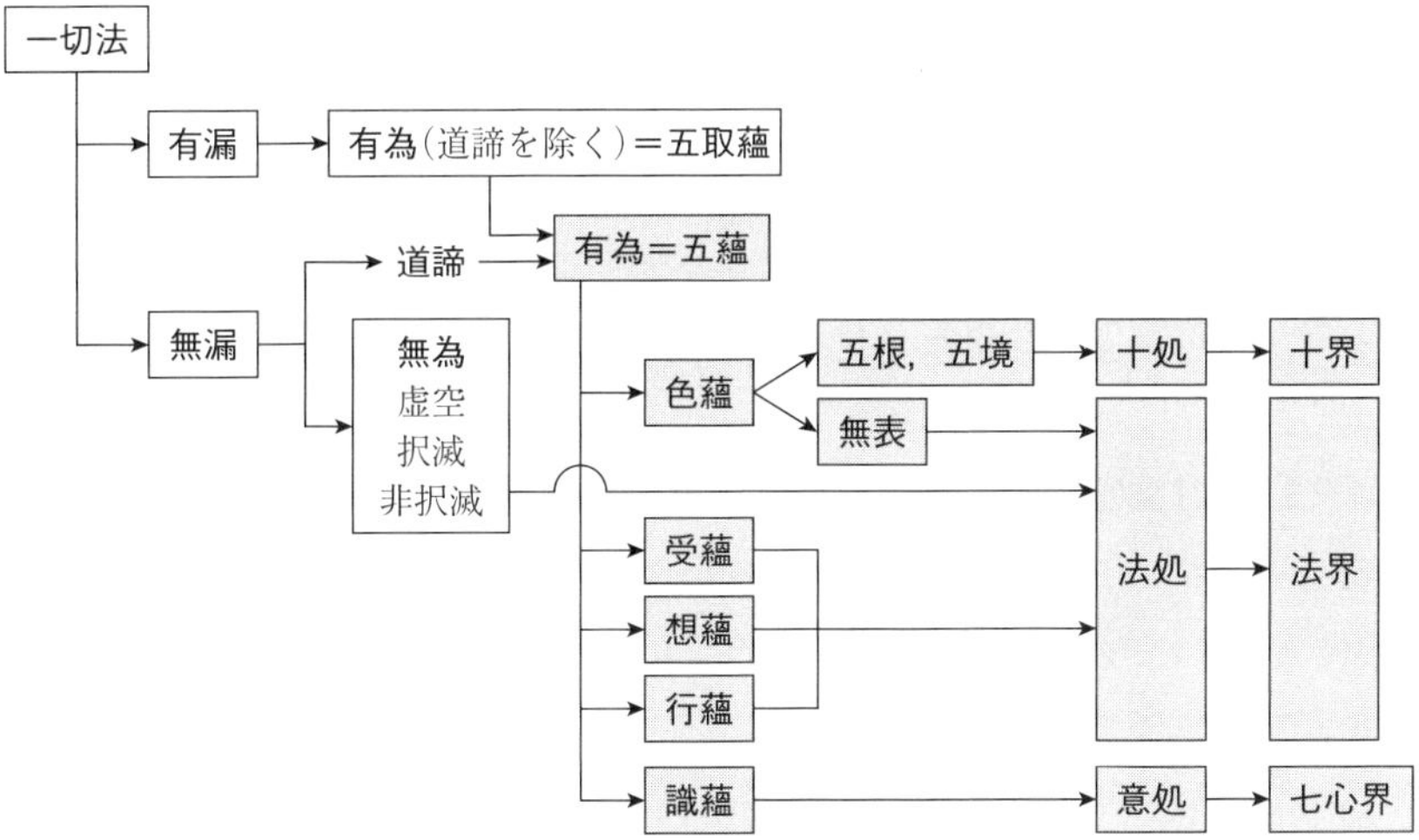

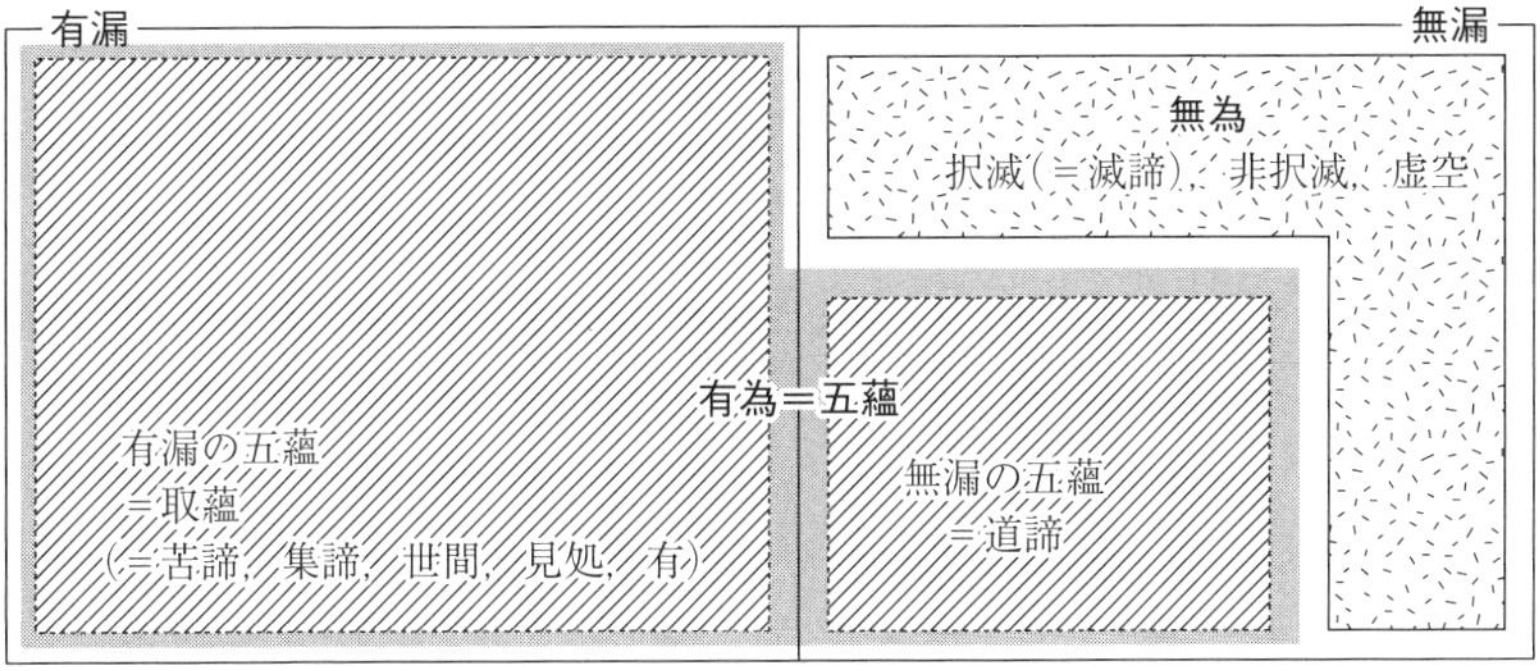

2．『倶舎論』の「界品」に五位が説かれないことについての先行研究の見解

FRAUWALLNER［1963］と櫻部［1969］は『倶舎論』の「界品」に五位が説かれない理由を検討する[(15)]。まずは FRAUWALLNER［1963］の指摘を見てみよう。以下に該当箇所の宮下訳を示す。

このことはつまり，世親が，体系的な叙述のためにはまさしく念頭にあ

ったはずの要を得た最良の題材の区分を，その叙述の基礎に置いていない，ということを意味する。むしろ彼は，ようやく補足的にある程度それを考慮に入れていたにすぎない。

（FRAUWALLNER［1963］p. 22, 宮下［1984］p. 91）

そこでこのような事情の説明を求めるならば，次のような答えが得られる。—世親は伝統に縛られていた。つまり，題材が定まった形で彼に伝承され，その形を彼は捨てたくなかったのである。……即ち，世親は原理論を叙述する際に，題材を五蘊の枠組みで論じ，それに続いて，呈示された対象の諸性質を論母にもとづく古くからのやり方で評論するという範例に規制されていたのである。そして彼は枠組みが古くなったためにすでに後代の展開状況にもはや対応しなくなったこのような叙述を，五事論を基準にして補完したのである，と。

（FRAUWALLNER［1963］pp. 22-23, 宮下［1984］pp. 91-92）

この新しい叙述（五事）は重大な進歩を意味したが，しかしそれは確かな地歩を占めることができなかった。五蘊という枠組みで叙述する古い形，即ち五蘊論は，すでに伝承の中にしっかりと根づいていた。従って，看過することができなかった五事論という革新的な方法を受け取りはしたが，それを古い枠組みの中に素朴に押し込んでしまったのである。かくして五蘊論という古い形が，アビダルマ時代の最後まで，そして最終的に新世親によって教義学が決定的なものとして形成されるまで維持されてきたのである。

（FRAUWALLNER［1963］pp. 33-34, 宮下［1984］p. 101）

このように FRAUWALLNER［1963］は，有部の教理解釈の所産である五位を「体系的な叙述のためにはまさしく念頭にあったはずの要を得た最良の題材の区分」，「重大な進歩」，「革新的な方法」と捉え，伝統の束縛を受けた世親が五位を補足的に採用し，基本的な体系としては古くから存在する五蘊を採

用したとする。続いて，櫻部［1969］の指摘を見てみよう。

> まず，倶舎論において五位説が説かれる前に，それに先だって，有漏・無漏，有為・無為，蘊・処・界の説が説かれるのは，上に述べたように，五位の体系自体が，これら阿含以来の法の体系を踏まえて成立しているのであり，それらを予想しなければ解し得られないものだからであり，したがって，それらが先だって説かれるということが，次下の五位の体系の展開されるための伏線になっているからである，というように考えられる。（櫻部［1969］pp. 73-74）

> 倶舎論が，五位説を「初めから堂々と」説かなかったのは，質的な問題というよりは，形式的な問題というべきであろう。それを先行の論書の形式に拘束された結果である，とすることはもとより道理がある。が，もう一つ，伝承の阿含の権威，阿含以来の蘊・処・界の体系の重視，という要因もそこに作らいていた，といえるのではなかろうか。
> （櫻部［1969］p. 75）

櫻部［1969］は『倶舎論』の冒頭に説かれる非五位の法体系をあくまで第二章「根品」で解説される五位への伏線と捉えた上で，FRAUWALLNER［1963］の主張に「伝承の阿含の権威，阿含以来の蘊・処・界の体系の重視」という可能性を付け加え，五位の不採用は形式的な問題であるとする。

FRAUWALLNER［1963］と櫻部［1969］には，有部の教理解釈の過程で新たに成立した五位こそが諸法の解説に適した合理的な体系であり，有部の後期論書が説く法体系にふさわしいという前提が見られる。そして，両研究は，世親は諸法の体系を解説する際に本当は五位を用いたかったのだが，法体系の解説において五蘊を用いる伝統や経典由来の五蘊が有する権威に縛られてそれが出来なかったとする。論書全体の構成のみならず，法体系の解説における構成の点でも『倶舎論』が阿毘曇心論系の論書の影響を受けており，それらの論書と共通する伝統に属することは確かである。しかし，本当に世親は伝統や権威に縛られて，やむを得ず，五蘊による解説を行ったのであろう

か。そうではなく，五蘊が法体系の解説において何らかの重要な機能や働きを有していたために，有部の後期論書においても五蘊の権威や法体系の枠組みとして五蘊を用いる伝統が存続していたのであり，世親も当然のこととしてそれに従ったとは考えられないだろうか。法体系の解説において五蘊を重視する伝統の中に世親があったという両研究の指摘に筆者は同意する。しかし，両研究は五蘊から五位へと移行する法体系の展開を前提として五位に重きを置いた議論を行っているために，有部の法体系における五蘊の機能や意義については考察が必ずしも十分ではなく，この点に関してはなお検討の余地があるように思われる。したがって，ここからは『倶舎論』の解説に基づいて，有部が説く存在の分析から読み取ることができる五蘊の機能や意義について指摘する。

3．有部の法体系における五蘊の意義について

3－1．有漏無漏の分類と五蘊の関係

まずは有部が説く法体系における有漏無漏の分類と五蘊の関係から，五蘊の意義について指摘したい。先に世親が『倶舎論』の「界品」において五位を説かないことを指摘したが，世親は同品において五位に関心を払っていないわけではない。「界品」では，蘊処界を枠組みとする法体系が説かれた直後に，蘊処界に関する細かな教理や問題点の解説がなされ，その後に十八界に基づく諸門分別が解説される。この蘊処界についての細論の中で，五蘊と五位の差異についての解説がなされる。

五蘊（色，受，想，行，識）と五位（色，心，心所，心不相応行，無為）の差は，五蘊の受，想，心相応行が五位では心所として一つにまとめられる点と五位が無為を含む点にある。世親もこの二つの点から五蘊と五位の差異について解説するが，二点目の無為が五蘊に含まれない理由の解説からは，法体系において五蘊が担う主要な機能について読み取ることができる。

また，無為は〔十八〕界と〔十二〕処の中で説かれるのに，なぜ〔五〕

蘊の中では説かれないのか。

〔蘊の〕意味と結びつかないから，無為は蘊の中で説かれない。(I.22abc)

まず，それ（無為）を五蘊の中で説こうとしても，これらの中に入れることができないからである。〔五つの蘊のいずれの〕意味と結びつかないからである。なぜならば，それは色でもなく，乃至，識でもないからである。

だからといって，六番目の蘊であると説くこともできない。なぜか。〔蘊という語の〕意味と結びつかないからである。「蘊の意味は集積という意味である」と説かれたからである。そして，無為は，色などのように過去などの区別によって分けられるものではない。そう（過去などの区別によって分けられるもの）であれば，そのすべてを一つに纏めて無為蘊と呼ぶことが出来るであろうに。

〔あるいは〕雑染の根拠（vastu, gźi）を知らしめるために取蘊を説くのであり，雑染と清浄の根拠を知らしめるために蘊を説くのである。しかし，無為はどちらの如くでもないということで，〔蘊の〕意味に結びつかないから，それらの中に〔蘊として〕設定されることはない。[16]

以上の解説の中で，無為が五蘊に含まれない三つ目の理由における「雑染の根拠を知らしめるために取蘊を説く」，「雑染と清浄の根拠を知らしめるために蘊を説く」という解説は，五蘊の機能や目的を端的に示しており，有部が説く法体系における五蘊の意義を考える上で重要である。以上の解説に対して，称友（Yaśomitra，6－7世紀頃か）は「根拠」(vastu）とは「因」(hetu）の意味であるとする。[17] そして，これを先に図に示した有漏無漏と五蘊五取蘊の関係と照らし合わせて考えれば，雑染の原因を明らかにするために有漏の五蘊である取蘊が説かれ，清浄の原因を明らかにするために無漏の五蘊が説かれたということになる。

以上で指摘した五蘊の機能は諸法の体系を解説する際の目的と密接に関係する。称友は有漏無漏の分類に始まる「界品」における法体系の解説につい

て次のように注釈する。

「これが一切法の総説である」とは〔以下の通りである〕。有漏と無漏であるこれ程のものが法である。これ以外の法は存在しない。したがって「一切法の」と言う。「総説」とは，まとめて説示することである。一方，広説は，以後論の終わりまでである。他の総説もある。有為と無為，有色と無色，有見と無見などである。何のために，他ならぬこれ（有漏と無漏）が総説として説かれたのか。いずれを説いても問題はない。あるいは，雑染の側と清浄の側を示すためである。なぜならば，論書はそれを目的とするからである。その二つの側を了解することは，雑染の側を棄てて，清浄の側に専念することで，最上を獲得することになるであろうから。[18]

以上の解説において，称友は，雑染と清浄を区別することが論書の目的であり，そのために有漏無漏の分類から解説が始められたと述べる。これを先に示した五蘊の機能と合わせて考えるならば，論書が著される目的である雑染と清浄の原因に相当するのが，それぞれ，有漏の五蘊である取蘊と無漏の五蘊ということになる。したがって，有部が説く諸法の体系における五蘊の意義として，法体系を解説する際に第一に探究されるべき雑染と清浄の根拠に相当するのが五蘊であるという点を指摘することができる。

3－2．アビダルマと五蘊の関係

続いて，アビダルマと五蘊の関係から五蘊が担う働きを指摘したい。「界品」の冒頭部分では，アビダルマが以下のように定義される。

このアビダルマというものは何か。

従うもの（anucara）を伴う汚れなき慧（prajñā）がアビダルマである。（I.2a）

その中で「慧」とは法を深く分析すること（pravicaya）である。「汚れなき」（amala）とは無漏（anāsrava）である。「従うものを伴う」とは従者を伴うということである。このように無漏の五蘊がアビダルマと呼

ばれることになる。これが，まず，第一義のアビダルマである。

一方，慣例的な意味としては，

それを得るためのものも，そして，論書もである。(I.2b)

従うものを伴う，学習，思索，実践から生じる有漏の慧と生得的な有漏の慧，そして，以上の無漏の慧を得ることを目的とする論書も，その糧となるから，アビダルマと言われる。

また，語源解釈としては，自らの特徴（svalakṣaṇa）を保持する（dhāraṇa）から，ダルマ（dharma）である。したがって，これ（アビダルマ）は，究極の目的たる法である涅槃，あるいは，法の特徴（lakṣaṇa）に向かう（abhi-mukha）ダルマであるということで，アビダルマ（abhi-dharma）である。[19]

以上の解説の中でここでは第一義のアビダルマの定義に注目したい。定義によれば，無漏の慧とそれを取り巻く無漏法という無漏の五蘊に属する法がアビダルマであるとされる。[20]諸法の分析を自性とする慧とそれを取り巻く諸法とは，存在を分析する際の分析主体における中心的な要素を意味しており，その中でも無漏であるものが第一義のアビダルマであると説かれる。このように，存在を分析する際の中心的な要素に無為法は含まれず，存在の分析の中心であるアビダルマは五蘊によって説明される。したがって，有部の法体系における五蘊の意義としては，五蘊が存在の分析の中心であるアビダルマに関わるからという点も挙げることができよう。

3－3．認識対象としての五取蘊

以上では諸法を分析する際の主体に関わる無漏の五蘊という点から五蘊の意義を指摘したが，最後に認識対象としての有漏の五蘊という点から五蘊の意義を指摘したい。『倶舎論』の「界品」では，有漏法，つまり，有漏の五蘊である取蘊の同義語の一つとして「見処」（dṛṣṭisthāna）が挙げられる。[21]そこでは「随増させることで，見がこれにとどまるから見処である」（dṛṣṭir asmiṃs tiṣṭhaty anuśānād iti dṛṣṭisthānam）と解説されるが，それ

に対して称友は次のように注釈する。

「見がこれにとどまる」ということに関しては，「比丘たちよ，我や我所として見る者たちは，誰であれ，他ならぬこの五取蘊を我や我所として見るのである」と説かれたことから，五取蘊が見処ということになる。(22)

以上の解説によれば，五取蘊を我や我所として見るから，有漏法（つまり，五取蘊）は見が生じる場所ということで見処と呼ばれるということになる。ここで五取蘊を我や我所として把握する見とは，有身見（satkāyadṛṣṭi）に他ならない。『倶舎論』の「随眠品」における有身見の解説は以下の通りである。

我見，あるいは，我所見が有身見（satkāyadṛṣṭi）である。壊れる（√sad）ということで，有（sat）である。身（kāya）とは，集積（caya）であり，集合（saṃghāta），蘊（skandha）という意味である。有（壊れるもの）であり，身（集積など）であるということで有身（satkāya）であり，〔すなわち，それは〕五取蘊（pañcopādānaskandha）である。〔五取蘊が〕常住であるという〔誤った〕想念と一つの塊であるという〔誤った〕想念を棄てさせるために，そのように〔有身と〕示されたのである。というのも，それら（五取蘊）を我であると把握することはこれ（誤った想念）を前提とするからである。有身に対する見が有身見である。〔原理的には〕有漏を認識対象とする全ての見が，有身に対する〔見〕である。しかし，我〔見と〕我所見のみを有身見と言う。これが有身（五取蘊）に対する見であり，〔その他の〕我や我所に対する見ではないということが理解できるように。「比丘たちよ，沙門であれ，婆羅門であれ，我であると見る者たちはすべて他ならぬこの五取蘊を〔そのように〕見ているのである」と説かれたように。(23)

有部アビダルマの教理では見とは染汚の慧に他ならない。先に慧がアビダルマの中心を担うことを示したが，同じ慧が誤った働き方をした場合には，煩悩の一つである見（dṛṣṭi）となる。そして，五種類ある見の一つに，本質的には要素の集合に過ぎない五取蘊を常住なる単独の個体である我や我所と

して誤認する有身見がある。ここで五取蘊は誤った慧である有身見の認識対象となっており，まさに見が成立する場である見処となっている。この状況を先に指摘した有漏無漏の分類と五蘊の関係と合わせて考えるならば，有漏の五蘊である五取蘊は，認識の対象というあり方で，断ずべき雑染なる要素である有身見の原因となっているといえよう。このように，五蘊は認識の対象としても重要であり，仏教における根本教理の一つである無我の教理と関係する。

おわりに

本論において考察した内容とその結果を整理すれば，以下の通りである。まず，有部の初期論書から大乗論書へと至る法体系の展開を五蘊に注目して概観すれば，『甘露味論』以降，つまり綱要書が製作される時代の有部論書における諸法の解説や，それを受け継ぎ展開させた大乗論書における解説においては，蘊処界を組み合わせた体系が骨格として採用され，五蘊の解説が重要な位置を占める。

次に『倶舎論』の「界品」において五位が説かれないことに関して，FRAUWALLNER［1963］と櫻部［1969］の両研究は，五位こそが有部の後期論書に相応しい体系であるという前提の下で，五位の不採用を解説の形式や阿含の権威に帰す。しかし，両研究では，五位に重きを置いた議論がなされているために，有部が説く諸法の体系における五蘊の意義については考察が必ずしも十分に行き届いておらず，この点に関しては検討の余地がある。

主に『倶舎論』の「界品」の解説の中から，有漏無漏の分類と五蘊の関係，アビダルマと五蘊の関係，認識対象としての五取蘊という三点に注目すれば，五蘊の意義として，五蘊が雑染と清浄の根拠に他ならないこと，存在の分析の中心であるアビダルマに関わる教理であること，そして，誤った見方をすれば我や我所の原因ともなることを指摘することができよう。このように有部の後期論書から大乗論書へと至る法体系の展開においては，その中心にあ

るのはあくまでも五蘊であり，五位については，『倶舎論』の「界品」における解説のように，心と心所の相応関係などの教理的な必要に応じて説かれたと考えるべきであろう。

以上で指摘した，雑染と清浄の根拠であり，存在を分析する際の中心であり，そして，誤った見方をすると我や我所の原因にもなり得るという五蘊の特徴は，仏教における基本的な人間観に他ならない。そして，そのような仏教における人間観を表す教理である五蘊が有部の法体系の基礎に据えられている。このような状況からは，有部が行う存在の分析が，人間存在を中心に据えて，最終目標である涅槃へ至るために要素を取捨選択することを目的とするものであることを理解することができよう。

本論では，有部の法体系において五蘊が主要な位置を占めること，そして，有部の法体系から読み取ることができる五蘊の意義について指摘した。しかし，十二処や十八界ではなく，なぜ，五蘊が有部の法体系の中心に据えられたのかという点については，更なる検討が必要である。この点を明らかにするためには，十二処と十八界についても五蘊と同様の検討を行い，その意義を明らかにした上で，五蘊との比較を行う必要がある。また，五位についても，その特徴である心を中心とする諸法の構成と択滅による涅槃の理解という二つの点から，仏教的な目的意識や文脈に照らし合わせて，その意義を再考する必要があろう。これらの点については，有部の法体系の研究を進めてゆく上での今後の課題としたい。

註

(1)　有部の教理では五蘊は外界の環境を含めた人間存在を意味する。一方，初期経典の五蘊は，諸研究によれば，外界物を含まない人間そのものを意味する概念であると考えるのが一般的なようである。ここで有部と初期経典における五蘊の差は，色蘊に外界物を含めるか否かという点にある。例えば Vetter [2000] pp. 20-22は，五蘊の一つである色（rūpa）が初期経典において身体や

肉体を意味すると指摘する。これらの研究によれば，初期経典から有部論書へと教理が展開する中で色の概念が身体から外界を含めた物全般へと拡張され，それに伴って，五蘊も人間そのものを意味する概念から，外界の環境をも含めた人間存在を意味する概念へと展開したことになる。本論の目的は有部が説く法体系における五蘊の意義を検討することにあるので，ここでは有部の教理における五蘊の定義を示すものとする。

(2) 初期経典における五蘊を論じる代表的な研究としては，和辻［1927］pp. 179–220，赤沼［1935］，Aramaki［1980］，Gethin［1986］，Hamilton［1996］，Vetter［2000］などを挙げることができる。

(3) 五位を中心に有部の法体系を論じる代表的な研究としては，本論でも紹介するFrauwallner［1963］，櫻部［1969］の他に，西村［1986］，［1993］などの研究がある。中でも，五位の原語や成立などについては，西村［1986］を参照。また「五位七十五法」と「五位百法」の関係を論じる研究に西村［2000］がある。

(4) 『五蘊論』の法体系については，師［2015］pp. 55–58を参照。『中観五蘊論』の法体系については，Lindtner［1979］pp. 93–94，宮崎ほか［2017］pp. xxiv–xxvを参照。筆者は，現在，『中観五蘊論』の研究に取り組んでおり，有部の法体系に対する中観派の理解について検討を進めている。『中観五蘊論』については，拙稿［2014］，［2015a］，［2015b］，［2016a］，［2016b］，［2016c］，［2017］も併せて参照されたい。

(5) AS, pp. 15–29; ASBh, pp. 1–46, cf. 早島［2003］pp. 6–295. ただし，同論では蘊処界の順番ではなく，蘊界処の順番である。この順番については，吉元［1978］を参照されたい。『阿毘達磨集論』に関する最近の研究状況としては，*Abhidharmasamuccayavyākhyā*の原典研究が李学竹氏（中国蔵学研究中心）と加納和雄氏（駒澤大学）によって進められ，阿毘達磨集論研究会によって翻訳研究も進められており，同論の研究は新たな段階を迎えている。

(6) 『牟尼意趣荘厳』の梵文原典の研究は李学竹氏と加納和雄氏によって進められており，最近，一切法解説部分のテキストが発表された（李・加納［2015］）。当該箇所の梵文和訳に李ほか［2015］，［2016］があり，蔵訳テキストにAkahane and Yokoyama［2014］，［2015］がある。同論における一切法の解

説は『中観五蘊論』に基づくものであり，両論の関係については，拙稿[2014]を参照されたい。

インド仏教最後期の論書に説かれる蘊処界を組み合わせた体系を骨格とする法体系のその他の例としては，ダシャバラシュリーミトラ（Daśabalaśrīmitra, ca. 12-13c）の『有為無為決択』（*Saṃskṛtāsaṃskṛtaviniścaya*）における解説を挙げることができる。同論の第九章で紹介される有部の法体系は，『五蘊論』などの大乗論書と同じように，蘊処界を組み合わせた体系に基づくものである（SAV, D 140a5-150b1, P 43a6-55ab）。

(7) 『法蘊足論』「蘊品」T, vol. 26, 500c26-501b23.

(8) 有部のもう一つの初期論書である『集異門足論』においても，「五法品」の冒頭に五蘊の解説が見られる（T, vol. 26, 412a1-415a2）。しかし，同論の解説は，五蘊の下で諸法を説くという形の解説でなく，各蘊に対して，過去，未来，現在や内，外などの諸門分別を適用した解説がなされる。

(9) 『法蘊足論』「処品」T, vol. 26, 499c25-500c25,「多界品」T, vol. 26, 501b24-503b23.

(10) 『法蘊足論』には「処品」,「蘊品」,「多界品」が近接した構成が見られる。このような構成は『甘露味論』以降に成立する蘊処界を組み合わせた諸法の分析へと至るその後の展開を予感させるものである。しかし，『法蘊足論』の時点では，蘊処界を組み合わせた体系が組織されているわけではなく，あくまでも十二処，五蘊，そして，界に関係する教理を解説する文脈で，処，蘊，界の下で別々に諸法が説かれているに過ぎない。

(11) 『甘露味論』「陰持入品」，T, vol. 28, 968c21-970a3.

(12) ここではその一例として，法体系の解説の冒頭部分に関する教理の展開を示す。『甘露味論』と『阿毘曇心論』では有漏法（煩悩法）の解説に始まり，取蘊，五蘊へと解説が続くが（有漏→取蘊→五蘊，T, vol. 28, 968c22-27; T, vol. 28, 809a29-b24），『雑阿毘曇心論』では一切法の解説が明確に意図されており，有漏無漏の分類を先頭に，解説は有漏法，取蘊，五蘊へと続く（有漏無漏→取蘊→五蘊，T, vol. 28, 871a2-b14）。そして『倶舎論』ではさらに整備が進み，有漏無漏の分類の後に，有為無為の分類が説かれる（有漏無漏→有為無為→取蘊→五蘊，AKBh, p. 3, *l*. 15-p. 7, *l*. 13）。また『阿毘曇心論』以降の後期論書

では，法体系の解説が論書の冒頭に置かれ，諸法の体系がその後に説かれる教理の原理として明確に意識されていることが知られる。『甘露味論』から心論系論書，そして『倶舎論』へと至る有部論書の展開については，西村［1985］を参照。

⒀ AKBh, p. 3, *l*. 15–p. 18, *l*. 17. 66頁の一つ目の図に示した『倶舎論』の「界品」における法体系の解説の構成を用いて『甘露味論』以降の教理の展開を確認すれば，次のようになる。『甘露味論』で成立した蘊処界を組み合わせた体系は図の中で網掛けで強調して示した部分に相当する。冒頭の網掛けがされていない部分が，註⑿で指摘した『心論』，『雑心論』，『倶舎論』というその後の有部論書の展開の中で整備された部分である。そして『五蘊論』や『中観五蘊論』などの大乗論書は『倶舎論』における総合的な法体系の解説から強調して示した『甘露味論』に端を発する蘊処界を組み合わせた体系を抜き出して解説の枠組みとして用いる。

⒁ AKBh, p. 52, *ll*. 18–21（cf. 櫻部［1969］p. 275）:
idam idānīṃ vicāryate / kim ete saṃskṛtā dharmā yathā bhinnalakṣaṇā evaṃ bhinnotpādā utāho niyatasahotpādā api kecit santi / santīty āha / sarva ime dharmāḥ pañca bhavanti / rūpaṃ cittaṃ caitasikāś cittaviprayuktāḥ saṃskārā asaṃskṛtaṃ ca / tatrāsaṃskṛtaṃ naivotpadyate / rūpiṇāṃ tu dharmāṇām ayaṃ niyamaḥ / . . .

⒂ Frauwallner［1963］と櫻部［1969］に先んじて，「界品」において諸法が解説される際の体系に注目した舟橋［1952］は，次のように問題を提起し，幾つかの可能な解釈を提示する。

そこで私の疑問を提出する。「倶舎論は一切法の分類方法として，果たして如何なる立場を採るものであるのか，」と。……何故に倶舎論は初めから堂々と五位七十五法を説かなかつたのか。之に對して次の如く答へることが出來るかもしれない。有漏法・無漏法といふ分類は「漏」即ち煩悩の有無を問題とするものであるから，之は謂はば宗教的な分類法である。……所で倶舎論は科學書ではなくして宗教書である。……それ故にここでも先づ宗教的分類をもつて倶舎論は始まるのであると，このやうに答へることが出來るかもしれない。しかし私は，このやうな解答によつて一切が

解説せられたとは思はない。それでは，倶舎論が五位七十五法の立場を採ると見ることを捨てるか。或は，一切法の分類といふやうなことは，倶舎論に於いては重要な問題ではなかつたとみるか。私にはそれほどの勇氣もない。或は，阿含以來の傳統的な分類法を先に出して，最後に自らが正依とする所の阿毘達磨的分類法を出したのであつて，これは歴史的な順序に據つたのであると見るか。それでも何だか落ちつかないものがある。これが私の第一の疑問である。（舟橋［1952］pp. 35-36）

舟橋［1952］の主眼は『倶舎論』の教義に関する問題点を提起することにあり，五位が説かれない理由や五蘊の機能について考察がなされているわけではない。しかし，本論において指摘するように，諸法の分析が有漏無漏の分類で始まる点に注目し，それと『倶舎論』の根底に存在する仏教的な目的意識の関連を指摘する点で，同研究の指摘は重要である。

(16) AKBh, p. 23, *ll*. 10-20（cf. 櫻部［1969］pp. 179-180）:

atha kasmād asaṃskṛtaṃ dhātuṣv āyataneṣu coktaṃ na tu skandheṣu /

skandheṣv asaṃskṛtaṃ noktam arthāyogāt / I.22abc

tad dhi skandheṣūcyamānaṃ na tāvad eteṣv evāntar netuṃ śakyate / arthāyogāt / na hi tad rūpaṃ nāpi yāvad vijñānam iti /

na cāpi ṣaṣṭhaḥ skandho vaktuṃ śakyate / kutaḥ / arthāyogāt / rāśyartho hi skandhārtha ity uktam / na cāsaṃskṛtam atītādibhedabhinnaṃ rūpādivad yatas tat sarvam aikadhyam abhisaṃkṣi-pyāsaṃskṛtaskandha iti saṃkhyāṃ gacchet /

saṃkleśavastujñāpanārthaṃ khalūpādānaskandhavacanaṃ saṃkleśavyavadānavastujñāpanārth-aṃ skandhavacanam / na cobhayathāpy asaṃskṛtam ity arthāyogān na teṣu vyavasthāpitam /

(17) AKVy, p. 49, *ll*. 13-19（cf. 荻原［1933］p. 79）:

saṃkleśavastujñāpanārtham iti vistaraḥ / na saṃkleśavastv anāsravatvāt / na vyavadānavastv asaṃ-skṛtatvāt / vyavadhānahetur hi vyavadhānavastv ity abhiprāyaḥ / atha vā rūpaskandha ity ukte yāvad vijñānaskandha ity ukte saṃkleśavastu vyavadānavastu ca rūpaskandho yāvad vijñānaskandha iti vijñāyate / na tv asaṃskṛtaskandha ity ukte saṃskleśavyavadhānavastu

vijñāyata iti na saṃbhavati asaṃskṛtaskandha iti //

(18) AKVy, p. 12, *ll.* 11–19（cf. 荻原［1933］pp. 21–22）:

eṣa sarvadharmāṇāṃ samāsanirdeśa iti / etāvanto dharmā yad uta sāsravāś cānāsravāś ca / naitadvya-tiriktā dharmāḥ santi / tasmād āha *sarvadharmāṇāṃ* iti / *samāsanirdeśa* iti saṃkṣepanirdeśaḥ / vistaranirdeśas tu paścād ā śāstraparisamāpter bhaviṣyati / anye 'pi samāsanirdeśāḥ santi / saṃskṛta asaṃskṛtā rūpyarūpiṇaḥ sanidarśanānidarśanā ityevamādayaḥ / kimartham ayam eva samāsanirdeśa uktaḥ / kasminn ukte na paryanuyogaḥ / atha vā sāṃkleśikavyāvadānikapakṣapradarśanārthaṃ tad-arthatvāc chāstrasya / tatpakṣadvayāvabodho hi saṃkleśapakṣam apahāya vyavadānapakṣāsevanān niḥśreyasāvāptir bhavet /

(19) AKBh, p. 2, *ll.* 9–20（cf. 櫻部［1969］p. 137, 桂［2015］pp. 3–5）:

ko 'yam abhidharmo nāma /

prajñāmalā sānucarābhidharmaḥ I.2a

tatra prajñā dharmapravicayaḥ / amaleti anāsravā / sānucareti saparivārā / evam anāsravaḥ pañcaskan-dhako 'bhidharma ity uktaṃ bhavati / eṣa tāvat pāramārthiko 'bhidharmaḥ /

sāṃketikas tu

tatprāptaye yāpi ca yac ca śāstram / I.2b

yāpi ca śrutacintābhāvanāmayī sāsravā prajñopapattipratilambhikā ca sānucarā / yac ca śāstram asyāḥ prāptyartham anāsravāyāḥ prajñāyāḥ, tad api tatsaṃbhārabhāvād abhidharma ity ucyate /

nirvacanaṃ tu svalakṣaṇadhāraṇād dharmaḥ / tad ayaṃ paramārthadharmaṃ vā nirvāṇaṃ dhar-malakṣaṇaṃ vā praty abhimukho dharma ity abhidharmaḥ /

(20) 『倶舎論』の解説には「無漏の五蘊（anāśravaḥ pañcaskandhaka）がアビダルマと呼ばれることになる」とあるが，五蘊を構成する要素が全て無漏になり得るというわけではない点に注意が必要である。例えば，色蘊では，五根と五境は常に有漏であるとされる（AKBh, p. 33, *l.* 20–p. 34, *l.* 1; AKVy, p. 14, *ll.* 19–26）。称友は無漏の五蘊の色蘊として，無漏律儀（anāśravasaṃvara）を挙

げる。このようにここでの無漏の五蘊とは，慧とそれを取り巻く無漏であり五蘊に含まれる諸法を意味している。

AKVy, p. 8, *ll.* 23-26（cf. 荻原［1933］p. 15）:

anāśravaḥ pañcaskandhaka iti / anāśravasaṃvaras tasmin kalāpe rūpaskandhaḥ / yā vedanā / sa vedanāskandhaḥ / yā saṃjñā sa saṃjñāskandhaḥ / cetanādijātyādayaḥ saṃskāraskandhaḥ / vijñānaṃ cātra vijñanaskandhaḥ /

(21) AKBh, p. 7, *ll.* 8-13, cf. 櫻部［1969］p. 148.

(22) AKVy, p. 23, *ll.* 10-13（cf. 荻原［1933］p. 38）:

*dṛṣṭir asmiṃs tiṣṭhatī*ti / ye kecid bhikṣava ātmata ātmīyataś ca samanupaśyanti ta imān eva pañcopā-dānaskandhān ātmata ātmīyataś ca samanupaśyantīti vacanād upādānaskandhā dṛṣṭisthānaṃ bhavati iti /

(23) AKBh, p. 281, *l.* 19-p. 282, *l.* 2（cf. 小谷・本庄［2007］pp. 34-35）:

ātmadṛṣṭir ātmīyadṛṣṭir vā satkāyadṛṣṭiḥ / sīdatīti sat / cayaḥ kāyaḥ saṃghātaḥ skandha ity arthaḥ / sac cāyaṃ kāyaś ceti satkāyaḥ pañcopādānaskandhāḥ / nityasaṃjñāṃ piṇḍasaṃjñāṃ ca tyājayitum evaṃ dyotitā / etatpūrvako hi teṣv ātmagrahaḥ / satkāye dṛṣṭiḥ satkāyadṛṣṭiḥ / sarvaiva sāsravālambanā dṛṣṭiḥ satkāye / ātmātmīyadṛṣṭir eva tu satkāyadṛṣṭir uktā / yathā gamyeta satkāyadṛṣṭir iyaṃ nātmani nātmīye veti / yathoktaṃ ye kecid bhikṣavaḥ śramaṇā vā brāhmaṇā vā ātmeti samanupaśyantaḥ samanupaś-yanti sarve ta imān eva pañcopādānaskandhān iti /

略号一覧

AKBh	*Abhidharmakośabhāṣya*
AKVy	*Abhidharmakośavyākhyā*
AS	*Abhidharmasamuccaya*
ASBh	*Abhidharmasamuccayabhāṣya*
SAV	*Saṃskṛtāsaṃskṛtaviniścaya*
T	*Taishō Shinshū Daizōkyō*『大正新脩大蔵経』

参考文献

一次文献

Abhidharmakośabhāṣya

（Skt.） Chap. I：Ejima［1989］, Chap. II and V：Pradhan［1967］.

（Jpn.） Chap. I and II：櫻部［1969］, Chap. V：小谷・本庄［2007］.

Abhidharmakośavyākhyā

（Skt.） 荻原［1936］.

（Jpn.） Chap. I：荻原［1933］.

Abhidharmasamuccaya

（Skt.） Gokhale［1947］.

Abhidharmasamuccayabhāṣya

（Skt.） Tatia［1976］.

Madhyamakapañcaskandhaka

（Tib.） D（3866）*ya* 239b1-266b7, P［99］（5267）*ya* 273b6-305b5.

（Tib. ed.） Lindtner［1979］.

Munimatālaṃkāra

（Skt.） Section of Sarvadharma：李・加納［2015］.

（Tib.） Section of Sarvadharma：D（3903）*a* 127a1-138a1, P［101］（5299）*ha* 149a7-165b8.

（Tib. ed.） Section of Sarvadharma：Akahane and Yokoyama［2014］, Akahane and Yokoyama［2015］.

（Jpn.） Section of Sarvadharma：李ほか［2015］, 李ほか［2016］.

Pañcaskandhaka

（Skt.） Li and Steinkellner［2008］.

（Jpn.） 師［2015］.

Saṃskṛtāsaṃskṛtaviniścaya

（Tib.） D（3897）*ha* 109a1-317a7, P［146］（5865）*ño* 5b1-270b3.

『阿毘達磨法蘊足論』

（Ch.） T, vol. 26（1537）453b23-514a10.

『阿毘達磨品類足論』

（Ch.）　T, vol. 26（1542）692b-770a.
『阿毘曇甘露味論』
（Ch.）　T, vol. 28（1553）966a-980b.
『阿毘曇心論』
（Ch.）　T, vol. 28（1550）809a-833b.
『雑阿毘曇心論』
（Ch.）　T, vol. 28（1552）869c-965c.

研究一覧

AKAHANE, Ritsu and YOKOYAMA,Takeshi 赤羽律，横山剛
［2014］ “The Sarvadharma Section of the *Munimatālaṃkāra*, Critical Tibetan Text, Part I: with Special Reference to Candrakīrti's *Madhyamakapañcaskandhaka*,” 『インド学チベット学研究』18, pp. 14-49.
［2015］ “The Sarvadharma Section of the *Munimatālaṃkāra*, Critical Tibetan Text, Part II: with Special Reference to Candrakīrti's *Madhyamakapañcaskandhaka*,” 『インド学チベット学研究』19, pp. 97-137.
AKANUMA, Chizen 赤沼智善
［1935］「五蘊論」，仏誕二千五百年記念学会編『佛教學の諸問題』，岩波書店，pp. 371-402.
ARAMAKI, Noritoshi 荒牧典俊
［1980］ “A Text-strata-analytical Interpretation of the Concept *Pañcaskandhas*,” 『人文』26, pp. 1-35.
EJIMA, Yasunori 江島惠教
［1989］ *Abhidharmakośabhāṣya of Vasubandhu, Chapter I: Dhātunirdeśa*, インド学仏教学叢書 6，山喜房佛書林，東京.
FRAUWALLNER, Erich
［1963］“Pañcaskandhakam und Pañcavastukam,” *Wiener Zeitschrift für die Kunde Süd- und Ostasiens*, Band VII, pp. 20-36.
FUNAHASHI, Issai 舟橋一哉
［1952］「倶舎論の教義に關する二三の疑問——深浦正文著『倶舎學概論』を

読む――」，『大谷学報』112, pp. 32–44.

GETHIN, Rupert

［1986］ “The five khandhas: Their theatment in the nikāyas and early abhidhamma,” *Journal of Indian Philosophy*, vol. 14, pp. 35–53.

GOKHALE, V. V.

［1947］ “Fragments from the Abhidharmasamuccaya of Asaṅga,” *Journal of the Bombay Branch of the Royal Asiatic Society* (New Series) 23, pp. 13–38.

HAMILTON, Sue

［1996］ *Identity and Experience, the Constitution of the Human Being According to Early Buddhism*, Luzac Oriental, London.

HAYASHIMA, Osamu 早島理

［2003］『梵蔵漢対校 Electric-TEXT『大乗阿毘達磨集論』『大乗阿毘達磨雑集論』』，瑜伽行思想研究会，滋賀.（公開 URL：http://www.shiga-med.ac.jp/public/yugagyo/）

KATSURA, Shoryu 桂紹隆

［2015］「法の概念」，青原令知編『倶舎――絶ゆることなき法の流れ――』，自照社出版，京都，pp. 3–29.

LI, Xuezhu and KANO, Kazuo 李学竹，加納和雄

［2015］「梵文校訂『牟尼意趣荘厳』第一章（fol. 48r4–58r5）――『中観五蘊論』にもとづく一切法の解説――」，『密教文化』234, pp. 7–44.

LI, Xuezhu and STEINKELLNER, Ernst

［2008］ *Vasubandhu's Pañcaskandhaka*, Sanskrit Texts from the Tibetan Autonomous Region, No. 4, China Tibetology Research Center and Austrian Academy of Sciences, Beijing-Vienna.

LI, Xuezhu *et al.* 李学竹ほか

［2015］「梵文和訳『牟尼意趣荘厳』――一切法解説前半部――」，『インド学チベット学研究』19, pp. 138–157.

［2016］「梵文和訳『牟尼意趣荘厳』――一切法解説後半部――」，『インド学チベット学研究』20, pp. 53–75.

LINDTNER, Christian

［1979］“Candrakīrti's Pañcaskandhaprakaraṇa, I. Tibetan Text,” *Acta Orientalia* XL, pp. 87–145.

MIYASHITA, Seiki 宮下晴輝

［1984］「アビダルマ研究（ABHIDHARMA-STUDIEN）エーリヒ・フラウワルナー作 I. 五蘊論と五事論」，『佛教學セミナー』40, pp. 89–106.

MIYAZAKI, Izumi *et al.* 宮崎泉ほか

［2017］『『中観五蘊論』における五位七十五法対応語――仏教用語の現代基準訳語集および定義的用例集――バウッダコーシャ IV』，山喜房佛書林，東京.

MORO, Shigeki 師茂樹

［2015］『『大乗五蘊論』を読む』，春秋社，東京.

NIHON BUDDHIST RESEARCH ASSOCIATION 日本佛教学会

［1968］『仏教の人間観』，平楽寺書店，京都.

NISHIMURA, Minori 西村実則

［1985］「『倶舎論』の成立と『甘露味論』」，『大正大学綜合仏教研究所年報』6, pp. 1–23.（補訂再録：「『倶舎論』の祖型本としての『阿毘曇甘露味論』」，西村［2002］pp. 476–492；西村［2013］pp. 476–492）

［1986］「蘊処界の改変と「五位」の成立」，『三康文化研究所年報』18, pp. 125–154.（補訂再録：西村［2002］pp. 13–36；西村［2013］pp. 13–36）

［1993］「有部の法体系における心法――「五位七十五法」に関連して――」，『ARI 紀要』10, pp. 1–19.（補訂再録：「「五位」における「心」法――「五位百法」に関連して」，西村［2002］pp. 37–53；西村［2013］pp. 37–53）

［2000］「「五位七十五法」と「五位百法」――心・心所に対する世親の立場――」，『加藤純章博士還暦記念論集　アビダルマ仏教とインド思想』，春秋社，東京，pp. 111–127.（補訂再録：西村［2002］pp. 227–244；西村［2013］pp. 227–244）

［2002］『アビダルマ教学 倶舎論の煩悩論』，法藏館，京都.

［2013］『増補 アビダルマ教学 倶舎論の煩悩論』，法藏館，京都.

ODANI, Nobuchiyo and HONJŌ, Yoshifumi 小谷信千代，本庄良文

［2007］『倶舎論の原典研究 随眠品』，大蔵出版，東京.

PRADHAN, Prahlad

[1967] *Abhidharmakośabhāṣya of Vasubandhu*, Tibetan Sanskrit Works Series 8, Kashi Prasad Jayaswal Research Institute, Patna, First ed. (2nd ed. 1975)

SAKURABE, Hajime 櫻部建

[1969]『倶舎論の研究 界・根品』, 法藏館, 京都.

TATIA, Nathmal

[1976] *Abhidharmasamuccaya-bhāṣyam*, Tibetan Sanskrit Works Series 17, Kashi Prasad Jayaswal Research Institute, Patna.

VETTER, Tilmann

[2000] *The 'Khandha Passages' in the Vinayapiṭaka and the four main Nikāyas*, Verlag der Österreichische Akademie der Wissenschaften, Wien.

WATSUJI, Tetsurō 和辻哲郎

[1927]『原始佛教の實踐哲學』, 岩波書店, 東京.

WOGIHARA, Unrai 荻原雲来

[1933]『和譯 稱友倶舍論疏（一）』, 梵文倶舍論疏刊行會, 東京.

[1936] *Sphuṭārthā Abhidharmakośavyākhyā by Yaśomitra*, 山喜房佛書林, 東京.

YOKOYAMA, Takeshi 横山剛

[2014]「『牟尼意趣荘厳』(*Munimatālaṃkāra*) における一切法の解説——月称造『中観五蘊論』との関連をめぐって——」,『密教文化』233, pp. 51-77.

[2015a] "A Reconstruction of the Sanskrit Title of Candrakīrti's *Phuṅ po lṅa'i rab tu byed pa*: with Special Attention to the Term '*rab tu byed pa*,'"『印度學佛教學研究』63-3, pp. 208-212.

[2015b]「『中観五蘊論』における諸法解説の性格——無我説との関係をめぐって——」,『密教文化』235, pp. 89-114.

[2016a] "An Analysis of the Textual Purpose of the *Madhyamakapañcaskandhaka*: With a Focus on Its Role as a Primer on Abhidharma Categories for Buddhist Beginners,"『印度學佛教學研究』64-3, pp. 164-168.

[2016b]「『中観五蘊論』の思想的背景について——『五蘊論』ならびに『入阿毘達磨論』との関係についての再考察——」,『真宗文化』25, pp. 23-42.

［2016c］「『中観五蘊論』の著者について――月称部分著作説の再考察――」，『密教文化』237, pp. 71–100.

［2017］"An Analysis of the Conditioned Forces Dissociated from Thought in the *Madhyamaka-pañcaskandhaka*,"『印度學佛教學研究』65-3, pp. 1215-1220.

YOSHIMOTO, Shingyō 吉元信行

［1978］「阿毘達磨集論における蘊界処建立の特質」，『印度學佛教學研究』27-1, pp. 214-220.

キーワード　アビダルマ，説一切有部，五蘊

『沙門果経』阿闍世説話に見る初期仏教の人間観

福　田　　琢

はじめに[1]

初期インド仏教における「人間」定義を示すことが課題となれば，本来なら本質論的考察（原始仏教の五蘊説以来の伝統としてのダルマのカテゴリー体系に基づく，普遍的な人間存在の分析と定義）を取りあげるべきであろう。しかしここでは筆者の近年の関心に即して，より実存的な人間論（阿含資料や律文献に挙げられた具体例に基づく，人間の行動規範や善悪をめぐる倫理的考察）を扱うことを許されたい。具体的には『沙門果経』を基本テキストに，マガダ王アジャータシャトルの救済の問題を取りあげる。

仏典に登場するさまざまな弟子のなかでも，その「悪人」性において際だっているのがアングリマーラ（指鬘）と，そしてアジャータシャトル（阿闍世）である。盗賊アングリマーラは，犠牲者の指を折って首飾りを編み（*MN* No. 86, vol. II, p. 98 etc.），アジャータシャトルは王家に生まれ，王権を獲るために父を殺害したが（*DN* No. 2, vol. I, p. 85），ともに釈尊（ゴータマ・ブッダ）のもとで劇的に回心したという。諸本の記述をどこまで信頼できるかはともかく，二人の物語は阿含・ニカーヤおよび律蔵に散見され，おそらく何らかの史実を核としている[2]。それが，釈尊のカリスマ性，慈悲深さ，人々を導く方便力の巧みさを強く印象づける逸話として，多様な解釈を生みつつ流布していったのであろう。

伝承によればアングリマーラは，初対面の釈尊とわずかな問答を交わした

だけで，武器を投げ捨てて礼拝し，出家を願い，釈尊の「来たれ，比丘よ」という言葉によって，その場で比丘となった[(3)]。そして修行のすえ「〔迷いの〕生存に導くものを根絶した者」（bhavanetti samūhatā）すなわち阿羅漢となって涅槃を得たという。その心境の変化を『テーラガーター』は次のように伝える。

> araññe rukkhamūle vā pabbatesu guhāsu vā/
> tattha tatth' eva aṭṭhāsiṃ ubbiggamanaso tadā//
> sukhaṃ sayāmi ṭhāyāmi sukhaṃ kappemi jīvitaṃ/
> ahatthapāso mārassa, aho satthānukampito//（*Theragāthā* 887-888）
> 閑林に，あるいは樹下に，あるいは山中や洞窟に，
> そのころはどこにいても，私の心には不安があった。
> 〔しかしいま〕私は安楽に臥し，住し，安楽に生活を営む。
> 悪魔の威勢も及ばない。ああ〔私は〕師に慈しまれている。

悪事を重ねながらも不安に苛まれていた心が，釈尊との出遇いで真の安らぎを得た。その喜びが率直に語られている。そしてその後の出家修行によってアングリマーラの過去の罪業は払拭されたという[(4)]。

アジャータシャトルも同様に[(5)]，深い不安と怯えを抱えた罪人として登場する。かれはデーヴァダッタが師に謀反を企てていることを知り，それに触発されて自身も父王を亡き者にする行動に出たという。つまりかれの父王殺しは，僧団における仏身流血と同等の重罪と見なされているのである。それほど大きな過ちを犯し，悔悟と不安の淵にいるアジャータシャトルに救いの道があるとすれば，それはアングリマーラの場合と同じく，釈尊のもとで出家生活を送ることのなかにしかありえないように思える。

にもかかわらずアジャータシャトルは，仏に帰依して在家信徒とはなったものの，世俗の王位に留まった。もちろん，史実を考えればそれは当然の話で，アジャータシャトルが釈尊のもとで出家したなどという伝承は存在せず，むしろ釈尊の入滅後も優婆塞として僧団を支援していたというから，経典の

なかで勝手に出家させてしまうわけにはいかない。だがそうすると，たとえ父殺しの大罪をはたらいた者でも，懺悔と帰依さえすれば（アングリマーラのように出家せずとも）安穏の日々を享受できることになってしまう。自業自得を原則とする原始仏教の考え方のもとで，そのような免罪は教義的に成り立つのか，それともそこには何か特別な事情がはたらいているのか。

本論は以上のような観点から，アジャータシャトルの懺悔を主題として取りあげる初期資料，すなわち長阿含（パーリ長部）所収『沙門果経』とその諸異本を検討して，そこに見いだされる救済の原理が，原始仏教からアビダルマ仏教へという潮流のなかでどのように展開していったかを整理し，併せて，そこから「無根信」（amūlikā śraddhā）という特殊な術語が生み出された背景とその語義について考察してみたい(6)。

1.『沙門果経』再考

まず基本テキストとなる『沙門果経』の内容と成り立ちについて，いま改めて顧みておく。知られるとおり『沙門果経』には数種の異本があるが(7)，それらにほぼ共通する内容は以下のとおりである。

> マガダ国王アジャータシャトルは，とある月の美しい布薩日の夜，宗教家たちの教えを聞きたいと思い立つ。そこで側近の大臣たちは各々，いわゆる「六師外道」の学説をひとつずつ紹介し，対話の相手として推奨するが，王は応じない。最後にジーヴァカ（耆婆）が，自分のマンゴー園（菴羅樹園）に滞在中の釈尊を訪ねてはどうかと進言し，王はその提案を待ちかねたかのように受けいれる。
>
> 僧団を訪問した王は釈尊に問う――世間の人々がそれぞれの専門技術を習得するのは，将来，自分の職業に活用するためであり，ひいては働いて家族を養い幸せにし，死後，生天するためである。しかし沙門たちの修行は何のためのものなのか。かつて六人の師にこの質問をぶつけたが，かれらは因果論を否定したり，宿命論を述べたり，形而上学的疑問

をめぐって詭弁を弄するばかりで，自分の疑問にまともに応じてくれなかった。それゆえ釈尊に問いたい。出家修行の具体的成果，出家の功徳（沙門果）とは何か？

釈尊は答える――出家の功徳とは何よりも，世俗の因習や価値観からの解放である。たとえ王家で働いていた使用人であっても，出家して沙門となり修行を積めば，逆に王から尊敬され，合掌礼拝を受ける存在にさえなる。さらにまた(8)戒・定・慧の段階的実践によって，心身は澄浄となり，欲望や不安に動揺することもなくなる。

以上の答えを聞いて王は納得し，在家の仏弟子となることを宣誓する。同時に，かつて自分が無知と欲望ゆえに，法王であった父を殺す大罪を犯したことを告白し，懺悔する。釈尊はアジャータシャトルの懺悔を受けいれる。

以上があらすじである。この経典は翻訳も多く，内容をめぐる考察も，内外の研究者によってさまざまに試みられている。そういった先行研究の指摘も踏まえつつ，私見も交え，その基本的特徴を整理すれば，以下のごとくである。

(1)このテキストの中心部分はいわゆる「六師外道」の学説紹介であり，仏教と同時代に活躍していた非婆羅門教系諸学派の主張を知るうえで貴重な資料とされている(9)。一方，王はそのいずれの教えにも満足せず，釈尊を訪問しその教えに感銘を受け，在家信者として帰依する。このような物語の展開には，同時代の沙門思想と比して仏教の優位性を誇示する，プロパガンダ的意図がうかがえる。しかもそのことを，教義問答を通じて理詰めで検証するのではなく，マガダ国王という社会的権威を借りて主張するところに，ある種の通俗性を見ることができる。

(2)阿含・ニカーヤ文献では基本的に，世俗の生活は不安や悩みの絶えないものとして否定され，そういったしがらみから解放された出家生活こそが，真の価値ある生き方と見なされる（先のアングリマーラの述懐を見よ）。しかし本経典においては，在家生活と出家生活はそのように

対立的には捉えられていない。アジャータシャトル王は，自身の「心を浄めてくれるような」(cittaṃ pasīdeyya) 出家者との出遇いを希求し，最後には優婆塞として釈尊に帰依し，心の拠りどころを見いだす。かれにとって仏教の意義は，世俗的価値観の否定ではなく，むしろ世俗生活の精神的な基盤となってこれを肯定し，不安だった日々に安心を与えてくれたところにある[(10)]。

(3)物語はアジャータシャトルの過去について何も触れないまま進み，末尾で唐突に本人が父王殺しを告白し懺悔する。そのため表層的には，アジャータシャトルの罪業という主題が重視されていないかにも見える。しかしその言動を注意深く追えば，父殺しの罪の意識に怯える内心の揺らぎが暗示的に浮かび上がる[(11)]。冒頭でなぜ王は，月の美しい布薩の夜に[(12)]，あえて釈尊を訪問しようと思い立ったのか？　釈尊を訪問に行く道中，なぜジーヴァカが自分を欺いて暗殺しようとしているのではないかと，ひどく怯えたのか？　そして釈尊の穏やかな姿を見て思わず口をついた「自分の息子のウダーイバドラもあのように穏やかであれば良いのに」という呟きの真意はどこにあるか？　こういった細部に着目すれば，父王殺しの影は，全編にわたってアジャータシャトルの心を覆っているとも言える。六人の沙門たちによる，唯物論や運命論，道徳不要論や業論も，王が内心抱える罪悪感や不安に対する回答としての側面をもっている。

以上のように『沙門果経』は僧院に伝承された聖典でありつつ，一種の民衆経典としての性格もそなえてもいる。六師外道の教義は難解で，僧侶の学習教材にふさわしいが，それ以外の要素，すなわちアジャータシャトルや六師外道といった実在の有名人を登場させ，虚実入り混じった展開で興味を惹こうとする通俗的なプロットや，主人公が地獄堕ちの罪業をなした人物であり，しかもかれがただ懺悔することで救済されてしまう反出家主義的な結末には，阿含・ニカーヤ文献らしからぬ大衆性が見受けられる。

その大衆的な側面をより押し進めたヴァージョンが「サンジーヴァ・ジ

ャータカ」（*Sañjīva*, 第150話, *Jātaka*, vol. I, pp. 508-510）や「サンキッチャ・ジャータカ」（*Saṃkicca*, 第530話, *Jātaka*, vol. V, pp. 261-277）といったパーリ・ジャータカに共通する枠物語である(13)。アジャータサットゥ（アジャータシャトル）はデーヴァダッタに唆されて父王を殺害するが，後にデーヴァダッタがサンガを分裂させた罪で無間地獄に堕ちたと聞き，自分にも同じ運命が待っているのではないかとひどく怯え，不安で夜も眠れなくなり，あるいは発熱する。そこで満月の美しい夜，心の平安を求めて「今夜は沙門か婆羅門を訪ねてみたい」と側近たちに提案する。周囲の者たちはカッサパたちの名を挙げるが，王はジーヴァカの勧める釈尊を訪問し『沙門果経』を聞いて(14)在家弟子となることを誓う。王が帰った後，釈尊は弟子たちに，アジャータサットゥは過去世においても父殺しの罪を犯したといい，その本生譚（ジャータカ）を語って聞かせる。

これらジャータカの枠物語では，アジャータシャトルは最初から苦悩し悔悟する人物として登場するが，先に見たとおり，『沙門果経』でもそのことは伏線としてほのめかされており，ジャータカはただそれを明示的に描いたに過ぎない。その代わりジャータカは，『沙門果経』では詳細に述べられた六師外道の学説の説明を全面的に省略している。つまりジャータカ版は，一般大衆がこの物語に抱く興味のありように従って，さらに通俗的に編集されたヴァージョンとなっている。

2．懺悔の功徳

六師外道の学説紹介の部分が注目されがちな『沙門果経』も，以上のように見れば，すでにアジャータシャトルの罪と救済を主題として強く意識していたことが判る。にもかかわらず，テキストは最後の告白と懺悔の場面まで，かれの罪業について多くを語ろうとしない。あるいは，冒頭でそれを強調してしまうと，最後の懺悔の場面で，結局その重罪はどのように赦され，アジャータシャトルはどのように救済されたのか，という難問に直面してしまう

ことを，経典を伝えた人々も自覚していたのかも知れない。

実際，この疑問に対する『沙門果経』諸異本の答え方はさまざまで，定説があったようには思えない。まず，最も消極的なテキストはパーリ長部経典版（*DN* No. 2, *Sāmaññaphalasutta*）である。ここでは，釈尊はアジャータシャトルの告白を受け，ひとまず「大王よ，あなたが罪（accaya）を罪として見て，法に従って懺悔（paṭikaroti）したので，我々はそれを受けいれましょう。なぜなら大王よ，罪を罪として認め，法に従って懺悔し，やがて律義を獲得すれば，それは聖者の律が繁栄することになるからです」と答える。しかしアジャータシャトルが立ち去った後，釈尊は比丘たちに次のように告げる。[15]

> khatāyaṃ bhikkhave rājā upahatāyaṃ bhikkhave rājā/ sacāyaṃ bhikhave rājā pitaraṃ dhammikaṃ dhammarājānaṃ jīvitā na voropessatha, imasmiṃ yeva āsane virajaṃ vīta-malaṃ dhammacakkhuṃ uppajjissathā ti/（*DN* vol. I, p. 86）
>
> 「比丘達よ，かの王は破壊されている（khata）。比丘達よ，かの王は打ち倒されている（upahata）。比丘達よ，もしかの王がダルマに則ったダルマ王である父の命を奪わなかったなら，まさにこの席で塵穢ないダルマの眼が起こり出たであろうに」（訳文は畑昌利による[16]）

律蔵大品（*Mahāvagga, Vinaya,* vol. I, p. 37）などには，釈尊に出遇ったビンビサーラ王が，教えを聞くやいなや法眼を得て法に悟入した（すなわち預流果を得た）という伝承が見えるが，釈尊はここで，そのビンビサーラを殺害してさえいなければ，息子アジャータシャトルも父親同様，仏に出遇ってすぐさま法眼を得ていたであろうに，と反語的に嘆いている。つまり法眼は得られなかったということである。ではアジャータシャトルは釈尊に出遇い，懺悔したことで何を得たのか。テキストはそれを語らない。結局は後代の注釈やジャータカが解説するように理解するしかない。

> imam pana suttaṃ sutvā rañño ko ānisaṃso laddho? mahānisaṃso laddho/ ayaṃ hi pitu-mārita-kālato paṭṭhāya n' eva rattiṃ na divā

niddaṃ labhati/ satthāraṃ pana upasaṅkamitvā imāya madhurāya ojavatiyā dhamma-desanāya suta-kālato paṭṭhāya middhaṃ labhi/ tiṇṇaṃ ratanānaṃ mahāsakkāraṃ akāsi/ pothujjanikāya saddhāya samannāgato nāma iminā raññā sadiso nāma nāhosi/ anāgate pana Viditaviseso nāma paccekabuddho hutvā parinibbāyissatī ti/ (*Sumaṅgalavilāsinī, Buddhagosa's Commentary on the Dīgha Nikāya,* part I, p. 238)

さて，この経（沙門果経）を聞いて，王はなにか利益（ānisaṃsa）を得たのであろうか。大いなる利益を得たのである。なぜならかれは父を殺害して以来，昼も夜も安眠を得なかったのだが，しかし師に近づき，この甘美で滋味のある法話を聞いてからは安眠を得たのである。かれは三宝を大いに敬うようになった。信仰をもつ凡俗（pothujjanika）の者で，この王のような者は〔他に〕いなかった。来世にかれはヴィディタヴィセーサという名の独覚仏になり，般涅槃するであろう。

so tato paṭṭhāya dānaṃ dento sīlaṃ rakkhanto tathāgatena saddhiṃ saṃsaggaṃ katvā madhura-dhammakathaṃ suṇato kalyānamittasaṃsaggena pahīnabhayo vigatalomahaṃso hutvā cittassādaṃ paṭilabhi sukhena cattāro iriyāpathe kappesi/ (No. 530 〈*Saṃkiccajātaka*〉 *Jātaka,* vol. V, p. 262)

（沙門果経を聞いて）それ以来，かれは布施を行じ，戒を守り，如来と親しく交わり，甘美な法話を聞くようになった。善知識との交わりによって恐怖はなくなり，身の毛が逆立つこともなくなって，心の楽味（assāda）を得て，安楽に四威儀を整えた。

要するに，かれはその日以来，怯えや不安による不眠から解放され，日々穏やかに生活を送れるようになった，それがアジャータシャトルにとっての最大の功徳であった，ということである。さすがにそれだけでは宗教的な救いにならないと思ったのか，ブッダゴーサは「来世に独覚になって般涅槃するだろう」という補足も加えているが，父王殺しの悪業は浄化されたのか，

といった教義上の関心は希薄で，ただ現在の安心だけが取りあげられる。考えようによっては「沙門たちの修行は現実的にどのような効果があるのか」と問うたアジャータシャトルの要求にふさわしい，現実的な効能と言えるかも知れない。

このようなパーリ文献の解釈に対して，北伝系の阿含資料は，この場面にもっと積極的にアジャータシャトルの救済の意義を読み込もうとする。法蔵部所属とされる仏陀耶舎・竺仏念訳の『長阿含経』No, 27「沙門果経[17]」では，アジャータシャトルが去った後の釈尊の説教は次のようになっている。

佛告諸比丘。此阿闍世王，過罪損減已抜重咎。若阿闍世王不殺父者，即當於此坐上得法眼淨。而阿闍世王今自悔過，罪咎損減已抜重咎。（T 1, vol. 1, 109b26-c1）

仏は比丘たちにおっしゃられた「この阿闍世王は，罪過は軽減され，もう重い咎もなくなった。もし阿闍世王が父を殺していなかったならば，すぐにもこの会座において，清らかな真理を見る眼を得ていたことであろう。しかし，阿闍世王も今はみずから懺悔し，罪過も軽減され，もう重い咎もなくなった」（丘山新ほか訳注『現代語訳「阿含経典」 長阿含経』第5巻，平河出版社，2002年）

パーリ長部と同様，もし父王を殺していなければ法眼を得ていたであろうが，それは叶わなかった，という趣旨の発言は残しながら，その前後に「過罪損減し，已に重咎を抜く」「而るに阿闍世王，今自ら悔過し，罪咎損減し，已に重咎を抜く」と同じようなフレーズを繰り返して，懺悔によってアジャータシャトルの罪が軽減したことを明言する。一方，パーリ版では礼を述べて立ち去るだけだったアジャータシャトルも，この漢訳長阿含経の末尾では，翌朝，改めて釈尊と弟子サンガを食事に招待し，そこで再び懺悔し，三帰依し，さらに「今より已後，形寿を尽くすまで，殺さず，盗まず，婬せず，欺かず，飲酒せず」と五戒を宣誓する。つまりアジャータシャトルは出家こそしなかったが，布施行などの善行を実践し，五戒[18]を受持した優婆塞として，これまでとは違う信仰生活に入り，そのことによって罪過が軽減された[19]，と

いう考え方が示されている。

曇無蘭訳『寂志果経』は，記述が増補されるなどの点で，漢訳『長阿含経』よりも発達した形態を示し，比較的パーリ長部経典に近い。しかしアジャータシャトルの懺悔に対しては，諸異本中で最も極端な肯定的評価を与えている。

王阿闍世，已得生忍。雖害法王，了除瑕穢，無有諸漏，已住於法，而不動転。於是坐上，遠塵離垢，諸法眼生。（T 22, vol. 1, 276a13-16）

「アジャータシャトル王はすでに生忍を得ている[20]。〔父〕法王を害してはいるが，その罪過は除かれ，煩悩の汚れはなくなり，真理に住し，不退転の位に住している。いまこの座において，〔煩悩の〕汚れを離れ，真理を見る眼を生じている」

父殺しの罪ゆえに遠塵離垢の法眼が生じなかった，と述べるパーリ長部とは正反対に，『寂志果経』は，アジャータシャトルは懺悔したことによって，ただちに遠塵離垢の法眼を生じ，不退転の位（預流果）を得た，と明言している。仏前での懺悔によって，過去の悪業を払拭し聖道を獲得したというのである。

3．無根信第一の阿闍世

他方，僧伽提婆訳『増一阿含経』巻三十九「馬血天使品」所収経は，随所にユニークな描写が見られ[21]，上記『長阿含経』や『寂志果経』との関係を簡単には判断できない異本であり，アジャータシャトルの懺悔の功徳についても独特の解釈を施す。

今此阿闍世王，不取父王害者，今日應得初沙門果證，在四雙八輩之中。亦復得賢聖八品道，除去八愛，超越八難。雖爾今猶獲大幸，得無根之信。是故比丘，爲罪乃人，當求方便，成無根之信。我優婆塞中，得無根信者，所謂阿闍世是也。（T 125, vol. 2, 764b6-11）

「この阿闍世王は，もし父王をとらえて害していなかったならば，本

日，初沙門果（預流果）を得て，四双八輩のうちに入り，八正道を実現して，八愛を除去し，八難を超越していたであろう〔が，それは叶わなかった〕。とはいえ，いまここに大幸を獲し，無根の信を得ている。それゆえに，比丘らよ，罪業をはたらいた人は，まさに救いの手だてを求め，無根の信を成就すべきである。私の在家弟子のうちで，無根の信を得た者とは，かの阿闍世王のことである」

『増一阿含経』は，最前の『寂志果経』ほど極端な立場をとらず，パーリ本や『長阿含経』と同じく「アジャータシャトルは本来ならここで預流果を得られたはずだが，父王殺しの罪業ゆえにそうならなかった」と解釈する。ではかれの懺悔にはどのような意義があるのか。ここでこの経典は「無根の信」(amūlikā śraddhā) という，これまでのテキストには見られなかった概念を導入する。いわく，かれは聖道を得なかったが「無根の信」を得た。このように仏は，聖道の救いを得られない者に対して「無根の信」を与える。それゆえ，罪業が深い者は仏に懺悔して「無根の信」を成就せよ。

続けて釈尊は「我が優婆塞中，無根信を得る者とは所謂阿闍世是なり」と言って教説を結ぶ。自分の在家弟子のなかで「無根信を得た者」といえば，それはアジャータシャトルに外ならないと宣言して，「無根信」をアジャータシャトルのエピテートとしている。

これと同じ用例が巻三に収められた「弟子品第四」にも見られる。釈尊は「私の弟子の中で第一の者はだれかといえば，智慧がすぐれているのは舎利弗で，神通にすぐれているのは目連で，頭陀行は迦葉で……」というように，愛弟子の名を列挙しては，それぞれの長所を讃える。比丘たちの名前を挙げ終わると，次は比丘尼（比丘尼品第五），そして優婆塞（清信士品第六）と優婆夷（清信女品第七）についても同様に紹介するのだが，その「清信士品第六」のなかに，次のように王族の在家弟子がまとめて称讃されている[22]。

我弟子中，第一優婆塞。好喜恵施，所謂毘沙王是。所施狭少，光明王是。建立善本，王波斯匿是。得無根善信，起歓喜心所，謂王阿闍世是。至心向佛，意不變易，所謂優塡王是。(T 125, vol. 2, 560a5-9)

我が弟子のなかで第一なる者とは，好んで布施する者はビンビサーラ王であり，施すところの狭少なる者は光明王であり，善本を建立した者はプラセーナジット王であり，無根の善信を得て歓喜の心を起こした者はアジャータシャトル王であり[23]，心をひとえに仏に致して変わることがないのはウダヤナ王であり……。

つまり『増一阿含経』においては，比丘たちのうち智慧第一はシャーリプトラで，神通第一はマウドガルヤーヤナで，在家弟子のうち布施第一は給孤独長者で，などというのと同様に，アジャータシャトルは無根信第一の優婆塞と称せられる。

またこれは『増一阿含経』とは異なるが，『摩訶僧祇律』巻三十二にも同様の用例がある。釈尊の入滅後，葬儀を終えたマハーカーシャパ（摩訶迦葉）が「王舎城で法蔵を結集しよう。釈尊の遺言では，在家声聞のなかで無根信第一とされる阿闍世王が，五百人ぶんの床臥の世話をしてくれるそうだから，かれを訪問しよう」と言って，アジャータシャトルを第一結集のパトロンとして頼ったという記事がある（時大迦葉作是言。應向王舎城，結集法藏。所以者何。世尊記，王舎城韋提希子阿闍世王，聲聞優婆塞，無根信中最爲第一，又彼王有五百人床臥供具，應當詣彼: T 1425, vol. 22, 490b28-c3)。

これらの資料は，アジャータシャトルの仏弟子としてのアイデンティティを「無根の信を得た」という点に求めている。では「無根の信」とは本来，どのような意味で用いられていたのであろうか。

4．『大毘婆沙論』における無根信の定義

マイケル・ラディッチ（Michael Radich）は近年，アジャータシャトルをめぐる物語の発祥と展開，および東アジアにおける受容の歴史を概観した総合的研究をまとめたが[24]，そのなかで，アジャータシャトル説話の形成に決定的な役割を果たした資料として『根本説一切有部毘奈耶』を挙げ，無根信という概念の発祥も有部の系統に由来している可能性を暗示する[25]。ただし，現

存する非大乗系の資料で「無根信」に言及する文献としては，有部系の『根本説一切有部毘奈耶 破僧事』『大毘婆沙論』に加え，先の『増一阿含経』『摩訶僧祇律』が指摘されており，後二者がどのような系統に属するかは即断しがたい[26]。ともあれ，有部の学説を網羅的に集大成した注釈書『大毘婆沙論』（２世紀）が，次のように詳しくこの言葉の定義を述べている[27]点から見て，少なくとも有部に「アジャータシャトルが無根信を得た」という伝承が定着していたことは明らかである。

如契經説「未生怨王能成就無根信」。問，諸有爲法，無不有根，何故説彼信無根耶。⑴答，此信無有見道根故。如契經説「是名見爲根信證智相應」謂未生怨所成就信，不依見道故名無根。然彼信心堅固難壊，如依見道。⑵復次，未生怨王所成就信不可改易如無漏信而無有根。諸無漏信依無漏根。以無漏智無漏善根爲根本故。⑶復次，此信無有同類因故，説名無根。謂無始來未得如是堅強信故。譬如有樹依他茎生自既無根名無根樹。⑷復次，未生怨王所成就信自性堅固，不由親近佛及弟子乃能發生故名無根。由此信力若乘象馬若在高樓。遙見世尊，即便投下頂禮雙足。由堅信力或佛威神無所傷損。⑸復次，未生怨王所成就信未免悪趣，故名無根。彼後命終暫墮地獄受少苦已方生天故。（『大毘婆沙論』巻百三，T 1545, vol. 27, 536b9-25; cf. 旧訳『阿毘曇毘婆沙論』T 1546, vol. 28, 387b6-20 も同文）

経に「アジャータシャトルは無根信を成就した」という。問う。私たちの経験世界を構成する諸要素（諸有為法）で，根拠をもつもの（有根）でないものなどありえないのに，どうしてかれの信は「無根」と言われるのか。

⑴答える。彼の信には見道の根がないからである。経中に「見を根となす信は証智と相応する」と説かれているが，アジャータシャトルが体得した信は見道に基づいていないので「無根」と呼ばれたのである。しかしながらかれの信心が堅固で破壊しがたいことは，あたかも見道に基づいているかのごとくである。

(2)また次に，アジャータシャトル王が獲得した信は，もはや転換しないという点では無漏信と等しいが，他方，根をもたない〔点では無漏信と異なる〕。無漏信は無漏根に基づいている。無漏智・無漏善根を根本とするからである。

(3)また次に，この信には同類因がない。ゆえに無根と名づける。無始爾来これほど堅牢な信を得たことがないからである。ある樹木が他〔の種類の樹木〕より茎を伸ばし，自分自身の根を持たない状態を「無根樹」と名づけるごとくである。

(4)また次に，アジャータシャトル王が獲得した信は自性として堅固なものであり，仏や弟子たちとの親交を深めないうちに自然発生したものであるために無根と名づける。この信ゆえに〔アジャータシャトルは〕，象の上や馬上で，あるいは高楼に在って彼方に釈尊を認めたとき大地に身を投じ，その足下に礼拝したけれども，堅固な信の力，あるいは仏の威神に護られて傷を負うことがなかったのである。

(5)また次に，アジャータシャトル王が獲得した信は，なお悪趣を免れないことから無根と言われる。かれは後に命終してからしばらくは地獄に堕して少しの苦しみに甘んじて，それから生天するからである。

以上のように『大毘婆沙論』は，無根信の「無根」について五種類の解釈を提示する。第一説は「無根」を「見道に拠らない」という意味に理解する。第二説は，無漏の善根に拠っていないから無根である，という解釈で，第三説は，先行する同類因をもたずに，懺悔の瞬間から突然生じた信であるから無根である，という説である[28]。次の第四説は，まだ仏や仏弟子の教えをよく聞き理解していないうちに生じたから無根である，というものだが[29]，ここに引用された「この信によりて，或いは象馬に乗ずるときも，若しくは高楼に在るときも，遥かに世尊を見れば即便ち投下して双足を頂礼す」というアジャータシャトルのエピソードは，根本有部律の「破僧事」にそのまま見いだすことができる[30]。最後の第五説は，結局のところアジャータシャトルは，この信心によっても地獄に堕ちる運命を免れなかった[31]，すなわち善根としての

はたらきが十分ではなかったがゆえに無根である，という解釈である。

これらの解釈を概観して気づくのは，いずれの説も字義的には「(本来あるべき）根を欠いた信心」という欠落状況を意味する語として説明しながら，しかしそのような否定的解釈に終始せず，一方でそれはきわめて堅固な信心であり，根がないにもかかわらず「根がある」信心と較べて遜色がない，というように，肯定的な評価も併せて主張する点である。たとえば第二説は，ここでアジャータシャトルの得た信心は，無漏の善心を根としていないから無根である，と言いつつ「改易すべからざること無漏信の如く」であるとも言って，実は無漏根に基づく信心と同じくらい揺るぎないことが強調されている。第四説では，かれの信心は，まだ仏や仏弟子をよく見知らないうちに生じたものであるから無根ではあるが，仏の力に護られ自性堅固で傷つかないという。第五説も，この信心によってもアジャータシャトルの地獄堕ちは免れないという意味では否定的だが，地獄に堕する期間は大幅に短縮され，その後の生天も約束されている。

5．見を根とする堅固な信

このように五つの解釈は全体として共通する特徴をもち，また細部においてそれぞれ興味深い記述が見られるが，内容的にも無根信の本来の語義を伝えていると思われるのは，やはり最初の第一説である。

> (1)答う，此の信に見道の根あること無きが故なり。契経に説くが如し「是れ，見を根と為す信は証智と相応す」と。謂く，未生怨の成就するところの信は，見道に依らざるが故に無根と名づく。然も彼の信心は堅固にして壊しがたきこと見道に依るが如し。

ここでは「見を根と為す信は証智と相応す」という教証が引かれ，「アジャータシャトルの信心は見道に基づいていないから無根である」という解釈が述べられる。この教証は，現存する阿含資料のなかでは『中阿含経』No. 186「求解経」の「若有此行有此力深著如来信根已立者。是謂信見本不壊智

相応」という一節が対応すると思われる（『中阿含経』巻49, T 26, vol. 1, 732a3-5）。いまパーリ中部所収の対応経典（*MN* No. 47 *Vīmaṃsakasuttaṃ*）に基づいてその内容を概観しておこう。

この経典では，如来を正しく師とするために必要な「観察」の次第が説かれる。仏弟子となる者は，仏が三十二相をそなえているとか，多くの弟子たちにかしずかれているからとか，そのような外面だけを見て帰依するようであってはいけない。といっても，如来の内面（心業）が浄らかであるかないかは，凡人にはにわかに判別できないので，まず如来の行ない（身業）を目で見，如来の言葉（語業）を耳で聞いて，そこに煩悩の汚れが入り混じっていないか，よく観察して見極める必要がある。行ないも言葉も無漏であることを確認したら，次にそれら善法が一時的なものではなく，永く保たれたものであるかどうかを確認し，さらに，如来が自分の得た名声に溺れていないか，貪りが尽きており，欲に従って行動することはないか，などの各項目を十分に観察し，そのすべてにおいて清浄であることを確認して，始めて「目で見，耳で知りうる限りの如来の法は，すべて完全に浄らかである」と承認し，如来に近づく。そしてその，黒白の対をなす勝れた教えの数々を聞くに及んで，ついに確信を得る。

sammā byākaramāno bhikkhave bhikkhu evaṃ byākareyya: idhāhaṃ āvuso yena bhagavā ten'upasaṅkamiṃ dhammasavaṇāya/ tassa me bhagavā dhammaṃ deseti uttaruttariṃ paṇītapaṇītaṃ kaṇhasukkasappaṭibhāgaṃ/ yathā yathā me āvuso bhagavā dhammaṃ deseti uttaruttariṃ paṇītapaṇītaṃ kaṇhasukkasappaṭibhāgaṃ, tathā tathāhaṃ tasmiṃ dhamme abhiññāya idh' ekaccaṃ dhammaṃ dhammesu niṭṭhamagamaṃ, satthari pasīdiṃ: sammā sambuddho bhagavā, svākkhāto bhagavatā dhammo, supaṭipanno saṅgho'ti/ yassa kassa ci bhikkhave imehi ākārehi imehi padehi imehi byañjanehi tathāgate saddhā niviṭṭhā hoti mūlajātā patiṭṭhitā, ayaṃ vuccatī bhikkhave ākāravatī saddhā dassanamūlikā daḷhā, asaṃhāriyā samaṇena vā

brāhmaṇena vā devena vā mārena vā brahmunā vā kenaci vā lokasmiṃ/ evaṃ kho bhikkhave tathāgate dhammasamannesanā hoti/ evañ ca pana tathāgato dhammatā susamanniṭṭho hotīti/ (*MN* vol. I, p. 320)

「比丘たちよ，正しく解答しようとする比丘は次のように解答すべきです“友よ，私は聞法のために世尊のところへ行った。世尊はその私のために，次から次へと，すぐれた黒と白と対をなす法を説かれた。友よ，世尊が私のために次から次へと，すぐれた黒と白と対をなす法を説くに従い，私はその法において，ある法をここでよく知り，諸々の法について結論に達した。師に対して浄信を得た（satthari pasīdiṃ）。世尊は正等覚者である。法は世尊によってよく説かれている。僧団はよく実践している，と。”比丘たちよ，いかなる者にも，これらの理由・これらの語句・これらの表現によって，如来に対する信仰が固定し，根が生え，確立します（tathāgate saddhā niviṭṭhā hoti mūlajātā patiṭṭhitā）[32]。比丘たちよ，これは，道理の通った，見を根とする堅固な信（saddhā dassanamūlikā daḷhā）と言われ，沙門あるいは婆羅門あるいは天あるいは魔あるいは梵天によっても，あるいは世界のなにものによっても除去されることのないものです。比丘たちよ，このようにして，如来に対する法の考察が成り立ちます。またこのようにして，如来の性質がよく考察されたことになります」

「見を根とする信」とは，仏と法と弟子たちを正しく観察し，その人格や教えに汚れがないことを十分に確認したところに生ずる，揺るぎない三宝への帰依である。阿含では「不壊の浄信」（aveccappasāda）と呼ばれており，これら仏・法・僧に対する不壊の浄信と，そこから生ずる「聖者にとって好ましい〔五〕戒」（ariyakāntāni sīlāni）を併せて四証浄（四不壊浄）と呼ぶ。これらは実質的に三帰依と五戒を内容としているところからも明らかなように，本来，在家信者の仏道の根幹をなしており，これを確立した在家信者は預流となることが認められていた。

原始仏教文献に出家道と在家道の二種類の預流が認められることは，舟橋一哉によって夙に指摘されている[33]。出家道の預流とは四諦の如実智見によって見道を得ることであり，在家道の預流とは，在家者が四証浄（堅固で揺るぎなき三帰依と五戒）によって仏法の「流れに預かり」，悪趣に堕さないことが決定すること（正定決定）を意味していた。南伝パーリ論書の修行道には後者は見いだせない。しかし北伝アビダルマ（説一切有部）は，かなり初期から両者を一本化すべく試みていたようで，すでに最初期の論書において，見道に入って預流となる本来の出家道の過程に，在家道的預流である四証浄が組み込まれている。

> 四證淨者。如契經説「成就四法，説名預流。何等爲四。一佛證淨，二法證淨，三僧證淨，四聖所愛戒」云何佛證淨。答，如世尊説「苾芻當知，此聖弟子以如是相隨念諸佛。謂“此世尊是如來・阿羅漢・正等覺・明行圓滿・善逝・世間解・無上丈夫・調御士・天人師・佛・薄伽梵”彼以此相隨念諸佛，見爲根本證智相應諸信，信性現前信性隨順印可愛慕愛慕性心澄心淨。是名佛證淨。（『集異門足論』巻六，T 1536, vol. 26, 393b7-15; cf.『法蘊足論』巻二，T 1537, vol. 26, 460a28-462a5）

> 四証浄とは経典に「四法をそなえた者を預流と名づける。どのような四つかといえば，一には仏証浄，二には法証浄，三には僧証浄，四には，聖者にとって好ましい戒である」と説かれるごとくある。〔問う〕仏証浄とはいかなるものか。答える。世尊が「比丘たちよ，この聖弟子は次のような特性に基づいて仏を心に想い留める（随念）とまさに知れ。“かの世尊は如来・阿羅漢・正等覚・明行足・善逝・世間解・無上士・調御丈夫・天人師・仏・世尊である”と。このような特性に基づいて仏を心に想い留めるかれには，見を根本とする証智相応の諸信があり，信性があり，現前信性があり，随順があり，印可があり，愛慕があり，愛慕の性があり，心証があり，心浄がある。これを仏証浄と名づける」と説かれるごとくである。

ここでは経典の説く「信」が，見すなわち慧のはたらきに根拠づけられた

実践として，修行道体系のなかに整然と位置づけられている。これと比較すれば，アジャータシャトルの信心は，釈尊を如来・阿羅漢・正等覚者云々として正しく観察した結果でもなければ，その教えが信ずるに足る勝れた思想であることを理解したうえで生じたわけでもない。かれの信仰告白は，信頼するジーヴァカの勧めに従い釈尊を訪問して，その人柄に打たれた結果として，いわば偶発的に生じたもので，言葉どおり根拠を欠く信心である。

しかし本来，信とはそのようなものである。部派仏教の修行道で随法行に対して随信行が立てられているように，信に基づく行の実践は，もとより教法を知的に理解できない愚者のための道であった。愚者であっても心が静まっておれば（prasāda）正しい教えはおのずと届き，正覚に至る救済の可能性が開かれる。それゆえ『大毘婆沙論』は，アジャータシャトルの信心は無根の信であるが「然も彼の信心は堅固にして壊しがたきこと見道に依るが如し」と言う。このように，アビダルマ的解釈によって見道のうえに根拠づけられた「信」に対して，逆にそのような根拠をもたないアジャータシャトルの信も，同等に堅固なものとして評価され，教学体系に位置づけられているのである。

おわりに

『沙門果経』におけるアジャータシャトルの懺悔が何をもたらしたかについては，古くよりさまざまな解釈があった。最も特殊な例外は曇無蘭訳『寂志果経』の「アジャータシャトルの煩悩の汚れは完全になくなり，預流果（初沙門果）を得た」という記述であり，これに対してパーリ本，『長阿含経』，『増一阿含経』の三本はいずれも「父を殺していなければ彼はこの場で見道に入り，預流果を得ることができた（しかし父を殺したために得られなかった）」と言う。パーリ本の釈尊はそれ以上は述べないが，漢訳『長阿含経』所収経の釈尊は「しかし，阿闍世王も今は懺悔し，罪過も軽減されたので，もう重い咎もなくなった」と補足し，それに応えてアジャータシャトル

も今後は五戒を受持することを誓っている。

一方，『増一阿含経』所収経では，アジャータシャトルは預流果を得てはいないが「大幸を獲，無根之信を得た」と言われ，さらに，自らの罪業を自覚する人々すべてに，仏の方便力に頼んで無根信を成就するという救済の可能性が示される（是の故に比丘よ，罪を為すの人，当に方便を求めて無根の信を成ずべし）。『大毘婆沙論』によれば「無根信」とは，アビダルマの修行道において見道の実践項目に組み込まれている「不壊の浄信」（証浄）もしくは「証智相応の堅固な浄信」を，凡夫が見道に入らずして得てしまうことである。有部アビダルマはしばしば仏教における煩瑣哲学の代表と見なされるが，その典型とも言える『大毘婆沙論』が「アジャータシャトルの無根信は，見道に根拠づけられた聖者の信と同等に堅固である」という実存的な解釈を採っている点は注目に価する[34]。

『沙門果経』諸異本の文脈で捉えられたアジャータシャトルの罪業と懺悔についての考察は以上でひとまず終える。最後に王としてのアジャータシャトルについて一言したい。古代インドにおける王の責務は法（ダルマ）の実践と国の治安であり，そこには独自の道徳規範があった[35]。かれは仏教に帰依して後も[36]侵略戦争に積極的だったようだが，領土拡大という点では王の義務を果たしていたことになるし，父親殺しについても，王位の継承にまつわる屈折した背後関係が予想される。

『沙門果経』に説かれる「出家の功徳」（沙門果）とは，あらゆる社会的束縛からの解放であった。世俗では使用人であった者も，出家して沙門となれば，かつての雇い主から合掌礼拝される。釈尊はそう説明して，アジャータシャトルも深く頷いた。しかしアジャータシャトル自身は，最後まで王位継承者という立場に留まった。そういう制約のもとでなした行ないが悪業とされるなら，王には事後に懺悔するよりほか術がなかった，とも言える。そう考えると，「無根信」という概念の背景に，仏教の業論がしばしば人間の社会的存在としての側面を捨象してしまったことに対する内省と，人間の罪悪感は，常に個人としての倫理と社会的制約のはざまで形成されていくのだと

いう認識を読み込むこともできるかと思う。

註

(1) 本論考の原型は「阿闍世説話に見える説一切有部の人間観」と題して口頭発表された（日本佛教学会第86回大会，2016年9月7日，相愛大学）。当初の構想では，アジャータシャトルの懺悔の場面に「無根信」という術語を持ち込んだ学派を（根本）説一切有部と特定したうえで，『大毘婆沙論』の無根信の解釈，および断善根の定義を考察して，有部アビダルマの凡夫観あるいは救済論に，アジャータシャトル説話が与えた影響を明らかにするつもりであった。しかし結果的には『大毘婆沙論』について十分に論じきれず，特に断善根にほとんど触れることのないまま終わってしまったため，論文題目を発表時と変更することとした。ご容赦いただきたい。

(2) アングリマーラの歴史的人物像については下田正弘「阿蘭若処に現われた仏教者の姿」（『日本佛教學會年報』第63号，1998年）およびその中で紹介される Richard Gombrich, “Who Was Aṅgulimāla?”（*How Buddhism Began, The Conditioned Genesis of the Early Teachings*, The Athlone Press, 1996）参照。なおデーヴァダッタ（調達，提婆達多）をめぐる伝承には，かれを異端者として追放した僧団側の事情など，さらに多くのバイアスがかかっていると思われ，アングリマーラやアジャータシャトルと同列に論ずることはできない側面をもつ（中村元「釈尊を拒む仏教――デーヴァダッタなど――」『中村元選集〔決定版〕第14巻　原始仏教の成立』所収，春秋社，1992年）。周知のようにデーヴァダッタは，自身が教団の指導者となるために釈尊の命を奪おうと企て，仏身を傷つけ血を流し，さらには僧団の分裂騒動を引き起こした，と伝えられる（*Vinaya* vol. II, pp. 190–203）。しかし仏身出血の逸話については，ブッダ自身が石片で足を傷つけたことになっている伝承もあり（平岡聡「ブッダをも拘束する説一切有部の業観」『説話の考古学――インド仏教説話に秘められた思想――』第4章，大蔵出版，2002年），デーヴァダッタが実際にブッダの殺害を企てたかどうかは疑わしい。

(3) アングリマーラの出家は後に問題視され，律蔵には盗賊の出家を認めないと

いう条項が制定されたという。同様に尊属殺人を犯した者の出家も認められていないのは，アジャータシャトル（かれ自身は出家に至らなかったが）が念頭におかれていたのかも知れない（入澤崇「具足戒を授くべからざる二十人」『パーリ学仏教文化学』第2号，1989年）。

(4) 榎本文雄「初期経典における業の消滅」（『日本佛教學會年報』第54号，1989年）。かれのように地獄堕ちを免れないと思われた人物が般涅槃したという釈尊の発言は，内外に大きな波紋を投げかけたようである。平岡聡「アングリマーラの〈言い訳〉——不合理な現実の合理的理解——」（『仏教学セミナー』第87号，2008年）参照。

(5) 平川彰は律の規定を引用しつつ「このように殺父・殺母は，懺悔をすれば許されるという問題ではなく，永久に仏法の門がとざされる（但し在家信者にはなれる）という厳しい問題である」と言う（平川彰「大乗経典の発達と阿闍世王説話」（『印度学仏教学研究』第20巻1号，1971年）。

(6) アジャータシャトルが「無根信」を獲たという伝承は，大乗『涅槃経』梵行品に受け継がれ，親鸞『顕浄土真実教行証文類』（『教行信証』）信巻において悪人救済論の核心を担う概念と見なされる。そのような観点からアジャータシャトルにまつわる資料を集成した近年の成果として，永原智行『阿闍世のすべて——悪人成仏の思想史——』（法藏館，2014年）がある。竹橋太「諸経論における提婆・阿闍世物語について」（真宗大谷派教学研究所『教化研究』127号，2002年）と併せて参照されたい。

(7) パーリ長部 No. 2 *Sāmaññapharasutta*（PTS. DN vol. 1），仏陀耶舎・竺仏念共訳『長阿含経』No. 27「沙門果経」（T 2, vol. 1），竺曇無蘭訳『寂志果経』（T 22, vol. 1），僧伽提婆訳『増一阿含経』巻三十九「馬血天使品」No. 7経（T 125, vol. 2）といった異本があり，さらに『根本説一切有部毘奈耶破僧事』『サンジーヴァ・ジャータカ』といった律や説話文献にも対応する物語が収められている。以下，諸異本の相違については Graeme MacQueen, *A Study of the Śrāmaṇyaphalasūtra,* Otto Harrassowitz, 1988の考察に拠るところが大きい。

(8) ここから後，出家者の修行項目についての詳しい説明が見えるのはパーリ本および『寂志果経』であり，漢訳『長阿含経』と『増一阿含経』には欠ける。そもそも出家するつもりのないアジャータシャトルには原則的に必要のない教

説であり，おそらく後代に増広された部分であろう。

(9) この方面についての研究は周知のとおり内外に数多い。最新の成果として本号にも原田泰教「「六師外道」の人間観」の掲載が予定されているので，詳しくはそちらに譲りたい。

(10) このような観点から『沙門果経』に在家主義経典の性格を見いだした今西順吉「原始仏教教団の危機意識――阿闍世王の無根信の意味――」(『印度学仏教学研究』第52巻1号，2003年)，同「沙門果経異本に見る小乗と大乗」(『宗教研究』第399号，2004年)の考察は示唆的である。

(11) 河村孝照「大乗涅槃経と沙門果経」(『東洋学術研究』第11号，1977年)53頁，高木訷元「『沙門果経』と六師外道」(雲井昭善博士古希記念論集『仏教と異宗教』平楽寺書店，1985年)および Maurice Walshe, "King Ajātasattu, the Chinese Dots, and the Date of the Buddha's Enlightenment" (*Middle Way* vol. 66, 1991)などを参照されたい。

(12) 明示的にせよ暗示的にせよ(漢訳『長阿含経』は「十五日月満時」としか言わない)この日が出家者が説戒し懺悔する日であり，在家者の斎日であることは，どのテキストも意識している。またマガダ国王にとっては伝統的な婆羅門教の祖霊祭の期日であり，その意味でアジャータシャトルが父王のことを考えるにふさわしい夜として設定されていることについては，阪本(後藤)純子「Sāmaññaphalasutta(沙門果経)と Veda 祭式」(『印度学仏教学研究』第49巻2号，2001年)参照。

(13) 以下に紹介する「サンジーヴァ・ジャータカ」(第150話)は，中村元監修・補註『ジャータカ全集2』(春秋社，1987年)の田辺和子訳，「サンキッチャ・ジャータカ」(第530話)は同『8』(1982年)の片山一良訳を参照した。なお「トゥサ・ジャータカ」(*Thusa*, 第338話, *Jātaka*, vol. III, pp. 121-126)も関連する説話を収めるが，アジャータシャトルの生誕にまつわる物語なのでここでは取りあげない。

(14) これらのジャータカには『沙門果経』という経典名が引用されているから，ひとまずは『沙門果経』の成立後に民間に流布したものと考えられる。しかし物語としての骨格がより明確で判りやすいこれらジャータカ版の方がむしろ本来の形で，それを六師外道の教義紹介を中心に構成し直した改訂版が『沙門果

経』であった可能性も皆無とはいえない。特に説話文献については，テキストとしての成立時期が，収録された物語の成立時期を推定する根拠となるわけではない。「釈迦牟尼その人の在家者に対する巧みな教導についての古い伝承の中には，阿含の本文中に逸せられていて，かえって仏伝やアヴァダーナや注釈文献中に現われる説話やあるいは考古学的遺品などにおいて見いだされるものも，少なからずあると見なければならない」（櫻部建「在家者の道」『阿含の仏教』文栄堂書店，2002年，107頁）。

(15)　ちなみに，梵文根本説一切有部律破僧事（*Saṃghabhedavastu*）から回収されるサンスクリットテキストも，趣旨としてはこのパーリ文にほぼ等しい。参考までに挙げておく。

kṣato bhikṣavo rājā māgadho 'jātaśatrur vaidehīputraḥ upahato yena pāpamitrasahāyena pāpamitravaśaṃgatena pāpamitropagūḍhena pitā dhārmiko dharmarājo dharmasthito mahārajo jīvitād vyaparopitaḥ/ sa ced bhikṣavo rājā māgadhenājātaśatruṇā vaidehīputreṇa pitā dhārmiko dharmarājo dharmasthito mahārājo jīvān na vyaparopito bhaviṣyat, sthānam etad vidyate yad asminn evāsane niṣaṇṇena catvāri āryasatyāny abhisamitāny abhaviṣyan/ evaṃ kṣato bhikṣavo rājā māgadho 'jātaśatrur vaidehīputraḥ, evam upahataḥ/ tasmāt tarhi bhikṣava evaṃ śikṣitavyam ⟨yad⟩ dagdhasthūṇāyām api cittaṃ na pradūṣayiṣyānaḥ prāg eva savijñānake kāye/ ity evaṃ vo bhikṣavaḥ śikṣitavyam/（"*The Gilgit Manuscript of the Saṅghabhedavastu, Being the 17th and Last Section of the Vinaya of the Mūlasarvāstivādin*" ed. by Gnoli, partII, IsMEO, 1978, p. 252）

「比丘達よ，マガダ国王でヴァイデーヒーの息子であるアジャータシャトルは，悪友と交わり，悪友の言いなりになり，悪友に取り込まれて，徳の高い法王・法に立脚した大王である父の命を奪ってしまったために，傷つき，害されていた。もしもマガダ国王でヴァイデーヒーの息子であるアジャータシャトルが，徳の高い法王・法に立脚した大王である父の命を奪っていなかったならば，〔アジャータシャトルは〕その座に坐ったまま四聖諦を悟っていたに違いない。比丘達よ，マガダ国王でヴァイデーヒーの息子であるアジャータシャトルは，それほど傷つき，それほど害されていたのだ。それ故，比丘達よ，この場合，

次のように学び知るべきである。『〔我々〕は黒こげの柱に対してさえ怒りの心を起すべきではない。有識身（有情の身体）に対しては言うまでもない』と。このように比丘達よ，汝らは学び知るべきである」（訳文は梵文仏典研究会「梵文『沙門果経』和訳(2)」『仏教学会紀要』第3号，1995年に拠る）。後述するように，この次のセクションで，釈尊がアジャータシャトルを摂取し，それによって無根信が生じたとの記述が見える（後註(30)）。

(16) 畑昌利「傷ついた阿闍世」（『印度学仏教学研究』第59巻1号，2010年）。「khata」および「upahata」の意味についてはこれまでもしばしば議論され，またさまざまな訳語が提案されているが，いまはそれら従来の諸研究を踏まえた畑の訳に従う。より詳細な考察は畑「Pāli「沙門果経」と阿闍世王」（『パーリ学仏教文化学』第24号，2010年）を参照されたい。

(17) この漢訳『長阿含経』所収「沙門果経」は，先にも書いたとおり（前註(8)）後半がパーリ本より簡潔で，よりプリミティブな形態を示している。にもかかわらず「王の罪過は軽減された」という，パーリ本にはまったく見られない解説が加えられており，南伝と北伝とでは，アジャータシャトルの懺悔に対する評価が，かなり古い時期から根本的に異なっていた事情が推察される。

(18) たとえば説一切有部では，カシミール正統派が優婆塞の本質を「五戒」と定義する。かれらは在家仏道を，やがて出家道に至る予備段階と見なしており，まず五戒の律義を得て優婆塞となり，心身を整えてから，漸次に沙弥の十戒，比丘の二百五十戒へと進むプロセスを想定する。いま『長阿含経』で五戒が強調されている背景には，これと同様の考え方がうかがえる。対してガンダーラ有部は，在家道と出家道は基本的に異なる道であり，出家者は受戒と律義，在家者は三帰依と浄信が仏弟子たることの本質をなす，と考える。福田「有部論書における三帰依と五戒」（『日本佛教學會年報』第70号，2005年），および平岡聡『説話の考古学——インド仏教説話に秘められた思想——』（大蔵出版，2002年）441頁，註(76)，同「『増一阿含経』の成立解明に向けて(2)」（『印度学仏教学研究』第57巻1号，2008年）参照。

(19) アートウッドは，ここで懺悔（praṭikaroti）を行なうことで，アジャータシャトルには倫理的な浄化作用がはたらいたと考える（Michael Jayarava Artwood, “Did King Ajātasattu Confess to the Buddha, and Did the Buddha

Forgive Him?" *Journal of Buddhist Ethics* 15, 2008)。この結論を踏まえ，さらにパーリ文献に見える「懺悔」について総合的な考察を深めた成果として，畑昌利「初期仏典における懺悔の諸相」（『パーリ学仏教文化学』第25号，2011年）参照。

(20) 「已に生忍を得」というなかの「生忍」とは不明であるが，いわゆる忍辱（kṣānti）すなわち人々から恭敬されず，瞋恚の心をもって罵倒され害されても，忍耐と寛容をもって応える菩薩行と同義のようである（cf.『大智度論』「問曰，云何名生忍。答曰，有二種衆生来向菩薩。一者恭敬供養。二者瞋罵打害。爾時菩薩其心能忍，不愛敬養衆生，不瞋加悪衆生，是名生忍」T 1509, vol. 25, 164b19-22）。

(21) たとえば冒頭で王妃や王子との問答があり，またアジャータシャトルは釈尊に会うといきなり父殺しの罪を告白して懺悔する。そして六師外道に対する質問も「現世に於て福を作れば，現法を受けることを得るや否や」という，自らの為した罪業に対する不安を反映しているような内容となっている。

(22) 漢訳『増一阿含経』とは対照的に，パーリ『増支部経典』の対応箇所（*AN* vol. I, pp. 25ff;）では，主要な在家信者たちのリストに国王たちの名がまったく見えない。「仏教が大宗教となって発展するためには，国王が帰依して保護し支援するということが必要であった。この意味で当時の大国であったマガダ国王ビンビサーラとコーサラ国王パセーナディが帰依したことは非常に重要である。しかし前掲のリストには，国王の名が挙げられていないのは，どういうわけであろうか。原始仏教を確立した教団人が国王たちを嫌悪していたためなのであろうか？」（「世俗の信者たち」『中村元選集［決定版］第13巻　仏弟子の生涯　原始仏教 III』春秋社，1991年，604頁）。なおパーリ増支部に名を挙げられる優婆塞たちのなかで，特に注目すべき在家弟子たちについては拙稿「ブッダに称賛される在家声聞」（『パーリ学仏教文化学』20号，2006年）を参照されたい。

(23) 別訳『阿羅漢具徳経』ではこの箇所が「已に根本を断じ而して信解を生ず。摩伽陀国韋提希の子阿闍世王是れなり」（已断根本而生信解。摩伽陀国韋提希子阿闍世王是: T 126, vol. 2, 834a24-25）となっている。

(24) Michael Radich, *How Ajātaśatru was Reformed, The Domestication of "Ajase" and Stories in Buddhist History*, STUDIA PHILOLOGICA

BUDDHICA Monograph Series XXVII, The International Institute for Buddhist Studies, 2011.

(25) 律蔵にあらわれるアジャータシャトル説話は，山極伸之「律蔵にあらわれる阿闍世と韋提希」(『仏教大学総合研究所紀要別冊 浄土教の総合的研究』1999年）によって容易に一覧できるが，これを見ると『根本有部律』と有部所属の『十誦律』，それに『鼻奈耶』とが比較的共通するグループを形成していることが判る。ラディッチはこれらを「(根本）有部系伝承」と見なして，なかでも根本説一切有部律をアジャータシャトル説話の最も主要な情報源と考える。

(26) 前註(25)の山極「律蔵にあらわれる阿闍世と韋提希」を見る限り『摩訶僧祇律』の伝承はユニークで位置づけがむずかしい。『増一阿含経』の厳密な所属部派は不明という（榎本文雄「阿含経典の成立」『東洋学術研究』第106号，1984年)。ただし近年では一部に根本説一切有部系説話との類縁性が指摘されている（同時にそれ以外の要素も認められるという)。平岡聡「『増一阿含経』の成立解明に向けて(1)」『印度学仏教学研究』第56巻1号，2007年，「同(2)」『印度学仏教学研究』第57巻1号，2008年。

(27) 『大毘婆沙論』のこの箇所に着目した先行研究に小丸眞司「無根信について」(『東洋の思想と宗教』第3号，1986年）があり，本論考の以下の記述もこの成果に多くを負っている。

(28) 前註(27)の小丸眞司「無根信について」が指摘するように，ここで喩えとして挙げられた「有る樹の他に依りて茎生じ，自ら既に根無きを無根樹と名くるが如し」は，後代の大乗『大般涅槃経』「梵行品」における伊蘭と栴檀の譬喩を容易に連想させる。

(29) これも大乗『涅槃経』の「無根とは，われはじめて如来を恭敬せんことを知らず，法僧を信ぜず，これを無根と名く」という一節と一致することが前註(27)の小丸論文によって指摘されている。

(30) 「破僧事」のこの箇所から「無根信」の原語が回収されるので本文を紹介しておく。

yadā bhagavatā rājā ajātaśatrur vaidehīputro 'mūlikayā śraddhayā pratiṣṭhāpitaḥ tadā yadā bhagavantaṃ harmanyatalastho hastiskandhâvarūḍho vā paśyati tadâtmānaṃ muñcati/ yāvad apareṇa samayena hastiskandhâvarūḍ-

hena bhagavān dṛṣṭaḥ/ tenâtmā mukṭaḥ/ bhagavatā pratīṣṭaḥ/（*The Gilgit Manuscript of Saṅghabhedavastu* ed. by Gnoli, part II, IsMEO, 1978, p. 253）

世尊によって無根の信に摂取されたヴァイデーヒーの息子アジャータシャトルは，あるとき象の背中に乗り，あるいは高楼の上にあり，世尊を見て，そのとき自身を投げ出した。また別の時に象の背中に乗って世尊を見て，身を投げ出した。〔しかし〕世尊によって摂取された〔ので怪我はなかった〕。

(31) アジャータシャトルが地獄に堕ちて後に生天するという伝承に関して，小丸論文（前註(27)）は『増一阿含経』巻三十二所収「力品」No. 11経典（T 125, vol. 2, 725b14ff.）との類縁性に注目している。この経典は『阿闍世王問五逆経』（T 508, vol. 14）の同系統本と言われており，アジャータシャトルは無間地獄に堕ちるべきところを，無根信（もしくは信根成就）によって「拍毬地獄」に軽減され，その後は色界諸天を転生した後に独覚仏になると言われている。なおパーリ長部『沙門果経』註では，アジャータサットゥが死後赴いた地獄の名は「銅釜」（lohakumbhī）とされる（*Sumaṅgalavilāsinī, Buddhagosa's Commentary on the Dīgha Nikāya,* partI, p. 237）。

(32) このフレーズは南伝上座部系では，いわゆる鈍根・利根のうちの鈍根の行者の解説に用いられる。たとえばパーリ中部 No. 70経で七補特伽羅を解説する際，見至は「慧で見て煩悩の一部を滅し，また如来によって説かれた教法を，慧によって見通し，洞察している」人であるのに対して，信解は「その人に如来に対する信仰が固定し，根が生え，確立する（tathāgatassa c 'ssa saddhā niviṭṭhā hoti mūlajātā patiṭṭhitā）。比丘たちよ，これが信解脱と呼ばれる者である」（*MN* vol. 1, p. 477）と説明されている。

(33) 舟橋一哉「阿含の実践道における自覚の問題　四　預流説の正系と傍系——見道的な預流と在家的な預流——」（『原始仏教思想の研究——縁起の構造とその実践——』法藏館，1952年，184-196頁）。なお水野弘元「実践修行論」（『原始仏教』サーラ叢書４，平楽寺書店，1956年，209-211頁），および藤田宏達「原始仏教における信の形態」（『北海道大学文学部紀要』第６号，1957年）も併せて参照されたい。

(34) なお『大毘婆沙論』巻三十五は『沙門果経』の登場人物たちを四句分別によって分類し，アジャータシャトルは邪性定（mithyātvaniyata）ではあるが断

善根（samucchinnakuśalamūla）ではない，という。すなわち，⑴プーラナたち六師は外道の教えを説いて正法を誹謗するので断善根であるが，五逆を犯していないので邪性定ではない。⑵アジャータシャトルは父王を殺害したので邪性定だが，仏法を受けいれたので断善根ではない。⑶デーヴァダッタは正法を否定したので断善根であり，かつ仏身より血を出したので邪性定でもある。⑷残余の者はどちらにも属さない，という（問，諸断善根者，彼皆是邪性定聚耶。有作是説。「諸断善根者，彼皆是邪性定聚。或有是邪性定聚，而非断善根。如未生怨王等。彼造無間業，不断善根故」評曰，應作是説。此有四句。⑴有断善根非邪性定聚。如布剌拏等六師是也。彼断善根不造無間業故。⑵有是邪性定聚非断善根。如未生怨王等。⑶有断善根亦邪性定聚。如提婆達多等。彼断善根亦造無間業故。⑷有不断善根亦非邪性定聚。謂除前相；T 1545, vol. 27, 184c18-28）。この議論は『倶舎論』（Pradhan 1st. ed. p. 251）にもそのまま引用される。宮下晴輝「善の断絶と続起――有部教義学における断善根論――」（『仏教学セミナー』第86号，2007年）。

㉟ アジャータシャトルの罪が，当初より「五逆罪」として強く認識されていたかどうかは判らない。あるいは自分の父を殺したというよりは，名君である法王を殺して国の安全を脅かしたという意味の方が強いのかも知れない。畑昌利「パーリ仏典における阿闍世王」（『パーリ学仏教文化学』第26号，2012年）は平川彰「大乗経典の発達と阿闍世王説話」（前註⑸）を援用しつつ，国が乱れないようダルマを執行する，という王の務めを優先的に考えるならば，「阿闍世王は古代インドの国王の一般像からはさほど逸脱した存在ではなかったのであり」その父親殺しも「想像を絶するような非道ということではなかったようである」と推測する（35頁）。

㊱ そもそもアジャータシャトルが仏教に帰依した背景にも，個人の信仰のみならず何らかの国策的な背景があると想定するなら，アショーカ王とも重なる。今西順吉（前註⑽）は，『沙門果経』のアジャータシャトルには実はアショーカ王のイメージが投影されているのではないか，という仮説を提示している。

キーワード　阿闍世，無根信，沙門果経

禅における成仏論

中　島　志　郎

1．中国中世仏教の問題

禅は「覚」の宗教とも「坐禅」の仏教とも呼ばれる。

中国に仏教が伝播して以来，幾たびかの転換期が存在したが，塚本善隆は中国仏教の造像を手掛かりに，唐代仏教を第三段階，「中国の国民が成仏を求める教」，即ちインド伝来の仏教が，中国国民の仏教にまで発展したと述べ，禅もそのひとつの流れであると指摘している。[(1)]

その第三段階である「南北朝の末から隋代にわたって」，特に北周武帝の廃仏（574-578）以後，外来の宗教から中国人の内発的な深まりへ，中国仏教の成熟局面を想定できる。ただ禅宗とは，次の唐宋変革期が禅宗教団の最盛期とするなら，それに先立つ中国中世仏教にあって，いわゆる教学仏教の完成期を前半期として，中世仏教の後半期，中世仏教それ自身の克服運動，自己変革運動なのであったと云えるだろう。[(2)]

本論はこのような中国仏教変容過程を背景に登場する禅宗の課題を，予想される「禅定論」ではなく，六朝仏教以来の仏教受容の自覚的，主体的な深まりとして「成仏論」の視点から分析を試みる。

就中，禅宗の事実上の起点と目される第四祖道信（580-651）を具体的に俎上に上げて，覚の仏教の基本的課題を考えたい。

2．道信『入道安心要方便法門』の課題

道信の法は「入道方便」と呼ばれた（『続高僧伝』巻26，善伏伝「荊襄蘄部に上り信禅師に見ゆ。示すに入道方便を以てす。」（T50, 603a））が，それがいかなる法であったか。道信の資料は『楞伽師資記』道信章（いわゆる『入道安心要方便法門』以下『安心要方便』）が根本であるが，先ず前提的にその資料価値の検討を通して若干の問題を確認しておきたい。

『楞伽師資記』道信章冒頭に，

我が此の法要は，『楞伽経』諸仏心第一に依り，又た『文殊説般若経』の一行三昧に依る。即ち念仏心は是れ仏にして，妄念は是れ凡夫なり。」

（柳田㈡ p. 186）

と明言して以来，一行三昧は後の神秀，神会，六祖壇経に至るまで初期禅宗の禅定を考える鍵語である。従来指摘されるところ，道信の一行三昧の理解には，智顗『摩訶止観』四種三昧の常坐三昧が『文殊説般若経』（一行三昧）を以て経証とするに倣って理解することを通説とした。(3)

しかし一方，道信の禅定はむしろ後の南宗の禅定観を先取りしている（後述）という先行研究の指摘もあって，道信の一行三昧が直ちに智顗以来の常坐三昧には収斂するのか，という道信理解の難点を生んだ。(4)

私見ではこの問題は『楞伽師資記』の成立と性格にかかわる問題であり，以下『楞伽師資記』のうちに，この坐非坐の対比を簡単に整理してみると，

（道信章）　夫身心方寸，挙足下足，常在道場。施為挙動，皆是菩提。

（柳田㈡ p. 186）

問，臨時作若為観行。信曰，直須任運。　（同 p. 213）

亦不念仏，亦不捉心，亦不看心，亦不計心，亦不思惟，亦不観行，亦不散乱，直任運。亦不令去，亦不令住，独一清浄究竟処，心自明浄。

（同 p. 205）

不問昼夜，行住坐臥，常作此観，　（同 p. 249）

（弘忍章） 撰楞伽人法志云… 四儀皆是道場，三業咸為仏事。（同 p. 273）

一方，坐禅，端坐の主張は，

（浄覚自序） 此中坐禅，証者之自知，不由三乗之所説也。…真如性浄，常住不滅也。 （同 p. 82）

（求那跋陀羅章） 詐言我坐禅観行。…無心養神，無念安身，閑居浄坐，守本帰真。 （同 p. 93）

（菩提達摩章） 菩提師又為坐禅衆，釈楞伽要義一巻，有十二三紙，… （同 p. 133）

また『伝法宝紀』も随処で端身常坐に言及している。

（杜朏序） 『修多羅（楞伽経巻二）』説，菩薩摩訶薩，…独一静処自覚観察， （同 p. 331）

（道信章） 努力勤坐，坐為根本。 （同 p. 380）

この禅定観をめぐって，道信（一行三昧）に対し他の浄覚・求那跋陀羅・菩提達摩等の禅者のあいだには齟齬が見られる。即ち，先に見たように道信自身の一行三昧は直ちには常坐（坐禅）には収斂しない，むしろ「直須任運」の語は，常坐の克服を意味すると理解された。一方，浄覚・求那跋陀羅・菩提達摩・慧可章等を中心に「端身常坐（坐禅為主）」に収斂する主張がある。

『楞伽師資記』の成立過程を考えるとき，道信『安心要方便』と，『楞伽師資記』を編纂した浄覚，及び彼の世代の理解（思想）とを直ちに同一視できないと云うこと，それが上に列挙した両者の齟齬である。しかしこの齟齬は逆に『安心要方便』の伝承の古さの根拠ともなる。即ち『安心要方便』を道信の本義とすれば，北宗系の浄覚等が編纂過程で自らの立処「坐禅為主」を加筆修正した，そのために道信の本義が不鮮明となり，『楞伽師資記』全体の齟齬を生んでいるのである。

浄覚の師玄賾『楞伽人法志』に対し，上に見た浄覚『楞伽師資記』，北宗系『修心要論』になると「坐禅為主」の姿勢は鮮明である。『楞伽師資記』弘忍章はこの意味で曖昧さがあり，資料の混交も想定されるが，弘忍の位置

は北宗の転換に対し過渡的で解釈の分かれる要素もあるだろう。(後述)

かくして道信の一行三昧にはしばしば指摘される，坐禅の克服といった，南宗禅に通ずる諸特徴が想起される。ただ従来，それを南宗登場の画期性として注意するだけで，諸特徴を端的な概念として把握することに成功していなかった。[5]

道信「一行三昧」の本義（非坐）は，荷沢神会や『敦煌壇経』（以下『壇教』）の「一行三昧」に継承される。即ち，神会『問答雑徴義』に，「若し甚深法界に了達し得んと欲する者は，直に一行三昧に入れ」，「般若波羅蜜は即ち是れ一行三昧なり」と述べ，「是の無念は一切の境界無し，如し一切の境界有れば，即ち無念と相応せざるが故なり。諸知識よ，如実に見る者は，甚深法界に了達す，即ち是れ一行三昧なり云々」という一段は『文殊説般若経』を忠実に踏まえているが，『菩提達摩南宗定是非論』に「今言坐者，念不起為坐。今言禅者，見本性為禅。所以不教人坐身住心入定。若指彼教門為是者，維摩詰不応訶舎利弗宴坐。」と云う。

また『壇経』（第十四折二之一）

> 一行三昧者，於一切時中行住坐臥，常行直心是。『浄名経』云，真（直）心是道場，真（直）心是浄土。莫行心諂曲，口説法直，口説一行三昧，不行真（直）心，非仏弟子。但行真（直）心，於一切法上無有執著，名一行三昧。迷人著法相，執一行三昧。真（直）心坐不動，除妄不起心，即是一行三昧。若如是，此法同無情，却是障道因縁。[6]

一切時中，常に直心を行じて，常に純一で正直な心の実践は，先の行住坐臥との一如，心口，内外の一如，直心で心・口・意行を貫くことこそ慧能の一行三昧，定恵一等である。神会，『壇経』の趣旨では，坐禅という語の原義はすでに解体している。それはひいては南宗の特徴にも通じるのである。

以後，南宗禅に坐禅否定の思想系譜が存在するのは周知のところであり，永嘉玄覚（665-713）『証道歌』は「行亦禅，坐亦禅，語黙動静，体安然」（伝燈録巻30，T51, 460b）と云う。

また同時代の禅経『禅門経』は，

真如妙体，同於虚空…。当知，此人行住坐臥，無非禅定。究竟頓教大乗。[(7)]
と云い，同経はその後，『悟性論』『歴代法宝記』『頓悟要門』に引用され，単なる坐禅にとどまらない大乗禅定論を展開する。

『悟性論』では，

経（禅門経）云，五蘊窟宅是名禅院，内照開解，即大乗門。不憶一切法，乃名為禅定。若了此言者，行住坐臥，皆是禅定。知心是空，名為見仏。何以故，十方諸仏，皆以無心，不見於心，名為見仏。捨心不悋，名大布施。離諸動定，名大坐禅。何以故，凡夫一向動，小乗一向定。謂出過凡夫小乗之坐禅，名大坐禅。若作此会者，一切諸相，不離自解，一切諸病，不治自差。此皆大禅定力。（T48, 370c）

『歴代法宝記』には，

禅門経云，坐禅中，見仏形像三十二相，種種光明，飛騰虚空，変現自在。為真実耶，為虚妄耶。…即為虚妄。

（『初期の禅史Ⅱ　禅の語録 3』〈六祖慧能章〉p. 108）

が引かれ，元の経文でも棄諸蓋菩薩の問いに，

坐禅息見，空無有物。…皆是顛倒。

と坐禅の批判に及ぶ。

大珠慧海（生没未詳）『頓悟要門』にも，

問，夫修根本，以何法修。答，惟坐禅，禅定即得。「禅門経」云，求仏聖智，要即禅定。若無禅定，念想喧動，壊其善根。問，云何為禅，云何為定。答，妄念不生為禅。坐見本性為定。（Z110, 840下）

と云う。しかし同書は，後段，

問，為只坐用，行時亦得為用否。答，今言用功者，不独言坐。乃至行住坐臥，所造運為。一切時中，常用無間，即名常住也。（Z110, 844上）

と，行住坐臥に功用を認める説も見える。これら『頓悟要門』は，「文殊説でも天台・華厳でもなく道信とも異なり，明らかに神会，慧能の一行三昧を承ける」（『禅の語録 6　頓悟要門』p. 98注参照），ともされるが，『禅門経』の要諦は「行住坐臥，無非禅定」と云い，「坐禅中見仏形像」を虚妄とする

空観にあり，むしろ道信の一行三昧に遡源すると見ることができる。

3．『文殊説般若経』の一行三昧

「一行三昧」の理解をめぐって，行住坐臥，無非禅定の語に代表される非坐の系譜をどう理解するか。つまり智顗四種三昧の非行非坐と道信「任運」との類似が指摘される一方，周知の通り『文殊説般若経』の一行三昧は智顗の常坐三昧の経証とされるのであり，その整合性が問題となるのである。

智顗も四種三昧を総括して，「理観に意を得れば事相の三昧，任運に自ずから成ず」（T46, 18c）と云い，本来，三昧の適宜平等は認識されており，智顗の意も道信の一行三昧の理観の本旨に深く影響している。

道信一（以下漢数字は柳田㈡の道信章分段を指す）では，『文殊説般若経』「一行三昧」の経文を「…諸仏法界，無差別相」に至るまで忠実に引用するが，『文殊説般若経』の一行三昧とは，以下の一段である。

> 復有一行三昧。若善男子善女人，修是三昧者，亦速得阿耨多羅三藐三菩提。
> 文殊師利言，世尊，云何名一行三昧。仏言，法界一相，繋縁法界，是名一行三昧。
> 若善男子善女人，「欲入一行三昧，当先聞般若波羅蜜，如説修学，然後能入，一行三昧。如法界縁，不退不壊，不思議，無礙，無相。」
> （T8, 731a–b）

続く道信の説示「身心方寸，挙足下足，常に道場に在り」（道信一 p. 186）は，理・事に配当されて理解された一行三昧前半を承けた結論と云え，いわゆる「理観」の性格（無相三昧）が強調される。

> 善男子善女人，「欲入一行三昧，応処空閑，捨諸乱意，不取相貌，繋心一仏，専称名字，随仏方所，端身正向，能於一仏，念念相続。即是念中，能見過去未来現在諸仏。」（二，事観）　（T8, 731b）

もとより一行三昧の理観は具体的な叙述に乏しいという特徴があるが，道

信章の別所でも，

道信四「亦た仏を念ぜず，亦た心を捉えず…直に任運なれ」

（柳田㈡ p. 205）

道信五「直に須らく任運なるべし」と云い，西方浄土信仰は「利根人の為には説か」ず　（同 p. 213）

その一方，道信三「坐時当覚」，同九，十にはさらに綿密に「初心学道」の方法が語られる。西方に向かう鈍根衆生（道信五 p. 213）とも区別されるのが，「初心学道」の用心である。

道信には前提として浄土批判があるように，念仏（称名念仏）が方便なのではない。道信自ら「念仏」には修道方便があると明言するが，道信の一行三昧に云う「念仏」とは「念心」であって，「念仏即念心」の「仏即心」即ち仏と心の無媒介の等値こそ，道信の根本原理である。

坐禅（方便）は鈍根，中下根衆生の事観なのかというと，道信の方便は一行三昧の全体を理観として，そこに本旨と方便が弁別されるのであり，初学坐禅が一行三昧の方便なのである。

では一行三昧（無相三昧）の理事二側面と初学坐禅の二つの三昧法，浄土信仰を斥ける一方，道信の一行三昧に「初学坐禅看心」という限定があるのはいかなる理由か。その相違点と関連はいかに理解できるか。

道信九（初学坐禅の第一）

若初学坐禅時，於一静処，真観身心。四大五蔭，眼耳鼻舌身意，及貪嗔癡，若善若悪，若怨若親，若凡若聖，及至一切諸法，応当観察。従本以来空寂，不生不滅，平等無二。従本以来無所有，究竟寂滅，…不問昼夜，行住坐臥，常作此観，…

若能常作如是観者，即是真実懺悔。千劫万劫，極重悪業，即自消滅。唯除疑惑不能生信。此人不能悟入。若生信依此行者，無不得入無生正理。

（柳田㈡ pp. 248-249）

さらに続く，

道信十（初学坐禅の第二）

初学坐禅看心，独坐一処，先端身正坐，寛衣解帯，放身縦体，自按摩七八翻，令腹中嗌気出尽，即滔然得性，清虚恬浄。…観察分明，内外空浄，即心性寂滅。如其寂滅，則聖心顕矣。性雖無形，志節恒在。然幽霊不竭，常存朗然，是名仏性。（柳田㈡ p. 255）

十「初学者の学道」で見仏性，悟仏性を説示した末部に本段は「修道有方便」と総括する。

道信九でも，初学坐禅の方法に続く「昼夜を問わず，行住坐臥に常に此の観を作せば」（柳田㈡ p. 249）としつつ，初学坐禅はついに真実懺悔に到達すると云う。この真実懺悔とは，道信二に引く『普賢観経』が主題とするところであり，道信二では同経の句を引用しつつ，三毒，覚観，攀縁を論じているが，この真実懺悔は『壇経』他の受戒儀に関連させるより，むしろ智顗の止観体系に云う内外方便の主題に対応を見出す[(8)]。

すでに智顗は『釈禅波羅蜜次第法門』（以下『次第禅門』）第六分別禅波羅蜜において，前方便として内外方便を構え，その外方便の第一具五縁，

一持戒清浄，二衣食具足，三閑居静処，四息諸縁務，五得善知識。（T46, 484a）

の内，一持戒清浄の三意を明かして，

一明有戒無戒，二明持犯，三明懺悔。（T46, 484a）

を挙げる。その三明懺浄明観無生懺悔に『普賢観経』中の偈「一切業障海皆由妄想生，若欲懺悔者　端坐念実相」（T46, 486a）を引く。以下，「能直心坐禅。即是第一懺悔」（T46, 487a）に至るまで，『普賢観経』の偈を随処に引用して懺悔を論ずるが，ここに云う坐禅は『普賢観経』の偈を所依としている。

また，分別禅波羅蜜前方便，第六之四，内方便の第二明験悪根性で四意を用いて，

一先明煩悩数量，二次明悪根性発，三立対治法，四結成悉檀広摂仏法。（T46, 501a）[(9)]

と云う。この四意のうち第三次明対治法（三立対治法）に六意を明かす。そ

の第六に，対転者観，

非対非転非兼治者，即是第一義悉檀。…所以波若一観，能治五病者。

（T46, 504c）

を挙げる。その「能治五病者」の五種病の一段が三毒，覚観，攀縁を主題として，特に五正観能治罪障は，

如前引　普賢観云，端坐念実相，是名第一懺。衆罪如霜露，慧日能消除。

（T46, 504c）

と云う。この一段には道信二と主題の共通性が見える。

これら智顗の止観体系と道信の禅定観との関連は，関口真大[10]以来指摘されるところだが，未だ詳論にはとぼしい。今も便宜的な指摘にとどまるが，道信の初学坐禅の意義は，『次第禅門』他，智顗の体系に云う前方便の所説とよく対応する。

もちろん論理は全同ではないが，道信が「前方便（二十五方便）」，内外方便，具五縁といった智顗の止観体系を熟知していたとすれば，初学者の学道に方便があり，初学坐禅時の方便（常坐）を称える一方で，道信の本旨は「任運」としての一行三昧（行住坐臥，無非禅定）にあったことは推測できるだろう。これは智顗の二種の止観を想起するとさらに明確になる。

智顗『天台小止観』の正修行第六では，止観の修学に「一者於坐中修，二者歴縁対境修。」（T46, 466c）の二種を立てる。

そして二の歴縁対境修を六作（非行非坐・随自意三昧）で理解している。即ち，

云何名歴縁修止観，所言縁者，謂六種縁，一行二住三坐四臥五作作六言語。（T46, 467c）

と云う[11]。これは『摩訶止観』巻第七下でも，

端坐観陰入，如上説，歴縁対境観陰界者，縁謂六作境謂六塵。

（T46, 100b）

と説かれるところである。先に見た『天台小止観』の坐中修は「夫行者初学坐禅，欲修十方」で始まり，「精進勇猛」の正念で一切諸法の真実の相を思

惟せよと云う。

それに対し歴縁対境修とは，端身常坐を入道の勝要とするも，一切時中に定慧方便を修せよと云う。それは六種縁と六塵境の十二事を内容とする。この端身正坐（常坐）と歴縁対境は，『摩訶止観』の正修行（四種三昧）の常坐三昧と非行非坐三昧に相当する（『法華玄義』巻十上 T33, 806b）。当然これは『摩訶止観』の円頓止観である「四種三昧」にあっても，前方便（懺悔法）の端身常坐とは明確に区別される[12]。

もちろん複雑な成立事情を持つ『楞伽師資記』からは，道信『安心要方便』に思想の体系的論述は見えないし，論述は難解で錯綜も推測できる。

しかし，智顗の止観体系で「前方便」の懺悔を用いた端身常坐（『普賢観経』の端坐念実相）と円頓止観（正修行）としての歴縁対境（非行非坐・随自意三昧）が弁別されるに倣って，道信にあっても，禅定の前方便と云える懺悔としての『普賢観経』の「端坐」（初学坐禅）と一行三昧「直須任運」（非行非坐・随自意三昧）の二種の三昧（道信九・十の端坐と十二の任運）に対応させて理解することは十分可能であると考えられる。「一行三昧」の理解をめぐって，端身常坐（坐禅為主）とは異なる直須任運（非坐）の系譜を考えた。

道信の禅定（直須任運云々）が見せる南宗的要素は，智顗の止観体系に云う歴縁対境，四種三昧の「非行非坐（随自意三昧）」等の枠組みに一応の原形を求めることができる。

では任運の理解は，智顗の正修行（歴縁対境・非行非坐）に全同なのか。道信の一行三昧が智顗の歴縁対境（非行非坐）に対応するなら，『文殊説般若経』（一行三昧）を経証とする『摩訶止観』常坐三昧とは調和しない。

ここに先行研究が道信一行三昧の端的な概念把握に成功しなかった所以がありそうだが，「坐禅」に替えて「真の坐禅」（柳田）と呼ばれた南宗禅の禅定の特徴をどう把握できるか。

智顗の歴縁対境（非行非坐）に通じる「任運」と『文殊説般若経』の一行三昧とを繋ぐ道信の論理とは何か。そこにこそ天台「修道論」の影響を承け

ながら，「是心是仏」の成仏論に脱却する決定的な分岐点が存在した。

一行三昧を宣揚し，且つ『観無量寿経』（以下『観経』）所説の「是心是仏」を所依とした道信にあって，一行三昧と『観経』「是心是仏」の関係はどう理解できるか，この関係を迂回路として，一行三昧の性格を検討しておきたい。

4．道信「是心是仏」の思想[13]

道信一では，『楞伽経』諸仏心第一（T16, 481c）と『文殊説般若経』の一行三昧に拠ることを宣言し，「念仏心是仏。妄念是凡夫」まで，一気に道信の思想的立処が示唆される。

では一行三昧と次に続く「念仏心是仏。妄念是凡夫」の論理的関係とはいかなるものか。

次の道信二では，『摩訶般若波羅蜜経』の「無所念者，是名念仏」（T8, 385c）を引いた後に，「何等をば無所念即ち念仏と名づくるや。心，無所念と名づく」（柳田㈡ p. 192[14]），

離心無別有仏，離仏無別有心，念仏即是念心，求心即是求仏。所以者何，（心）識無形，仏無相貌。（柳田㈡ p. 192）

と。ここで道信は心を大品般若経「無所念」を以て解釈し，「心名無所念」と定義する（前同）。念ずる所無き心が，形貌無き仏と等値されるのである。

この道信二で，離心無別有仏，と明言するのに呼応するのが道信七で，即ち，「古時智敏禅師訓曰」に続けて，『観経』の一段，「諸仏法身，一切衆生の心想に入りて，是心是仏，是心作仏[15]」を引いて，それに続く道信の語「当に知るべし，仏即是心，心外更に別仏無きことを」（同 p. 225）には道信の思想的核心である心・仏の端的な等値が宣言される。従って，道信一の冒頭に念仏心是仏，妄念是凡夫と云うのも，「心を離れて仏無く，仏を離れて別に心も無し」の心即仏を前提として，仏（念仏心）と凡夫（妄念）の対比に敷衍されるのである。

ここに後の道信七に引く『観経』「是心是仏」を先取りして「心即仏」が明言され，しかも，さらにそれぞれ無所念心，無相貌仏（道信二）と定義され，心・仏が共に空観で理解されている。

『文殊説般若経』「一行三昧」は理観・事観の二側面があることは中国浄土教学が注目したところでもあるが，道信「一行三昧」は思想としては「一行三昧」の経文前段の「理観」に対応しており，後段「念仏（いわゆる事観）」とは弁別できる（実際，道信は念仏を批判している）。

道信二の「此等心は即ち是れ如来真実法性の身なるを」に次いで，心の名は無量だが，同一体であり，「一切諸事は皆な是れ如来一法身故」（前掲同所）まで，『文殊説般若経』（一行三昧前半）に云う無量名称，無相三昧の説示として連なると云える。

道信二の「所以者何，（心）識無形，仏無相貌」（前掲同所）こそ『文殊説般若経』の本領であるとすれば，道信の一行三昧は，同経の法界の無相，無差別（いわゆる「理観」）に依拠した三昧（無相三昧）である。道信の「是心是仏」の定義もその延長上にあると云え，ここに『観経』「是心是仏」と一行三昧を結ぶ道信独自の解釈があるのである。

ではこのような心仏によって展開される一行三昧は，いかなる三昧なのであるか。(16)

上に智顗『天台小止観』では歴縁対境修を六作（非行非坐・随自意三昧）で理解し，『摩訶止観』巻第二上，四種三昧のうち非行非坐三昧は随自意三昧と同義（智顗）とされることもすでに見た。(17)

　上一向用行・坐。此既異上，為成四句故，名非行非坐。実通行・坐及一切事。而南岳師呼為随自意，意起即修三昧。（T46, 14b）

一行三昧は「如法界縁，不退不壊，不思議，無礙，無相」等を以て性質とするが，「任運」の語で呼ばれる道信の禅定は「非坐」を特徴とする。

そして，四種三昧の非行非坐三昧は南岳慧思（515–577）の随自意三昧である。

よって道信の一行三昧は智顗をさらに遡って慧思の随自意三昧を検討する

必要がある。その理由は，直須任運，挙足下足と云った道信一行三昧の特徴を理解する端的な概念として随自意三昧は有効であると思われるからである。

慧思の随自意三昧から智顗の歴縁対境，非行非坐三昧，さらには道信の一行三昧に連なる論理を探る。

周知の通り智顗の師である南岳慧思は独自の三昧思想の実践家でもあり，『随自意三昧』一巻は『諸法無諍三昧法門』や『大乗止観法門』，『法華経安楽行義』（以下『安楽行義』）などと共に，独自の禅定論を展開する。[18]

その慧思の「随自意三昧」は，智顗の歴縁対境（非行非坐・随自意三昧）に当たるが，また慧思『安楽行義』に説く法華三昧の有相行，無相行の二種のうち，無相行に対応する。『安楽行義』に云う，

> 復次二種行者。何故名為無相行。無相行者，即是安楽行，一切諸法中，心相寂滅，畢竟不生，故名為無相行也。常在一切深妙禅定，行住坐臥飲食語言，一切威儀，心常定故。（T46, 700a）

即ち，有相無相の二種安楽行のうち，無相行は安楽行であり，常に一切深妙の禅定にあって，行住坐臥飲食語言，一切威儀において心常に定にある云々，は坐ではなく非坐を根拠づける六威儀，六作の禅定と云う点，「随自意三昧」の概念に一致する。[19]

この慧思『安楽行義』無相行が随自意三昧を内容とするなら，道信の一行三昧や直須任運の意味するところが，無相行（随自意三昧）として展開されたことは自然であろう。『文殊説般若経』一行三昧の経文（いわゆる理観）は，無相三昧を意味するが，その無相は随自意三昧と同義なのである。

しかも道信三では『無量義経』説法品第二の，

> 入衆生諸根性欲。性欲無量故。説法無量。説法無量義亦無量。無量義者，従一法生。其一法者，即無相也。如是無相，無相不相。不相無相，名為実相。（T9, 385c）

を引くが，同所の一法生無量，一法即無相といった論理は慧思『安楽行義』の頓覚の根拠となる一段であると云える。[20]道信の所説は慧思の法華三昧，随自意三昧を方法として，先の『観経』「是心是仏」「心即仏」を実現する「見

仏性」の新たな展開である。

さらに道信四には，

> 問，何者是禅師。信曰，不為静乱所悩者，即是好禅用心人。常住於止，心則沈没，久住於観，心則散乱。『法華経』云，仏自住大乗，如其所得法，定恵力荘厳，以此度衆生。（柳田㈡ p. 205）

と云い，止（心則沈没）と観（心則散乱）の一方の偏重を批判しているが，ここに『起信論』の援用が見て取れる。即ち定慧等を唱える『涅槃経』の所説を踏まえて，『起信論』の止観倶行（行住坐臥止観）を指しているが，その意図は『起信論』の所説に沿った四威儀の止観倶行の肯定である。ここでも，「一行三昧」は『起信論』止観倶行（行住坐臥止観）に通じることから，『文殊説般若経』「一行三昧」前段（いわゆる理観）を直接の思想根拠として，直須任運「随自意三昧」はその方法という関係に帰着する[(21)]。

上来，北宗から南宗禅に展開する以前，道信「入道方便」から道信の修道法として「随自意三昧」を想定した。道信「入道方便」の特徴から，それが道信に遡る古い資料であろうと推理し，そこに随自意三昧を見出せること，それは『観経』「是心是仏」の解釈にも重なる一行三昧（無相三昧）の実質内容であることを見た。

智顗ではなく慧思に注目する理由は，一行三昧に限らず，菩薩戒や起信論や頓悟説といった諸要素の複合した思想が慧思一人の内に融合していたと考えられるからであり，周到な詳論が必要であるが，今ひとつ，菩薩戒の問題を慧思との関連で考えてみる。

5．菩薩戒——道信教団の二つの構成原理——

道信教団の修道法として随自意三昧に注目した。これによって生産労働の現場は，作務，労働を始め，行住坐臥のあらゆる行為が，そのまま禅定としての意味（証悟の契機）を獲得した。それを可能にしたのが道信教団のもう一つの集団原理，菩薩戒である。

菩薩戒は道信教団の根本原理であり，受戒者の見性成仏（頓悟）を根拠づけると同時に生産労働を可能にした。僧俗一貫の「梵網経（系）菩薩戒」の問題を考えておきたい。

『楞伽師資記』には道信に「菩薩戒法」があったと記すが，菩薩戒について具体的言及はない。しかし後の『壇経』に見る受戒後の自省自悟の勉励や，慧能の伝記的記述[22]，あるいは『曹溪大師伝』に見える五祖弘忍（601-674）教団の様子などには，菩薩戒思想（「面授時嗣法　受戒時成仏」としての菩薩戒受戒）や菩薩戒集団としての実態の痕跡（記録には当然，後世の一定の操作が想定されるが）を見ることができる。

すでに印順は南宗の特徴となる心地無相戒等の「禅戒一如」や坐禅批判の起源を道信に見ているが[23]，しかし印順の指摘は，菩薩戒を受戒の場面の問題に限定し，一方で南宗禅の坐禅批判を「無念」で理解するため，それぞれ別個の問題として理解され，道信の菩薩戒と直須任運の有機的な関連の把握には至っていない。「禅の伝授」あるいは「禅戒一如」は，単に菩薩戒受戒（しかも一般大衆を対象とした）の問題にとどまらず，道信教団にとって，二つの構成原理（菩薩戒と随自意三昧）は不可分一体の必然性を持った関係にあり，それは仏性戒の戒体獲得（梵網菩薩戒受戒）から証悟に至る修証（直須任運）の全体に及ぶ問題であった。

杜継文[24]の指摘のように隋文帝開皇17年（597），唐太祖の武徳年間，太宗の貞観元年（627）の勅，隋末より唐初の太祖，太宗の時代にかけて，しばしば私度僧の厳罰取締りがなされたことは『仏祖統紀』等の記録に散見される。

先の『続高僧伝』巻26善伏伝にも菩薩戒の授戒布教が「私度の罪」（T50, 603a）に問われたとあり，同巻35法沖伝「貞観初年（627），下勅して私度あらば処するに極刑を以てす」（T50, 666a）（法沖はまさに私度の禁令を犯して出家した）など，貞観19年（645）玄奘の帰国，道宣の登場という仏教の盛期が現出する一方，私度僧に代表される異端的仏教の国家管理は強化されたと云える。

武徳９年（626）には太史令傅奕の十一箇条の上奏文の内容に基づいて，

高祖は仏教と道教を共に廃毀する詔を発した。

十分な論証が必要であるが，唐初より菩薩戒＝私度僧の取締りと度牒の厳格化は制度的に定着しつつあった。

しかし，教団の窮乏化が生産労働する集団を生んだ，そして必要に迫られて菩薩戒を採用した，という現実の状況に沿った因果関係に対し，一方で思想の問題として，六朝以来の菩薩戒（大乗戒）思想の成熟深化が前提的に先行していたという可能性も当然想定できる。

菩薩戒は私度僧集団がやむなく採用した結果なのか，それとも前代からの思想的発展として菩薩戒に積極的意義を認め，労働や頓悟の根拠にしたのか，これは当然混交する問題だが，弁別すべきことでもある。

遡れば南朝梁武帝の時代（502-549），菩薩戒の研究と実践は大きなたかまりを見せるが，その中でも例えば傅大士とその周辺などには，『梵網経』の影響を窺わせる菩薩戒自誓自受と頓悟成仏の一体的な理解をみた痕跡がある。[25]

これら歴史経過の上で，唐初，菩薩戒＝見性成仏運動として誕生した道信教団は，智顗から道宣に至る中国仏教主流の趨勢に対し別系統の少数運動として展開した。それは受戒作法の混乱ではなく，ひとつの到達点であった。

初期禅宗の菩薩戒に対する態度を一瞥[26]しておくと，北宗「大乗無生方便門」には，

　　菩薩戒是持心戒，以仏性為戒性。心瞥起，即違仏性，是破菩薩戒。護持心不起，即順仏性。是持菩薩戒（三説）。

と云い，神会も五門戒儀を使って菩薩戒授受を行ったことが知られる。次いで『壇経』の「心地無相戒」が登場するが，菩薩戒はいずれも『梵網経』を所依としている。

通説では『壇経』に至って南宗の立場が禅戒に亙って宣言されるとするが，先の印順も道信にその起源を推測したように，神会（684-758）や『壇経』等は，当然，道信教団（菩薩戒・随自意三昧の一体論理）の継承者である。道信の菩薩戒集団は充分に異端的存在であったが，それが『壇経』の一行三

味と心地無相戒（菩薩戒）という禅戒二項に継承されたのである。

むしろ菩薩戒と随自意三昧の二項の構成原理は，道信教団において確立していたのであり，それこそ「禅宗」以前の，『梵網経』単受菩薩戒の授受に始まる禅戒一致の運動であった。

この梵網系菩薩戒の問題は頭陀行や二入四行論と云った菩薩達摩周辺の問題からは説明できない要素であり，禅戒一致の意義と共に，さらなる遡源が課題となろう。

智顗も周知の『義疏』を著して，『梵網経』を三聚浄戒で理解し，一方で三因仏性説を展開する。しかし，四種三昧との思想的連関は鮮明ではない。智顗は菩薩戒をあくまで「菩薩位」の問題として理解していた。その真意の如何はともかく，『義疏』は『梵網経』冒頭偈の「受戒即仏位」を捨象しているが，これに対し，慧思撰とされる『授菩薩戒儀』（慧思没後周辺の撰か）は，種々の受戒にあっても，

受菩薩戒者，得於仏果，梵網経云，一切有心者，皆応摂仏戒，衆生受仏戒，得入諸仏位，故知凡有心者，咸具仏戒，各各円満，無有缺減。

（Z105, 1a）

と「受戒即仏位」を取り上げ菩薩戒の優位性を宣揚している。

慧思撰とされる『授菩薩戒儀』は『瓔珞本業経』の三聚浄戒，十重戒，四十二位，『菩薩地持経』の「五事功徳」，及び『梵網経』「衆生受仏戒，得入諸仏位」を引用するが，『梵網経』「受戒即仏位」は「理の本覚」と云うべき事実上の頓悟の根拠となる論点で，後の禅宗に沿って云えば，北宗系『大乗無生方便門』以来，「菩薩戒受戒即仏位」は初期禅宗の基本原理であった。

菩薩戒と随自意三昧という両要素の統合的理解の先行例は慧思の『授菩薩戒儀』，『随自意三昧』（Z98, 693b）等に求めることができる。

慧思は，空観に体達する畢竟諸行空三昧を説く『諸法無諍三昧法門』冒頭で，「無量の仏法の功徳は，一切皆な禅より生ず」と云い，

如是一切仏身，一切衆生身，一念心中一時行，無前無後，亦無中間。一時説法度衆生，皆是禅波羅蜜功徳所成。是故仏言，若不坐禅。平地顚

墜。若欲断煩悩。先以定動。然後智抜。　　(T46, 627c)

と仏と衆生との一致を「一心」として明かし，坐禅の実習を強調した。さらに，

復次欲坐禅時，応先観身本，身本者如来蔵也。亦名自性清浄心，是名真実心。不在内，不在外，不在中間，不断不常，亦非中道，無名無字，無相貌，無自無他，無生無滅，無来無去，無住処，無愚無智，無縛無解，生死涅槃，無一二，無前無後，無中間，従昔已来無名字，如是観察真身竟。　　(T46, 628a)

と，慧思は如来蔵と仏性を同義と理解し，

心若在内，何処居止。遍観身内，求心不得。無初生処，亦無相貌。　　(T46, 636c)

と，結局その心が広大無相貌であることを明かし，「大品の一心倶万行の意に依って…四念処の上に一念心中一時行を説けるが諸法無諍三昧で，…大乗の頓修たる般若の一念心中一時行の意を，法華経の上に移して極中の極則と歎じ」ている[27]。

かくして慧思はしばしばその方法として「坐禅」を明言する。確かに坐禅は安楽法門であるが，一方，六威儀禅定を説く『随自意三昧』行威儀品第一では，

菩薩行威儀中，挙足動歩，而常入定，具足一切諸波羅蜜。…亦無心心数法，是名心性。…無相貌，無所得。故是名心性，亦名自性清浄心。　　(Z98, 689a)

と云い，坐威儀品第三では「四種身威儀中，坐最為安隠」(Z98, 693b) とも云うが，『随自意三昧』の全体の主旨にあっては六威儀に優劣があるわけではない[28]。

特に慧思は『法華経安楽行義』で，「法華経者，大乗頓覚，無師自悟，疾成仏道，一切世間難信。」(T46, 697c) と宣言し[29]，『随自意三昧』の「六威儀禅定」は先に見た『安楽行義』二種行の「無相行」でもある。つまり，慧思の「勧修禅定」は安楽行「無相行＝深妙禅定」に他ならない。

そして「勧修禅定」は利根菩薩の修行であり，本来六根清浄の恢復が頓覚と呼ばれる。頓覚が速疾成仏で，衆生成仏の根拠は「一切衆生具足法身蔵与仏一無異」（T46, 698a）にある[30]。

かくして慧思，智顗は共にこの「随自意三昧」を高く評価し，それぞれの禅定体系の内に位置づけている[31]。

道信にあっても，「衆生不悟心性本来常清浄」（柳田(二) p. 205）とも，字義通り「聖道独一浄処，自証道果也」（同 p. 214）と，心即是仏の原理を悟，不悟の問題に収斂するのであり，如来蔵仏性思想の基本構造は継承される。

そして後の『壇経』は「識自本心，是見本性」(16)，「故知，不悟即仏是衆生，一念若悟，即衆生是仏。…識心見性，自成仏道」（『壇経』30）[32]の端的な実現という自己＝存在の究極の問題設定に到達する。

確かに慧思と道信に直接の師事関係はない。しかし，この二項（菩薩戒と随自意三昧）の緊密な関係は慧思と慧思周辺に先駆例が想定でき，その思想成分が，道信と道信教団に及んだ可能性は，従来の定説である達摩・慧可以下のいわゆる楞伽宗教団の影響と，その強度において劣るのもではないと提案できる。

南朝菩薩戒仏教（いわゆる禅宗以前の禅思想）の検討があらためて必要である。

6．仏即覚義

道信の教団に菩薩戒と随自意三昧という二つの運動原理を想定した。さらにこの二原理を軸に六朝以来の教理的探究を統合する中心として，慧思に焦点を当て，慧思の思想から道信に連なる可能性を考えた。そして道信の時代，仏教も唐初の時代精神を反映して「仏は覚なり，方寸に在り」「仏は外に在らず，之を心に求む[33]」という人間肯定の精神に帰着しつつあった。上の二つの原理は，正にこの「仏即覚義」という仏教の端的な定義を実現する条件と方法であった。ただこの「仏とは覚の義」であるとは，まず語義の問題とし

て常に教学の基本問題であった。浄影寺慧遠（523-592）『大乗義章』巻第一に，

第一釈名。仏者是其中国之言，此翻名覚。返妄契真，悟実名覚。挙仏樹性，故明仏也。（T44, 472a）

と云うに始まり，吉蔵（549-623）『大乗玄論』巻第三では，

釈名第五。釈名有二種，先釈通名，次釈別名。通名不同有三家。

第一解云，仏性両字，皆是果名。仏名覚者，此故宜非因，性以不改為義。果体既常，所以不改也。因中暗識，故非覚者，既其遷改，不得名性。但衆生必有当得，此仏性之理，故言悉有仏性也。（T45, 38b）

等々，仏と覚をめぐる厳密な語義の探究には枚挙に暇が無い。ただ禅宗の成立は先学が指摘する歴史の変革期にあって，「覚義の個体的実現」というある種の断絶をともなった仏教の再構築であった。この「覚」という個々人々の実存的課題に到達した成仏論の成熟にこそ，慧思・智顗から一歩を踏み出す道信と初期禅宗の独自の発展があり，時代精神へのひとつの解答があった。『涅槃経』『梵網経』の菩薩戒思想は戒体の獲得（条件）から見性を根拠づけ，随自意三昧（方法）は慧思・智顗の止観作法を日常底に解放した。禅宗の「教外別伝」とは，このような中国中世仏教克服運動の端的な表徴であったと云える[34]。

その先駆的要素を南岳慧思に求めたのであるが，『法華経安楽行』では如来蔵思想を承けつつ，

法華経者，大乗頓覚。無師自悟，疾成仏道，一切世間，難信法門。凡是一切新学菩薩，欲求大乗，超過一切諸菩薩，疾成仏道，須持戒忍辱，精進勤修禅定。専心勤学法華三昧。（T46, 697c）

一切衆生具足法身，蔵与仏一無異。如「仏蔵経」中説，三十二相，八十種好，湛然清浄。衆生但以乱心惑障，六情暗濁，法身不現。如鏡塵垢，面像不現。是故行人，勤修禅定。（T46, 698a）

衆生眼妙即仏眼也。云何名種種。有二，一名凡種，二名聖種。凡種者，不能覚了。…聖種者，因善知識善能覚了。（T46, 698c-699a）

の周知の一段があり，『大乗止観法門』で起信論の心真如門を基本原理として，

唯是一心，故名真如。以此義故，自性清浄心，復名真如也。
問曰，云何復名此心，以為仏性。答曰，仏名為覚，性名為心。以此浄心之体，非是不覚。故説為覚心也。　(T46, 642b)

さらに同書は，

答曰，具有二義。一者覚於浄心。二者浄心自覚。雖言二義体無別也。　(T46, 642c)

と，浄心を覚る，浄心が自覚する，いずれも覚の語義を超えて自性清浄心の自証自悟に歩を進めている。

同じく慧思の『随自意三昧』坐威儀品第三にも，阿闍梨の定義（覚不覚・浄心無明）に続けて，

是故仏言，衆生性即菩提性，菩提性即衆生性，菩提衆生無二，知如此作天人師，凡夫六根，聖人六根，是凡聖根，無一無二。不覚是凡夫，覚了是聖人，生死煩悩，根即是聖慧。　(Z98, 697a)

の語があり[(35)]，凡聖不二の性は，不覚と覚が凡聖を分かつのであり，自覚的な転迷開悟の実現可能性に説き及ぶ。

一方，初期禅宗文献『二入四行論』も，冒頭，凡聖同一真性という如来蔵仏性の原理を宣言する。他に『二入四行論』第三十九明覚不覚差別門に「法名無覚，仏名覚者，無道為覚，予法同覚，是仏覚[(36)]。」と云うのをはじめ，仏即覚をめぐる問答が知られる。別所にも，

慧尭法師曰…として，

胡語名仏陀，漢語名覚者。覚者是心，非不覚心。心之与覚，如眼目異名。衆生不解，謂心非是仏，将心逐仏。若解時，心即是仏。故我説，衆生自性清浄心。従本已来，原无煩悩。若心非是仏者，異心之外，更不知，将何物名之為仏[(37)]。

この問答では仏と覚は心と覚に還元され，衆生の悟不悟（解不解）は心即仏と心非是仏の関係となって，第二十「雖口談事耳聞事，不如身心自経事」

という各個体性に至る。

道信では，「仏即覚義」は「衆生不悟心性本来常清浄」（柳田㈡ p. 205）とも，字義通り「聖道独一浄処，自証道果也」（柳田㈡ p. 214）とも云い，心即是仏を自証（悟不悟）の問題に収斂する。その後の北宗に至っては，まず浄覚『注般若波羅蜜多心経』に，

心是仏心，非凡夫所解，智是仏智，非世俗所知。…聊申偈曰，迷時三界有，悟即十方空。欲知成仏処，会自浄心中。当自内求，莫外馳騁。

（柳田㈠ p. 610）

と云い，迷悟，是心是仏の基本原理は，浄覚にも忠実に継承されている。

また『大乗無生方便門』（北宗の菩薩戒儀）は，

色不起色真如。心真如故心解脱。色真如故色解脱。心色俱離，即無一物。是大菩提樹仏是西国梵語。此地往翻名為覚。所言覚□（義）為心体離念。

離念相者，虚空界無所不遍。法界一相，即是如来平等法身。於此法身，説名本覚。

覚心初起，心無初相。遠離微細念。了見心性。性常住，名究竟覚。仏是西国梵語。此地往翻名為覚。所言覚義者，心体離念，離念是仏義覚義。

（T85, 1273c）

同書は，『起信論』に依って，仏義覚義を離念に還源し，論理は発展して離念の「個体的実現」に収斂している。さらに杜朏『伝法宝紀』あとがき部分でも，

得証入者，言説自亡…坐揺談柄者，…未有悟入其門，心証其理也。

（柳田㈡ p. 408）

証帰一体，功由自覚，　（同 p. 415）

など言説を離れた心証自覚を宣言する。

『壇経』に至れば「識自本心，是見本性」「故知，不悟即仏是衆生，一念若悟，即衆生是仏。…識心見性，自成仏道[38]」と云う転迷開悟の端的な実現という自己（実存）の究極の問題設定に到達する。

『血脈論』　若欲覓仏　須是見性。性即是仏。　(T48, 373c)

『頓悟要門』　衆生自度。仏不能度。若仏能度衆生時。過去諸仏，如微塵数。一切衆生，総応度尽。何故我等，至今流浪生死。不得成仏。当知衆生自度。仏不能度。努力，努力，自修莫倚他仏力。　(Z110, 850下)

これら諸本を一瞥するに心即仏，仏即心，性即心，覚即心など種々の定式化はあるが，仏即覚義の語義から一歩踏み出した，覚不覚，悟不悟という覚の個体的実現に課題は収斂していくことが分かる。

遠く慧思を淵源として「仏即覚義」は，覚不覚，悟不悟，転迷開悟を凡聖同一の体を証する最期の関門としたのである。

自性清浄心という教理は菩薩戒受戒という身心の「事実」による「戒体の獲得」を一方の根拠としつつ，禅宗は随自意三昧という見仏性に導く方法を獲得することで，教学の介在を排して直ちに「覚義」の個体的実現に向かうのは先一歩の必然であった。

『梵網経』「受菩薩戒即仏位」の一段は，仏位の定義をめぐって教学の争点でもあったが，菩薩戒運動から見れば，慧思から禅宗，例えば『頓悟要門』に至るまで菩薩戒受戒という身心の「事実」は衆生仏位の根拠となっている。禅宗が梵網菩薩戒の仏性戒体（心法戒体）説に立つのは北宗から『壇経』まで一貫するが，禅の成仏とは，これを根拠に「覚（見仏性）」の「個体的実現」という，「是心是仏」（『観経』）の確証に到達することである。そこに教理を一挙に乗り越える「衆生不悟心性本来常清浄」（柳田㈡ p. 205）という衆生の悟・不悟に問題を還元した道信の到達点があった。

初期禅宗と菩薩戒との結びつきは，生産労働の受容と共に，思想として『梵網経』「受戒即仏位」をいわば「理の本覚」と云うべき頓悟の事実上の根拠として理解していたことが推測できる。

南宗禅成立の重要な条件である菩薩戒の問題は，道信教団の特異な性格に由来する。

「頓悟成仏」の根拠である菩薩戒受戒・戒体獲得（即仏位）こそ戒体としての仏性を見る（見性成仏）という頓教の前提的な構図であった。

それが修道[39]としての随自意三昧の前提であり，ここに菩薩戒と随自意三昧との一体の構造が生まれる（そして後世，この単受菩薩戒の原義は変容するに至るのだが)。

結語――人間とは何か――

冒頭の議論に帰れば，成仏を求める時代精神の深まりがあり，また伽藍の建立に見られた善業功徳から心即是仏の原理へ，仏教の内面化と云う変容もあった。

同時代の禅宗の成立過程にも様々な内部対立が存在する一方，禅宗は様々に展開した教理の相違を融合した，文字通り仏教究極の要諦を「仏即覚義」とその「個体的実現」の運動に見出した。それは思想標識の継承や宣揚ではなく，それら一切を道具として覚の「個体的実現」を最終目的とするという意味で個体主義（individualism）に到達した。

もちろん禅者にとって眼前の仏教の自覚的革新こそ問題のすべてであって，「中世仏教の克服」などという歴史認識に，当然自覚的であったわけではない。しかし禅宗は唐宋変革期に呼応した仏教の形態（在り方）の革新を果たし，総体としての中世の克服という課題を負った唐代の新たな人間観にもよく呼応し，同時代精神の禅への共感を生んだ。この人間理解の新しさこそ，禅という新たな仏教の在り方を示すのであり[40]，結果的に唐宋変革期における中世の克服を「思想的」に先取りするものであった。

本論では道信の教団を検討して，その運動に菩薩戒と随自意三昧という集団原理を想定した。道信の禅に内在した二要素は，『楞伽経』（北宗）か『文殊説般若経』（南宗）かと云うより，坐と非坐，端坐と随自意三昧という禅定の相違として存在した。

道信と慧能，二人の禅定が持つ共通点に南宗の特徴を見る視点は，先行研究が指摘するところであったが，しかしそれを把握する決定的な概念を見出すに至らなかった。

達摩『二入四行論』の安心，道信の守一，弘忍の守心，そして北宗の看心，南宗の無念に至る思想系譜の上で，達摩の安心説と道信に連続性を求める限り，道信は南宗前史として素朴な萌芽形態にとどまるという理解に終始したのである。

ただ道信の一行三昧の本義は，名称無尽の無相を見る（理観），即ち随自意三昧（非行非坐三昧）にあった。対して一方の方便であった端身常坐に特化して教団仏教への合流を果たしたのが北上した北宗であり，その変容を批判して道信の本義に回帰するのが南宗（特に『壇経』の無相戒と一行三昧）である，という構図が描けるだろう。

神会，『壇経』の北宗批判，禅定の克服，定慧等，頓悟成仏等に南宗の特徴を見るとして，それを導くのが随自意三昧としての一行三昧であり，南宗はこの禅定を方法として「仏即覚義」の「個体的実現」である各自的な見性頓悟を実現するのである。

この菩薩戒＝随自意三昧という二要素を運動の原理としたと見られる道信教団とは，ある種，異端的集団であったに相違ない。菩薩戒受戒と頓悟見性，あるいは菩薩戒と随自意三昧の強固な一体構造を持った道信の異端的菩薩戒集団が，長洛に新出した北宗の社会的認知の獲得に向けて，具足戒出家教団（瑜伽戒・坐禅為主）へ変貌を遂げ，中国仏教の本流に合流して行くのは，もう一方の必然性を認めることができる。

禅宗の教団形成とは，先の二要素に照らせば，一つには，梵網菩薩戒から喩伽戒への移行，即ち菩薩戒集団から喩伽戒出家教団への変貌なのであり，『梵網経』仏性戒が持っていた単受菩薩戒の原義（一乗頓悟）は分解されて，道宣に大成される瑜伽戒の重受菩薩戒の内に摂取されたと云うことである。

もう一方の随自意三昧（非坐）が修道の基本「端身常坐」に収斂することも別義ではない。

この二要素不可分の構造の変容を主導したのが東山法門（北宗），玄賾以降の浄覚世代であり，北宗以降は，中国仏教の本流である瑜伽戒・七衆別解

脱の体制に合流して行く。

それに対抗して神会や『壇経』は，北宗の変容を批判し，道信への復古回帰を掲げたのであった。それが南宗禅の起源に他ならない。

一方，菩薩戒＝私度僧という認識は中国仏教を規制する決定的な条件となり，道宣に至って『四分律』喩伽戒（具足戒）を骨格にした出家教団（分通大乗）は，中国仏教教団の形態を決定した。

この変容は禅宗の形成過程と別ではないと云えるが，この外的条件の変化は，禅宗の思想自体にも内的変化を生んだ。具足戒出家教団に変貌を遂げた南宗禅は，道信・弘忍教団とは異なる条件下に置かれたのは当然である。

禅宗は，『伝燈録』百丈章『禅門規式』に「大小乗博約折中」という清規の制定において教団の独立を果たしたとされるが，教団の独立とは，この場合，梵網菩薩戒集団から具足戒出家教団に変貌したということである。

『壇経』が記録する「心地無相戒」が菩薩戒集団としての最後の光芒だとすれば，後世『禅苑清規』巻第一受戒章に「参禅問道，戒律為先…既受声聞戒，応受菩薩戒。」（Z111p877）と云う重受儀礼は具足戒出家教団に「変貌」を遂げた禅宗の結論である。

「禅苑清規」が云う戒律為先は具足戒出家を前提とした大菩薩戒の意であり，道宣以降の瑜伽戒七衆別解脱に「回帰（帰着）」しているのは明白である。仏性戒（単受菩薩戒）に淵源する頓悟成仏思想は，禅思想の原理として保存される一方，禅宗教団は喩伽戒による具足戒出家と重受菩薩戒が一般的となる。この場合，道宣の分通大乗説とは，逆に梵網菩薩戒が具足戒教団（瑜伽戒）のうちに分解摂取された（禅宗の心地無相戒が七衆別解脱の上では大菩薩戒に位置づけられた）ことに他ならない。

本論で道信教団に想定した二原理（『梵網経』の単受菩薩戒と随自意三昧）は，この段階ではすでに概念としては消滅している。しかし換言すればこの二原理をまさに統合，昇華するところに成立するのが「禅宗」，つまり具足戒出家教団としての禅宗である。そして唐宋の教団仏教としての禅宗が，この変貌の内にあって墨守した原理が「仏即覚義」の「個体的実現」に他なら

なかった。

禅宗が自らの出自たる菩薩戒思想運動を「忘却」したところで，同時にそれは本来成仏，見性成仏という覚義の「個体的実現」に向かう純化された「覚り」の仏教となるのである。(41)

菩薩戒の内実を保持することで，南宗禅の思想的優位を保持しつつ，しかし一方で菩薩戒を修正・分解・忘却する具足戒出家教団として禅宗は展開することになる。この変容は教団仏教としての禅宗に懐胎した，ある種の内的矛盾と云えるだろうが，それを解決するのも「覚」であった。

この覚義の「個体的実現」という原理は，後の馬祖「即心是仏」に継承されるが，その人間の全的肯定も「伝上乗一心之法，令汝等開悟」という，「心が仏であること（是心是仏）の悟り」，是仏そのことの自証（自証道果）である。南宗禅の成仏とは，人々個々が平常・無事の「是仏（本来成仏）」であることを覚（了承）する，各自において反復される転迷開悟の営為の他ではなかった。覚において，一切の矛盾は克服されるのである。

略記

柳田㈠　柳田聖山『初期禅宗史書の研究』（法藏館1964）

柳田㈡　同『禅の語録２　初期の禅史Ⅰ　楞伽師資記・伝法宝紀』（筑摩書房1971）

柳田㈢　同『禅仏教の研究　柳田聖山集　第一巻』（法藏館1999）

註

⑴　塚本善隆『塚本善隆著作集』第二巻（大東出版社1974）pp. 458-467。

⑵　荒牧典俊「則天武后乃至玄宗朝における唐詩・山水画の成立と六祖慧能の禅」（麦谷邦夫編）『中国中世社会と宗教』道気社2002で，「唐宋の変革」と「中国禅」の興起の根柢に中世的貴族・豪族共同体の再分化による近世的士大

夫共同体への変質過程があると云う（p. 165)。その結論は禅思想が時代精神を導いたと云うにあるが，後に考えるように，むしろ事態は逆である。禅という仏教の自己革新運動が同時代精神の共感を得たのである。

(3) 大野栄人『天台止観成立史の研究』（法藏館1994）に，「結跏趺坐が禅観実修の基本的身儀である…日常生活の六縁に随って，先に端坐正観した実相原理を実証する必要がある」として，端坐正観（常坐三昧）と歴縁対境（非行非坐三昧）の関係を説明する（pp. 364-373)。しかし，智顗『天台小止観』では歴縁対境修は「最上最勝」で語を結ぶから，初期には端坐正観から歴縁対境へと構想されていたとされる。関口真大『達摩大師の研究』p. 288，平井俊栄『中国般若思想』pp. 658-661，大野栄人他『天台小止観の訳注研究』（山喜房佛書林2004）p. 157等参照。

(4) 柳田㈢「ダルマ禅とその背景」p. 11（横超慧日編『北魏仏教の研究』平楽寺書店1970所収 p. 126)。

(5) 禅宗の一行三昧の理解は禅宗内に限らず天台教家のあいだでもしばしば問題とされてきた（安藤俊雄『天台学』，佐々木憲徳『天台教学』〈百華苑1963〉p. 221，村中祐生『天台観門』，山内舜雄『禅と天台止観』〈大蔵出版1986〉p. 98，李四龍『天台宗与仏教史研究』)。柳田㈢ p. 12でも一行三昧を身儀の一行に限定することへの疑念が表されている。柳田㈠「ダルマ禅とその背景」『文殊説般若経』は，必ずしも身儀の一行のみとは見られぬにもかかわらず，…一行三昧による単純な実践としての一面…坐禅は只管打坐に，念仏は易行の口称に帰着する。摂心心定「大乗安心入道」（柳田㈢ p. 202）と云うが，その判断の難しさはすでに見たところである。

印順『中国禅宗史』も，一行三昧の本義を知っていたが，接化方便として「坐禅」を重んじた。…そして遂には「坐ること」こそが禅であるという偏向は，弘忍門下では広く見られた（取意）と，北宗の歴史的経過を見ている。これも柳田の指摘がすでにある。

印順はその上で，禅は「坐禅」に限るものではないことを，智顗の「四種三昧」を例に挙げ，さらに慧能の「一行三昧」も『文殊説般若経』の「一行三昧」に一致することを指摘する（邦訳 pp. 208-209)。ただ印順も，道信，慧能の類似性を示唆するまでで，その決定的な要因の解明は十分とは云えない。印

順『中国禅宗史』（伊吹敦訳）pp. 208-211。

柳田㈢「北宗禅の思想」p. 265。

⑹ 黄連忠撰『敦煌本六祖壇経校釈』（台北萬巻楼2006）p. 46。

⑺ 柳田㈢「禅門経について」p. 307（『塚本博士頌寿記念　仏教史学論集』塚本博士頌寿記念会1961所収，p. 877）。

⑻ 道信二に云う，『普賢観経』云，一切業障海，皆従妄相生。若欲懺悔者，端坐念実相。是名第一懺，併除三毒心，攀縁心，覚観心。（柳田㈡p. 192）。

『普賢観経』の該当部分は，一切業障海　皆從妄想生　若欲懺悔者　端坐念実相…爾時行者，若欲具足菩薩戒者，応当合掌，在空閑処，遍礼十方仏，懺悔諸罪。自説己過。然後静処白十方仏。而作是言。諸仏世尊，常住在世。我業障故。雖信方等，見仏不了。（T9, 393b-c）

とあり，「道信の懺悔を，…『壇経』の無相懺悔の立場に極めて近い」（田中良昭『敦煌禅宗文献の研究』p. 465）と理解してきたが，すでに智顗が懺悔を論ずる定型句として，『摩訶止観』巻第四上・第六方便，「具五縁　一持戒清浄（四明懺浄）」（T46, 39c）等他で，「普賢観云，端坐念実相，是名第一懺」として随処に引いている。

⑼ 大野栄人他『前掲書』p. 183注79。

⑽ 関口真大『達摩大師の研究』（春秋社1969）「「澄心論」（敦煌出土）と天台止観法門」p. 265。

⑾ 大野栄人他『前掲書』p. 149・p. 198注(135)・p. 235。

⑿ 四種三昧は円頓止観であり，懺悔法は，その前提（前方便）である。『普賢観経』の引用部はその経証と云える。大野栄人『前掲書』p. 357。

⒀ 吉川忠夫「仏は心に在り—「白黒論」から姚崇の「遺令」まで—」（福永光司編『中国中世の宗教と文化』京都大学人文科学研究所1982）に，「心がそのままかがやきだすと…心中に仏が顕現してくると解するか，のちがい」（pp. 86-88）と云う指摘があり，柴田泰山『善導教学の研究』（山喜房佛書林2006）は「東山法門の「心外無仏」は，道綽によれば，「心外無法」すなわち「心外無別仏」はただ上士にのみ妥当する」（p. 88）と理解している。

⒁ 道信二の一段は柳田㈡の句読を「何等名無所念即念仏，心名無所念。」と修正した。心とは無所念という定義が，心識無形，仏無相貌と共に，後節『観

経』の「是心是仏」の意義として一貫するのである。「心名無所念」は『勝天王般若経』「以止息心，修奢摩他。無所見心，修毘婆舎那。無所念心，而修念仏」（T8, 702b）が参考となろう。

⒂　『観無量寿経』「所以者何。諸仏如来，是法界身。遍入一切衆生心想中，是故汝等，心想仏時，是心即是，三十二相八十随形好。是心作仏，是心是仏。」（T12, 343a）。

『観経』の引用も道信と弘忍及び『修心要論』の態度は一様ではない。道信の『観経』への関心は「是心是仏」の意味という原理的な探究であるに対し，弘忍（三）と『修心要論』の『観経』援用は端坐をめぐる「初学坐禅」の実践的な関心であり，両者に主題の相違が見えるが，これは当然，道信と北宗の齟齬の反映である。

⒃　同所には心とは無所念であり，その心が仏だとすれば，念仏とは念心である。なぜなら（心）識に形なく（心無所念　筆者），仏も形貌を絶している，この道理を了解することが安心である，という道信の「安心定義」が明かされる。

「所以者何，（心）識無形，仏無形貌。若也知此道理，即是安心，…」（田中良昭『敦煌禅宗文献の研究　第二』p. 30）参照。

達摩以来の鍵語である「安心」は，『楞伽師資記』の中心思想であるが，それは心仏の等値を無所念心と無相貌仏で了解することを云う。道信の「安心定義」が果たして，『二入四行論』以来，弘忍，神秀に至る北宗禅の中で，思想的な連続を見出せるかどうか，今は課題とする。

⒄　前注⑾参照。

⒅　川勝義雄「中国的新仏教形成へのエネルギー」（福永光司編『中国中世の宗教と文化』京都大学人文科学研究所1982）pp. 501–537参照。

⒆　慧思は法華三昧の中心となる禅定行としては無相行を重んじた。

塩田義遜『法華経学史の研究』（地方書院1960）p. 182。

菅野博史『南北朝・隋代の中国仏教思想研究』（大蔵出版2012）pp. 108–111。

安藤俊雄『天台学』p. 426等参照。

⒇　大野栄人『前掲書』「南岳慧思の禅法とその背景」pp. 50–51，「慧思の三昧思想」pp. 341–345参照。慧思は菩薩が『法華経』を学ぶ方法に有相行（普賢菩薩勧発品）と無相行（安楽行品）の二種行法を立てる。その無相行とは，

「即是れ安楽行なり。…行住坐臥，飲食語言，一切威儀，心常に定なり」（T46, 700a）と『安楽行義』に云うが，それは『無諍三昧法門』『随自意三昧』を基調として統合されたのであり，慧思には無相行が一貫して重要な意味を持っていたという指摘がある。

(21) 拙稿「随自意三昧と一行三昧」（『禅学研究』95, 2017）pp. 109-112。

小林尚英「『往生要集』における善導教学の受用と展開」（往生要集研究会編『往生要集研究』永田文昌堂1987）に，「一行三昧とは本来，法界無相の理に達する法で…，ここで説く称名の文は，そのための方便であって，あくまでも無相理観が基である」（pp. 199-200）と云う指摘がある。

平井俊栄『前掲書』pp. 658-661参照。

(22) 佐藤達玄『中国仏教における戒律の研究』（木耳社1986）pp. 391-398「禅門における受戒儀」参照。

石井修道『禅宗清規集　中世禅籍叢刊第六巻』（臨川書店2014）解題（『禅宗清規集』総説）pp. 741-742で，「道信の無相懺悔」と『壇経』の自誓自受に言及している。

(23) 印順『中国禅宗史』第二章第二節二（邦訳）pp. 63-65・p. 169・p. 208。

(24) 杜継文・魏道儒『中国禅宗通史』（江蘇人民出版社2007）第二章第二節 pp. 84-87。

『続高僧伝』法融伝に見える武徳6年（623）の政治状況を例に，僧侶と教団の貧困化が進み，身分的に不安定な僧侶が大量に発生し，やがて道信教団に見られる生産労働の容認に展開していったとして，菩薩戒が浮上してくる理由を，当時の中国社会に置かれた下層の僧侶の一群の動向に求めている。しかし非法な受戒作法が行われた唐代初期の受戒作法の乱れと，身分的に不安定な僧侶集団の生産労働とは別のことではない。「受戒作法の乱れ」については，智顗，吉蔵，そして道宣の『四分律行事抄』の完成まで一貫する認識であろうが，『梵網経』菩薩戒に対する批判的意識を含意するだろう。

(25) 拙稿「傅大士と菩薩戒思想」（『印仏研究』63（2），pp. 728-735, 2015）。

(26) 佐藤達玄『前掲書』pp. 391-398，印順『前掲書』p. 198参照。

(27) 塩田義遜『前掲書』pp. 178-179（取意）。

(28) 大野栄人『前掲書』p. 68参照。

(29) 慧思『大乗止観法門』巻一如来蔵「染浄一如（T46, 644b）」柳(二) p. 111注，求那跋陀羅章に引かれる。同書は『楞伽経』「一切無涅槃…」を引用している。

(30) 菅野博史『前掲書』pp. 107-111。『安楽行義』「一切衆生具足法身蔵，与仏一無異」（T46, 698a）は頓覚の成立根拠となる一段であると指摘する。また慧思の『無量義経』引用も頓覚の根拠であることはすでに見た。

(31) 先の4．道信「是心是仏」の思想で智顗『天台小止観』も正修行第六に，修止観有二種（一者於坐中修，二者歴縁対境修）を立て，歴縁対境修は六作，非行非坐，随自意に対応し，次いで四種三昧の非行非坐（随自意三昧）へ継承されることを見た。坐中修は「坐為最勝」「端身常坐，乃為入道之勝要」としつつ，智顗にあっても二の歴縁対境修は「最上最勝」で語を結ぶから，優劣があるわけではない。大野栄人他『前掲書』p. 157参照。

(32) 黄連忠撰『敦博本六祖壇経校釈』（台北・萬巻楼2006）p. 50（第十六折），p. 114（第三十折）。

(33) 吉川忠夫「前掲論文」（pp. 88-90）に「武韋時代から玄宗朝にかけての造寺造塔批判のひとつの背景に，…禅家の主張をおいて理解してみる」という時代精神の動向が指摘されている。

(34) 『梵網経』「受戒即仏位」は慧思『授菩薩戒儀』冒頭で「衆生受仏戒，得入諸仏位」を掲げて成仏の原理として理解する。

(35) 菅野博史『前掲書』pp. 531-553「一心」，安藤俊雄『前掲書』p. 203，大野栄人『前掲書』p. 372参照。

(36) 柳田聖山『禅の語録1　達摩の語録　二入四行論』（筑摩書房1969）p. 178〈45〉問答参照。

沖本克己『沖本克己仏教学論集』第二巻，p. 268

(37) 出典は『天順本二入四行論』〈86〉慧克法師曰…。（椎名宏雄「天順本『二入四行論』」（『駒澤大学仏教学部研究紀要』第54号，1996，p. 213）。ただ『二入四行論』長巻子の成立年代には，後世，北宗の教説を増補した可能性も含め，検討が必要である。

(38) 前注(6)『同書』p. 50，p. 114。

(39) ただ受戒（仏位）から見性へ，解悟から証悟へ（宗密の頓悟漸修）といった受戒と証悟の先後関係は，それを修道と呼ぶかどうか。そこに伏在する理事，

本始の構造から証悟が発現する本来成仏論は，実は因果を超えている。随自意三昧行威儀品「因之与果，正是一空，更無別空」（Z98, 687b）と云うのであり，道信の一行三昧が前方便を超えて直須任運に至るに通ずると思われる。

(40) 荒牧典俊「前掲論文」。中世仏教の変貌を問題としながら，荒牧説の顚倒は禅（恵能）がそれを主導したという点にある。仏教の「在り方」を革新する禅登場の必然性とは，「空」の体得と云った「覚・悟」の内容（荒牧）ではなく（その自内証は不可言説の領域である），むしろ，「覚」を各個の実現に見る個体性にこそ中世仏教克服の課題に対する禅の答えがある。

(41) 石井修道『前掲書』（『禅宗清規集』総説）pp. 741-742。

参考文献

鈴木大拙 「道信の禅思想」（『鈴木大拙全集（禅思想史研究第二）』第二巻，岩波書店1968）。

関口真大 『達摩大師の研究』（春秋社1969）「澄心論」（敦煌出土）と天台止観法門」。

印順／伊吹敦訳 『中国禅宗史―禅思想の誕生―』（山喜房佛書林1997）。

村中祐生 『天台観門の基調』（山喜房佛書林1986）。

安藤俊雄 『天台学―根本思想とその展開―』（平楽寺書店1968）。

平井俊栄 『中国般若思想史研究―吉蔵と三論学派―』（春秋社1976）。

徐文明 『中土前期禅学史』（北京師範大学出版社2013）。

李四龍 『天台宗与仏教史研究』（宗教文化出版社2011）。

柳田聖山 『語録の歴史―禅文献の成立史的研究―』（『東方学報』57，1985）。

田中良昭 『敦煌禅宗文献の研究』大東出版社1983（『道信研究』，1964）。

同 『敦煌禅宗文献の研究　第二』（大東出版社2009）。

沖本克己 『沖本克己仏教学論集』第一巻（山喜房佛書林2013）。

同 第二巻（山喜房佛書林2013）。

遠藤祐介 『六朝期における仏教受容の研究』（白帝社2014）。

寺井良宣 『天台円頓戒思想の成立と展開』（法藏館2016）。

論文

中川孝 「禅宗第四祖道信禅師の研究」(『文化』20 (6), 1956) pp. 37-49。
木村静雄 「初期修禅の二型態」(『禅学研究』51, 1961) pp. 59-66。
小林円照 「一行三昧論」(『日本佛教學會年報』41, 1975) pp. 159-173。
伊吹敦 「『念仏鏡』に見る八世紀後半の禅の動向」(『東洋学論叢』27, 2003)。
同 「「戒律」から「清規」へ―北宗の禅律一致とその克服としての清規の誕生―」(『日本佛教學會年報』74, 2009) pp. 49-90。
同 「北宗における禅律一致思想の形成」(『東洋学研究』47, 2010) pp. 378-362。
同 「『観心論』と『修心要論』の成立とその影響」(『禅学研究』94, 2016) pp. 1-26。
同 「初期禅宗と『大乗起信論』」(東アジア仏教学術論集4, 2016) pp. 65-95。
藤井教公 「南岳慧思の仏性思想」(『印仏研究』50 (2), 2002) pp. 628-635。
塩入法道 「慧思・智顗における随自意三昧について」(『印仏』36 (2), 1988) pp. 729-731。
同 「南岳慧思における随自意三昧の考察」(『大正大学綜合仏教研究所年報』11, 1989) pp. 32-46。

キーワード 道信, 随自意三昧, 一行三昧, 菩薩戒

「六師外道」の人間観

原　田　泰　教

はじめに

仏教興起時代には，従来の伝統的なバラモン思想から展開し，ウパニシャッドの思想，六十二見等と呼ばれる諸思想と並んで，非バラモンの系統に属する「六師外道」という自由思想家たちが活躍していたことはよく知られている。すなわち，①プーラナ・カッサパ，②マッカリ・ゴーサーラ，③アジタ・ケーサカンバリン，④パクダ・カッチャーヤナ，⑤ニガンタ・ナータプッタ，⑥サンジャヤ・ベーラッティプッタである。釈尊もそのような時代背景の中で登場しているため，少なからず彼らとの思想的関連性があることは間違いない。『長部経典（ディーガ・ニカーヤ）』の筆頭に，『梵網経』(Brahmajāla Sutta)，『沙門果経』(Sāmaññaphala Sutta) が挙げられていることからもそれは明白である。ただし，『梵網経』にみられる六十二見が過去世や未来世についての見解を理論上の分類によって数え上げているのに対し，『沙門果経』の「六師外道」の説は，実際の思想家の名前が明確に記されている。

本論では，パーリ上座部の『沙門果経』を中心に，仏教興起時代の「六師外道」の世界観，人間観に焦点を当て，仏教の人間観との比較のための材料を提示したい。

1．『梵網経』にみられる六十二見の人間観

まず，『長部経典（ディーガ・ニカーヤ）』に収録されている『梵網経』にもとづいて六十二見[1]をまとめると，次のとおりである[2]。

過去に関する説（Pubbantakappika）（18説）

・常住論（４説）

・一部常住論（４説）

・有限無限論（４説）

・詭弁論（４説）

・無因生論（２説）

未来に関する説（Aparantikappika）（44説）

・死後の有我説（有想論〈16説〉，無想論〈８説〉，非有想非無想論〈８説〉）

・断滅論（７説）

・現法涅槃論（５説）

『梵網経』前半部分で大・中・小の三つの戒が述べられた後，後半部分で上記の六十二見が述べられる。過去に関する説と未来に関する説で二分されるが，それらを合計して，六十二の見解にまとめられる。理論上の分類が整然と述べられており，多岐にわたる見解それぞれについて，明確な主張者を知ることはできない。

この六十二見に対する仏教の評価としては，これらの見解を理解しつつもそれに執着しない如来を称賛することが述べられ，見解そのものの正邪はさほど重視されていない[3]。

ここで主題となっているのは，「我（attan）」と「世界（loka）」の両者，またはそのいずれかである。このことは，自己や世界の存在が過去・現在・未来にわたって存在し続けるかどうかが，当時のインド世界において重要なテーマであったことがうかがわれる。仏教外の見解ではあるが，人間の自己存在が，これからどうなっていくのか，輪廻思想を前提として考えたとき，

自己の前世の問題とあわせて，死後，自身がどうなっていくのかが強い関心事であったといえる。

2．『沙門果経』にみられる「六師外道」の人間観

『長部経典』の第二経典である『沙門果経』では，「六師外道」が登場する。「六師外道」とは，あくまでも，仏教を「内道」とした場合の，仏教側からの呼び名であり，仏教もまた他の宗教からすれば「外道」となる。よって，現代語の「外道」という語の持つニュアンスほどには，否定的な意味合いはないと思われる。実際に，その原語は *skt. tīrthakara, tīrthyakara, anya-tīrthika* 等であり，「渡し場（*tīrtha*）を作る人」，つまり宗派の開祖というほどの意味である。[(4)]

『沙門果経』にもとづいて，「六師外道」の説をみていきたい。『沙門果経』は，ビンビサーラ王（頻婆娑羅王）の息子であり，父王を殺害せしめたマガダ国王，アジャータサットゥ王（阿闍世王）が，名医であり友人でもあるジーヴァカ・コーマーラバッチャ（耆婆童子）に連れられて釈尊の許に赴き，心を浄めようと，釈尊に問いを発するという場面で始まる。

「象に乗る者，馬に乗る者，車に乗る者」等の技能職種の者は，それによって報酬を得，生活しているが，それと同様に，目に見える形で「修行の成果（沙門果）」を示すことができるかどうか釈尊に質問をしたアジャータサットゥ王であったが，王は逆に釈尊から，これまでの経緯を問われることとなり，これまで出会った「六師外道」の一人ひとりについて王が説明をすることになる。

以下，『沙門果経』の現代語訳を挙げ，続いてそれぞれの人間観について説明的コメントを付した。なお，「六師外道」の記載順は，実際には様々であるが，ここでは『沙門果経』に登場する順番とした。[(5)]

①プーラナ・カッサパ（道徳否定論）

プーラナ・カッサパは，奴隷の子とされたがのちに逃亡して裸の行者となり，次のような主張を行った。(6)

「大王よ，［自らの手で］傷つける者，［命令して］傷つけさせる者，［他人の手足などを］切断する者，切断させる者，苦痛を与える者，苦痛を与えさせる者，悲しみを与える者，疲れさせる者，恐れおののく者，恐れおののかせる者，生き物を殺す者，与えられない物を盗る者，強盗を働く者，一軒家を襲う者，追剝を働く者，他人の妻と通ずる者，嘘をつく者，——こういう者の行為は罪悪とはなりません。たとえ周囲が剃刀のように鋭利なチャッカによって，この地上の生き物を［切り刻んで］一つの肉の塊り，一つの肉の山にしたとしても，それによって罪悪はなく，罪悪の出現はありません。またたとえ［凶暴な人々のいる］ガンジス河の南岸(7)に行って，殺害しても，殺害させても，［他人の手足などを］切断しても，切断させても，苦痛を与えても，与えさせても，それによって罪悪はなく，罪悪の出現もありません。またたとえ，［信心深い人々のいる］ガンジス河の北岸に行って，布施をしても，布施をさせても，大供養を行っても，大供養を行わせても，それによって功徳はなく，功徳の出現はありません。布施によっても制御によっても［戒による］自制によっても，真実のことばによっても，功徳はなく，功徳の出現もありません。(8)」

プーラナ・カッサパのこの説は，「道徳否定論」といわれている。確かに，殺生をしても罪とならず，布施をしても功徳とならないのは，「道徳」から逸脱しているように思える。つまり，悪業の結果も，善業の結果も行為者自身が受け取らないということになり，「自業自得」の業論を根底から見直さなければならなくなる。

しかし，このプーラナ・カッサパの説が「常識的」な基準から正当なものとして受け入れられるという前提に立つと，善と悪との行為の価値基準の見直しを迫られているという受け取り方もできる。つまり，バラモン教的伝統

に依拠している人々は，ヴェーダの規定に従って行動することこそが正しい生き方であり，言い方を変えればそれが行為を束縛することにもなる。そのような束縛に異を唱えたのがこのプーラナ・カッサパではなかったかと考えられる。極端な説ではあるが，従来の「道徳」を否定することで新たな人間観を持つことにより，バラモン教的人間観からの脱却を図ったといえよう。

②マッカリ・ゴーサーラ（決定論）

マッカリ・ゴーサーラは，アージーヴィカ（ājīvika）教徒と呼ばれる[(9)]。漢訳仏典では「邪命外道」と訳され，生活（ājīva）のために修行をする者として貶称されるが，実際には，ジャイナ教の開祖であるマハーヴィーラの許で6年間裸形で修行したと伝えられることから，他学派がいうような，生活のためだけを目的として修行をしていたとは考えにくい。

彼は，宿命論，決定論と呼ばれる次のような説を唱えた。

「大王よ，生けるものには，汚れの直接原因（hetu）も間接原因（縁）（paccaya）もない。生けるものは直接原因も間接原因もなく汚れるのである。生けるものには直接原因も間接原因もない。生けるものは，清浄の直接原因も間接原因もなく清浄になるのである。自己による諸行為はなく，他者による諸行為もなく，人間による諸行為もなく，力もなく，精進もなく，人間の精力もなく，人間の努力もない。（中略）八百四十万の大劫があり，その間，愚者も賢者も流転し輪廻をくり返した後，［ようやく］苦の終滅を実現するでしょう。その場合，〈わたしはこの戒により，禁制により，苦行により，梵行によって，いまだ熟しきっていない業を完熟させ，あるいはすでに熟しきった業には［その報いに］くり返し触れて，消滅させてしまおう〉などということはありません。まったくそのようなことはないのです。楽と苦とは［いわば］桝で量られたようなもので，輪廻は期限が限定されていて，そこには増減もなければ消長変動もないのです。ちょうど糸玉が投げ出されると，［糸がなくなるまで］解けながらころがって行くように，愚者も賢者も流転し輪廻

した後で，［ようやく］苦の終滅を実現するでありましょう[10]。」

マッカリ・ゴーサーラのこの糸玉の比喩は有名である。この部分の説明によれば，仏教でいうところの因（hetu）も縁（paccaya）も否定し，それぞれの運命はすでに決定していると主張している。そうなると，条件によって結果が変化する縁起説を基本とする仏教説とは，真っ向から対立することになる。「八百四十万の大劫」の間，人間の諸行為や努力は無為なものとなり，業論は否定されることになる。そのような意味では，マッカリ・ゴーサーラの説は，プーラナ・カッサパの説とよく似ている[11]。

人為を否定しようとした態度は，当時のバラモンに対する批判的な立場があったのではないかと推測される。ヴェーダ祭式は社会的な地位の確保や天寿のまっとう，死後天界に赴くことも含まれていた。その実現のために，バラモンは重要な存在とされ，彼らに依存する「バラモン至上主義」的な風潮が出来上がっていたのではないかと考えられる。それへの反発が，マッカリ・ゴーサーラのいう決定論，運命論という形で表れていたのではないだろうか。

③アジタ・ケーサカンバリン（唯物論[12]）

アジタ・ケーサカンバリンは毛髪（keśa）で作った衣をまとった行者とされる。彼の説は次のとおりである。

「大王よ，布施というものはありません，供犠というものはありません，供養というものはありません，善行・悪行の果報，報いはありません。この世はなく，あの世もありません。母はいないし，父もいません。化生の生き物たちはいません。この世には正しく［最高の境地に］到達し，正しく［道を］実践し，この世とあの世とを自ら覚知し，目の前に見えて説き明かすという沙門やバラモンたちはいません。［ただ］この人間とは，四大元素から成り，死んだときには，［そのうちの］①地［の元素］は地の本体に帰元し，②水［の元素］は水の本体に帰元し，③火［の元素］は火の本体に帰元し，④風［の元素］は風の本体に帰元しま

す。もろもろの，感覚器官は虚空に転移します。棺を第五番目とする［四人の］人間は死者を運んで行き，火葬場に着くまで，［死者に関して］いろいろなことばで知らしめるが［その後，焼かれた］骨は鳩色になり，供物は灰となります。この布施［の功徳］というものは，愚者の考え出したものです。たとえ，誰かが［四元素以外の］実在論を唱えたとしても，それは虚偽虚妄の戯論です。愚者も賢者も，［自身の］肉体の消滅によって，絶滅し滅亡し，死後には存在しません。[13]」

ここで述べられる前半部分は，これまでの主張と同様，祭祀や業の否定であり，前二者と同じ立場である。一方，アジタ・ケーサカンバリンの説として特徴的な点は，後半の，万物が四大に帰するという点であろう。

四大とは，地・水・火・風の四大元素のことであるが，これらは仏教においても共通して認められる。ここでは，ヴァスバンドゥの『倶舎論』の説をみておきたい。

［先の偈に］「［四］大種によって」と説かれたが，大種とは何か。

大種とは地界・水［界］・火［界］・風界である，（1.12ab）

という。これら四は自相および所造色を保持するから界であり，［また］四大種といわれる。[14]

また，バラモン教の思想においても，ヴァイシェーシカ学派が実体として四大元素を含む九つの要素を立てている。

［問］それでは，実等の句義とは，何であるか。又，それらの同法と異法とは何か。

［答］この中で，実とは，①地，②水，③火，④風，⑤空，⑥時，⑦方，⑧我，⑨意である。これ以外に，他の物は，名称が（勝論経に）あげられないから，同異の名称によって説かれた実は，（以上の）九に限られている。[15]

いずれにしても，彼の説は究極的にはすべてのものが元素に帰することになり，人為や来世の存在を認めていない。これも，人間の様々な願望を実現する存在としてのバラモンへの批判的意味合いが強かったのではないかと考

えられる。

アジタ・ケーサカンバリン，ヴァスバンドゥ（『倶舎論』），プラシャスタパーダ（Padārthadharmasaṃgraha，ヴァイシェーシカ学派）でそれぞれに四大が挙げられており，その意味内容が異なっている可能性もあるが，そのことを積極的に支持する説は恐らく見つからないと考えられるから，ひとまずここでは，共通の「四大」を想定していると考えることとする。

④パクダ・カッチャーヤナ（七要素説，道徳否定論，快楽論）

パクダ・カッチャーヤナは次のような七要素説を唱えたとされる。

「大王よ，これら七種の要素は，作られたものではなく，作らせられたものではなく，創造されたものではなく，創造するものではなく，何物をも産み出さず，山頂のように不動で，石柱のように直立しています。それらは，動ぜず，変化せず，相互に他を害することなく，相互に他を楽とし苦とし，楽苦とすることはありません。その七種とはなんでしょうか。①地（paṭhavī）の要素，②水（āpo）の要素，③火（tejo）の要素，④風（vāyo）の要素，⑤楽（sukha），⑥苦（dukkha），［そして］第七として⑦霊魂（jīva）です[16]。これら七種の要素は，作られたものではなく，作らせられたものではなく，（同文中略）相互に他を楽とし苦とし，楽苦とすることはありません。そこには，殺害する者も，殺害させる者も，聞く者も，聞かせる者も，知る者も，知らせる者もいません。たとえ鋭利な刀で頭を断ち切っても，誰かが誰かの生命を奪うことにはなりません。ただ七種の要素［と要素］の間隙を，刃による切れ目が落ちていくにすぎないのです[17]。」

パクダ・カッチャーヤナの説では，アジタ・ケーサカンバリンが述べた四大に加えて，⑤楽，⑥苦，⑦霊魂の七要素を想定している。人間は，これら七種の要素の総体としてとらえられている。楽や苦，及び霊魂を実体視している点で，仏教とは異なる説であるといえる。また，鋭利な刀で頭を断ち切っても生命を奪うことにはならないという説は，容易には理解できないが，

アジタ・ケーサカンバリンと同様に人間を単一体ではなく要素の集合体としてとらえようとしている点は，仏教とも共通した視点を持っていたといえよう。

⑤ニガンタ・ナータプッタ（ジャイナ教）

ニガンタ・ナータプッタは，ヴァルダマーナともいい，ジャイナ教の開祖として厳しい修行を行ったとされる有名な人物である。

「大王よ，この世において，ニガンタは四つの部分からなる防護によって守られているのです。大王よ，ニガンタはどのようにして四つの部分からなる防護によって守られているのでしょうか。大王よ，この世において，ニガンタはすべての水を避け，すべての水によって［悪を］制し，すべての水によって［悪を］除き，すべての水によって［悪の制御を］体得します。このように，大王よ，ニガンタは四つの部分からなる防護によって守られているのです。大王よ，このようにニガンタは四つの部分からなる防護によって守られているので，大王よ，このニガンタは，自己の完成者，自己の制御者，自己の確立者と呼ばれるのです[18]。」

この下線部に対して，山崎守一氏は vārī を vāraṇa（防御）であると解釈し，次のように訳している。

すべての［業の流入を］防御することによって守られ，すべての［業の流入を］防御することに努力し，すべての［業の流入を］防御することによって支えられ，すべての［業の流入を］防御することに従順です[19]。

ジャイナ教においては，輪廻から解脱するために，業の流入を防御することが重視されるから，「水」という解釈よりも，「防御」と考える方が思想的にも自然ではないかと考えられる。

仏教とは異なり，ジャイナ教においては，霊魂の実在を認める。その霊魂に業が流入することにより，解脱が妨げられることになる。苦行により霊魂への業の流入を止めることができれば，霊魂は上昇し，解脱に至ることができる。

仏教とジャイナ教においては，戒律や思想の面で多くの共通点がみられるが，ここでの『沙門果経』における解脱論についてみれば，霊魂の実在を認め，業の流入を想定する意味で，異なった立場を取っているといえるであろう。ただし，バラモン教とは異なり，方法論の異なりを除けば，自己への目覚め，自己の完成を目指した点で，仏教とジャイナ教で共通した人間観を持っていたともいえよう。

⑥サンジャヤ・ベーラッティプッタ（懐疑論[20]）

サンジャヤ・ベーラッティプッタは，懐疑論者とも呼ばれ，次のような説を唱えた。

「もしあなたがわたしに，〈ほかの世界は存在するか〉と質問したとすると，もしわたしがほかの世界は存在すると考えているなら，ほかの世界は存在する，と答えるでしょう。しかし［実際には］わたしはそうはしません。そのとおりだともわたしは考えないし，別であるとも考えません。そうではないとも，そうではないのではないとも考えません。もしあなたがわたしに〈ほかの世界は存在しないのか〉と，［また］〈ほかの世界は存在し，かつ存在しないのか〉と，［またさらに］〈ほかの世界は存在するのでもなく存在しないのでもないのか〉と質問するとしても［同じように答えるでしょう］。
〈化生の生き物たちは存在するのか〉……。
〈善悪の業に結果・報いはあるのか〉……。
〈如来（悟った人）は死後存在するのか〉……[21]。」

サンジャヤのこのような態度は，懐疑論，不可知論とも呼ばれる。サンジャヤは仏伝にも登場し，大きな勢力を持っていたと伝えられている。しかしながら，その高弟であったサーリプッタとモッガラーナがサンジャヤの弟子から仏弟子へと移行したとされる。

問われた質問に対して，明確に回答しない態度は，一見したところ責任の回避のようにみえる。しかし，来世の問題や死後の如来（tathāgata）の存

在については，明確に判断することができないため，回答を避けたのであって，責任の回避ではない。断言できないことがらについて回答をしない態度は，仏教の無記思想にも相通じるところがあり，仏教との共通した認識であるともいえよう。

まとめ

以上，「六師外道」の諸説をみてきたが，彼らに共通する何らかの思想があったわけではない。しかしながら，個々にみてみると，バラモン思想一辺倒であった当時の思想界に様々な立場から疑問を呈していたことが分かる。そしてそれらの思想は，仏教における人間観と相通じる面も見受けられる。

仏教側からの立場では，「六師外道」として異なる思想，乗り越えられるべきものとして描かれているが，決して荒唐無稽な世界観，人間観を持っていたわけではない，むしろ，仏教と同様に，当時の思想界に一石を投じていたという見方もできよう。

より詳細な比較はできなかったが，バラモン思想を否定し，人為の効果に疑問を投げかけた点，人間存在が四大に帰すると考えた点など，「六師外道」の説は仏教の人間観と共通する点も多いといえる。ただし，今回の検討では，パーリ上座部の資料のみに偏ってしまったことは問題である。他の部派の資料も含めた，より詳細な検討を今後行っていきたい。

註

(1) 「六十二見」には，『涅槃経』『大品般若経』等の説があるが，ここでは『梵網経』の「六十二見」を考慮すればよいと考えられる。

(2) 『長部経典Ⅰ』註43を参照した。

(3) 畑［2003］を参照した。

(4) 中村元『仏教語大辞典』p. 305, 山崎［2010］, pp. 54-55。なお，ティールタ

ンカラという語は，ジャイナ教の開祖マハーヴィーラ（ニガンタ・ナータプッタ）以前の23人の祖師に対しても使用される。

(5) 『沙門果経』内でも，冒頭に列挙される順序は⑤⑥が入れ替わっている。南［1983］p. 158によれば，有部系の文献では①②⑥③④⑤であり，また宇井［1925］では③④⑤②①⑥の順である。配列の順序と部派との関係は，辻本［2000］に詳しい。

(6) プーラナ・カッサパは奴隷の子とされている。最下層に相当する奴隷の子の説が，どれだけ受け入れられたかについては疑念が残る。このことをコメンテーターの藤井教公先生にご指摘いただいた。彼の説がどの程度影響力を持ちえたかについては確認することは容易ではないと思われる。しかし，釈尊が「六師」の一人として挙げるのに相当するだけの勢力はあったのではないかと考えられる。

(7) ガンジス河の南岸の人々は，残酷で凶暴であり，北岸の人々は信心深く浄信を持ち，仏法僧を信奉していると考えられていた。『長部経典Ⅰ』註45，46（DA. i. 160）を参照した。

(8) 『長部経典Ⅰ』pp. 65-66。

(9) 釈尊が成道後，鹿野苑に行く途中に出会ったウパカも邪命外道であるといわれている。

(10) 『長部経典Ⅰ』pp. 67-68。

(11) 上野［1965］p. 91にも同様の指摘がある。両者には表現の違いはあっても，人為を否定する立場は同類であるといえる。

(12) 根本説一切有部では，プーラナ・カッサパの説として伝承されている。仲宗根［2016］p. 99。また，「この世はない，あの世はない」という分を含む主張と，「人間は四大元素のみから成り，死後は存在しない」という主張は本来別の素材であったということは，正量部の資料を用いて岡野［2012］pp. 19-29において確認されている。

(13) 『長部経典Ⅰ』pp. 69-70。

(14) 櫻部［1969］p. 159。

(15) 金倉［1971］p. 100。

(16) 数字，及び原語は引用者が挿入した。

⒄ 『長部経典Ｉ』p. 72。

⒅ 『長部経典Ｉ』p. 73。

⒆ 山崎［2010］p. 64。PTS の原文は次のとおり。sabba-vārī-vārito ca hoti, sabba-vārī-yuto ca, sabba-vārī-dhuto ca, sabba-vārī-phuṭṭho ca.

⒇ 最後にサンジャヤの不可知論が配されたのは，その形而上学的知識を否定する態度が仏教思想により近い立場であったからであると考えられる。高木［1985］p. 165。

(21) 『長部経典Ｉ』pp. 74-76。

参考文献

『長部経典Ｉ』：森祖道，浪花宣明，橋本哲夫，渡辺研二『原始仏典第１巻　長部経典Ｉ』春秋社，2003。

宇井［1925］：宇井伯寿「六師外道研究」『印度哲学研究』第二巻，甲子社書房。

上野［1965］：上野順瑛「六師外道の断常二見と無我輪廻との関係」『印仏研』14（1），pp. 89-94。

岡野［2012］：岡野潔「世界の成り立ちをめぐる外教との論争――『大いなる帰滅の物語』第１章第４節読解――」『哲学年報』71, pp. 1-46。

金倉［1971］：金倉圓照『インドの自然哲学』平楽寺書店。

櫻部［1969］：櫻部建『倶舎論の研究――界・根品――』法藏館。

佐藤［1995］：佐藤次高編『人物世界史４　東洋編』山川出版社。

高木［1985］：高木訷元「『沙門果経』と六師外道」『仏教と異宗教　雲井昭善博士古稀記念』平楽寺書店，pp. 159-171。

辻本［2000］：辻本俊郎「阿含・ニカーヤに見る六師外道の伝承について」『アジア文化学科年報』3, pp. 1-7。

辻本［2008］：辻本俊郎「マッカリ・ゴーサーラとサンジャヤ・ベーラッティプッタ〈付〉「漢訳六師外道資料一覧表」」『アジア学科年報』2, pp. 21-32。

仲宗根［2016］：仲宗根充修「初期仏典にみられる六人の自由思想家の所説について（１）」『京都文教短期大学研究紀要』54, pp. 99-106。

畑［2003］：畑昌利「六十二見に対する仏教の評価と Pāli「梵網経」の主題」『印

仏研』52（1），pp. 316-318。
南［1983］：南清隆「パーリ「沙門果経」の六師外道について」『印仏研』32（1），pp. 158-159。
山崎［2010］：山崎守一『沙門ブッダの成立——原始仏教とジャイナ教の間——』大蔵出版。

キーワード　「六師外道」，『沙門果経』，仏教興起時代

身心論の観点からみた瑜伽行派の人間観

――アーラヤ識説を中心に――*

山部能宜

近年の私の研究課題の一つは，アーラヤ識と禅定体験との関係を明らかにすることである。アーラヤ識は禅定による身心の転換の体験のなかで見出されたという仮説を私はもっていて，この件に関しては既にいくつかの拙稿を公にしている[(1)]。既発表の拙稿では『瑜伽師地論』「摂決択分」冒頭に見られる「アーラヤ識の八論証」を起点として議論を展開したのであるが，本稿では『顕揚聖教論』におけるアーラヤ識と転識の関係に関する記述を起点としてこの問題を再論してみたい。その際，既発表の拙論では十分検討できなかった部分を中心に議論を展開したいと思うが，前稿との重複を完全に避けることは難しいであろう。この点，予め御寛恕を頂きたい。

1．アーラヤ識と禅定による楽

今回まず検討したいのは，『顕揚聖教論』中の一節である。本節は，初禅における離生喜楽（vivekaja-prītisukha）に関するものであるから，当然禅定に関わるものである。

> 建立定者。如經中說。「離欲惡不善法故。有尋有伺離生喜樂。初靜慮具足住[(2)]」。……
>
> 喜者謂已轉依者依於轉識心悅心勇心適心調安適受受所攝。
>
> 樂者謂已轉依者依阿賴耶識能攝所依。令身怡悅安適受受所攝。
>
> （T31:486c24–487a6［No. 1602］[(3)]）

シュミットハウゼンが指摘する通り，この一節は『阿毘達磨雑集論』（*Abhidharmasamuccayabhāṣya*）に引用されているため，梵文を回収するこ

とができる。

その〔の初禅・二禅〕における，意地の楽（manobhūmikaṃ sukham）とはいかなるものか？「喜と楽」と言われるもののことである，以下のように。

「喜（prīti）とは何か？ 転依した者（parivṛttāśraya）の，転識を依り所とする（pravṛttivijñānāśrita）心の満足（cittatuṣṭi）・高揚・歓喜・健全さであって，受（vedanā）に属する喜ばしい感受である。

楽（sukha）とは何か？ 転依した者の，アーラヤ識を依り所とする（ālayavijñānāśrita）"所依"の利益（āśrayānugraha）と喜びであって，受に属する喜ばしい感受である」。

（瑜伽行思想研究会 ed., 409.10–15; Tatia ed., 61.1–5［§61(iii)］に対応[(4)]）

本節の構造は**図 1** のようにまとめられる。

［**図 1**］	喜：	転識（＝意識[(5)]）	心の満足等
	楽：	アーラヤ識	"所依"の利益等

アビダルマ・瑜伽行派の文献において，文脈による限定のない"所依"（āśraya）は，しばしば「身体」を意味する[(6)]。上引箇所においても，心（citta）と対置される"所依"がその意味で用いられていることはほぼ確実であろう[(7)]。従って，転依（āśrayaparivṛtti，ここでも āśraya は「身体」と無関係ではない）によって人格的基盤が転換した者は，彼の身心において快適感を経験するのであり，そのうち身体的な楽はアーラヤ識に関連づけられるのである。

上引箇所は，続く『阿毘達磨雑集論』の註釈部分で次のように解釈されている。

これは以下のことを意味する。初禅と第二禅に属する楽の感受が生じつつある時，〔その楽の感受〕はそれが相応している一群の心・心所を，歓喜の行相（harṣākāra）によって喜ばせる。また，それ（楽の感受）

は，アーラヤ識を本質とする“所依”を（āśrayaṃ cālayavijñānasvabhāvaṃ），軽安の楽（prasrabdhisukha）によって喜ばせる。それ故，この二つの作用をなすことから，それ（楽の感受）は喜と楽という両様に区分されると，知られるべきである。

（瑜伽行思想研究会 ed., 409.15-18; Tatia ed., 61.5-8［§61(iii)］に対応）

この論述から，“所依”に関わる楽とは，具体的には「軽安」(praśrabdhi) すなわち禅定中にのみ得られる快適感を指し(8)，それが身体を利益（anugraha）するということが理解される。また，「アーラヤ識を本質とする“所依”」という表現も注目に値する。既に見た通り，この文脈における“所依”（āśraya）は「身体」を意味するだろうから，上引箇所において，身体とアーラヤ識は同一視されているように思われるのである。

確立された瑜伽行派の教理によれば，アーラヤ識は中性的（aduḥkhāsukha, upekṣā）な感受のみと相応（saṃprayukta）するとされるため(9)，楽・軽安がアーラヤ識と関係づけられるのは奇妙である。しかしながら，教理体系上の理論的要請が禅定中の実際の体験と一致するとは限らず，むしろこのような一見教義体系と齟齬するように思われる記述には，かえって実践者の禅定中における経験の痕跡が残されている可能性があるのではないだろうか。

2．「転依した者」(parivṛttāśraya)

上引箇所の背景を理解するために，まず，「転依した者」(parivṛttāśraya) という表現が明らかに前提としている「転依」(āśrayaparivṛtti) において何が起こるのかを確認したい。初期の転依の用例として，『瑜伽師地論』「本地分」中「声聞地」(*Śrāvakabhūmi*) には以下のような記述が見られる。

その〔ヨーガの課題（yogakaraṇīya，瑜伽所作）〕の内，所依の滅とは，予備的段階（prayoga，加行）の思惟の修行（manasikārabhāvanā）に取り組んでいる者に，麁重（dauṣṭhulya）を伴う“所依”が徐々に滅し，軽安（praśrabdhi）を伴う“所依”が生じてくることである。

（佐久間 1990,（72）, n. 3より引用; Sakuma 1990, 17［§C.1.1］; Shukla ed. 283.6-8; T30:439a20-21に対応）

この説明によれば，「転依」とは“所依”が麁重を伴う状態から軽安を伴う状態へと転換することを意味する。『五蘊論疏』（*Pañcaskandhakavibhāṣā*）にはさらに以下のような用例が見られる。

軽安とはいかなるものであるか？　それは麁重に対する対治（dauṣṭhulyapratipakṣa）**であり，身心の堪能性**（kāyacittakarmaṇyatā）**である**。[10]「麁重」とは身心の不堪能性（akarmaṇyatā）と，雑染法の種子（sāṅkleśikadharmabījāni）である。それ（麁重）が消滅した時に「軽安」が存在するから，〔軽安は〕「麁重に対する対治」である。一方，「身心の堪能性（karmaṇyatā）」とは，軽安の定義的特徴である。

（Kramer ed., 47.8-11）

上引箇所では，軽安が麁重に対する対治であるということ，軽安は身心の双方で経験されるということ，そして麁重と軽安はそれぞれ「不堪能性」（よく機能しない状態）と「堪能性」（よく機能する状態）[11]であるということが述べられている。麁重という概念には，「不堪能性」という感覚的なものと，「雑染法」という倫理的なものが含まれるということに注意すべきであろう。これらの記述により，転依における転換は，**図 2** のようにまとめることができる。[12]

［**図 2**］　身体の麁重（不堪能性）　→　身体の軽安（堪能性）
　　　　　心の麁重（不堪能性）　→　心の軽安（堪能性）

つまり「転依」は実践者の身心において併行して生じるのである。冒頭に引用した『顕揚聖教論』の一節も，そのような体験を前提としているのであろう。さらに，この枠組みを「声聞地」の以下の用例と比較したい。

希求し求めていた目標に到達すること，喜に対して過失を見ないこと，そして一切の麁重を捨てることから，広大な軽安（vipulapraśrabdhi），

すなわち心身の堪能性により（cittakāyakarmaṇyatayā）［初禅は］喜と楽をもつと言われるのである。[13]

（Deleanu 2006, 331［§3.28.3.1.5］より和訳; Shukla ed., 450.11-14に対応; Schmithausen［1987］2007, 316, n. 300参照）

この一節の内容は，**図3**のようにまとめることができるであろう。

［**図3**］　喜：　心堪能性（cittakarmaṇyatā）：広大な軽安

　　　　楽：　身堪能性（kāyakarmaṇyatā）：広大な軽安

この**図3**を，先の『顕揚聖教論』の内容をまとめた**図1**と比較することにより，身体（kāya）と“所依”（āśraya）が対応していることが再確認できるであろう。

3．『五蘊論疏』の「雑染法の種子」について

次に，上引の『五蘊論疏』（Kramer ed., 47.8-11）では，麁重が雑染法の種子（sāṅkleśikadharmabījāni）と同一視されていたことをいま一度想起したい。実は，関連する表現は『摂大乗論』（*Mahāyānasaṃgraha*）の次の箇所にも見出される。

さらに，［アーラヤ識には］麁重に特徴づけられたもの（麁重相，*dauṣṭhulyalakṣaṇa）と軽安に特徴づけられたもの（輕安相，*praśrabdhilakṣaṇa）とがある。麁重に特徴づけられた［アーラヤ識］とは，煩悩・随煩悩の種子をもつもの（煩惱隨煩惱種子，*kleśopakleśabīja）のことである。軽安に特徴づけられた［アーラヤ識］とは，有漏善の諸法の種子をもつもの（有漏善法種子，*sāsravakuśaladharmabīja）[14]のことである。もしこの［区別］が存在しないのであれば，異熟たる“所依”の堪能・不堪能の区別（所感異熟無所堪能有所堪能所依差別，*vipākāśrayasya karmaṇyākarmaṇyaviśeṣa）はありえないこととなる。

（長尾 1982, *54-55*［§I.61A］, 荒牧典俊による還梵を参照して和訳した）[(15)]

図 4 に示されるように，この箇所もまた禅定の文脈における身心の相関関係について，上来見てきたものと同様の議論を展開していると考えられる。

［**図 4**］ “所依”： 無所堪能 有所堪能

↑ ↑

アーラヤ識： 麁重相 軽安相

煩悩・随煩悩種子 有漏善法種子

この一節によれば，“所依”の堪能・不堪能の区別は，それぞれ麁重と軽安に特徴づけられたアーラヤ識に基づいているということになる。後述するように，アーラヤ識は身体の生理的基盤として身体の状態と相関関係にあるので，アーラヤ識が麁重相のとき身体は不堪能となり，心中に煩悩・随煩悩あるいは雑染法を生起させる。そのときアーラヤ識は煩悩と随煩悩の種子として機能するのだから，従って，『五蘊論疏』（Kramer ed., 47.8-11）と『摂大乗論』（§I.61A）は，極めて類似した構造をもつことに気づかされるのである（**図 5**）。

［**図 5**］ 麁重：不堪能性，雑染法種子（『五蘊論疏』）

麁重相：無所堪能，煩悩・随煩悩種子（『摂大乗論』）

そうすると，上述した麁重の「感覚的」な側面と，「倫理的」な側面は，実は不可分なものと認識されていたようである。

4．種子・麁重・所依

そこで，倫理的要素である煩悩・随煩悩と有漏善の諸法の種子が，身体の不堪能・堪能な状態の区別とどのように関係しているのかをもう一段掘り下

げて検討してみたい。そもそも，種子とはいかなるものであろうか。その手がかりは，『阿毘達磨倶舎論』（*Abhidharmakośabhāṣya*）の以下の引用箇所に見出される。

> この［断惑した者たちと断惑していない者たちの区別］は“所依”の区別（āśrayaviśeṣa）によって成立するのである。というのも，聖者たちのかの“所依”は見道・修道（darśanabhāvanāmārga）の力によって，それらによって断ぜられるべき煩悩を生じる能力がないように転換している（parāvṛtta）からである。それ故，火に焼かれた米のように（agnidagdhavrīhivad）[16]，“所依”が煩悩の種子ではなくなった時に（abījībhūte[17] āśraye kleśānām），「煩悩が断じられた［“所依”］」と言われるのである[18]。　　(Pradhan ed., 63.18–20; Yamabe 1997a, 444, n. 26所引)

この内容は，次の**図6**のようにまとめられよう。

［**図6**］　煩悩　　　　　　　　　×
　　　　　↑　　　　　　　　　　↑
　　　　　凡夫の“所依”（＝種子）　聖者の“所依”

つまり，煩悩（kleśa）とは単に我々の心の倫理的状態に関わるものではなく，“所依”（ここでも身体と密接に関係するであろう[19]）の状態に根ざすものなのである。種子とは我々の内側にある何らかの物質的な粒子を指すものではなく，それらはある特定の状態の“所依”に対して仮に名称設定されたものに過ぎないことに注意すべきであろう。

この『倶舎論』の用例も考慮に入れるならば，先に見た『摂大乗論』（§I. 61A）は，我々の“所依”が不堪能な状態にある時には煩悩を生じるが，堪能な状態にある時にはそれらを生じることはない，ということを意味していると理解できるであろう。さらにこの『摂大乗論』の一節は，“所依”の状態がアーラヤ識の状態と相関関係にあることを明示するものである。

「特定の状態の“所依”」が意味するものについて検討する際には，類似す

る表現である「六処殊勝」(ṣaḍāyatanaviśeṣa，特定の［勝れた］状態の六処）を考慮に入れなくてはならない。その表現は，「菩薩地」(*Bodhisattvabhūmi*）の有名な種姓（gotra）の定義において用いられるものである。[20]

その［二取の種姓の］うち，本来的に存している種姓（gotra）[21]とは，菩薩たちがもつ特定の（勝れた）状態の六処である。それはそのようなものとして連綿として継承され，無始時来のものであり，本性的に得られたものである。 (Wogihara ed., 3.2-4)

煩悩や菩提を生み出す能力は，“所依”の状態と密接に関係していて，そのような何かを生み出す能力のある“所依”のことを，種子・種姓と呼ぶのである。では，六処の特定の状態とは具体的には何を意味するのであろうか。この表現は，以下に引用する菩薩が鋭敏な六処を有するという伝承と関連づけて理解されるべきだと思われる。[22]

問：菩薩[23]は鋭敏な六処を有していると聞くが，どのようにして，彼は対象を鋭敏に知覚するのか？

答：菩薩の宮殿の隣に，不滅の［灯をもつ］殿舎がある。殿舎の中に五百の灯が点される時，菩薩は自らの宮殿内にいながら，灯焔を見ることなくその光を見ただけで，灯の数が五百であることを知る。またそれらのうちもし一灯が消えれば，彼は一灯が既に消えたと言い当てる。これを，菩薩の眼根は鋭敏だと言うのである。

不滅の［灯をもつ］殿舎において五百人の芸妓が同時に音楽を奏でる時，菩薩は芸妓を見ることなくただ音楽の音色を聞いただけで，直ちに五百の音楽を奏でていると知る。もし一本の弦が切れたり，一人［の芸妓］が居眠りをしたりすると，彼は直ちにいま何が欠けたかを言い当てる。これを，菩薩の耳根は鋭敏だと言うのである。

菩薩の宮殿内で百種類の香を調合したものが焚かれると，菩薩はそれを

嗅ぎ，百種類［の香が］あることを知る。その香の調合者が菩薩を試そうとして，百種類のうちのあるものを増やしたり減らしたりすると，菩薩はそれを嗅いで直ちに，以前の香と比較して何が増えて何が減ったのかを言い当てる。これを，菩薩の鼻根は鋭敏だと言うのである。

菩薩が食事をする時，侍者は常に百味の団子を奉る。菩薩がそれを味わうと，彼は直ちにその中に百味がそろっていることを知る。ある時，料理人が菩薩を試そうとして百味のうちのあるものを増やしたり，減らしたりすると，菩薩はそれを味わってすぐにその中で何が増え，何が減ったのかを知る。これを，菩薩の舌根は鋭敏だと言うのである。

菩薩が沐浴する時，侍者は沐浴用の衣を奉る。菩薩がそれに触れると，彼は直ちに織った人や衣を奉った人にどのような病気があるのかを知る。これを，菩薩の身根は鋭敏だと言うのである。

菩薩は，様々な要素の個別の特徴と共通の特徴とを滞りなくよく知る。これを，菩薩の意根は鋭敏だと言うのである。
（『阿毘達磨大毘婆沙論』，T27:65b5-24［No. 1545］）

これらは，菩薩が生来もつ鋭敏な感覚（「六根猛利」）に関する議論であり，直接禅定に関係するものではない。しかしながら，感官の具体的な状態が菩薩の修行の基礎と考えられていたことに注意すべきであろう。おそらくこの種の考えが，「菩薩地」の「六処の特定の（勝れた）状態」という表現の背景にあるのだと思われる。[24]

周知の通り，瑜伽行派における種姓とは，ある人の修行道を先天的に決定する素質を指すものである。またこの理論においては，種姓が種子の別名であることにも注意すべきである。それ故，ここでもまた，種子（＝種姓）は感覚器官全体，すなわち身体のある特定の状態として理解されていたことが

見て取れるのである。

これらのことから，身体（およびアーラヤ識そのもの）との関係において，種子と種姓は類似した構造をもつと言える。身体が好ましくない状態にある時には，それは行者を菩提から遠ざける要因となり，身体が好ましい状態にある時には，それは菩提へと導くものとなるのである。

5．「執受」(upādāna) と「安危同一」(ekayogakṣema)

ここで，もう一度『摂大乗論』(§I.61A) の示す構造（**図 4**）を想起したい。この枠組みにおいて，“所依”とアーラヤ識の状態は密接な相関関係にある。上引『阿毘達磨雑集論』の註釈部分（瑜伽行思想研究会 ed., 409.15–18）にあったように，“所依”とアーラヤ識とが時として同一視されることを考慮するならば，このことは驚くに値しないであろう。ここでは「執受」(upādāna)[25] と「安危同一」(ekayogakṣema) という二つの用語を手がかりにして，より詳細にアーラヤ識と身体との密接な関係性を確認したい。はじめに，『倶舎論』の以下の引用を検討しよう。

> 「把持されたもの」とはどういう意味か。心・心所によって［身体的な］基盤 (adhiṣṭhāna) なるものとして保持されている (upagṛhīta) もののことである。［身体的基盤と心・心所は］利益と損害とに関して互いに随順するからである (anugrahopaghātābhyām anyonyānuvidhānāt)。世間で「有感覚なもの」と言われているもののことである。
> (Pradhan ed., 23.16–17)

上引箇所によれば，色 (rūpa) が心によって把持される (upa-ā-dā-) 時，色は有感覚なものとなり，色と心とは利益 (anugraha) と損害 (upaghāta) に関して互いに随順する。瑜伽行派の文献において，このような身心の相互関係は「安危同一」「安危共同」(ekayogakṣema, anyonyayogakṣema) 等と表現される。

『瑜伽師地論』中のアーラヤ識を前提としていない部分では，内容を特定

されない「識」（vijñāna）が身体を把持するものとされている。それ故，その構造は上で引用した『倶舎論』（Pradhan ed., 23.16–17）の構造とかなり近いものである。このような構造は『瑜伽師地論』「摂事分」（*Vastu-saṃgrahaṇī*）においても認められる[26]。

> 把持された（*upātta）要素とは，心・心所によって把持された色法（*rūpa）である。それら（色法）によって心・心所は生起するのだから，［色法と心・心所は］相関関係（安危事同，*ekayogakṣema）にある。相関関係（同安危）とは，心・心所の保持する力（任持力）によって，それらの色が断絶せず，壊れず，腐敗せず，そのように把持された諸色において衰損（*upaghāta）もしくは摂益（*anugraha）がある時，心・心所にもそれに応じて損・益がある。これと逆のものが，把持されていない［諸色］と呼ばれるのである。（T30:880a1–6［No. 1579］）

Upa-ā-dā- は，文字通りには「把持すること」を意味するが，色法は心・心所に把持されないと腐敗するのだから，ここで意味することは，端的に言えば心・心所が身体を生命あるものとして維持するということである。それ故，この文脈における「把持」とは結局のところ「生理的な生命活動の維持」を意味するということになろう（シュミットハウゼンは“biological appropriation”「生物学的把持」と訳している[27]）。またここでも，心・心所と「把持された」色法は利益と損害を共にするのである。

アーラヤ識が導入された後では，身体の活動を維持するものはアーラヤ識となる。『瑜伽師地論』「本地分」中「意地」（*Manobhūmi*）の以下の記述を参照されたい（ここでは文脈上，citta がアーラヤ識を指すことは明らかである）。

> 心（=アーラヤ識）の力に依ってそれ（=カララの色身）は腐敗しない。そしてその［カララの色身の］利益と損害（anugrahopaghāta）によって，心・心所の利益と損害（anugrahopaghāta）がある。それ故，その［関係］は互いに相関関係（anyonyayogakṣema）にあると言われるのである。

(Bhattacharya ed., 24.16-17, Schmithausen [1987]2007, 290, n. 184により訂正して読む)

ここではアーラヤ識が，「摂事分」で心・心所がもっていた「執受」の機能を引き継いでいると言えるであろう[28]。そしてアーラヤ識が身体の生理的基盤となるのだから，アーラヤ識と身体は良否の状態（「利益と損害」）を共有するのである。

この点に関して，アーラヤ識は身体に遍満しているという『五蘊論疏』の記述は注目に値する[29]。

ここで「身体」(kāya) とは，感官を伴った身体 (sendriyaṃ śarīram) を意味する。というのも，アーラヤ識は全身に遍満しているからである (samantaṃ hi śarīraṃ vyāpyālayavijñānaṃ vartate)。

(Kramer ed., 106.11-12)

このように，身体に遍満する生理的基盤としてのアーラヤ識は，生命ある限り身体と不可分なものである。そうすると，アーラヤ識と身体が密接な相関関係にあることもまた当然のことであろう。

では，利益 (anugraha) と損害 (upaghāta) とは具体的には何を意味するのであろうか。それらは以下の『瑜伽師地論』「本地分」中「有尋有伺等三地」(*Savitarkā savicārā Avitarkā vicāramātrā Avitarkāvicārā bhūmiḥ*) の一節が示す通り，第一義的にはそれぞれ楽 (sukha)・苦 (duḥkha) を指すと考えられる[30]。

もし［我が五］蘊の中に存在しているなら，それは常住であるか無常であるかのいずれかであろう。もし常住ならば，常住なものが楽と苦 (sukhaduḥkha)［の感受］によって利益や損害 (anugrahopaghāta)［を受ける］ということは理に合わない。(Bhattacharya ed., 132.15-17[31])

従って，

［**図7**］　楽　→　利益

苦　→　損害

となる。さらには，楽を“所依”の利益（āśrayānugraha）と関連づける本稿冒頭所引の『阿毘達磨雑集論』（*Abhidharmasamuccayabhāṣya*）の一節も想起する必要があろう。加えて，同論には，注目に値する記述が他にも見られる。

> 眼によって［影響される］識（cakṣuṣā vijñānaṃ）が，眼識である。何となれば，その［眼の］力によって，たとえ［その視覚対象である］色に変化がなくても，識の変化が引き起こされるからである。例えば，黄疸（kāmalavyādhi）[32]によって害われた（upahata）眼が，青等（nīla）の色でも黄色（pīta）としか見ないように。
> （瑜伽行思想研究会 ed., 115.6–9; Tatia ed., 16.24–17.1［§12(vi)b］に対応）

この一節は，病気によって害われた（upa-han-）感官が，識（vijñāna）に影響を及ぼすということを示している[33]。おそらく，この種の良・不良の状態は全て「利益」（anugraha）と「損害」（upaghāta）の概念に含まれるのであろう。従って，安危同一は第一義的には身心の相互関係一般を表す用語だったと思われる。

しかしながら，文脈によっては利益（anugraha）は軽安（praśrabdhi）と結びつけられることがある。

> 「利するもの」（anugrāhika）とは軽安のことである。それによって身心に利益をもたらすからである（tayā kāyacittānugrahakaraṇāt）。
> （*Abhidharmasamuccayabhāṣya*, 瑜伽行思想研究会 ed., 565.6; Tatia ed., 87.25［§92[iv][b]に対応］）

上述の通り，「軽安」とは禅定中に得られる楽の一種であるから，それが「利益」をもたらすのは自然なことである。そうであるならば，軽安の対義語である麁重（dauṣṭhulya）が損害（upaghāta）と対応すると考えるのも自然な想定であろう。この想定は以下の引用によって支持される。

> 麁重の分類については，欲界では麁重は麁く損害するものである。
> （『顕揚聖教論』，T31:484c28）

既に見てきたように，利益と損害は広い概念であり，禅定の文脈のみにおいて用いられるものではない。先に引用した「意地」（Bhattacharya ed., 24.16-17）の用例は，輪廻の過程を議論する文脈であり，禅定には直接的な関係がなかったことも想起すべきであろう。

しかしながら，『瑜伽師地論』「摂決択分」（*Viniścayasaṃgrahaṇī*）中「五識身相応地意地」（*Pañcavijñānakāyasaṃprayuktā bhūmiḥ, Manobhūmiḥ*）の以下の用例が示すように，禅定の実践が感官（indriya）を変容させることもまた確かである。

> さらに，要約すれば四つの原因によって諸感官は変容すると知られるべきである……（ii）内的な条件によって生じるものとは，すなわち各自の内的な道理に合わない思惟（tshul bzhin ma yin pa yid la byed pa, 不如理作意，*ayoniśomanaskāra）によって生じた欲望（'dod chags, 貪，rāga）による束縛（kun nas dkris pa, 纒，*paryavasthāna）のような雑染（kun nas nyon mongs pa, *saṃkleśa）の諸［要素］と，道理に合った思惟によって生じた専注（snyoms par 'jug pa, 三摩鉢底，*samāpatti）等によって，［感官は］変容する。
>
> （Pek. Zi 59a6-b1; D. Zhi 56a6-b1; T30:600c4-8）

加えて，『五蘊論疏』には以下のようにある。

> さらに，喜によって惹起された身体の特定の触覚対象こそが，身軽安（kāyaprasrabdhi）であると知られるべきである。「喜んだ心をもつものの身体は軽安となる」という経典の言葉[34]によって（prītamanasaḥ kāyaḥ prasrabhyata iti sūtre vacanāt）。ここで，心的なものではないが，心的なものの影響を受けることから，身軽安は，軽安覚支だと言われる。あるいは，身体の堪能性（kāyakarmaṇyatā）が心の堪能性（cittakarmaṇyatā）を引き起こすことから，心的なものではないが身軽安がここで述べられている。またその［軽安］は，その力によって転依［をもたらす］から，煩悩等の障害を余り無く断絶するという作用をもつのである。
>
> （Kramer ed., 47.14-48.6）

上記の箇所は明らかに，禅定の文脈における身心の相互影響を示すものである。一方では心の喜（prīti）が身体の堪能性をもたらすが，他方，身体の堪能性（kāyakarmaṇyatā）が心の堪能性（cittakarmaṇyatā）を引き起こす。ここでは，禅定の実践における身心の相互影響の重要性が明確に述べられているのである。

身体的な転換に関しては，以下の記述も示唆的である。

問：なぜ世尊は入出息が飲食物と呼ばれると説かれたのか？

答：それが［身体に］利益と損害を与えるからである。すなわち，最高の素晴らしい飲食物は身体を益する。［正しい］手だてをもって調えられた入出息と同様に。また，最低の粗悪な飲食物は身体に損〔害〕をあたえる。［正しい］手だてをもって調えられていない入出息と同様に。それ故，世尊は［入出息を］飲食物であると説かれたのである。

（『阿毘達磨大毘婆沙論』，T27:134a15–18）

身体の状態は，心の状態に影響される以外に，呼吸の仕方によっても強い影響を受ける。この点は注目に値する。

以上の考察により，安危同一とは広くは身心の相関関係一般に関する表現であるが，またこの概念には，禅定の文脈における身心の相互影響も含まれているのではないかと思われる。身体的な側面については，しばしば関連する文献でも言及されており，そのことは，実践者達が禅定の文脈における身体の重要性をはっきりと理解していたからに違いないであろう。

6．ヴィーナー（Vīṇā）の喩え

本稿の結論に入る前に，下記に引用するパーリ仏典の一節を検討したい。

「ソーナよ。ヴィーナーの弦（vīṇāya tantiyo）が，張りすぎることなく緩めすぎることもなく，ほどよく調弦されている時，それらは良く鳴り(35)（saravatī），うまく奏でられる（lit. 機能する，kammañña）であろうか？」「はい，師よ」（*Aṅguttara-Nikāya*, VI. LV, PTS ed., 3:375.15–18）

勿論，この一節は本稿で検討してきた瑜伽行派の文献とは年代的に大きく隔たるものであって，当面の問題と直接的に関係する訳ではないが，それでも，この箇所は実践における「堪能」(karmaṇya）の具体的なイメージを示しているように思われる。我々の生き方がバランスのとれたものである時には，身心は自然かつスムーズにはたらく。このことは，仏教徒の実践における伝統的な目標であって，また瑜伽行派の実践者達も，彼らの禅定の実践を通じて同じ方向を指向していたように思われるのである。

暫定的結論

以上，本論での議論をふまえて，いくつかの暫定的結論を導くことができよう。

転依（āśrayaparivṛtti）により，実践者の人格的基盤は不堪能（akarmaṇya）から，堪能（karmaṇya）な状態へと転換するが，この転換は身心で併行して起こる。特に，身体的な転換は重要であり，それが精神的な転換をも引き起こすのである。そしてこの肉体的な転換において，呼吸の調整は重要な役割を果たすものだと思われる。

アーラヤ識が瑜伽行派の体系に導入された後には，アーラヤ識が身体の状態と密接な相関関係を保ちつつ生理的に身体を維持すると考えられていた。こうした身心の相関関係は安危同一（ekayogakṣema）と呼ばれ，そこでアーラヤ識は利益（anugraha）と損害（upaghāta）を身体と共有する。この利益と損害には，軽安（praśrabdhi）と麁重（dauṣṭhulya）によってもたらされるものが含まれていると思われる。従って安危同一という概念は，禅定の実践を通じて身心が転換するプロセスにも適用し得るものだろう。

アーラヤ識は全身に遍満している。それ故，我々が生きている限り，それは身体から不可分なのである。しかしながら，潜在的な生理的基盤としてのアーラヤ識の機能は，極めて微細であり知覚し難い。瑜伽行派の実践者たちは，彼らの身体の状態がそうした微細な生理的基盤の状態に依拠しているこ

とを，禅定実践のなかで直観的に理解していたのではないだろうか。本稿は，これまで提示してきた卑見に関するいくつかの追加資料を示すに留まったが，この問題の解明に些かなりとも寄与できたならば幸いである。

註

＊本稿は，2015年12月17-18日にウィーンのオーストリア科学アカデミーで開催された国際シンポジウム“Paths to Liberation in South Asian Buddhist Traditions”で発表した英文拙稿“*Ālayavijñāna* in a Meditative Context”（本稿執筆段階で未公刊）をベースにして，日本語で執筆したものである。ただし字数制限のため，英文草稿の脚註で参照した用例は大意のみ示し，本文中の原文の引用も割愛せざるをえなかった。英文拙稿は追って上記シンポジウムの論文集に収録される予定であるので，刊行の暁には併せて参照頂きたい。

本稿は，早稲田大学特定課題研究助成費（課題番号 2016B-064）による研究成果の一部である。

(1) 山部 2012, 2016a, 2016b, Yamabe 2015. 先行研究に関しては，これらの拙稿で触れているので参照されたい。

(2) E.g., *Mahāsatipaṭṭhāna suttanta, Dīghanikāya*, PTS ed., 2:313.12–14.

(3) 下線筆者。以下同様。

(4) Schmithausen [1987]2007,315–316, n. 297により修正して読んだ。

(5) そもそもが「意地の楽」に関する議論であるから，ここで「転識」と言われているのは意識のことであろう。

(6) ただし，常に「身体」のみを指す訳ではなく，本稿註(19)に論ずる通り心的要素を含むこともある。

(7) 上引『顕揚聖教論』の「令身怡悦」という表現も，この想定を支持する。

(8) Deleanu 2006, 532, nn. 169, 170も参照されたい。

(9) このことは，「摂決擇分中五識身相応地意地」の「流転分」(Pravṛtti Portion〈この呼称に関しては，Schmithausen [1987] 2007, 299–300, n. 226参照〉）に既に述べられている。袴谷 [1979]2001, 393（§I.2.[b]B.3–4）。

⑽　以上の太字部分は，註釈対象である世親の『五蘊論』（*Pañcaskandhaka*）からの引用である。

⑾　同疏（Kramer ed., 47.11-12）によれば，「身堪能性」とは，身体をなすべきことに対して軽快にはたらかせるもの（kāyasya svakāryeṣu laghusamutthānatā yato bhavati）であり，「心堪能性」とは，正しい思惟に取り組んでいる者に，喜びと素早さをもたらす心的要素である（samyaṅmanasikāraprayuktasya hlādalāghavanimittaṃ yac caitasikaṃ dharmāntaram）という。

⑿　Schmithausen 2014, 18［§8.3, n. 30］に言及される *Śrāvakabhūmi*, Sakuma 1990, 2:26.3-27.1［§G.2］も参照されたい。

⒀　関連する用例として，『阿毘達磨大毘婆沙論』（T27:419c24-28［No. 1545］）には，静慮中に楽受楽と軽安楽の二取の楽のあることが述べられ，また『阿毘達磨法蘊足論』（T26:483c2-7［No. 1537］）には，身軽安性と心軽安性を総じて楽と言うと述べられている。これらの用例から，軽安は楽（sukha）の下位概念であることが理解される。

⒁　原案は sāsravaṃ kuśala- であるが，私見により修正。

⒂　以下の**図4・図5**に漢訳語を用いる関係上，訳文中に漢訳と還梵を適宜示した。

⒃　底本，*-brīhi-*.

⒄　底本，*avījī-*.

⒅　兵藤1980, 68-75が指摘するように，『俱舎論』の体系では bīja と bījabhāva は区別して用いられている。次註⒆で述べる通り，bīja は āśraya および nāmarūpa，すなわち（身体を中心とした）有情存在の全体と同一視される。一方，bījabhāva は以下のように定義されている。「この bījabhāva とは何か？それは煩悩によって生じ煩悩を生み出す身体（ātmabhāva）の能力（śakti）のことである」（Pradhan ed., 278.20-21）。かくして：

bīja = āśraya = nāmarūpa

bījabhāva = śakti

と図示することができる。Ogawa 2005, 109; 畝部 2015, 301によれば，文法学において bhāva とは，ある実体（dravya）に語が適用されるための「属性」（guṇa）の存在（bhāva）を指すものであるという。ここでは，āśraya/nāma-

rūpa が煩悩を生み出すという属性をもつ時，āśraya/nāmarūpa は bīja と呼ばれるのであろう。なお文法学方面に関しては，小川英世教授より御教示を頂いた。記して深謝申し上げたい。

⒆ 本文中に引用した箇所（Pradhan ed., 63.18–20）の直後の箇所で，『倶舎論』が以下のように述べていることに注意すべきである。「この種子（bīja）とはどのようなものか？　それは直ちにまたは間接的に（時間的経過を経て）果を生じる能力のある名色（nāmarūpa）である」（Pradhan ed., 64.4–5）。本文中に引用した一節では bīja は（煩悩を生み出す能力のある）āśraya と等置され，本註に引用した一節では，bīja は nāmarūpa と等置されている。従って，ここでの構造は bīja = āśraya = nāmarūpa となるようである。そうすると，心的要素（nāma）も āśraya という概念に含まれるということになろう。さらに，『唯識三十頌釈』（*Triṃśikāvijñaptibhāṣya*）には以下の一文が見られる。「āśraya とは自体（ātmabhāva）のことであり，すなわち基盤を伴った色根と名とである（sādhiṣṭhānam indriyarūpaṃ nāma ca）」（Lévi ed., 19.16–17）。ここでは，āśraya と ātmabhāva，そして sādhiṣṭhānam indriyarūpaṃ nāma ca が等置されている（Schmithausen 1987[2007], 329, n. 372 参照）。「転依」（āśraya-parivṛtti/-parāvṛtti）の場合にも，上引の『顕揚聖教論』（『阿毘達磨雑集論』所引）の一節が示すように，転換するのは明らかに身心の総体である。従って，より厳密には āśraya は「（身心からなる）個人存在の基盤」とでも訳すべきものであるかも知れない。しかしながら，本稿中に引用した多くの用例が示す通り，āśraya という言葉がしばしば人間存在の身体面と密接に関連づけられることは事実である。Āśraya という言葉は，狭義では「身体」を指し，広義では「身心」すなわち我々の個人存在の全体を指すということかも知れない。あるいは身心の区別が，現代ほど明確に意識されていなかったということかも知れない。このような事情に鑑みて，本稿では āśraya は敢えて現代語訳せず，伝統的な“所依”という訳語を踏襲することにしたい。

⒇ 類似する表現は「声聞地」（*Śrāvakabhūmi*）中にも見られ（Pek. Wi 2b1–2, D. Dzi 2a2–3; T30:395c24–26），そこでは種姓がチベット訳では lus las khyad par du gyur pa，漢訳では「附在所依有如是相」と定義されている。両方を満足させる梵文を想定することは難しいが，少なくともチベット訳の原本には

*āśrayaviśeṣa とあったのではないかと思われる。

上に見た通り，āśraya と nāmarūpa は同一視され，nāmarūpa と ṣaḍāyatana も近い表現である。そうであるならば，*āśrayaviśeṣa と ṣaḍāyatanaviśeṣa を比較することは自然なことであろう。

(21) この表現に関しては，Yamabe 1997a, 195–197; 1997b, 216–217参照。

(22) 河村 1975, 352–353参照。

(23) ここでいう「菩薩」とは，釈迦菩薩のことであろう。

(24) 声聞・独覚に比して，菩薩は生来利根（tīkṣṇendriya）なるものであるとする「菩薩地」（Wogihara ed., 3.23–24.2）の記述も，比較されるべきものであるかも知れない。

(25) 瑜伽行派の文献における upādāna については，Schmithausen 2014, 258（§213ff.）参照。

(26) 「摂事分」のこの部分は漢訳でしか現存しないが，括弧内に補った梵語表現は，他の用例に照らして蓋然性の高いものである。

(27) Schmithausen［1987］2007, 31（§2.13.4）等。

(28) Cf.「摂決択分」（*Viniścayasaṃgrahaṇī*）におけるアーラヤ識の八論証では，「“所依”の把持」（āśrayopādāna, āśraya はここでも「身体」の意味）は明確にアーラヤ識の機能とされている。袴谷［1978］2001, 327参照。

(29) 横山 1979, 131; 山部 2016a,（10）–（11）参照。

(30) 我（ātman）の存在の有無をめぐる文脈である。

(31) 『五蘊論疏』（Kramer ed., 27. 7–14）で，身心の繁栄（kāyacittopacaya）が楽の感受（sukho 'nubhava）をもたらし，身心の衰損（kāyacittāpacaya）が苦の感受（duḥkho 'nubhava）をもたらし，利益（anugraha）と損害（upaghāta）のいずれでもないものは不苦不楽（aduḥkhāsukha）の感受をもたらすとされていることも参照すべきであろう。

(32) 瑜伽行思想研究会 ed., -vyādgy-.

(33) 類似した用例は，『瑜伽師地論』「本地分」中「聞所成地」（*Śrutamayībhūmi*）にも見出される。矢板 1992, 521. 3–5参照。

(34) Cf. *Saṅgītisūtra*, Stache-Rosen ed., V. 19（1c［p. 149］）: prītamanasaḥ kāyaḥ praśrabhyate, 心喜故身輕安（『集異門足論』，T26: 424a5–12［No. 1536］）;

Abhidharmakośavyākhyā, Wogihara ed., 54.1-6: sūtra uktaṃ / . . . / prīta-manasah kāyaḥ praśrabhyate /（*Saṅgītisūtra* と *Abhidharmakośavyākhyā* の用例は Kramer ed., 48, n. w. に注記される。;『集異門足論』の対応箇所は Wogihara ed., 54, n. 1 の指示による.）

(35) この言葉は，音楽神 Sarasvatī との連想で用いられたものであるかも知れない（Alexander von Rospatt 教授の御提案による。御教示に感謝申し上げたい）。

参考文献

畝部俊也．2015．「言葉の使用の根拠としての『存在』——文法家にとっての『世界認識の枠組み』としての bhāva ——」『インド哲学仏教学研究』22: 295-311.

河村孝照．1975．『有部の佛陀論』山喜房佛書林.

佐久間秀範．1990．「『瑜伽師地論』における転依思想」『印度學佛教學研究』39 (1): (66)-(74).

長尾雅人．1982．『摂大乗論——和訳と注解——（上）』講談社.

袴谷憲昭．［1978］2001．「アーラヤ識存在の八論証に関する諸文献」再収『唯識思想論考』，321-361. 大蔵出版.

————．［1979］2001．「*Viniścayasaṃgrahaṇī* におけるアーラヤ識の規定」再収『唯識思想論考』，362-445. 大蔵出版.

兵藤一夫．1980．「『倶舎論』に見える説一切有部と経量部の異熟説」『仏教思想史 3〈仏教内部における対論〉インド』，57-88. 平楽寺書店.

矢板秀臣．1992．「瑜伽論の因明：梵文テキストと和訳」『仏教文化史論集』2: 505-576.

山部能宜．2012．「アーラヤ識論」『唯識と瑜伽行』（シリーズ大乗仏教 第 7 巻），181-219. 春秋社.

————．2015．「『瑜伽師地論』「摂決択分」におけるアーラヤ識の第一論証の解釈について」『インド論理学研究』8: 123-143.

————．2016a．「アーラヤ識説の實踐的背景について」『東洋の思想と宗教』

33: (1)-(30).
横山紘一. 1979.『唯識の哲学』(サーラ叢書23) 平楽寺書店.
瑜伽行思想研究会 ed. 2003.『梵蔵漢対校 E-Text *Abhidharmasamuccaya* and *Abhidharmasamuccayabhāṣya*』3 vols., (http://www.shiga-med.ac.jp/public/yugagyo/AS.html, accessed 8 October, 2016).

Bhattacharya, Vidhushekhara, ed. 1957. *The Yogācārabhūmi of Ācārya Asaṅga.* Calcutta: University of Calcutta.
Deleanu, Florin. 2006. *The Chapter on the Mudane Path (Laukikamārga) in the "Śrāvakabhūmi": A Trilingual Edition (Sanskrit, Tibetan, Chinese), Annotated Translation, and Introductory Study.* 2 vols. 2006. Tokyo: The International Institute for Buddhist Studies.
Kramer, Jowita, ed. 2013. *Sthiramati's "Pañcaskandhakavibhāṣā."* Part 1: *Critical Edition.* Beijing: China Tibetology Publishing House, Vienna: Austrian Academy of Sciences Press.
Lévi, Sylvain, ed. 1925. *"Vijñaptimātratāsiddhi": Deux traité de Vasbandhu "Viṃśatikā" (La Vingtaine) accompagnée d'une explication en prose et "Triṃśikā" (La Trentaine) avec le commentaire de Sthiramati.* Paris: Librairie Ancienne Honoré Champion.
Ogawa, Hideyo. 2005. What is *bhāva*?: A Grammatical Analysis of the Term *bhāva*. 比較論理学研究 3:107-115.
Pradhan, P., ed. 1967. *Abhidharm[a]-koshabhāṣya of Vasubandhu.* (Tibetan Sanskrit Works Series, vol. 8) Patna: K. P. Jayaswal Research Institute.
Sakuma, Hidenori S. 1990. *Die Āśrayaparivṛtti-Theorie in der Yogācārabhūmi.* 2 vols. Stuttgart: Franz Steiner Verlag.
Schmithausen, Lambert. [1987] 2007. *Ālayavijñāna: On the Origin and the Early Development of a Central Concept of Yogācāra Philosophy.* 2 vols. Tokyo: The International Institute for Buddhist Studies.
———. 2014. *The Genesis of Yogācāra-Vijñānavāda: Responses and Reflections.* Tokyo: The International Institute for Buddhist Studies.

Shukla, Karunesha, ed. 1973. *Śrāvakabhūmi of Ācārya Asaṅga*. Patna: K. P. Jayaswal Reserach Institute.

Tatia, Nathmal, ed. 1976. *Abhidharmasamuccaya-bhāṣyam*. (Tibetan Sanskrit Works Series, vo. 17) Patna: Kashi Prasad Jayaswal Research Institute.

Wogihara, Unrai, ed. 1971. *Bodhisattvabhūmi: A Statement of Whole Course of the Bodhisattva (Being Fifteenth Section of Yogācārabhūmi)*. Tokyo: Sankibo Budhist Book Store.

Yamabe, Nobuyoshi. 1997a. The Idea of *Dhātu-vāda* in Yogacara and *Tathāgata-garbha* Texts. In *Pruning the Bodhi Tree: The Storm over Critical Buddhism*, edited by Jamie Hubbard and Paul L. Swanson, 193–204, 441–452. Honolulu: University of Hawai'i Press.

———. 1997b. Riposte, In *Pruning the Bodhi Tree: The Storm over Critical Buddhism*, edited by Jamie Hubbard and Paul L. Swanson, 208–219, 452–461.

———. 2015. A Reexamination of *On Being Mindless*: Possible Meditative Implications of the Eightfold Proof of *Ālayavijñāna*. In *Buddhist Meditative Praxis: Traditional Teachings & Modern Applications*, edited by KL Dhammajoti, 137–176. Hong Kong: Centre of Buddhist Studies, The University of Hong Kong.

キーワード　アーラヤ識，安危同一，麁重・軽安